LEGGI PENALI TRA REGOLE E PRASSI

Collana diretta da Adolfo Scalfati e Mariavaleria del Tufo

Ius Novum – 18

Mariavaleria del Tufo, professore ordinario di Diritto penale, Università degli Studi di Napoli Suor Orsola Benincasa.

Adolfo Scalfati, professore ordinario di Diritto processuale penale, Università degli Studi di Roma Tor Vergata. Avvocato.

DALLE INDAGINI ALL'UDIENZA PRELIMINARE

(d.lgs. 10 ottobre 2022, n. 150 - d.lgs. 19 marzo 2024, n. 31)

a cura di

Paola Felicioni

G. Giappichelli Editore – Torino

VIA PO, 21 - TEL. 011-81.53.111
http://www.giappichelli.it

ISBN/EAN 978-88-7524-614-3
ISBN/EAN 979-12-211-5882-3 (ebook)

Stampa: Stampatre s.r.l. - Torino

INDICE

pag.

IL PROLUNGAMENTO DEI TERMINI PER L'AVVISO DI CONCLUSIONE DELLE INDAGINI

di Francesco Vergine

RIMEDI ALLA STASI DEL PROCEDIMENTO

di Enrico Maria Mancuso

SEZIONE II
INTERVENTI SUI MEZZI INVESTIGATIVI

LA PARTECIPAZIONE A DISTANZA

di Giuseppe Mazza

UN INEDITO CONTROLLO GIURISDIZIONALE SULLA PERQUISIZIONE

di Angela Procaccino

SEZIONE III

DETERMINAZIONI FINALI DEL PUBBLICO MINISTERO E NUOVI PARADIGMI

I CRITERI DI PRIORITÀ PER L'ESERCIZIO DELL'AZIONE PENALE

di Lorenzo Algeri

GLI AUTORI

TERESA ALESCI – *Ricercatrice di Diritto processuale penale – Università degli Studi della Campania Luigi Vanvitelli*

LORENZO ALGERI – *Ricercatore a tempo determinato (RTDB) di Diritto processuale penale – Università degli Studi di Firenze*

GIAN MARCO BACCARI – *Professore associato di Diritto processuale penale – Università degli Studi di Siena*

ELEONORA DEI-CAS – *Assegnista di ricerca di Diritto processuale penale – Università degli Studi di Ferrara*

CHIARA FANUELE – *Professoressa associata di Diritto processuale penale – Università degli Studi di Siena*

GIULIO GARUTI – *Professore ordinario di Diritto processuale penale – Università degli Studi di Modena e Reggio Emilia*

ENRICO MARIA MANCUSO – *Professore ordinario di Diritto e procedura penale – Università Cattolica del Sacro Cuore di Milano*

GIUSEPPE MAZZA – *Dottorando di ricerca di Diritto processuale penale – Università degli Studi di Firenze*

ANGELA PROCACCINO – *Professoressa associata di Diritto processuale penale – Università degli Studi di Foggia*

GUIDO SOLA – *Dottore di ricerca in Scienze penalistiche – Università degli Studi di Trieste*

SONIA TOGNAZZI – *Dottoressa di ricerca in Scienze giuridiche – Università degli Studi di Siena*

FRANCESCO VERGINE – *Professore ordinario di Diritto processuale penale – Università LUM Giuseppe De Gennaro*

INTRODUZIONE

di *Paola Felicioni*

Il procedimento penale, inteso come percorso cognitivo e decisorio, progredisce secondo un protocollo formale che costituisce l'espressione dell'equilibrio legislativo tra regole e garanzie. Più in generale, si riconosce che le forme del procedimento penale danno giustificazione a scelte epistemologicamente e assiologicamente orientate, caratterizzanti il modello processuale, volte ad esprimere un determinato metodo di conoscenza e il rispetto dei valori umani. Peraltro, va ricordata la visione tradizionale della duplice modalità di studio del processo penale, inteso come forma ossia un insieme di norme che compongono un sistema autonomo o come funzione ossia un insieme di norme considerate in relazione ai fini che perseguono.

Così per assicurare sia la protezione della società dal crimine, sia la difesa dell'accusato, il processo, costruito in chiave di garanzie e, al contempo, fonte di diritti, poteri e doveri, comporta un'organizzazione di mezzi e di persone. In altri termini, il processo, prima ancora di essere meccanismo finalizzato a vari scopi, è rito: il processo ha come caratteristica strutturale la ritualità che rappresenta, appunto, la modalità più immediata di manifestazione dello stesso. Tuttavia il processo non coincide con una cerimonia fine a sé stessa, ma, piuttosto, è un *iter* che si giustifica con la propria funzione ossia la progressiva elaborazione del provvedimento giudiziale.

È noto che la storia del processo penale è costellata di riforme, alcune settoriali altre, come appunto la riforma Cartabia, di più ampio respiro che possono incidere sui modelli di accertamento e implicano un periodo di metabolizzazione. In definitiva, nel tempo si è visto che il modello processuale, dietro la spinta della prassi, della giurisprudenza costituzionale e del legislatore, si modifica, evolvendo o involvendo, in continua oscillazione tra epistemologia garantista ed epistemologia inquisitoria, alla ricerca di nuovi equilibri e di un proprio baricentro. In un quadro di sostanziale instabilità normativa – una sorta di riforma permanente del processo, si è detto in dottrina – s'impone la ricomposizione del sistema processuale che via via perde la propria omogeneità.

Si pensi al mutamento di finalità del processo penale – una sorta di torsione da strumento di garanzia a strumento di contrasto alla delinquenza – determinato dalle modifiche normative coniate in risposta alle emergenze criminali, da quella stragista e terroristica, a quella della criminalità organizzata, alla sfida della criminalità informatica. Alla legislazione in chiave securitaria hanno fatto seguito, però, altre novelle legislative volte a predisporre nuove tutele, ad esempio, per la persona offesa in accoglimento di istanze sovranazionali ed europee. Insomma il processo penale ha fornito via via differenti risposte alla necessità di fronteggiare l'aggressività crescente della criminalità entro un contesto di garanzie costituzionali e sovranazionali. Dall'epoca della sua entrata in vigore il codice di rito ha subito molteplici cambiamenti, di maggior o minore peso e talvolta anche con una caratura strutturale. Mantenendo un approccio laico, al netto di ideologie astratte, si intravede un progressivo (e fisiologico) adattamento della normativa codicistica alla realtà e alla trasformazione dei tempi: basti pensare all'evoluzione tecnico scientifica e all'impatto della prova scientifica sul procedimento penale.

In definitiva, se nel momento genetico ogni sistema processuale penale rivela un assetto omogeneo in quanto composto da norme fondate su una determinata filosofia culturale, politica e ideologica, le successive riforme, qualora si ispirino ad un differente approccio culturale, politico e ideologico, determinano uno scontro tra diverse visioni della funzione del processo che deve cercare assestamento in rinnovati equilibri senza dimenticare la propria vocazione come strumento funzionale alla tutela di situazioni giuridiche soggettive. In sostanza più che la portata delle modifiche, conta il cambiamento di mentalità degli operatori: ogni riforma importa una questione culturale che va oltre lo scontro tra opposte posizioni integraliste.

Ancora più oggi, con l'entrata in vigore del d.lgs. 10 ottobre 2022, n. 150, occorre un ripensamento culturale da parte degli studiosi del processo penale. Si è di fronte, dopo la decisa virata verso il sistema accusatorio del 1988, ad una seconda svolta epocale: un'articolata riforma, finalizzata a ridelineare l'assetto della giustizia penale, che interviene sia sulla quasi totalità degli istituti processuali, sia sul sistema sanzionatorio aspirando a superare la logica carcerocentrica.

È noto il contesto efficientista e razionalizzatore della riforma Cartabia nella cui genesi hanno pesato più fattori. Si delinea un inedito approccio multiforme con riferimento alla nascita dell'ampia opera legislativa, approvata dopo una lunga e travagliata vicenda parlamentare e governativa. In sintesi, si sono evidenziati una spinta europea e il conseguente impegno dell'Italia a varare una riforma capace di abbattere il 25% del carico giudiziario e di ridurre i tempi del procedimento penale al fine di ottenere gli stanziamenti del Piano nazionale di ripresa e resilienza. Inoltre, si è valorizzata la prospettiva pragmatica che lega la riforma all'analisi dei dati statistici sulla durata dei procedimenti penali e alla riflessione sugli epiloghi, sovente assolutori, dei procedimenti penali. L'idea di fondo è di ridurre il numero dei processi inutili mediante un'ottimizzazione delle risorse che riporti proporzione, si è detto, tra "domanda" e risposta dell'apparato giurisdizionale, garantendo al contempo la presunzione di innocenza che, viceversa, risulta vulnerata dagli epiloghi assolutori di procedimenti protrattisi per molti anni. Infine, si è posta in rilievo la coerenza della manovra con la Costituzione: l'efficienza della macchina giudiziaria è vista come strumentale all'espletamento delle funzioni assegnate dalla Carta fondamentale al processo penale giusto tra i cui elementi nucleari, ricordiamolo, vi è la ragionevole durata dei procedimenti.

Ma la lettura della trasformazione del 2022 impone di valorizzare la novità della prospettiva in cui trova collocazione l'intervento riformatore. Poco convincenti appaiono allora sia un'esegesi che sconta il riferimento alla tipologia del modello processuale secondo la tradizionale forbice tra epistemologia garantista ed epistemologia inquisitoria, sia un approccio interpretativo mutuato dall'analisi economica del diritto e focalizzato, oggi, sulla morfologia processuale: entrambe le chiavi di lettura stigmatizzano l'economia e la celerità del rito come antitetici al cognitivismo giudiziario e al garantismo.

Sembra opportuno, invece, svolgere una riflessione che evidenzi il legame tra efficienza e garanzie per individuare un nuovo bilanciamento tra quei principi fondamentali che delineano la fisionomia costituzionale del processo e il valore dell'efficienza. Si tratta di ben considerare il fondamento culturale della manovra riformatrice per capire se vi è una prospettiva valoriale da salvaguardare. Una ulteriore riflessione attiene alle modalità con cui è perseguito tale bilanciamento.

Intanto, per la prima volta la modifica delle disposizioni processuali è accompagnata sia da un intervento organizzativo sorretto da imponenti risorse finanziarie, sia da un potenziamento della formazione professionale degli operatori e dalla predisposizione di un monitoraggio del buon funzionamento della riforma al fine di approntare solleciti interventi correttivi rispetto alle criticità emerse nelle prime applicazioni.

Inoltre, come è stato ben sottolineato in dottrina, la riforma porta in evidenza la ragionevole durata del processo così generando una vera e propria "cultura della speditezza" processuale che sollecita un cambio di passo e che va oltre il mero efficientismo. In altri termini, viene in luce la dimensione temporale del processo tra obiettivi di efficienza e imperativi di garanzie.

D'altro canto l'elemento tempo, collegando i diversi atti che compongono la sequenza procedimentale è strumento di organizzazione del processo il quale, in quanto meccanismo funzionalmente integrato trova espressione nella ragionevole durata del processo, principio che dovrebbe concretizzarsi nell'integrazione e nella reciproca combinazione dei vari segmenti processuali. Certo nell'opera di sistemazione (o risistemazione) cronologica dei momenti del processo il legislatore oltre ad essere guidato da ragioni di efficienza (ossia dall'esigenza di razionalizzare l'attività delle parti nell'*iter* procedimentale) è condizionato dai princìpi e dai valori fondanti del sistema processuale espressi dalle disposizioni costituzionali nazionali e sovranazionali. In altri termini, nel definire la funzione del processo si ricorre a criteri ricostruttivi tratti da princìpi di rango costituzionale nonché da canoni aventi, frequentemente, un contenuto ideologico: si tratta dunque di criteri a contenuto variabile che arrivano a ridimensionare il dato normativo e la sua interpretazione. Si pensi proprio alla ragionevole durata del processo, principio che presenta anche una dimensione etica, quale canone ricavabile dall'art. 111, comma 2, Cost. e parametro su cui misurare gli snodi del processo e i comportamenti delle parti, nonché al canone dell'efficienza del sistema processuale riferita al buon andamento dell'azione amministrativa *ex* art. 97 Cost.

Con riguardo alla nozione di efficienza – delle norme giuridiche – vale la pena evidenziare come sia una nozione poco frequentata dalla teoria del diritto probabilmente perché nella riflessione dei giuristi è assimilata ai diversi concetti di effettività (riferibile all'osservanza e all'applicazione della norma) e di efficacia (riferibile, secondo un'accezione tecnico giuridica o filosofica, rispettivamente alla produzione di determinati effetti o al raggiungimento degli scopi per cui la norma è posta). Si osserva come di regola la nozione di efficienza sia oggetto di considerazione da parte dei cultori dell'analisi economica del diritto, mentre i giuristi ne prendono le distanze etichettandola come una questione ideologica legata a visioni economicistiche del diritto. In realtà, la manovra riformatrice del 2022 impone di chiedersi se l'efficienza, da più parti evocata, ma ben diversa dall'idea negativa dell'efficientismo (inteso come ostentazione di efficienza), sia un principio oppure uno scopo meritevole di tutela, oltre a considerare in quale relazione si ponga con altri principi o scopi.

L'attenzione, allora, si rivolge alle modalità con cui la riforma Cartabia persegue l'efficienza e la ragionevole durata del processo penale: in generale, il pensiero va ai capisaldi della riforma consistenti nel rafforzamento del filtro dell'udienza preliminare, nel potenziamento dei riti semplificati che eliminano il dibattimento, nella cartolarizzazione delle impugnazioni e nell'improcedibilità; in particolare, il riferimento va alle indagini preliminari e al passaggio alla fase successiva dell'udienza preliminare, oggetto della riflessione del presente collettaneo.

Per imprimere maggiore speditezza alla fase preprocessuale e per contrastare la discrezionalità senza limiti del pubblico ministero rispetto ai tempi e ai modi dello svolgimento delle indagini, il legislatore ha scandito i tempi e le modalità di svolgimento delle indagini preliminari entro una prospettiva di razionalizzazione. Emergono le due direttrici lungo cui si dipana la rivisitazione della fase in questione: il maggiore rigore del tessuto normativo e la previsione di un controllo giurisdizionale in relazione ai principali snodi dell'inchiesta preliminare, operando particolarmente sul momento inziale e su quello finale delle indagini preliminari.

Ebbene, è proprio intervenendo su tale fase che il legislatore ha perseguito l'obiettivo di abbattere il numero dei procedimenti sia con misure deflattive del carico giudiziario, sia con misure di controllo della celerità processuale. Alla prima categoria si riconducono: la nuova regola di giudizio per la richiesta di archiviazione e per l'esercizio dell'azione penale; la disciplina dei flussi di notizie di reato con l'applicazione dei criteri di priorità di trattazione. Alla seconda categoria di interventi si riconducono: la rimodulazione dei tempi di durata massima delle indagini, il mantenimento della previsione del termine per l'azione; il nuovo controllo giurisdizionale sulla tempestività dell'iscrizione della notizia di reato e i controlli del giudice per le indagini preliminari sui momenti di stasi del procedimento, anche disciplinando una *discovery* di atti in favore dell'indagato e della persona offesa. Inoltre, altri interventi della riforma, relativi a singoli atti della fase investigativa, sembrano evidenziare il legame tra garanzie ed efficienza e, più in generale, un incremento di legalità processuale: tra le modifiche cui spicca il controllo giurisdizionale sulla legittimità della perquisizione negativa non seguita da sequestro.

Uno sguardo complessivo, lasciando alla maggiore riflessione e all'approfondimento curato nei singoli preziosi contributi, rivela una disciplina complessa, a tratti farraginosa, che rende difficile ricostruire il sistema e contrasta con la linearità delle indagini preliminari, talvolta ponendo in crisi proprio l'obiettivo della ragionevole durata del procedimento.

Né tutte le criticità sono state dissolte, come emerge dai contributi dei vari Autori, dal *restyling* operato con il d.lgs. 19 marzo 2024, n. 31 recante disposizioni integrative e correttive del decreto legislativo 10 ottobre 2022, n. 150 (c.d. correttivo Cartabia per il processo penale) la cui parte più significativa sembra essere proprio quella relativa alle indagini preliminari, con le modifiche agli artt. 412, 415-*bis*, 415-*ter* c.p.p. e art. 127 disp. att. c.p.p.

Per rendere più agevole la lettura del volume si è scelto di individuare tre sezioni corrispondenti ad altrettante aree di intervento del legislatore: la prima, dedicata alla durata delle indagini preliminari e ai controlli giurisdizionali sulle attività del pubblico ministero; la seconda, tesa a delineare la fisonomia degli interventi legislativi su singoli strumenti investigativi; la terza, infine, volta ad una ricognizione critica dei nuovi parametri di giudizio in ordine alle determinazioni dell'organo dell'accusa, oltre che alla riflessione in punto di modifica dell'imputazione e di udienza predibattimentale successiva alla citazione diretta a giudizio.

In via conclusiva, merita riportare alcune considerazioni emerse nella riflessione dottrinale sulla Riforma Cartabia, con le quali non si può che concordare.

Il merito dell'ampia manovra riformatrice è quello di chiarire ancora una volta, qualora fosse stato necessario, che pur restando centrale, sul piano sistematico, il dibattimento, il vero baricentro del processo sono le indagini preliminari. Già questo spostamento del *focus* era emerso a seguito dell'irruzione nella fase investigativa degli strumenti d'indagine tecnica e scientifica capaci di cristallizzare importanti elementi di prova per il giudizio: in questa prospettiva la riforma Cartabia rappresenta un'ulteriore tappa dello sviluppo normativo della fase *de qua*. Il *leit motiv* è la continua crescita di regolamentazione delle indagini, che dalle forme minimaliste dell'originario assetto codicistico, in ragione di un modo integralista di intendere il rapporto con il dibattimento, a discapito anche del diritto di difesa dell'indagato, è giunta a delineare forme più precise in ragione del quel principio di completezza delle investigazioni che si rivela funzionale alla celebrazione di dibattimenti "utili": il peso degli atti d'indagine si fa sentire e risultano potenziati i diritti dell'accusato.

Sezione I

DURATA DELLA FASE INVESTIGATIVA: CONTROLLI E LIMITI ALLA DISCREZIONALITÀ DEL PUBBLICO MINISTERO

NOZIONE, REGIME E VERIFICHE CRONOLOGICHE SULLA *NOTITIA CRIMINIS*

di Chiara Fanuele

SOMMARIO: 1. Premessa. – 2. La nozione "oggettiva" e quella "soggettiva" della notizia di reato. – 3. Le modalità di verifica giurisdizionale sulla tempestività dell'iscrizione. – 4. Considerazioni conclusive.

1. Premessa

La l. 27 settembre 2021, n. 134 (recante, tra l'altro, «*Delega al Governo per l'efficienza del processo penale nonché in materia di giustizia riparativa e disposizioni per la celere definizione dei procedimenti giudiziari*»), precipuamente diretta – appunto – a ridurre la durata complessiva dei procedimenti penali razionalizzando la corrispondente normativa, recava – tra l'altro – direttive intese a far introdurre nuove forme di controllo giurisdizionale sulle condotte del pubblico ministero, eliminando quelle lacune, ravvisate nella disciplina della fase investigativa [1], ritenute tali da consentire l'elusione dei termini della sua durata massima [2]. Si trattava, del resto, di una scelta sistematica perfettamente coerente con

[1] Così, E.N. LA ROCCA, *Il modello di riforma "Cartabia": ragioni e prospettive della Delega n. 134/2021*, in *Arch. pen. web*, 2021, 3, p. 11.

[2] Sul punto, tra gli altri, v. D. CURTOTTI, *L'iscrizione della notizia di reato e il controllo del giudice*, in G. SPANGHER (a cura di), *La Riforma Cartabia*, Pacini, Pisa, 2022, p. 198 s.; R. FONTI, *Strategie e virtuosismi per l'efficienza e la legalità delle indagini preliminari*, in A. MARANDOLA (a cura di), *"Riforma Cartabia" e rito penale. La legge delega tra impegni europei e scelte valoriali*, Cedam, Padova, 2022, p. 100; V. MAFFEO, *Tempi e* nomina iuris *nelle indagini preliminari. L'incertezza del controllo*, Cacucci, Bari, 2020, p. 42 ss.; EAD., *Iscrizione della notizia di reato, prassi anomale e impiego delle indagini: ineffettività dei rimedi*, in A. SCALFATI (a cura di), *Pre-investigazioni (espedienti e mezzi)*, Giappichelli, Torino, 2020, p. 14; A. MARANDOLA, *Notizia di reato, tempi del-*

una strategia complessiva diretta ad assicurare una maggiore sollecitudine della giustizia penale, dato che la "durata ragionevole dei processi" (obiettivo assegnato al legislatore dall'art. 111, comma 2, 2° periodo) dipende anche dal contenimento delle indagini preliminari entro limiti temporali circoscritti[3].

Era, dunque, inevitabile che l'intervento riformatore si concentrasse sullo snodo procedimentale che, quanto alla dimensione temporale della fase investigativa, si presentava come il più problematico: quello del momento d'iscrizione della notizia di reato[4]. Nell'ultimo trentennio, infatti, la questione fondamentale – affrontata e risolta diversamente da dottrina[5] e giurisprudenza[6] – è stata quel-

---

le indagini e stadi procedurali nella (prossima) riforma del processo penale, in *Dir. pen. e proc.*, 2021, p. 1567; G. TABASCO, *Annotazione tardiva della* notitia criminis *"soggettivizzata" e autodifesa*, in A. SCALFATI (a cura di), *Pre-investigazioni (espedienti e mezzi)*, cit., p. 93; N. TRIGGIANI, *Legalità opaca: raccolta atipica e pre-investigazioni*, in *Arch. pen. web.*, 2021, 1, p. 6; A. SANNA, *Cronometria delle indagini e rimedi alle stasi procedimentali*, in *Proc. pen. giust.*, 2022, p. 43.

[3] Sul punto, v. D. CURTOTTI, *op. cit.*, p. 198.

[4] In proposito, cfr. C. CONTI, *L'iscrizione della notizia di reato nel prisma dell'azione: nuovi requisiti e finestre di giurisdizione*, in *Dir. pen. e proc.*, 2023, p. 142; D. CURTOTTI, *op. cit.*, p. 199; R. FONTI, *op. cit.*, p. 96.

[5] Nel senso che rientra nelle attribuzioni del giudice per le indagini preliminari il sindacato circa la data in cui il pubblico ministero era tenuto ad iscrivere il nome della persona indagata nel registro delle notizie di reato, senza pretese di completezza, cfr. E. AMODIO, *Processo penale diritto europeo e* common law, Giuffrè, Milano, 2003, p. 803; R. ADORNO, *Decorrenza del termine per le indagini*, in *Cass. pen.*, 1996, p. 3719 ss.; R. APRATI, *La notizia di reato nella dinamica del procedimento penale*, Jovene, Napoli, 2010, p. 137 ss.; EAD., *Intorno alla sindacabilità dell'immediatezza dell'iscrizione della notizia di reato e del nominativo dell'indagato*, in *Cass. pen.*, 2005, p. 1329 ss.; L. CARLI, La notitia criminis *e la sua iscrizione nel registro di cui all'art. 335 c.p.p.*, in *Dir. pen. e proc.*, 1995, p. 736 ss.; F.R. DINACCI, *Sempre incerti ruolo e limiti dell'iscrizione nel registro delle notizie di reato*, in *Giur. cost.*, 2005, p. 3007 ss.; O. DOMINIONI, *Chiusura delle indagini preliminari e udienza preliminare*, in AA.VV., *Il nuovo processo penale. Dalle indagini al dibattimento*, Giuffrè, Milano, 1989, p. 90 ss.; E. GUIDO, *Disfunzioni e possibili rimedi in tema di durata delle indagini preliminari: a proposito del sindacato giurisdizionale sulla tempestività dell'iscrizione della* notitia criminis, in *Riv. it. dir. e proc. pen.*, 2010, p. 437; G. ICHINO, *Alcuni spunti di riflessione sul tema delle indagini preliminari*, *ivi*, 1993, p. 668 ss.; G. INSOLERA, *Sul controllo della tempestiva iscrizione nel registro previsto dall'art. 335 c.p.p.*, in *Dir. pen. e proc.*, 2018, p. 1359 ss.; A. MARANDOLA, *Le iniziative del pubblico ministero: tra strategie procedimentali e insindacabili discrezionalità*, in *Dir. pen. e proc.*, 2011, p. 1301 ss.; EAD., *I registri del pubblico ministero, tra notizia di reato ed effetti procedimentali*, Cedam, Padova, 2001, p. 297 ss.; M. MONACO, *Ritardata iscrizione della notizia di* quid iuris?, in *Giur. it.*, 2000, II, c. 1462 ss.; F. SORRENTINO, *Sull'immediatezza dell'iscrizione della* notitia criminis *soggettivamente qualificata*, *ivi*, 2008, c. 734; G. SPANGHER, *Riforme, dopo il giusto processo anche il giusto procedimento. Ancora troppo "tolleranti" le norme sulle indagini*, in *Dir. & giust.*, 2003, 33, p. 9 ss.; G. UBERTIS, *No a termini astratti, ma garanzia del contraddittorio*, in *Quest. giust.*, 1992, p. 484 ss.; G. VARRASO, *Chiusura e avviso di conclusione delle indagini preliminari*, in G. GARUTI (a cura di), *Le indagini preliminari*, vol. III, *Trattato di procedura penale*, diretto da G. SPANGHER, Utet, Torino, 2009, p. 667 ss.; A. ZAPPULLA, *Retrodatazione dell'iscrizione della* notitia criminis *nella prospettiva* de iure condendo, in *Cass. pen.*, 2015, p. 3811 ss.;

la d'individuare modalità che risultassero tali da garantire sia un sistema di controllo, corredato da un adeguato sistema sanzionatorio, sulle scelte compiute dal pubblico ministero in ordine al momento d'iscrizione della notizia di reato, sia da non pregiudicare l'autonomia funzionale dell'organo d'accusa. Com'è noto, infatti, spetta in primo luogo al magistrato inquirente, una volta ricevuta la notizia di reato, decidere se qualificarla come *soltanto "oggettivamente significativa"*, oppure tale *anche "soggettivamente"* [7]: onde dalla correttezza di questa scelta iniziale dipendono sia la regolare decorrenza dei termini concernenti le indagini preliminari sia l'applicabilità, nei confronti dei soggetti già individuabili come "sottoposti ad indagine", del complesso di garanzie previste per l'imputato (v. art. 61, comma 1, c.p.p.) [8].

In particolare, introdurre nel sistema modalità di sindacato sulle scelte compiute dalla pubblica accusa circa il momento nel quale iscrivere la notizia di reato è parsa soluzione normativa necessaria, di fronte alla deteriore prassi giudiziaria di ritardare scientemente le iscrizioni, così da dilatare surrettiziamente i vincoli temporali per il completamento delle investigazioni [9].

Insomma, la consapevolezza di quanto risulti particolarmente deleterio per l'amministrazione della giustizia l'invalere di simili pratiche arbitrarie, tali da eludere in concreto i termini stabiliti dalla legge all'uopo di assicurare l'efficienza e la correttezza della fase preistruttoria, ha condotto a richiedere, come particolarmente urgenti, nuove forme di sindacato *ex post* relativo alla individuazione del momento di passaggio dalle indagini "generiche" a quelle "soggettivamente indirizzate" verso una persona determinata; e ciò non soltanto per garantire tempi "ragionevoli" di durata delle indagini (così contribuendo anche a rendere più "celere" la definizione dei processi) [10], ma anche per tute-

---

ID., *Le indagini per la formazione della* notitia criminis: *il caso della perquisizione seguita da sequestro*, *ivi*, 1996, p. 1876; nonché, volendo, C. FANUELE, *La ricostruzione del fatto nelle investigazioni penali*, Cedam, Padova, 2012, p. 40.

[6] In senso contrario ad un sindacato giurisdizionale sull'iscrizione della notizia di reato, cfr., in particolare, Cass., Sez. un., 24 settembre 2009, n. 40538, Lattanzi, in *Cass. pen.*, 2010, p. 503; Cass., Sez. Un., 21 giugno 2000, n. 16, Tammaro, *ivi*, 2000, p. 3259.

[7] Sul punto, v. N. GALANTINI, *Diritto di difesa e difetto di potere investigativo nella fase antecedente l'iscrizione della notizia di reato*, in *Proc. pen. e giust.*, 2011, p. 8.

[8] Così, A. CAMON, *Le indagini preliminari*, in AA.VV., *Fondamenti di procedura penale*, III ed., Cedam, Padova, 2021, p. 395; A. FURGIUELE, *La «ragionevole durata» delle indagini preliminari*, in *Dir. pen. e proc.*, 2004, p. 1194; N. GALANTINI, *Il principio di obbligatorietà dell'azione penale tra interesse alla persecuzione penale e interesse all'efficienza giudiziaria*, in *Dir. pen. cont.*, 23 settembre 2019, p. 9; G. TABASCO, *op. cit.*, p. 93; N. TRIGGIANI, *op. cit.*, p. 6; nonché, volendo, C. FANUELE, *La notizia di reato: sagoma, tempi di iscrizione e controlli*, in *Proc. pen. e giust.*, 2022, 3, p. 34.

[9] Sul punto cfr. R. FONTI, *op. cit.*, p. 97.

[10] In questi termini G.M. BACCARI, *I nuovi meccanismi per superare le stasi procedimentali dovute all'inerzia del pubblico ministero*, in G. SPANGHER (a cura di), *La Riforma Cartabia*, cit., p.

lare più efficacemente il diritto di difesa dell'indagato nel corso delle investigazioni [11].

In quest'ottica, la citata legge, all'art. 1, comma 9, lett. da *p)* a *t)*, ha prescritto al legislatore delegato di: *a)* precisare i presupposti per l'iscrizione della notizia di reato, in modo da soddisfare le esigenze di garanzia, certezza e uniformità delle iscrizioni; *b)* prevedere che detta iscrizione non determini effetti pregiudizievoli sul piano civile e amministrativo; *c)* attribuire al giudice il potere di accertare la veridicità della data d'iscrizione del nome della persona indagata, nonché, nel caso di «ingiustificato e inequivoco ritardo» di suddetta iscrizione, retrodatarla [12].

Conseguentemente, il d.lgs. 10 ottobre 2022, n. 150, recante "*Attuazione della legge 27 settembre 2021, n. 143, di delega al Governo per l'efficienza del processo penale nonché in materia di giustizia riparativa e disposizioni per la celere definizione dei procedimenti giudiziari*" [13], ha fissato alcuni parametri per definire i casi al verificarsi dei quali il pubblico ministero è obbligato a iscrivere la notizia di reato e il corrispondente riferimento soggettivo nel registro di cui all'art. 335 c.p.p.; comminando l'inutilizzabilità degli atti d'indagine tardivamente com-

---

264; M. GIALUZ, *Per un processo penale più efficiente e giusto. Guida alla lettura della riforma Cartabia (profili processuali)*, in *www.sistemapenale.it*, 2022, p. 3; G. SPANGHER, *Riforma Cartabia: un processo a "trazione interiore"*, in *Dir. pen. e proc.*, 2022, p. 1485. Sugli aspetti sostanziali della riforma, v., in particolare, A. MARANDOLA, *Gli incerti orizzonti dell'improcedibilità per decorrenza dei termini ragionevoli nei giudizi d'impugnazione*, in B. ROMANO-A. MARANDOLA (a cura di), *La Riforma Cartabia. La prescrizione, l'improcedibilità e le altre norme immediatamente precettive*, Pacini giuridica, Pisa, 2022, p. 55 ss.

[11] Sul punto, tra gli altri, v. G. AMATO, *Indagini preliminari: il difficile* rebus *di coniugare deflazione e garanzie*, in *Guida dir.*, 2021, 41, p. 20; R. APRATI, *Le indagini preliminari nel progetto di legge delega della Commissione Lattanzi – art. 3, lett. a), c), d), e), e-*bis*), e-*ter*), e-*quater*), h), l), l-*bis*), l-*ter*), l-*quater*)*, in *www.giustiziainsieme.it*, 2021, p. 1; R. BRICCHETTI, *Diritto di difesa. Iscrizione della notizia di reato senza effetti civili e amministrativi*, in *I focus del Sole 24 Ore*, mercoledì 12 ottobre 2022, n. 25, p. 2; L. D'ANCONA, *Riforma del processo penale e giudice per le indagini preliminari*, in *Quest. giust.*, 9 novembre, 2021; E.N. LA ROCCA, *op. cit.*, p. 1 ss.; A. MARANDOLA, *Notizia di reato, tempi delle indagini*, cit., p. 1567; A. SANNA, *op. cit.*, p. 42 s.

[12] In questi termini, C. FANUELE, *La notizia di reato*, cit., p. 34.

[13] Il d.lgs. 10 ottobre 2022, n. 150, è stato pubblicato in *Gazz. Uff.*, serie gen., n. 243 del 17 ottobre 2022. Il provvedimento sarebbe dovuto entrare formalmente in vigore il 1° novembre 2022, dopo l'ordinario periodo di *vacatio legis* di quindici giorni dalla sua pubblicazione in Gazzetta (art. 73 Cost.). Tuttavia, il d.l. 31 ottobre 2022, n. 162 – intervenuto proprio alla vigilia della scadenza del suddetto termine di *vacatio*, entrato in vigore il 31 ottobre 2022, cioè il giorno stesso della sua pubblicazione (art. 9), avvenuta in *Gazz. Uff.*, serie gen., n. 255 del 31 ottobre 2022 – ha aggiunto, all'art. 6, un inedito art. 99-*bis* al d.lgs. n. 150, per rinviarne l'entrata in vigore al 30 dicembre 2022. In proposito, nella dottrina, v. G. CANZIO, *Il modello "Cartabia": una riforma di sistema tra rito e organizzazione*, in *Guida dir.*, 2022, 42, p. 8 ss.; G.L. GATTA, *Rinvio della riforma Cartabia: una scelta discutibile e di dubbia legittimità costituzionale. E l'Europa?*, in *www.sistemapenale.it*, 31 ottobre 2022.

piuti e prevedendo, altresì, un singolare meccanismo perché il giudice possa effettuare, se del caso, un'adeguata retrodatazione.

Nell'adempiere a tale suo compito – tuttavia – il legislatore delegato ha finito per andare ben oltre quanto effettivamente prescrittogli dalla "legge Cartabia"; ma di ciò si dirà più diffusamente in seguito.

2. La nozione "oggettiva" e quella "soggettiva" della notizia di reato

L'art. 15, comma 1, lett. *a*) del "decreto delegato" è intervenuto sull'art. 335 c.p.p. (modificandone il comma 1 ed inserendovi *ex novo i* commi 1-*bis* e 1-*ter*), al fine di precisare i casi in presenza dei quali il pubblico ministero deve provvedere all'iscrizione sia della notizia di reato sia del corrispondente riferimento soggettivo.

In particolare, per quanto specificamente concerne detta "subiettivazione", il nuovo comma 1-*bis* dell'art. 335 c.p.p. precisa che, a tal fine, occorrono *indizi a* carico di colui il cui nominativo viene registrato.

Si tratta – per la verità – di una clausola tutt'altro che felice, apparendo assai incerto il significato da attribuire alla parola "indizio". Ad ogni modo, il senso del termine può essere desunto dal criterio stabilito ad opera della giurisprudenza di legittimità [14] – successivamente richiamato nella *Relazione* dalla "Commissione Lattanzi" [15] –, in base al quale per attribuire il reato ad una determinata persona non è sufficiente la sussistenza di meri *sospetti,* ma occorrono elementi di maggiore pregnanza [16].

Quindi, quando il citato comma 1-*bis* parla di «*indizi*», sembra non già voler alludere all'"indizio" in senso tecnico [17] (del resto, la nuova disposizione non richiede la "specificità" degli elementi indizianti) [18], bensì mirare ad escludere sia la sufficienza dei "meri sospetti", sia la necessità della "gravità indiziaria".

---

[14] V., in particolare, Cass., Sez. Un., 24 settembre 2009, n. 40538, Lattanzi, cit.; Cass., Sez. Un., 21 giugno 2000, n. 16, Tammaro, cit., p. 3259.

[15] Sul punto, v. C. FANUELE, *La notizia di reato*, cit., p. 37.

[16] In proposito, v. la *Relazione* dell'Ufficio del Massimario della Corte Suprema di Cassazione sulla "Riforma Cartabia" del 5 gennaio 2023, p. 61.

[17] Così, D. CURTOTTI, *op. cit.*, p. 203.

[18] Così, in precedenza, aveva sostenuto la giurisprudenza delle Sezioni Unite della Corte di Cassazione (Cass., Sez. Un., 21 giugno 2000, n. 16, cit.) e la stessa "Circolare Pignatone": in proposito, v. M. GIALUZ, *op. cit.*, p. 60. Nel senso che il presupposto per l'iscrizione soggettiva «sembra fare nitidamente riferimento ad uno *standard* probatorio al di sotto del quale il nome non può essere iscritto», v. C. CONTI, *op. cit.*, p. 145.

Di conseguenza, per l'iscrizione del nominativo, sarà sufficiente la sussistenza, a carico dell'interessato, di indizi "generici", cioè, di un *fumus commissi delicti* ancora allo "stato grezzo"; sempre, però, che tali elementi abbiano carattere "individualizzante" [19]; vale a dire siano sufficienti per ricondurre, sia pure in chiave meramente possibilista, il fatto illecito a una determinata persona.

A ben riflettere, la riforma della disciplina riguardante l'iscrizione "soggettivamente indirizzata" ha una portata tale da far ragionevolmente prevedere notevoli sue ricadute concrete.

Innanzitutto, l'iscrizione a modello 21 non potrà più essere effettuata per il mero fatto che una determinata persona sia stata indicata in una denuncia come autrice del reato; occorrerà invece anche che, a carico di chi viene indicato, emerga un certo quadro indiziario.

Inoltre, l'obbligo di detta iscrizione dovrà escludersi sia nel caso di "autore da identificare" (cioè, di autore completamente sconosciuto, oppure anche identificato, ma con generalità incomplete), sia nell'ipotesi di un fatto di rilevanza penale suscettibile senz'altro dell'iscrizione, ma per il quale, al momento, non vi sia ancora un quadro indiziario soggettivamente individuato [20].

Del resto, già la *Relazione* della Commissione Lattanzi aveva evidenziato il rischio del dovere esclusivamente formale di un'iscrizione relativa a soggetti (quali, ad esempio, quelli coinvolti in organismi o *èquipes* di lavoro) dalla posizione quasi certamente estranea a profili di responsabilità penale [21]. Al riguardo, si pensi alla pratica diffusa di iscrivere indistintamente tutti gli operatori sanitari che si sono occupati di un paziente deceduto, senza verifiche specifiche "individualizzanti", e solo al fine di poter effettuare l'autopsia sul cadavere [22].

Ciò nonostante, non può non destare preoccupazione il fatto che, nell'intento di evitare iscrizioni rese obbligatorie dalla sola necessità di compiere un "atto dovuto" [23] (ad esempio, un esame autoptico tramite accertamento tecnico non ripetibile), si precluda ad una determinata persona coinvolta nell'accerta-

---

[19] In questi termini, G. AMATO, *Iscrizione notizie di reato, i sospetti non bastano servono indizi*, in *I focus del Sole 24 Ore*, giovedì 7 ottobre 2021, n. 28, p. 7; R. FONTI, *op. cit.*, p. 105; nonché, volendo, C. FANUELE, *La notizia di reato*, cit., p. 37.

[20] Sul punto, v. la nota della Procura della Repubblica di Bologna 19 ottobre 2022, in *www.sistemapenale.it.* Nello stesso senso, la *Relazione* dell'Ufficio del Massimario della Corte Suprema di Cassazione sulla "Riforma Cartabia", cit., p. 61.

[21] V. la *Relazione della Commissione Lattanzi, Indagini preliminari e udienza preliminare*, in *www.giurisprudenzapenale.com*, p. 16 ss.

[22] Sul punto, v., volendo, C. FANUELE, *La notizia di reato*, cit., p. 37.

[23] In proposito cfr. C. CONTI, *op. cit.*, p. 146, la quale evidenzia i «connessi rischi in punto di presunzione di innocenza e di processo mediatico». Nello stesso senso, già, G. AMATO, *Iscrizione della notizia di reato*, cit., p. 7; D. STASIO, *No a iscrizioni frettolose. Pignatone sfata la leggenda dell'"atto dovuto"*, in *Quest. giust.*, 17 ottobre 2017.

mento giudiziario, ma nei cui confronti non esistono ancora indizi a carico, la possibilità di esercitare le proprie prerogative difensive (come quella di nominare consulenti tecnici che partecipino al menzionato accertamento: v. art. 360, comma 1, c.p.p.). La questione è seria, in quanto i risultati di un atto investigativo del genere suddetto sono pacificamente ritenuti utilizzabili nei confronti del soggetto che solo successivamente risulti indiziato.

Maggiori perplessità suscita, poi, il *Parere* che, in data 22 settembre 2022, il CSM ha reso sullo schema del decreto legislativo: vi si evidenzia come l'iscrizione a modello 21 sia imposta soltanto quando gli elementi a carico della persona abbiano un grado di consistenza tale «da attingere la soglia della probabilità di fondatezza dell'accusa» [24]. Difatti, se agli effetti *de quibus*, si richiedesse la sussistenza a carico dell'indagato di prove vere e proprie, allora si esigerebbe quasi un "pregiudizio di colpevolezza" [25]; il quale ultimo – tra l'altro – dissonerebbe dal divieto (stabilito dal nuovo comma 1 dell'art. 335-*bis* c.p.p.) di far discendere dall'adempimento in oggetto «effetti pregiudizievoli di natura civile o amministrativa per la persona alla quale il reato è attribuito».

In definitiva, la scelta di collegare l'obbligo dell'iscrizione nominativa all'emersione di indizi a carico di un soggetto deve essere interpretata come *voluntas legis* rivolta ad escludere sia la necessità di tale incombenza in presenza di meri sospetti; sia l'esigenza di differire l'atto fino a quando gli elementi a carico dell'interessato risultino di consistenza tale da attingere la soglia della «probabilità di fondatezza dell'accusa» [26]. Difatti, questo *standard* è esigibile *solo al termine delle investigazioni, ai fini dell'esercizio dell'azione penale;* non già all'inizio delle indagini, essendovi, altrimenti, il rischio di un *irrimediabile ritardo nell'entrata in gioco delle garanzie di legge a favore di chi ad esse è sottoposto* [27].

Del resto, occorre sottolineare come l'opzione, accolta dal nostro ordinamento, di collegare l'applicabilità delle garanzie previste per l'imputato già ai soggetti individuabili come "sottoposti ad indagine" risulti – specialmente alla luce delle controversie nate dall'esperienza dei Paesi di *Common law* [28] – di primaria

---

[24] Sul punto v. anche la *Relazione* dell'Ufficio del Massimario della Corte Suprema di Cassazione sulla "Riforma Cartabia", cit., p. 61 s.

[25] Così M. GIALUZ, *op. cit.*, p. 60.

[26] Sul punto v. M. GIALUZ, *op. cit.*, p. 60.

[27] In questi termini M. GIALUZ, *op. cit.*, p. 60.

[28] Nel sistema statunitense, ad esempio, l'affermazione del c.d. *right to counsel* è stata oggetto, soprattutto nella seconda metà del Novecento, di un acceso dibattito in sede giurisprudenziale e, soltanto recentemente, la Corte Suprema federale (v. il caso *Rothgery v. Gillespie County*, 554 *U.S.* 191 (2008)) ha ricollegato l'applicabilità delle garanzie difensive anche in una fase anteriore al dibattimento, purché: *a)* la pretesa punitiva del potere pubblico sia stata in una qualche forma esplicitata (ad esempio, attraverso l'iscrizione del soggetto nel registro degli indagati); *b)* si versi in uno "stadio critico" della procedura; che *c)* è identificabile solo se si ha una situazione simil-dibatti-

importanza e, quindi, vada salvaguardata, accogliendo interpretazioni del sistema che di tale scelta assicurino l'efficacia applicativa.

Infine, appare norma assai opportuna l'esplicito divieto di utilizzare la notizia di reato per finalità diverse da quella di avviare formalmente il procedimento investigativo "soggettivamente indirizzato".

In quest'ottica, però, pare auspicabile un'ulteriore chiarificazione legislativa intesa a scongiurare prassi contrarie allo spirito della attuale formula normativa; la cui genericità – infatti – potrebbe fare ritenere utilizzabili, in sede civile o amministrativa, gli elementi valutati dal pubblico ministero all'atto dell'iscrizione[29], oppure altri fatti od atti, comunque riguardanti l'iscrizione, capaci di determinare effetti pregiudizievoli: si pensi, tra l'altro, alla divulgazione mediatica dell'avvenuto adempimento, con conseguente possibilità che sia lesa la reputazione sociale dell'iscritto[30].

In altri termini, il legislatore delegato, per evitare davvero ogni equivoco, avrebbe dovuto contestualmente abrogare tutte le norme dell'ordinamento che, dalla sola sottoposizione di un soggetto a procedimento penale, fanno discendere nei suoi confronti conseguenze deteriori. Invece, il d.lgs. n. 150 ha «introdotto una *norma di interpretazione autentica* nell'art. 110-*quater* disp. att. c.p.p.», in forza della quale le disposizioni vigenti che dall'iscrizione soggettiva facciano derivare effetti pregiudizievoli in sede civile o amministrativa per l'indagato devono intendersi nel senso che esse «si applicano comunque alla persona nei cui confronti è stata emessa una misura cautelare personale o è stata esercitata l'azione penale»[31].

In questo modo, l'art. 335-*bis* cit. finisce per svolgere una funzione integrativa di tutte le disposizioni, già presenti nell'ordinamento, che riconnettono alla qualità di indagato effetti pregiudizievoli di tipo amministrativo o civile, limitandone l'applicazione ai soli casi in cui sia stata adottata una misura cautelare personale o è stata esercitata l'azione penale[32].

In altri termini, dall'art. 335-*bis* c.p.p. discende che ogni «*effetto pregiudizievole automatico*» possa derivare dalla sottoposizione a una misura cautelare personale o al processo vero e proprio[33]. Difatti, il nuovo art. 110-*quater* cit. opera

---

mentale, in cui, cioè, l'accusato è presente e la sua condotta può necessitare della "guida" del difensore.

[29] Così R. BRICCHETTI, *op. cit.*, p. 2.

[30] Sul punto, v. R. FONTI, *op. cit.*, p. 103.

[31] Così M. GIALUZ, *op. cit.*, p. 61.

[32] In questi termini, la *Relazione* dell'Ufficio del Massimario della Corte Suprema di Cassazione sulla "Riforma Cartabia", cit., p. 67.

[33] In questi termini M. GIALUZ, *op. cit.*, p. 61, il quale ritiene che «[...] il caso più emblematico [sia] forse quello dell'art. 463-*bis* c.c., secondo il quale "sono sospesi dalla successione il coniuge,

«una sorta di generale "conversione" del riferimento alla mera sottoposizione ad indagini» ad altri momenti procedimentali più significativi, quali l'applicazione di una misura cautelare personale o l'avvenuto esercizio dell'azione penale[34].

Altrettanto apprezzabile pare il contenuto dei nuovi commi 1-*bis* e 1-*ter* aggiunti nell'art. 335 c.p.p., con i quali si è voluto precisare come l'iscrizione, sia soggettiva che oggettiva, delle notizie di reato *rientri nelle funzioni istituzionali del pubblico ministero*.

Viene, così, senz'altro, confermato che il pubblico ministero è il *dominus* dell'iscrizione[35]; che dev'essere immediata, per ciò che attiene al *quando*; ma che, sotto il profilo del *quomodo*, è rimessa ad una scelta discrezionale (ma non arbitraria) dell'ufficio. Seguita, infatti, a restare prerogativa esclusiva del pubblico ministero, organo destinatario dell'informativa, la determinazione circa il registro nel quale procedere all'iscrizione: si tratta di un'attività squisitamente giudiziaria, come tale non sindacabile in sede amministrativa[36].

Inoltre, il nuovo comma 1-*ter* del suddetto art. 335 consente al pubblico ministero, qualora egli *non abbia iscritto immediatamente* il nome della persona "indiziata", di provvedere in questo senso successivamente[37], indicando «la data anteriore a partire dalla quale [l'iscrizione] deve intendersi effettuata»: trattasi di un opportuno adeguamento del modello normativo alla concreta esperienza, nella quale non è raro il caso in cui, al momento d'iscrizione della notizia, non risulta ancora nota l'identità dell'indagato; il quale, però, viene poi ad essere individuato tramite gli atti investigativi progressivamente compiuti[38]. Per la verità, il verbo "può" utilizzato dalla nuova clausola sembrerebbe interpretabile così da

---

anche legalmente separato, nonché la parte dell'unione civile indagati per l'omicidio volontario o tentato nei confronti dell'altro coniuge o dell'altra parte dell'unione civile"».

[34] In questi termini, C. CONTI, *op. cit.*, p. 146.

[35] Così la *Relazione* dell'Ufficio del Massimario della Corte Suprema di Cassazione sulla "Riforma Cartabia", cit., p. 60.

[36] Sul punto v. la nota della Procura della Repubblica di Bologna 19 ottobre 2022, cit.

[37] Nel senso che sarebbe stato preferibile introdurre «un obbligo d'iscrizione temporalmente più definito», v. D. CURTOTTI, *op. cit.*, p. 204, la quale, però, aggiunge che «[...] tale soluzione, drastica ma sicuramente chiara e inequivocabile, avrebbe dovuto fare i conti con le inefficienze del sistema giustizia che, proprio a far data dalla iscrizione, non riesce a mantenere ritmi costanti e fisiologici di movimento dell'azione penale e di tutti i suoi corollari, a dispetto della tracciabilità, velocità e fluidità delle operazioni eseguite in modalità digitale».

[38] Sul punto ci sia consentito rinviare a C. FANUELE, *La ricostruzione del fatto*, cit., p. 38: «[...] l'investigazione è cambiamento, evoluzione: da un atto iniziale (con riferimento alla fattispecie in esame, l'iscrizione nell'apposito registro dell'informazione relativa ad un fatto qualificato come reato dal pubblico ministero), l'attività d'inchiesta progredisce continuamente tramite l'acquisizione di elementi conoscitivi utili alla ricostruzione del fatto (anzitutto, per risalire all'identità dell'autore). Quindi, nel caso in oggetto, l'atto iniziale ha un'efficacia *polivalente: esso è notizia di reato oggettivamente qualificata e spunto investigativo per identificare il colpevole*».

rimettere alla discrezione del pubblico ministero l'indicare o no una data anteriore; ma pare preferibile ritenere che, qualora ne sussistano i presupposti, costui sia *obbligato n*on soltanto a procedere all'iscrizione soggettiva, ma anche a *retrodatarla*[39]. Così facendo, il magistrato inquirente potrà rimediare ad eventuali ritardi senza che debba attivarsi il controllo giurisdizionale contestualmente introdotto dalla riforma[40].

Ad esempio, questo potere-dovere di retrodatazione potrà essere utilizzato soprattutto nei casi in cui il pubblico ministero abbia ravvisato un proprio precedente errore di qualificazione, che lo abbia portato ad iscrivere impropriamente un fascicolo a modello 45, ovvero che lo abbia indotto a non valorizzare subito la sussistenza di indizi a carico di una persona[41]. Invece, quanto alle ipotesi di ritardi nell'iscrizione cagionati dal tempo materiale necessario per l'attenta lettura delle informative e per l'espletamento, da parte delle segreterie, delle incombenze attinenti alla registrazione delle notizie, la soluzione dipenderà dalle procure: potrà accadere che queste considerino simili dilazioni come "fisiologiche" e, quindi, tali da non imporre retrodatazioni[42] .

Opportunamente, poi, il novellato comma 1 dell'art. 335 fissa specificamente i requisiti necessari perché una notizia di reato si possa ritenere "oggettivamente delineata": a tal fine, occorre «la rappresentazione di un fatto, determinato e non inverosimile, riconducibile in ipotesi a una fattispecie incriminatrice». Inoltre, nell'iscrizione devono essere «indicate, ove risultino, le circostanze di tempo e di luogo del fatto». Al riguardo, bisogna escludere che le modalità concrete di svolgimento del fatto siano un elemento indispensabile ai fini della "determinatezza" della notizia; ma, se esse risultino successivamente, l'iscrizione dovrà essere conseguentemente integrata[43].

In sostanza, a venire enunciato dovrà essere un accadimento *specifico* e *rilevante*, suscettibile di essere *accertato oggettivamente*, riconducibile ad un «preciso contesto storico ambientale»[44] . Quindi, ad esempio, non rientreranno tra le

---

[39] Così si legge nella *Relazione* dell'Ufficio del Massimario della Corte Suprema di Cassazione sulla "Riforma Cartabia", cit., p. 62.

[40] In questi termini C. CONTI, *op. cit.*, p. 147.

[41] Sul punto v. G. AMATO, *La correttezza dell'iscrizione: stop a quelle tipo "atto dovuto"*, in *Guida dir.*, 2022, n. 41, p. 37.

[42] In senso affermativo v. la *Relazione* dell'Ufficio del Massimario della Corte Suprema di Cassazione sulla "Riforma Cartabia", cit., p. 62.

[43] Così la *Relazione* dell'Ufficio del Massimario della Corte Suprema di Cassazione sulla "Riforma Cartabia", cit., p. 61.

[44] In questi termini R. APRATI, *La notizia di reato*, cit., p. 19, la quale spiega «[...] si deve trattare di un accadimento determinato, di specie e non già imprecisato o di genere». Sul punto, v. anche M. GIALUZ, *op. cit.*, p. 59: «Nella definizione riecheggia – sia pur con qualche adattamento linguistico – la proposta avanzata dalla Commissione Riccio, secondo la quale la noti-

notizie di reato quelle proposizioni generiche che si riducano a ripetere la formula astratta della fattispecie incriminatrice.

Peraltro, a questo proposito, potrebbe riproporsi una questione fondamentale; e, cioè, quella se, una volta fissate indicazioni restrittive per le iscrizioni delle *notitiae criminis*, gli elementi di conoscenza eventualmente acquisiti, che, per loro stessi, appaiano insufficienti per configurare una notizia di reato, possano invece dar luogo ad indagini pre-procedimentali dirette ad acquisire una informativa suscettibile di iscrizione: una risposta affermativa potrebbe implicare che la prescrizione legislativa di un *quantum* probatorio più consistente ai fini dell'iscrizione finisca per ampliare il novero delle ipotesi suscettibili di condurre ad investigazioni pre-procedimentali. Queste ultime – insomma – si renderebbero d'ora in poi necessarie anche di fronte a dati che – una volta – sarebbero stati senz'altro identificabili come estremi della *notitia criminis*[45].

In definitiva, questa nuova disciplina, piuttosto "elastica", potrebbe non eliminare del tutto "scappatoie" e conseguenti abusi.

3. Le modalità di verifica giurisdizionale sulla tempestività dell'iscrizione

La menzionata direttiva della legge delega intesa a favore di un effettivo controllo sulle scelte della pubblica accusa circa il momento dell'iscrizione *de qua* ha condotto ad inserire nel codice di procedura penale gli artt. 335-*ter* e 335-*quater* c.p.p.

In particolare, il primo articolo stabilisce che il giudice, «quando deve compiere un atto del procedimento», può, con decreto motivato, ordinare al pubblico ministero l'iscrizione a modello 21, se ritiene che «il reato per cui si procede debba essere attribuito a una persona che non è stata ancora iscritta nel registro

---

zia di reato andrebbe definita come "rappresentazione non manifestamente inverosimile di uno specifico accadimento storico, attribuito o meno a soggetti determinati, dalla quale emerga la possibile violazione di una disposizione incriminatrice contenuta nel codice penale o in leggi speciali"». In questo stesso senso, D. CURTOTTI, *op. cit.*, p. 203. Sui nuovi requisiti oggettivi della notizia di reato, v., in particolare, C. CONTI, *op. cit.*, p. 143 s.; A. CABIALE, *I nuovi controlli giudiziali sui tempi della fase investigativa: una riforma tanto attesa quanto indispensabile*, in *Legisl. pen.*, 2022, p. 7 s.

[45] Sul punto v. R. APRATI, *Le indagini* preliminari, cit., p. 4. Più di recente, in proposito, cfr. anche C. CONTI, *op. cit.*, p. 144; R. FONTI, *op. cit.*, p. 105 s.; A. MARANDOLA, *Notizia di reato, tempi delle indagini*, cit., p. 1570; N. TRIGGIANI, *op. cit.*, p. 2 ss. e, volendo, C. FANUELE, *La notizia di reato*, cit., p. 38.

delle notizie di reato». Spetterà, allora, al pubblico ministero provvedere a detta iscrizione, indicando la data a partire dalla quale decorrono i termini delle indagini[46].

Tale sindacato potrà essere esercitato in quei passaggi delle attività investigative per cui è previsto un intervento giurisdizionale; ad es., per i controlli e i provvedimenti in tema d'intercettazioni telefoniche (art. 267, comma 1, c.p.p.), o di durata delle indagini preliminari (art. 406 c.p.p.), oppure di ammissibilità dell'incidente probatorio (art. 393 c.p.p.), o, ancora, di sequestri preventivi (art. 321 c.p.p.), ecc.[47].

L'ordine del giudice deve essere adottato «sentito il pubblico ministero». Sebbene nulla venga detto circa le modalità d'interlocuzione con il titolare dell'azione penale[48] e le forme tramite le quali questi possa contestare la sussistenza dei requisiti che rendono doverosa l'iscrizione[49], simile obbligo di audizione pare opportunamente imposto, potendo scongiurare il rischio di ordini riferentisi a temi non riguardati dalle investigazioni, ovvero scientemente selezionati dal pubblico ministero per fini di separata ed autonoma indagine[50].

Del resto, proprio per evitare il pericolo di straripamenti del giudice nell'esercizio di poteri propri dell'organo inquirente, nella *Relazione* tecnica al decreto legislativo si è precisato che la prerogativa giudiziale, pur potendo legittimamente riguardare anche soggetti diversi rispetto a quelli già iscritti, deve essere circoscritta unicamente a coloro cui venga addebitato "*quello stesso fatto*" che forma oggetto della richiesta indirizzata al giudice; tant'è vero che – secondo quanto puntualizza la stessa *Relazione* – rispetto ad eventuali *fatti diversi* «potrebbe semmai venire in gioco la disciplina dell'obbligo di denuncia»[51]; mentre il provvedimento con cui il giudice ordinasse l'iscrizione in ordine a fatti *diversi*

---

[46] Osserva, però, come, per tutelare davvero la celerità e la speditezza delle indagini, sarebbe stato necessario prevedere non soltanto il potere del giudice di ordinare l'iscrizione, ma anche quello di indicare la data a partire dalla quale decorrono i termini investigativi, A. MARANDOLA, *Le finestre di giurisdizione e il giudice del procedimento*, in *Proc. pen. e giust.*, 2023, 1, p. 8.

[47] Così C. FANUELE, *La notizia di reato*, cit., p. 36.

[48] Sul punto v. A. MARANDOLA, *op. loc. ult. cit.*

[49] Sul punto v. la *Relazione* dell'Ufficio del Massimario della Corte Suprema di Cassazione sulla "Riforma Cartabia", cit., p. 66 che, riportando il già citato Parere del CSM del settembre 2022, afferma: «A meno di non voler ritenere che il GIP, nel richiedere al P.M. di interloquire, debba preventivamente motivare in ordine agli indizi ritenuti sussistenti a carico della persona di cui ritiene doverosa l'iscrizione (ipotesi da escludere, dovendo essere motivato solo il decreto che ordina l'iscrizione), non sarà agevole per il P.M. argomentare l'esclusione della ricorrenza delle condizioni per iscrivere».

[50] Così si legge nella *Relazione* dell'Ufficio del Massimario della Corte Suprema di Cassazione sulla "Riforma Cartabia", cit., p. 64.

[51] V. la nota della Procura della Repubblica di Bologna 19 ottobre 2022, cit.

rispetto a quello riguardato dalla richiesta di iscrizione potrebbe risultare abnorme e, in quanto tale, censurabile in sede di legittimità[52].

Tuttavia, detta eventualità sembra improbabile, poiché presuppone l'esistenza, in capo al giudice, di un potere ch'egli non ha, almeno pienamente. Difatti, proprio al fine di consentire l'esercizio del controllo in oggetto, si è previsto che il pubblico ministero, quando presenti una richiesta al giudice per le indagini preliminari, debba indicare sempre la notizia di reato e il nome della persona a cui il reato è attribuito (nuovo art. 110-*ter* disp. att., introdotto dall'art. 41, comma 1, lett. *m*))[53]. Si tratta della cosiddetta "informazione sulle iscrizioni", diretta a garantire al giudice la possibilità di circoscrivere esattamente il *thema decidendum*[54].

Si tratta di un'innovazione che pare apprezzabile, in quanto presumibilmente destinata a far scomparire la ormai inaccettabile prassi giudiziaria di indicare negli atti soltanto il nome del primo indiziato con l'annessa dicitura "ed altri"[55].

Nel suo complesso, dunque, la nuova disciplina prevista dall'art. 335-*ter* cit. va considerata positivamente, apparendo intesa ad evitare la mancata iscrizione, relativa al profilo soggettivo, di *notitiae criminis* già significative anche per questo aspetto. Al tempo stesso, però, questa nuova disposizione normativa lascia aperta la questione relativa alla possibilità o no per il giudice di disporre d'ufficio la retrodazione di una iscrizione che, sebbene già soggettivamente indirizzata, risulti *tardiva* rispetto all'emersione dei presupposti per procedere al corrispondente adempimento[56].

In quest'ottica, – dunque – si è stabilito che il giudice, rilevata una simile inosservanza, ordini al pubblico ministero di registrare anche il nome della persona eventualmente già suscettibile di sottoposizione ad indagini.

A questo proposito bisogna preliminarmente ricordare che l'iscrizione *ex* art. 335 c.p.p. è per il magistrato inquirente un atto *obbligatorio*, non essendogli in alcun modo consentito di scegliere discrezionalmente "se" o "quando" provvedere a tal fine[57]. Insomma, nel momento in cui, da un atto di indagine (ad es.,

---

[52] V. la *Relazione* dell'Ufficio del Massimario della Corte Suprema di Cassazione sulla "Riforma Cartabia", cit., p. 65.

[53] Sul punto v. M. GIALUZ, *op. cit.*, p. 62.

[54] In proposito v. la nota della Procura della Repubblica di Bologna 19 ottobre 2022, cit.

[55] Così C. CONTI, *op. cit.*, p. 149; D. CURTOTTI, *op. cit.*, p. 209.

[56] Su questo aspetto problematico, v. C. CONTI, *op. cit.*, p. 149, la quale, più in generale, si chiede se «le nuove finestre di giurisdizione debbano essere lette in chiave di eccezionalità [...], oppure se esse colte nella loro *ratio* di garanzia, valgano a rideterminare gli equilibri del sistema al fine di evitare abusi del potere di azione e, dunque, possano essere sottoposte ad un'interpretazione estensiva (forse addirittura analogica) purché si resti aderenti alla predetta *ratio*».

[57] Così R. APRATI, *La notizia di reato*, cit., p. 149.

dalle dichiarazioni auto-indizianti rese da persona informata sui fatti) emerga un possibile autore del reato, la pubblica accusa dovrà procedere all'adempimento *de quo*.

Di conseguenza, la nuova disciplina pare meritevole d'incondizionata approvazione, sembrando idonea a soddisfare l'esigenza di *garantire una funzione di controllo sulle attività del magistrato requirente, in modo da assicurare alla persona indagata la possibilità di esercitare il diritto alla difesa nella fase preliminare.* Inoltre, la stessa clausola finisce per garantire effettività alla regola sulla inutilizzabilità degli atti investigativi tardivi, nonché al principio di obbligatorietà dell'azione penale[58].

Quanto poi al profilo più strettamente attinente al diritto di difesa, il nuovo art. 335-*quater* c.p.p. attribuisce anche alla persona sottoposta ad indagine (oppure, in udienza preliminare o nel giudizio, all'imputato: v. comma 7) la facoltà di chiedere al giudice di accertare la tempestività dell'iscrizione sia della notizia di reato a proprio carico sia del suo nome, nonché, eventualmente, di retrodatarla[59].

Si tratta di una norma che risulta fortemente innovativa, alla luce dell'orientamento giurisprudenziale finora nettamente maggioritario, il quale escludeva che al giudice fosse consentito stabilire, per la durata del periodo investigativo, una decorrenza diversa da quella che discendeva dalla iscrizione operata dal pubblico ministero; sicché gli eventuali ritardi indebiti nella registrazione della *notitia criminis* o del suo riferimento individuale, pur costituendo violazioni di legge, dovevano ritenersi privi di conseguenze ai fini dell'invalidità prevista dall'art. 407, comma 3, c.p.p.[60].

In particolare, i commi 6 e 7 dell'art. 335-*quater* subordinano l'anzidetta istanza dell'indagato a precise modalità: la domanda di retrodatazione va proposta, a pena di inammissibilità, entro venti giorni da quello in cui l'interessato ha avuto facoltà di prendere conoscenza degli atti attestanti il ritardo nell'iscrizione; e deve contenere «le ragioni che la sorreggono e gli atti del procedimento dai quali è desunto il ritardo».

Tutto sommato, il termine di cui sopra pare congruo (occorre, infatti, considerare che è identico a quello fissato dall'art. 415-*bis* c.p.p. per l'esercizio delle facoltà difensive successivamente alla notificazione dell'avviso di conclusione delle indagini) e, comunque, potrebbe risultare "mobile" come avverrebbe, ad

---

[58] In proposito v. R. APRATI, *op. ult. cit.*, p. 145.

[59] Per una critica di tale disposizione che risulta «fuorviante» laddove «sembra "sganciare" la prima richiesta, di verifica della tempestività, da quella di retrodatazione», cfr. D. CURTOTTI, *op. cit.*, p. 205.

[60] Cass., Sez. Un., 24 settembre 2009, n. 40538, Lattanzi, cit., p. 503; Cass., Sez. Un., 21 giugno 2000, n. 16, Tammaro, cit., p. 3259.

esempio, nel caso in cui il pubblico ministero utilizzasse un atto proveniente da un diverso procedimento, del quale si ponesse questione di retrodatazione[61]. Nondimeno – bisogna osservare – il *dies a quo* per la richiesta va ravvisato nel momento in cui l'interessato ha potuto avere conoscenza degli specifici atti tali da evidenziare il ritardo[62].

Peraltro, appare assai improbabile la presentazione della domanda in oggetto già nel corso della fase investigativa: nella maggior parte dei casi, la richiesta di retrodatazione potrà effettuarsi in concreto solo in esito all'avviso di conclusione delle indagini oppure dopo l'esercizio dell'azione penale[63].

Per quanto concerne poi la legittimazione a presentare la domanda, l'intento di evitare un'eccessiva complessità del procedimento incidentale ha sconsigliato l'abilitazione della persona offesa, sia ad agire sia ad intervenire[64]; ammessa, invece, quella della parte civile.

A seguito dell'istanza, il giudice decide in ordine alla retrodatazione dopo un vero e proprio contraddittorio incidentale tra le parti, destinato a svolgersi in forma cartolare, oppure anche orale, se il giudice la ritenga necessaria.

Poiché è presumibile che tale confronto dialettico possa offrire all'organo giurisdizionale argomenti utili ai fini delle sue determinazioni, appare giustificato l'onere fatto all'interessato d'indicare nella sua richiesta, non soltanto le ragioni dell'attesa retrodatazione, ma anche gli atti dai quali è desunto il postulato ritardo nell'iscrizione.

In particolare, l'uso del plurale («*atti* del procedimento») conduce a ritenere che il ritardo possa venire eccepito non già fin dal momento del deposito di un *singolo a*tto investigativo, ma soltanto dopo che siano depositati *tutti* gli atti d'indagine o *gran parte* di essi (ad esempio, in esito all'avviso di conclusione delle indagini, o – al più presto – nel procedimento cautelare). Del resto, per verificare la tempestività dell'iscrizione, occorre una valutazione comparativa che non può avvenire certo sulla base di un singolo atto di indagine[65].

Ad ogni modo, è da reputare che il riferimento agli «*atti* del procedimento», introdotto *ex novo* dal legislatore delegato per semplificare il controllo del giudice ed evitare la reiterazione di istanze non basate su atti diversi in precedenza non conoscibili[66], vada conseguentemente inteso non già in modo formalistico, bensì accogliendo la nozione "sostanziale" di procedimento fornita dalla giuri-

---

[61] V. la nota della Procura della Repubblica di Bologna 19 ottobre 2022, cit.

[62] Sul punto cfr. la Circolare del 26 ottobre 2022, in *www.ministerodellagiustizia.it*, 2022, p. 8.

[63] Così D. CURTOTTI, *op. cit.*, p. 206; M. GIALUZ, *op. cit.*, p. 62.

[64] Sul punto, v. la nota della Procura della Repubblica di Bologna 19 ottobre 2022, cit.

[65] In questi termini R. APRATI, *Le indagini preliminari*, cit., p. 14; C. FANUELE, *La notizia di reato*, cit., p. 36.

[66] Così la nota della Procura della Repubblica di Bologna 19 ottobre 2022, cit.

sprudenza di legittimità [67], e quindi valorizzando anche atti desumibili da procedimenti connessi.

L'«incidente sulla tempestività» potrà essere attivato, durante le indagini preliminari [68], in via autonoma, con richiesta depositata presso la cancelleria del giudice e notificata al pubblico ministero (comma 6); oppure essere instaurato in occasione di un diverso procedimento incidentale, incardinandolo nel medesimo (comma 7). In quest'ultima ipotesi, la questione sulla retrodatazione verrà trattata e decisa nelle forme proprie di questo stesso incidente; per il primo caso, invece, si è prevista l'instaurazione di un contraddittorio scritto con il pubblico ministero; ove poi il giudice lo ritenga necessario, disporrà anche un contraddittorio orale che avverrà in camera di consiglio (comma 6, quarto periodo) [69].

Il giudice provvede con ordinanza, disponendo la retrodatazione «quando il ritardo è inequivocabile e non è giustificato», e contestualmente indicando «la data nella quale deve intendersi iscritta la notizia di reato e il nome della persona alla quale il reato è attribuito» (art. 335-*quater,* comma 8, c.p.p.); oppure, rigettando la domanda (o dichiarandola inammissibile se presentata in mancanza delle condizioni di legge).

Dunque, solo quel ritardo che risulti *inequivocabilmente* e che appaia *ingiustificato* comporterà il provvedimento di retrodatazione, onde sarà compito dell'interprete stabilire in concreto la portata da attribuire a ciascuno dei due aggettivi [70]. Tuttavia, sembra di poter già azzardare qui un esempio, indicando come ipotesi d'inequivocità del ritardo il caso in cui dagli atti emerga oggettivamente la sussistenza di indizi a carico dell'indagato antecedentemente alla sua iscrizione. Per quanto concerne invece il carattere "ingiustificabile" dell'indugio, il decreto,

---

[67] V. Cass., Sez. Un., 28 novembre 2019, n. 51, Cavallo, in *Sist. pen.*, 30 gennaio 2020, con nota di G. ILLUMINATI, *Utilizzazione delle intercettazioni in procedimenti diversi: le sezioni unite ristabiliscono la legalità costituzionale*.

[68] Per quest'espressione cfr. M. GIALUZ, *op. cit.*, p. 63.

[69] Resta aperta la questione se, con l'espressione "udienza in camera di consiglio", il legislatore abbia inteso fare o no riferimento alle forme procedimentali di cui all'art. 127 c.p.p. e, quindi, alla possibilità di impugnare l'ordinanza conclusiva in sede di legittimità a norma del comma 7 del citato articolo. Secondo la *Relazione* dell'Ufficio del Massimario della Corte Suprema di Cassazione sulla "Riforma Cartabia", cit., p. 63, nota 175, alla quale si rinvia per i relativi riferimenti giurisprudenziali, «Il mancato espresso richiamo a tale disposizione farebbe propendere per la tesi negativa in conformità a quanto da tempo affermato dalla giurisprudenza di legittimità anche nella sua massima espressione».

[70] Nel senso che detti aggettivi «[...] mirano a ridurre ad ipotesi eccezionali il sindacato sulle scelte del pubblico ministero, in modo da evitare di riconoscere all'indagato e al giudice una sorta di generalizzato potere di intromissione nelle valutazioni della pubblica accusa che derivano dall'esercizio di una discrezionalità tecnica imposta dall'assetto costituzionale», v. C. CONTI, *op. cit.*, p. 151.

che si è limitato a riprodurre letteralmente l'aggettivo utilizzato dalla legge delega, pare purtroppo avere determinato il rischio di consentire interpretazioni lassiste; quale sarebbe quella che giustificasse anche il ritardo motivato da carenze organizzative o dal sovraccarico dell'ufficio [71].

Peraltro, una simile esegesi sarebbe in netto contrasto con lo spirito della legge delega, che parrebbe, invece, tollerare il solo ritardo derivante dalla «oggettiva complessità delle valutazioni richieste ai fini dell'iscrizione» [72], ovvero delle risultanze delle investigazioni (come, ad es., nel caso di esposto molto lungo o del complicato collegamento tra gli esiti di intercettazioni risalenti a tempi diversi) [73].

L'imputato (nel caso di rigetto della sua richiesta) oppure il pubblico ministero o la parte civile (nell'ipotesi in cui sia stata accolta) può «chiedere che la questione sia nuovamente esaminata prima della conclusione dell'udienza preliminare o, se questa manca, entro il termine previsto dall'art. 491, comma 1» [74]. Se, invece, il dibattimento è preceduto dall'udienza preliminare, «la domanda di nuovo esame della richiesta di retrodatazione può essere proposta solo se già avanzata nell'udienza preliminare»; l'ordinanza del giudice dibattimentale potrà, poi, essere impugnata congiuntamente con la sentenza (art. 335-*quater*, comma 9, c.p.p.).

In definitiva, il controllo sulla tempestività dell'iscrizione potrà essere esercitato anche dal giudice dell'udienza preliminare oppure da quello del dibattimento (a seconda che vi sia o no l'udienza preliminare). La dichiarazione di inutilizzabilità degli atti compiuti fuori termine sarà, poi, sindacabile dal giudice dell'impugnazione [75].

Dunque, la nuova disciplina ha un'evidente potenzialità di determinare ricadute *sull'intero procedimento:* un'eventuale retrodatazione, cagionando l'inutilizzabilità di uno o più atti posti a fondamento dell'impianto accusatorio, *renderà incerto l'esito del processo fino al giudizio d'impugnazione*; e ciò potrebbe determinare *notevoli allungamenti dei tempi processuali*, in contrasto con l'intento perseguito dalla riforma [76].

---

[71] Di tale avviso è M. GIALUZ, *op. cit.*, p. 63.

[72] In questi termini D. CURTOTTI, *op. cit.*, p. 207; M. GIALUZ, *op. cit.*, p. 63.

[73] Sul punto v. la *Relazione* dell'Ufficio del Massimario della Corte Suprema di Cassazione sulla "Riforma Cartabia", cit., p. 64, nt. 176.

[74] Sul punto v., già, M. GIALUZ-J. DELLA TORRE, *Il progetto governativo di riforma della giustizia penale approda alla Camera: per avere processi rapidi (e giusti) serve un cambio di passo*, in *www.sistemapenale.it*, 2020, p. 166.

[75] Così R. APRATI, *Le indagini preliminari*, cit., p. 36.

[76] Sul punto v. R. FONTI, *op. cit.*, p. 108. Di questa stessa opinione, N. ROSSI, *Iscrivere tempestivamente le notizie di reato. Il p.m. in bilico tra precetti virtuosi e potenti remore?*, in *Quest. giust.*, 2021, p. 3.

Quanto al contraddittorio preliminare alla decisione giurisdizionale in tema di retrodatazione, vanno sottolineati alcuni aspetti procedurali.

Il pubblico ministero, ricevuta la richiesta di retrodatazione, può «entro sette giorni, [...] depositare memorie e il difensore del richiedente può prenderne visione ed estrarne copia. Entrambe le parti hanno facoltà di depositare ulteriori memorie entro i setti giorni successivi»[77]. Una volta decorso tale termine, il giudice provvede sulla richiesta; egli, però, se ritiene necessario instaurare un contraddittorio orale, «fissa la data dell'udienza in camera di consiglio, dandone avviso al pubblico ministero e al difensore del richiedente. All'udienza, il pubblico ministero e il difensore sono sentiti se compaiono».

Al riguardo, non si può fare a meno di temere che una simile farraginosa procedura possa rendere inefficace il nuovo istituto e determinare ritardi nel lavoro giudiziario, contraddicendo il principio ispiratore di ragionevole durata del processo[78].

4. Considerazioni conclusive

In generale, la specifica previsione normativa dei presupposti per l'iscrizione oggettiva e soggettiva della notizia di reato merita, senz'altro, apprezzamento: trattasi di soluzione intesa a garantire tempi "ragionevoli" di durata delle indagini, così tutelando insieme l'efficienza dell'amministrazione giudiziaria e i diritti dell'indagato (in particolare, quelli alla certezza della sua posizione e all'esercizio, già fin dall'inizio della fase investigativa, della propria difesa materiale e tecnica).

Tuttavia, vi sono aspetti della nuova disciplina che appaiono maggiormente problematici.

Per quanto particolarmente riguarda l'iscrizione a modello 21, potrebbe dar adito a qualche incertezza interpretativa il significato di "indizio", sotto il profilo dell'accezione in cui esso è usato nel nuovo comma 1-*bis* dell'art. 335 c.p.p. Infatti, con esso sembrerebbe richiedersi al pubblico ministero, già nel momento iniziale della determinazione circa l'iscrizione soggettiva della notizia di reato, una valutazione prognostica di colpevolezza simile a quella che la legge da lui

[77] Osserva D. CURTOTTI, *op. cit.*, p. 207, come appaia preferibile ritenere che la difesa «disponga di altri sette giorni a partire dal deposito del difensore» perché, altrimenti, «si rischierebbe di ridurre a molto meno il lasso di tempo concesso al difensore, che finirebbe sia per dipendere dal giorno in cui il p.m. ha esercitato il suo diritto che per assottigliarsi ai giorni successivi rimanenti».

[78] Questo rischio era già stato evidenziato, per la laconicità delle direttive di delega, da R. FONTI, *op. cit.*, p. 118. Di avviso contrario, D. CURTOTTI, *op. cit.*, p. 207.

esige al termine delle indagini, ai fini delle scelte relative all'esercizio dell'azione penale.

Inoltre, il legislatore delegato, nell'intento di evitare iscrizioni arbitrarie (cioè, effettuate come "atto dovuto", pur mancando indizi soggettivamente indirizzati a carico di una determinata persona), pare aver dimenticato la logica di garanzia sottesa all'iscrizione a modello 21. Difatti, da questo adempimento discende l'applicabilità all'indagato del complesso di garanzie previste per l'imputato che, invece, mancando detta formalità, finiscono per essere *posticipate*; il che determinerebbe un pregiudizio – soprattutto – qualora venissero compiute attività non ripetibili, e quindi utilizzabili nei confronti di chi, al momento dell'iscrizione "oggettiva", non fosse ancora indagato (e, quindi, non potesse partecipare all'atto, esercitando le relative garanzie difensive), ma tale divenisse subito dopo.

Non è chiaro, poi, se per «effetti pregiudizievoli di natura civile o amministrativa per la persona alla quale il reato è attribuito» (art. 335-*bis*, comma 1, c.p.p.) debbano intendersi soltanto quelli eventualmente successivi, intervenuti in esito ad una misura cautelare o all'esercizio dell'azione penale, oppure – secondo l'interpretazione che pare preferibile – *tutte* quelle conseguenze deteriori a carico di un certo soggetto che l'ordinamento giuridico fa discendere dalla sua mera sottoposizione ad un procedimento penale.

Per contro, pare senz'altro da approvare l'attribuzione al giudice del potere di ordinare, anche d'ufficio, al pubblico ministero l'iscrizione nel registro delle notizie di reato della persona che risulti ormai indagata, con la contestuale indicazione concernente la rispettiva data e conseguente decorrenza dei termini per il compimento delle indagini: si tratta di un istituto che assicura il controllo sulla tempistica delle attività cui è deputato il magistrato inquirente, così salvaguardando anche la posizione della persona indagata in relazione alle sue possibilità di difesa nella fase investigativa.

Tuttavia, al giudice è fatto obbligo di disporre tali formalità solo nel caso in cui la loro mancanza sia dipesa da un inadempimento che – all'esito della verifica giurisdizionale – risulta in modo *inequivoco* ed appare *ingiustificato*.

Al riguardo, non si può non evidenziare come sarebbe stato preferibile che il legislatore delegato avesse precisato i criteri per stabilire *quando il ritardo debba ritenersi inescusabile*. Poiché – invece – spetta al giudice decidere la necessità o no della retrodatazione considerando attentamente tali due circostanze, la funzionalità dell'istituto rischia di dipendere totalmente dallo zelo e dalla professionalità dei magistrati chiamati ad applicarne la nuova normativa [79].

Viene, però, il timore che il procedimento incidentale di verifica circa la tempestività delle iscrizioni, data la sua *complessità*, pur assicurando alle parti inte-

---

[79] Così R. FONTI, *op. cit.*, p. 118.

ressate (ma non alla persona offesa né al responsabile civile) un'adeguata possibilità di contraddittorio, possa condurre i giudici a cercare di evitare allungamenti dei tempi d'indagine, ricorrendo ad *interpretazioni rigoristiche circa i requisiti di ammissibilità della domanda di retrodazione.*

Del resto, l'efficacia pratica dell'istituto rischia di risultare ridimensionata anche dalla considerazione per cui l'indebito ritardo nell'iscrizione si configura come una fattispecie di responsabilità disciplinare suscettibile di riflessi sanzionatori *a* carico del pubblico ministero inadempiente [80]. È verosimile, infatti, che i giudici (tranne che nei casi "eclatanti") preferiscano mantenere un atteggiamento "compiacente" nei confronti di un loro collega, evitando quindi di disporre la retrodatazione.

Tuttavia, poiché, finora, il controllo "gerarchico" sull'osservanza delle norme sulle iscrizioni, attribuito dall'art. 6 d.lgs. n. 106/2006 al procuratore generale presso la Corte d'appello (il quale è tenuto, poi, a riferire annualmente al procuratore generale presso la Corte di Cassazione i risultati della propria attività di monitoraggio), non ha dato esiti soddisfacenti (soprattutto per la mancanza di linee d'indirizzo idonee a garantire una tendenziale uniformità applicativa sull'intero territorio nazionale) [81], l'introduzione di un'ulteriore forma di controllo di natura endoprocedimentale va al momento salutata con favore, auspicando che questa soluzione possa far superare le difficoltà operative del suddetto sindacato "gerarchico".

Peraltro, l'esigenza che il pubblico ministero possa adempiere in maniera regolare e tempestiva all''obbligo d'iscrizione della notizia di reato richiederà opportune iniziative di raccordo tra il suo ufficio e quelli della polizia giudiziaria, ai fini di un'adeguata compilazione degli atti *ex* art. 335 c.p.p.

In altri termini, le nuove formalità implicheranno un ulteriore impegno agli uffici di polizia, richiedendo loro particolare attenzione nell'individuazione tempestiva delle persone interessate dalle pubbliche investigazioni, ai fini della rispettiva iscrizione [82].

Ad ogni modo, pare ragionevole ritenere che la polizia debba trasmettere al pubblico ministero *ogni* informazione (v. art. 347 c.p.p.) anche priva dei requisiti di cui all'art. 335, spettando al magistrato, una volta ricevuta la notizia di reato, decidere se provvedere all'iscrizione a modello 21 o a modello 44 [83].

---

[80] In proposito, v. Cass., Sez. Un., 24 settembre 2009, n. 40538, Lattanzi, cit., p. 503; Cass., Sez. Un., 21 giugno 2000, n. 16, Tammaro, cit., p. 3259; nonché, più di recente, Cass., Sez. VI, 14 novembre 2018, n. 4844, Ludovisi, in *CED Cass.*, n. 275046.

[81] Sul punto cfr. C. CONTI, *op. cit.*, p. 153, la quale si riferisce ai *Primi orientamenti* della Procura generale della Cassazione, emanati il 19 gennaio 2023, che hanno sostituito i precedenti orientamenti in tema di avocazione del 24 aprile 2018, integrati il 3 giugno 2019.

[82] Sul punto cfr. la Circolare del 26 ottobre 2022, cit., p. 9.

[83] Così C. CONTI, *op. cit.*, p. 147.

Nondimeno, gli effetti pratici derivanti dal rafforzamento della funzione giudiziale di controllo potrebbero risultare assai più limitati di quanto auspicato, per il mancato aumento del numero dei magistrati chiamati a svolgerla [84] e degli strumenti statistici ed informatici che consentano un adeguato monitoraggio anche da parte delle Procure generali [85].

Infine, rimane aperta la questione se, una volta fissate indicazioni restrittive per le iscrizioni delle *notitiae criminis*, gli elementi di conoscenza che, di per sé, saranno risultati insufficienti per configurare una notizia di reato potranno invece consentire di svolgere indagini pre-procedimentali dirette ad acquisire autonomamente una legittima informativa di reato [86].

Se così fosse, sarebbe allora imprescindibile fissare i *limiti* cui le attività pre-procedimentali debbano necessariamente sottostare. In particolare, le suddette operazioni dovrebbero essere legittime solo a due condizioni; e cioè solo se: *a*) consistano in atti atipici o anche tipici, ma non prevedano l'assistenza difensiva; *b*) *non abbiano alcun valore probatorio, nemmeno per scopi endoprocessuali* (quali, ad esempio, l'applicazione di una misura cautelare, la motivazione di un decreto di perquisizione o di autorizzazione ad intercettare conversazioni o comunicazioni; l'instaurazione del rito abbreviato).

In altri termini, dalle attività pre-procedimentali parrebbero dover essere escluse quelle operazioni che consentono l'intervento (anche occasionale) della difesa; le quali presuppongono, senza dubbio, l'instaurazione di un procedimento penale [87].

Il punto nodale è che la materia delle indagini preliminari è quella nella quale la mancanza di precise disposizioni normative circa i poteri e le dinamiche procedurali potrebbe consentire più errori o abusi.

Occorre, dunque, maggiore prudenza nel salutare queste disposizioni come una normativa idonea a soddisfare le esigenze di legalità e di efficienza nel momento iniziale d'iscrizione della notizia di reato.

Senza dubbio, però, la valorizzazione della funzione di garanzia del giudice per le indagini preliminari relativamente ad una fase anteriore alla formulazione dell'imputazione [88] potrà contribuire a riequilibrare i ruoli tra pubblico ministero e indagato nella fase investigativa [89].

---

[84] In proposito cfr. A. MARANDOLA, *Le finestre di giurisdizione*, cit., p. 9.

[85] Sul punto cfr. C. CONTI, *op. cit.*, p. 153.

[86] Sul tema, tra gli altri, cfr. l'opera fondamentale di A. SCALFATI (a cura di), *Pre-investigazioni (espedienti e mezzi)*, cit., *passim*.

[87] In questi termini C. FANUELE, *La notizia di reato*, cit., p. 38.

[88] Sulla funzione di garanzia svolta dal giudice per le indagini preliminari cfr., tra i tanti, F. ALONZI, *Le attività del giudice per le indagini preliminari. Tra giurisdizione e controllo giudiziale*, Cedam, Padova, 2001, *passim*; M. FERRAIOLI, *Il ruolo di "garante" del giudice per le indagini preli-*

Del resto, la predisposizione normativa di un modello giudiziario basato su nuovi meccanismi posti a salvaguardia delle libertà individuali si è resa necessaria per il progressivo spostamento del baricentro del sistema dal dibattimento a momenti antecedenti rispetto a quest'ultimo [90]. Basti pensare alla nuova regola della "ragionevole previsione di condanna", stabilita a proposito della sentenza di non luogo a procedere, nell'intento di rendere più efficace la funzione di "filtro" delle imputazioni propria dell'udienza preliminare; o anche alle modifiche apportate nella disciplina dei riti alternativi finalizzate ad incentivarne l'applicazione.

In definitiva, si può soltanto auspicare che le nuove forme di controllo giurisdizionale sulle condotte del pubblico ministero risultino tali da ridurre il rischio che, per realizzare un più moderno ed efficiente sistema procedimentale, possano limitarsi i diritti fondamentali di ogni individuo.

---

minari, IV ed., Cedam, Padova, 2013, *passim*; V. GREVI, *La garanzia dell'intervento giurisdizionale nel corso delle indagini preliminari*, in *Giust. pen.*, 1988, I, c. 353 ss.; V. MAFFEO, *Tempi e* nomina iuris *nelle indagini preliminari*, cit., p. 17; F. RUGGERI, *La giurisdizione di garanzia nelle indagini preliminari*, Giuffrè, Milano, 1996, p. 130.

[89] Sul profondo squilibrio a favore del pubblico ministero e sui vuoti di tutela per la persona sottoposta ad indagini che oggi caratterizzano la fase investigativa, cfr., in particolare, R. FONTI, *op. cit.*, p. 94; V. MAFFEO, *Iscrizione della notizia di reato, prassi anomale e impiego delle indagini: ineffettività dei rimedi*, in A. SCALFATI (a cura di), *Pre-investigazioni (espedienti e mezzi)*, cit., p. 11; A. SCALFATI, *Profili introduttivi*, in V. MAFFEO (a cura di), *La procedura criminale. Quali riforme. Atti del Convegno – Web conferencing, 22-23 ottobre 2020*, ISEG, 2021, p. 7.

[90] La dottrina è pressoché unanime sul punto: cfr., in particolare, A. CAMON, *La fase che "non conta e non pesa": indagini governate dalla legge?*, in *Dir. pen. e proc.*, 2017, p. 425 ss.; C. CONTI, *op. cit.*, p. 142; G. SPANGHER, *Riforma Cartabia: un processo a "trazione interiore"*, cit., p. 1485; nonché, volendo, già C. FANUELE, *Dati genetici e procedimento penale*, Cedam, Padova, 2009, spec. p. 356.

LA RIMODULAZIONE DEI TEMPI

di Teresa Alesci

SOMMARIO: 1. Alla ricerca di una ragionevole durata delle indagini. – 2. I "nuovi" tempi delle indagini. – 3. La nuova disciplina della proroga. – 4. Il procedimento di concessione della proroga. – 5. Scenari possibili: i termini massimi delle indagini preliminari. – 6. Riflessioni finali.

1. Alla ricerca di una ragionevole durata delle indagini

Riduzione dei tempi processuali del 25%, entro il 2026, quale condizione per accedere ai fondi PNRR stanziati dall'Unione europea [1]; questa l'ambizione cui aspira il legislatore della riforma.

Ma, indagando a fondo, il *leit motiv* che muove una riforma sui tempi non è esclusivamente di natura economica. Spostando la prospettiva di osservazione su un piano più nobile, era avvertita da tempo l'esigenza di recuperare fiducia nella giustizia, fiducia [2] che ha vacillato anche e soprattutto per l'irragionevole durata dei processi.

---

[1] Come chiarito nella Circolare 3 novembre 2021 – Piano Nazionale di Ripresa e Resilienza – Avvio progetto Ufficio per il processo – Informazione e linee guida di primo indirizzo sulle attività organizzative necessarie per l'attuazione – Ministero della Giustizia (Dipartimento dell'Organizzazione Giudiziaria, del Personale e dei Servizi) – «il PNRR non è un programma di spesa ma un programma di *performance* e relativo finanziamento". Si veda A. GAITO-G. GAETA, *Legislatori e Corti Nazionali sul funzionamento del processo a seguito dell'emergenza: prospettive di adeguamento agli obiettivi europei e perduranti resistenze interne*, in *Arch. pen.*, 2021, 3, p. 1.

[2] Si veda E.N. LA ROCCA, *Il modello di Riforma "Cartabia": ragioni e prospettive della delega n. 134/2021*, in *Arch. pen.*, 2021, 3, p. 6, secondo cui, argomentando sulla dimensione etica della giustizia, «è sul piano dei valori che si riconquista la fiducia».

La drammaticità del ritardo, peraltro, è nota anche nel contesto europeo, sia sul versante istituzionale[3] sia su quello giudiziario.

È con il dichiarato obiettivo di restituire all'Europa l'immagine di un processo penale efficiente e ripristinare il rapporto ormai viziato di reciproca fiducia tra società e giustizia[4] che il legislatore interviene con la l. delega 27 settembre 2021, n. 134, «*Delega al Governo per l'efficienza del processo penale nonché in materia di giustizia riparativa e disposizioni per la celere definizione dei procedimenti giudiziari*»[5].

Tra i vari segmenti in cui si annida il morbo della "lentezza" assume un ruolo determinante la fase delle indagini preliminari, che funziona "poco e male"[6]. Constatazione, del resto, confermata dalla Corte europea dei diritti dell'uomo, che ha ripetutamente condannato l'Italia per il mancato rispetto degli obblighi derivanti dalla Convenzione in materia di indagini sotto il profilo della ragionevole durata. Gli esempi sono numerosi; dalla sentenza *Talpis*[7], in cui la Corte ha segnalato l'intempestività delle attività inquirenti ad assicurare la protezione del-

---

[3] Si veda la Commissione europea nel *Commission Staff Working Document, Rule of Law Report, Country Chapter on the rule of law situation in Italy*, 2021, 7-8, «*Length of proceedings remains a serious challenge. Notwithstanding an increased clearance rate already above 100% in the civil sector, the estimated time needed to resolve civil and commercial litigious cases remains very high. [...] In criminal proceedings, the High Court reported a general increase of pending cases in 2020, especially at highest level. This confirms an urgent need for measures to increase efficiency, especially at the appeal level. In addition, it has been reported that half of the ordinary procedure trials at first instance courts ends with an acquittal. Italy remains under enhanced supervision of the Council of Europe's Committee of Ministers also as regards length of proceedings in criminal cases*».

[4] Del resto, ciò si apprezza con chiarezza nelle parole dell'allora Ministra della Giustizia, nel discorso di inaugurazione dell'anno giudiziario 2022, alla Corte Suprema di Cassazione, consultabili al sito *www.giustizia.it*, secondo cui la Riforma è pensata per «per far fronte ai cronici problemi della giustizia, soprattutto quelli relativi alla durata dei processi e dell'arretrato, [...] mali divenuti nel tempo [...] causa di una progressiva e pericolosa erosione della fiducia da parte dei cittadini, degli operatori economici e degli osservatori internazionali».

[5] In argomento, per una visione d'insieme, si rinvia a G.L. GATTA, *Riforma della giustizia penale: contesto, obiettivi e linee di fondo della 'legge Cartabia'*, in *Sist. pen.*, 15 ottobre 2021; M. GIALUZ-J. DELLA TORRE, *Giustizia per nessuno*, Giappichelli, Torino, 2022; R. KOSTORIS-R. ORLANDI (a cura di), *Commenti alla legge n. 134 del 2021 e ai decreti legislativi delegati*, vol. I, *Nuovi limiti temporali per l'accertamento penale. Fra prescrizione del reato e improseguibilità dell'azione penale*, Giappichelli, Torino, 2022.

[6] Cfr. C. VALENTINI, *La completezza delle indagini, tra obbligo costituzionale e (costanti) elusioni della prassi*, in *Arch. pen.*, 2019, 3, p. 1 ss.

[7] Corte EDU, Sez. I, 2 marzo 2017, ric. n. 41237/14, *Talpis c. Italia*, § 141; ma in questo senso anche Corte EDU, Sez. I, 7 aprile 2022, ric. n. 10929/19, *Landi c. Italia*, § 106 Corte EDU, Sez. I, 7 luglio 2022, ric. n. 32715/19, *Scavone c. Italia*, § 109 ss.

la vita delle vittime e della loro incolumità fisica, alla sentenza Arnoldi [8], in cui si valorizza l'effetto indiretto derivante da un irragionevole protrarsi delle indagini, che impedisce alle vittime di ottenere la tutela dei loro diritti di fronte ad un giudice, pregiudicando anche la possibilità di ottenere il risarcimento danni causati dal reato.

I dati statistici non lasciano spazio a virtuosismi interpretativi e riflessioni di merito. È il segmento delle indagini quello che incide di più sull'intera economia processuale [9]. È proprio nella fase genetica del procedimento che si accumulano ritardi che si riverberano poi, a catena, sull'intero processo [10], condizionandolo, e a cui non si può più porre rimedio.

L'acquisita consapevolezza di questo *deficit* spinge il legislatore ad intervenire sui termini delle indagini [11], rappresentando la fase in cui più si realizza la compressione del principio di legalità del procedere [12]. Contribuisce ad enfatizzare il fenomeno anche la prassi applicativa che, nel dichiarato obiettivo di assicurare il rispetto del dato normativo, in un paradossale circolo vizioso, restituisce uno scenario ancor più lontano dal paradigma legale [13].

La disciplina previgente, concernente la delimitazione normativa dei tempi di investigazione, scontava nella prassi una difficoltà di contenimento effettivo delle indagini elefantiache [14], favorita dall'esigenza di tendenziale completezza

---

[8] Corte EDU, Sez. I, 7 dicembre 2017, ric. n. 35637/04, *Arnoldi c. Italia*; e si veda, più recente, Corte EDU, Sez. I, 18 marzo 2021, ric. n. 24340/07, *Petrella c. Italia*, § 62.

[9] In argomento, da ultimo, si veda L. MARAFIOTI, *Evoluzione ed involuzione del principio di economia processuale*, in *DisCrimen*, 16 novembre 2023, p. 1 ss.

[10] Non si può trascurare la riflessione di F. TRAPELLA, *Note in tema di prescrizione e di efficienza del processo (a proposito di «Riforme, statistiche ed altri demoni»)*, in *Arch. pen.*, 2022, 1, p. 4 ss., secondo cui i dati di durata della fase investigativa sono tra i più inaffidabili, poiché prendono come riferimento iniziale di tale fase l'iscrizione della notizia di reato nell'apposito registro, mentre trascurano di considerare i lunghi lassi temporali che possono registrarsi tra la ricezione della notizia da parte dell'autorità giudiziaria ed il momento effettivo dell'iscrizione, né tantomeno tengono conto dei possibili ritardi nello scioglimento delle riserve sull'azione da parte del p.m. o nel passaggio del fascicolo al giudicante.

[11] Definiti da M. DANIELE, *I termini delle indagini preliminari*, in E.M. CATALANO-P. FERRUA (a cura di), *Corderiana. Sulle orme di un maestro del rito penale*, Giappichelli, Torino, 2023, p. 228, "*indicatori legali di urgenza*", che possiedono una funzione razionalizzatrice.

[12] Cfr., sul tema, A. MARANDOLA, *Il controllo sulla legalità delle indagini e i rimedi alla (possibile) stasi*, in *Dir. pen. e proc.*, 2023, 1, p. 154; A. SCALFATI, *Il fermento preinvestigativo*, in ID. (a cura di), *Preinvestigazioni (Espedienti e mezzi)*, Giappichelli, Torino, 2020; N. TRIGGIANI, *Legalità opaca: raccolta atipica e preinvestigazioni*, in *Arch. pen.*, 2021, p. 1.

[13] In relazione alla predominanza delle condotte prassiologiche, anche *contra legem*, delle indagini preliminari, V. MAFFEO, *Tempi e nomina juris*, ESI, Napoli, 2020, p. 7.

[14] Si veda L. TAVASSI, *Tempo dell'azione e tempo del processo. Una proposta per garantire la ragionevole durata delle indagini preliminari*, in *Dir. pen. e proc.*, 2021, 9, p. 1257.

degli accertamenti preliminari che giustificava il travolgimento dell'argine temporale delle indagini [15].

Nel solco di queste riflessioni si inserisce una rimodulazione dei termini, in linea con la nuova fisionomia che assume l'indagine preliminare nel contesto della riforma Cartabia [16]. In sintesi, esso si realizza lungo due coordinate: aumento dei tempi ordinari per lo svolgimento delle attività investigative e *restyling* dell'istituto della proroga [17].

Al fine di condensare i tempi del procedimento, la legge delega invita il legislatore delegato a riformulare i termini delle indagini preliminari in ragione della natura e della complessità dei reati per cui si procede e a limitare a una sola le proroghe consentite (art. 1, comma 9, lett. *c*) e *d*), l. n. 134/2021).

Il grado di dettaglio della delega lascia un relativo margine di intervento; si spiega in questa prospettiva l'affermazione secondo cui l'attuazione della delega è a rime sostanzialmente obbligate [18], dovendo, in prevalenza, assicurare armonizzazione e coerenza del tessuto normativo complessivamente inteso.

2. I "nuovi" tempi delle indagini

Come si evince anche dalla Relazione illustrativa al decreto, si è scelto di separare, in una prospettiva terminologica e grafica, la disciplina delle forme di esercizio dell'azione penale da quella dei termini delle indagini preliminari, fino ad ora entrambe contenute nell'art. 405 c.p.p.

La disposizione relativa all'esercizio dell'azione penale, dunque, è stata estrapolata dal comma 1 dell'art. 405, contestualmente abrogato dall'art. 98, comma

---

[15] Per tutti si veda F. SIRACUSANO, *La completezza delle indagini nel processo penale*, Giappichelli, Torino, 2005, p. 35.

[16] Cercando di intervenire sui profili che da tempo evidenziano macroscopiche criticità: il corretto rispetto dei tempi e dei contenuti nell'iscrizione delle notizie di reato; i tempi delle indagini; i c.d. Criteri di priorità, connessi alla trasparenza e l'uniformità dell'azione investigativa; il superamento delle ingiustificate stasi processuali ella fase di chiusura della stessa e di esercizio dell'azione penale. Cfr. A. MARANDOLA, *Introduzione* a *"Riforma Cartabia" e rito penale. La legge delega tra impegni europei e scelte valoriali*, Wolters Kluwer-Cedam, Milano-Padova, 2022.

[17] Cfr. A. SANNA, *I rimedi alla stasi delle indagini nella riforma Cartabia, tra tutela della legalità e gigantismo delle procure*, in *DisCrimen*, 21 dicembre 2023, p. 4.

[18] Cfr. L. PISTORELLI, *Termini di indagini, valutazione su stasi del procedimento e archiviazione*, in A. BASSI-C. PARODI, *La riforma del sistema penale*, Giuffrè, Milano, 2022, p. 126; si veda, altresì, L. D'ANCONA, *Riforma del processo penale e giudice per le indagini preliminari*, in *Quest. giust.*, 9 novembre 2021.

1, lett. *a*), d.lgs. n. 150/2022, e ricollocata, senza sostanziali modifiche, nel comma 1 dell'inedito art. 407-*bis* c.p.p. che, dall'art. 405, ha altresì ereditato la rubrica "*Inizio dell'azione penale. Forme e termini*".

In linea con tale obiettivo, la nuova formulazione della rubrica dell'art. 405 attualmente è "*Termini per la conclusione delle indagini preliminari*".

L'art. 405, comma 2, del codice di rito prevede che il termine ordinario di durata delle indagini preliminari – decorrente dalla data di iscrizione, nel registro delle notizie di reato [19], del nome della persona alla quale il reato è attribuito – viene stabilito in modo diversificato a seconda della natura del reato. Permane, dunque, la c.d. geometria variabile dei termini di indagine in relazione ad alcune tipologie di reati [20].

Nel dettaglio, il termine di indagine per i reati contravvenzionali è circoscritto a sei mesi; segue la previsione di un termine differenziato – di un anno e sei mesi – per i procedimenti relativi ai delitti contemplati dall'art. 407, comma 2, c.p.p. In via residuale, il termine ordinario di durata delle indagini preliminari per le altre tipologie di reato è di un anno.

Osservando nel complesso, si assiste ad un ampliamento del termine ordinario che, però, risulta, come si vedrà, contingentato e contemperato dalla nuova disciplina della proroga. In tal modo si intende assicurare una maggiore concentrazione e tempestività dell'attività investigativa, eliminando al contempo la dilatazione dei tempi processuali determinata dalla reiterazione delle proroghe che, nella relazione conclusiva, la Commissione Lattanzi definisce "farraginosa e poco trasparente" [21].

Il legislatore delegato, inoltre, assume un approccio di conservazione rispetto al disposto di cui all'art. 407 c.p.p.; probabilmente, i numerosi richiami a tale disposizione contenuti in altre norme extracodicistiche avrebbero reso complesso e macchinoso una sua ridefinizione normativa.

Secondo Alcuni, sembra inevitabile ritenere che il richiamo effettuato, nell'art. 405, all'art. 407, comma 2, ai fini della determinazione dei termini di dura-

---

[19] Critico sul punto, F. CASSIBBA (E.M. MANCUSO), *Le indagini preliminari fra innovazione e continuità*, in D. CASTRONUOVO-M. DONINI-E.M. MANCUSO-G. VARRASO (a cura di), *Riforma Cartabia. La nuova giustizia penale*, Wolters Kluwer, Milano, 2023, p. 619 secondo cui «proseguire ad ancorare il *dies a quo* all'iscrizione del nome dell'indagato, e non a quello in cui viene compiuto il primo atto probatorio (o cautelare) destinato a ripercuotersi negativamente nella sua sfera, non centra neppure l'obiettivo di coniugare l'efficienza investigativa con effettive garanzie per l'indagato».

[20] In argomento si veda A. CABIALE, *Le nuove dinamiche dell'attività investigativa*, in *Legisl. pen.*, 3 dicembre 2023, p. 21 ss.

[21] Così Commissione Lattanzi nella Relazione finale, consultabile in *Sist. pen.*, 25 maggio 2021, p. 18.

ta delle indagini preliminari, non possa riferirsi altro che ai "delitti" puntualmente indicati nella lett. *a*) del comma 2 dell'art. 407, anche perché le successive lett. *b*), *c*) e *d*) si riferiscono genericamente a notizie di reato, indagini e procedimenti penali caratterizzati da particolare complessità, ma è un riferimento non più utilizzabile perché oggi assorbito dalla innovativa disciplina dei termini di durata e della proroga, costruita sulla natura del reato [22].

Così riorganizzati i tempi, fondato è il rischio di una lesione della funzione di garanzia assolta dalla stessa previsione di un termine di durata delle indagini preliminari che, secondo la Corte costituzionale, è di contenere "in un lasso di tempo predeterminato la condizione di chi a tali indagini è assoggettato" [23]. Non si può trascurare che il raddoppio del termine ordinario originariamente stabilito dai codificatori rappresenta un indubitabile allentamento di tale garanzia [24], solo in parte mitigata dalle nuove prescrizioni contenute negli artt. 335-*bis* c.p.p. e 110-*quater* disp. att. c.p.p. al fine di sterilizzare gli eventuali effetti pregiudizievoli sul piano civile ed amministrativo derivanti dall'iscrizione della notizia di reato.

Senza dubbio l'estensione dei termini ordinari per i delitti prolunga il tempo in cui l'indagato, in assenza del compimento di atti garantiti, può rimanere all'oscuro della stessa pendenza del procedimento a suo carico, vedendo differito, rispetto al passato, il momento in cui viene posto nelle condizioni di attivarsi per predisporre le proprie difese e quello in cui viene instaurato il contraddittorio sull'eventuale richiesta di proroga.

3. La nuova disciplina della proroga

In perfetta aderenza al criterio contenuto nella lettera d) dell'art. 1, comma 9, della delega, il nuovo art. 406, comma 1, c.p.p. limita la possibilità del pubblico ministero di avanzare la richiesta di proroga entro specifici e delimitati argini.

---

[22] Cfr. G. AMATO, *Una rivoluzione "temporale" sui tempi dei procedimenti. Indagini preliminari: i nuovi tempi*, in A. NATALINI (coord. da), *Riforma Cartabia: indagini preliminari e processo penale*, Ilsole24ore, Milano, 2023, p. 53 ss.

[23] Corte cost., 15 aprile 1992, n. 174.

[24] Nonostante le affermate esigenze efficientistiche, il cronometro che scandisce il tempo delle indagini continua ad innescare congegni malfunzionanti, perché basati su un rapporto squilibrato fra il pubblico ministero e il giudice per le indagini preliminari a vantaggio del primo e per l'effetto scarsamente effettivi per contingentarne la durata. Così F. CASSIBBA, *op. cit.*, p. 618.

L'unica proroga[25] del termine di durata delle indagini preliminari può essere chiesta, infatti, non più, genericamente, per giusta causa, ma solo quando le indagini sono complesse; essa può essere concessa dal giudice per un tempo non superiore a sei mesi.

Del resto, si è anticipato, il binario era tracciato; la determinatezza del criterio di delega non ha consentito ampi margini di intervento al legislatore delegato. Eppure, nonostante la chiarezza e la specificità della delega, la laconica trasposizione del criterio nell'art. 406 c.p.p. solleva alcune perplessità, poiché lascia all'interprete l'arduo compito di definire ed individuare le condizioni di ammissibilità e i presupposti giustificativi che consentono la concessione della proroga.

Il superamento dell'originario meccanismo della pluralità di proroghe, giustificato da una progressiva valutazione dei presupposti[26], risulta coerente con lo spirito che muove la riforma Cartabia.

Al fondo della modifica, probabilmente si pone la acquisita consapevolezza del legislatore circa la deriva culturale che aveva nel tempo determinato l'abuso del meccanismo di proroga. Epperò, osservando il rimedio individuato per arginare le prassi distorsive, si ha la sensazione che il legislatore non abbia tenuto conto che l'eccesivo ricorso da parte degli uffici di Procura al meccanismo della proroga è determinato da cause di ordine strutturale e organizzativo, legate all'endemiche difficoltà che gli stessi uffici incontrano nella gestione dei volumi delle notizie di reato con le risorse disponibili.

Tra i vari antidoti per arginare l'irragionevole dilatazione dei tempi investiga-

---

[25] La previsione di una sola proroga si pone in linea con la giurisprudenza europea in tema di rispetto del principio di ragionevole durata dei processi. In particolare, un processo che oltrepassa il tempo ragionevolmente necessario per ricostruire i fatti e le eventuali responsabilità rende non più proficua o del tutto impossibile l'attuazione del diritto di difesa, frustra l'esercizio del diritto alla prova, sterilizza la realizzazione del contraddittorio e, al tempo stesso, lascia che un'eventuale risposta punitiva non soddisfi più la finalità rieducativa costituzionalmente imposta, rendendo così la pena non più socialmente utile; cfr. Corte EDU, 18 marzo 2021, *Petrella c. Italia*, cit.; Corte EDU, 7 dicembre 2017, *Arnoldi c. Italia*, cit.

[26] La disciplina delle proroghe era ispirata ad un principio di gradualità delle cause di richiesta e corrispondente concessione delle proroghe. Ad un primo parametro maggiormente elastico seguivano condizioni più stringenti per la concessione delle successive proroghe, con un rapporto di contenimento dei secondi nel primo. Si veda M. DANIELE, *Le modifiche in materia di termini per le indagini preliminari*, in M. BARGIS (a cura di), *Il decreto "antiscarcerazioni"*, Giappichelli, Torino, 2001, p. 89, che fa riferimento ad «un sistema a due livelli». Diverse critiche erano state in passato sollevate avverso la formulazione delle condizioni richieste per la proroga, osservandosi come la loro estrema genericità consentirebbe una facile elusione dell'obbligo di motivazione da parte del gip deputato in tale fase a svolgere una funzione di garanzia e controllo sull'attività dell'organo di accusa. Così L. FERRAJOLI, *Il ruolo di garante del giudice delle indagini preliminari*, Cedam, Padova, 1993.

tivi, il legislatore, pur confermando la possibilità di ottenere una proroga, ne modifica la fisionomia.

Invero, l'ipotesi alternativa – una sua totale abrogazione – non è percorribile, in considerazione della funzione affidata alla proroga, quale clausola di chiusura, idonea a garantire flessibilità e adattare il sistema ad esigenze di valutazione concreta dei casi.

Alla *reductio ad unum*, dunque, corrisponde una rivisitazione dei presupposti.

Il maggiore rigore del meccanismo di proroga si apprezza anche nell'eliminazione del riferimento alla "giusta causa" e all'oggettiva impossibilità di concludere le indagini[27]. La scelta non può che essere salutata con favore, giacché è noto che la concessione della proroga "per giusta causa" ha costituito un limite tutt'altro che invalicabile per la dilatazione del potere investigativo[28].

Il parametro di riferimento attuale, che orienta la decisione del giudice in merito alla concessione della proroga, diventa la "complessità delle indagini". L'indicazione, mutuando quanto già previsto per le ipotesi di proroga successive alla prima dalla vecchia formulazione dell'art. 406 c.p.p., non è però specificata quanto ai contenuti[29]. Senza dubbio, il legislatore, in una prospettiva di sistema, avrebbe potuto offrire delle direttrici di valutazione, onde circoscrivere la latitudine applicativa e discrezionale del giudice in merito a tale requisito.

La volontà del legislatore sembra quella di ancorare la decisione sulla proroga esclusivamente a cause endogene all'indagine con esclusione della possibilità di giustificare l'estensione dei termini facendo ad esempio riferimento alle contingenze di carattere organizzativo dell'ufficio di Procura[30] che in passato sono state ricondotte alla nozione di "giusta causa" di cui al comma 1 dell'art. 406.

La complessità dell'istituto della proroga però resta pur sempre determinato da un paradosso di fondo. L'attribuzione di un controllo affidato ad un giudice chiamato a svolgere una valutazione squisitamente prognostica sulla morfologia

---

[27] Con l'eliminazione del presupposto della giusta causa e l'introduzione del parametro della complessità delle indagini, è stata neutralizzata la possibilità che il differimento della durata delle investigazioni venga avanzato quando non è stata svolta alcuna attività, motivando la giusta causa con il riferimento al complessivo carico di lavoro del magistrato. Cfr. sul punto R. FONTI, *Strategie e virtuosismi per l'efficienza e la legalità delle indagini preliminari*, in A. MARANDOLA (a cura di), *Riforma Cartabia e rito penale. La Legge Delega tra impegni europei e scelte valoriali*, cit., p. 99.

[28] Cfr. F. CORDERO, *Procedura penale*, X ed., Giuffrè, Milano, 2012, p. 482.

[29] Secondo C. VALENTINI, The untouchables*: la fase delle indagini preliminari, l'ufficio del pubblico ministero e i loro misteri*, in *Arch. pen.*, 25 agosto 2022.

[30] O alla indisponibilità di risorse di cui è dotato l'ufficio di Procura. Secondo F. CASSIBBA, *op. cit.*, p. 619 «se così non fosse verrebbe surrettiziamente reintrodotto il debole presupposto che nell'impianto codicistico originario legittimava la proroga».

dell'attività di indagine ancora da compiere[31], cui corrisponde l'onere del pubblico ministero di prospettare gli accertamenti cui intende procedere nell'eventualità che la sua richiesta venga accolta.

L'attuale formulazione appare, d'altro canto, sicuramente più filtrante della regola di giudizio prevista dal previgente testo del comma 2 dell'art. 406, in riferimento alla concessione delle proroghe ulteriori rispetto alla prima, atteso che, per ottenerle, il pubblico ministero era chiamato a dimostrare, in alternativa alla particolare complessità delle indagini, l'oggettiva impossibilità di concluderle entro il termine precedentemente prorogato, criterio la cui indeterminatezza (tanto da renderne difficoltosa l'effettiva autonomia rispetto a quello della giusta causa di cui al comma 1 dello stesso articolo) indubbiamente favoriva la concessione della proroga con estrema facilità.

Il presupposto oggi si arresta sulla soglia della "complessità delle indagini". La scelta di eliminare l'aggettivo particolare che, nella versione precedente qualificava la complessità delle indagini, risulta inopportuna, poiché rischia di agevolare la concessione della proroga giustificata da una oggettiva difficoltà a compiere taluni atti di indagine.

Il sintagma "complessità delle indagini", peraltro, risulta dotato di un basso coefficiente di determinatezza[32].

Diversi le componenti in grado di integrare la condizione di complessità: la pluralità delle posizioni soggettive, come l'elevato numero delle persone sottoposte alle indagini o le persone offese, la molteplicità delle fattispecie delittuose tra esse collegate, il compimento di attività investigative all'estero, procedimenti in cui è indispensabile mantenere il collegamento fra più uffici del pubblico ministero. Essi rappresentano invero argomenti che il dato empirico ben conosce come «giustificazioni verbali del tutto apodittiche spese dai pubblici ministeri in sede di motivazione della proroga»[33].

Peraltro, la riforma non depotenzia la "signoria" del pubblico ministero sui tempi delle indagini, che si riflette anche sul meccanismo della proroga se si valorizza la circostanza legata alla qualificazione del fatto per cui si procede e la

---

[31] La valutazione sull'esistenza di una giusta causa poteva assumere una dimensione anche solo diagnostica.

[32] Di diverso avviso M. DANIELE, *La riforma Cartabia del processo penale: pretese algoritmiche ed entropia sistemica*, in *Sist. pen.*, 2023, 7-8, p. 28, secondo cui il concetto di complessità non si trova in radicale conflitto con l'esigenza di determinatezza che discende dal principio di legalità statuito dagli artt. 25, comma 2, e 111, comma 1, Cost. L'osservazione si fonda sulle motivazioni della sentenza della Corte costituzionale a proposito della regola Taricco. Si veda Corte cost., 10 aprile 2018, n. 115.

[33] Così C. VALENTINI, The untouchables*: la fase delle indagini preliminari, l'ufficio del pubblico ministero e i loro misteri*, cit., p. 26.

selezione degli atti dai quali desumere l'esigenza di proseguire nelle investigazioni[34]. Non si può trascurare, inoltre, che, da una lettura sistematica, costituisce motivo di proroga anche l'esecuzione dell'incidente probatorio *ex* art. 393, comma 4, c.p.p.

4. Il procedimento di concessione della proroga

Sempre in una prospettiva di sistema, si intravede una ulteriore miopia legislativa. Alla modifica strutturale della proroga, quanto alle condizioni e ai presupposti, con contestuale abrogazione dei commi 2-*bis* e 2-*ter* dell'art. 406 c.p.p., non corrisponde un seppur necessario intervento sul versante procedimentale previsto dai commi 3 a 8. Diverse le insidie di una tale, probabilmente inconsapevole, scelta legislativa. Da un lato i limiti del meccanismo normativo, dall'altra la prassi applicativa e l'interpretazione giurisprudenziale.

Osservando il recente passato, l'istituto, immaginato quale garante della ragionevole durata delle indagini preliminari e del corretto funzionamento del sistema accusatorio, è stato depotenziato e dequalificato nella componente etica e valoriale da prassi distorsive della Procura e dal disinteresse dell'ufficio Giudice per le indagini preliminari[35].

Non si può condividere la tesi sostenuta dalla Commissione Lattanzi, secondo cui la sola interpolazione del presupposto legittimante la richiesta di proroga sia in grado di assicurare "un più consapevole contraddittorio con la difesa"[36]. Ciò perché, invero, il meccanismo procedurale di concessione della proroga non consente alla difesa di avere a disposizione quelle conoscenze utili per fornire al giudice un effettivo contributo dialettico. Si è consapevoli di non poter attribuire la responsabilità di questo mancato intervento sulla procedura al legislatore delegato, pena l'eccesso di delega[37]. Epperò, resta l'equivoco di fondo che mortifica il meccanismo della proroga: un controllo affidato ad un giudice senza fascicolo.

L'osservazione degli orientamenti giurisprudenziali non lascia spazio per interpretazioni diverse. Le decisioni tessono una ragnatela su cui si infrange qual-

---

[34] Così A. SANNA, *Cronometria delle indagini e rimedi alle stasi procedimentali*, in *Proc. pen. e giust.*, 2022, 1, p. 45.

[35] Si veda C. VALENTINI, The untouchables*: la fase delle indagini preliminari, l'ufficio del pubblico ministero e i loro misteri,* cit., p. 11.

[36] *Relazione* Comm. Lattanzi, cit., p. 19.

[37] Cfr. F. ALONZI, *sub art. 406 c.p.p.*, in A. GIARDA-G. SPANGHER (a cura di), *Codice di procedura penale commentato*, Ipsoa, Milano, 2023, p. 2681.

siasi possibilità di ritenere il procedimento di concessione della proroga qualitativamente efficace sul piano dei diritti.

La previsione di cui al comma 3, relativa alla notifica alla persona indagata e alla vittima diligente, volta a consentire ai destinatari dell'avviso di sottoporre al giudice memorie (a scatola chiusa, evidentemente, non essendo il fascicolo consultabile[38]), è infatti "dequalificata" dall'orientamento secondo cui «l'omessa notifica all'indagato della richiesta di proroga delle indagini preliminari non è causa di nullità, né determina l'inutilizzabilità degli atti di indagine compiuti dopo la sua presentazione»[39]. Del resto, neppure la mancata notifica della richiesta di proroga delle indagini al difensore rende nullo il provvedimento di proroga[40].

Vieppiù che l'esclusione di sanzioni processuali in merito all'atto prodromico alla partecipazione al procedimento si riflette, di conseguenza, sull'effettività della partecipazione al contraddittorio cartolare di cui all'art. 406, comma 3.

Resta, peraltro, invariata la disciplina derogatoria prevista dal comma 5-*bis* dell'art. 406 che esclude la necessità del contraddittorio in relazione a talune tipologie di reato. In particolare, quando la richiesta di proroga concerne un procedimento per alcuni dei delitti indicati nell'art. 51, comma 3-*bis* e nell'art. 407, comma 2, lett. *a*), n. 4), 7-*bis* e 7-*ter*[41], c.p.p., il giudice, che non è tenuto ad informare le parti interessate, provvede con ordinanza *inaudita altera parte*. La protezione indirettamente offerta dall'art. 112 Cost. alla procedura di proroga *de plano* non basta ad assicurarne la compatibilità costituzionale, dovendo quel canone essere considerato sub-valente rispetto a diritti fondamentali dell'impu-

---

[38] Così Cass., Sez. III, 5 novembre 2010, n. 43002, secondo cui «l'indagato avvisato della richiesta di proroga delle indagini preliminari non ha diritto a prendere visione degli atti di indagine e del fascicolo del p.m.».

[39] Cass., Sez. III, 12 maggio 2015, n. 23953, in *Cass. pen.*, 2015, 12, p. 4524, con osservazioni di G. Colaiacovo.

[40] Si veda App. L'Aquila, 15 maggio 2018, n. 1209, secondo cui «La richiesta di proroga delle indagini preliminari ai sensi dell'art. 406, comma 3, deve essere notificata a cura del giudice alla persona sottoposta alle indagini nonché alla persona offesa dal reato che, nella notizia di reato o successivamente alla sua presentazione, abbia dichiarato di voler esserne informata. È pertanto inconferente in tali casi il richiamo all'art. 99 c.p.p. e deve dunque ritenersi che l'omessa notifica al difensore, dell'avviso di cui all'art. 406 comma 3 c.p.p., non possa riconoscersi quale adempimento imposto dalla lettera della statuizione processuale nell'ambito della procedura per la proroga delle indagini preliminari. Ne consegue che il provvedimento di proroga non potrà ritenersi nullo e ciò è confermato dal fatto che l'atto di cui al 406 cpp non può considerarsi incombente cui il difensore ha il diritto di partecipare o che necessiti della nomina del difensore d'ufficio all'imputato che ne sia sprovvisto».

[41] Come modificato dall'art. 17, comma 1, lett. b), l. 28 giugno 2024, n. 90, a decorrere dal 17 luglio 2024.

tato, come il diritto di difesa e la ragionevole durata del processo[42].

La permanenza della deroga, invero, alla luce delle diverse perplessità che avevano già investito l'istituto nel tempo[43], non risulta più equilibrata. Alla luce della nuova distribuzione dei tempi, in relazione a queste fattispecie di reato particolarmente gravi, il termine delle indagini è fissato in diciotto mesi; la richiesta di proroga, dunque, verrebbe avanzata già al termine di un lungo periodo di indagini.

La tutela del segreto investigativo che giustifica l'eccezione al contraddittorio dovrebbe essere destinato a cadere. Senza dubbio il mancato intervento legislativo ha rinnovato l'attenzione degli studiosi per delle criticità storiche e sedimentate e a fronte delle quali probabilmente era ora di intervenire.

Inseguendo sempre una lettura di sistema, forse è possibile intravedere all'orizzonte qualche possibile apertura, per quanto non ne sia effettivamente stato consapevole il legislatore delegato.

Rispetto al paradosso di questo *sub* procedimento che affida al giudice un controllo sulla "complessità delle indagini" senza avere a disposizione materiale investigativo[44] sul quale fondare la decisione[45], potrebbe soccorrere il nuovo art. 110 *ter* disp. att. c.p.p. secondo cui "Il pubblico ministero, quando presenta una richiesta al giudice per le indagini preliminari, indica sempre la notizia di reato e il nome della persona a cui il reato è attribuito". Non può essere trascurato, però, che la disposizione non assicura al giudice la conoscenza delle coordinate spazio-temporali del fatto, utili per un corretto inquadramento delle fattispecie.

---

[42] Cfr. O. DOMINIONI, *L'obbligatorietà dell'azione penale dal Codice rocco alla Costituzione: il bilanciamento fra l'interesse alla persecuzione penale e altri interessi a copertura costituzionale*, in AA.VV., L'*obbligatorietà dell'azione penale*, Giuffrè, Milano, 2021.

[43] A partire dalle modifiche del 2001 con cui il regime derogatorio previsto dal comma 5-*bis* è stato esteso ad altre ipotesi di reato, tra di esse eterogenee, ed in particolare ai delitti previsti dall'art. 407, comma 2, lett. *a*), n. 7-*bis*, delitti contro la personalità individuale e contro la libertà sessuale, e dall'art. 407, comma 2, lett. *a*), n. 4, delitti per finalità di terrorismo o eversione dell'ordinamento costituzionale. Si veda in argomento C. CONTI, *Modifiche al codice di procedura penale*, in *Dir. pen. e proc.*, 2001, p. 304.

[44] Definita giurisdizione senza fascicolo da V. MAFFEO, *op. cit.*, p. 8.

[45] Già F. CORDERO, *Codice di procedura penale*, sub *art. 406 c.p.p.*, Utet, Torino, 1990, p. 458, affermava «notiamo come non debba esibire il fascicolo: né sarà tanto malaccorto da svelare i suoi disegni; impossibile quindi un vaglio dei motivi, apoditticamente formulati. Era anomala l'idea dettata dai deleganti al n. 48 e singolari sono i meccanismi nei quali l'estro tecnico l'ha sviluppata. L'istituto appare librato sul filo del paradosso».

5. Scenari possibili: i termini massimi delle indagini preliminari

Al netto della proroga possibile, muta anche lo scenario del termine finale entro cui compiere le indagini.

Nel sistema previgente, caratterizzato dalla possibilità di chiedere più proroghe, la disposizione di cui all'art. 407 rappresentava la norma di chiusura, individuando un tetto massimo alla durata delle indagini preliminari una volta innescato il meccanismo delle proroghe.

La scelta del delegante di limitare l'(ab)uso della proroga spiega la mancanza di criteri direttivi quanto alla modifica dell'art. 407. Si sostiene che il legislatore delegante abbia ritenuto la funzione dell'articolo ormai superflua, rimettendo implicitamente all'attuazione della delega l'onere di determinarne la sorte, ancorché la direttiva di cui alla lett. *c*) dell'art. 1, comma 9, l. n. 134/2021 ne abbia espressamente evocato il comma 2 al fine di identificare i reati per l'accertamento dei quali il termine ordinario delle indagini preliminari rimane fissato nella misura di un anno e sei mesi.

Dalla Relazione illustrativa al decreto, emerge che il legislatore delegato abbia valutato l'opportunità di abrogare l'articolo, salvo poi, preferire una soluzione " conservativa", di più agevole attuazione a fronte del ruolo assunto nel tempo proprio dalla disposizione contenuta nel comma 2, il cui catalogo dei reati è progressivamente divenuto il riferimento normativo per definire l'ambito di applicazione di discipline eterogenee, anche extra-codicistiche, come ad esempio, quelle relative ai termini di custodia cautelare o alla recidiva.

L'art. 98, comma 1, lett. *a*), d.lgs. citato ha abrogato il comma 3-*bis* dell'art. 407 che, introdotto dalla l. n. 103/2017, aveva disciplinato per la prima volta la durata del periodo di riflessione concesso al pubblico ministero per assumere le proprie determinazioni in merito all'esercizio dell'azione penale una volta concluse le indagini preliminari. L'abrogazione è funzionale alla rimodulazione della disciplina e alla sua ricollocazione nell'art. 407-*bis* introdotto dalla riforma [46].

Il legislatore non è intervenuto invece sul comma 2 dell'art. 407 e sul catalogo dei delitti per i quali il termine massimo di durata delle indagini rimane ancorato in anni due.

Il mancato intervento sulla norma solleva delle perplessità, a causa di un difetto di coordinamento normativo.

---

[46] Cfr. *infra*, E.M. MANCUSO, *Rimedi alle stasi del procedimento*; in argomento altresì, G.M. BACCARI, *I nuovi meccanismi per superare le stasi procedimentali dovute all'inerzia del pubblico ministero*, in G. SPANGHER (a cura di), *Riforma Cartabia*, cit., p. 267; E.M. MANCUSO (con F. CASSIBBA), *Le indagini preliminari fra innovazione e continuità*, in D. CASTRONUOVO-M. DONINI-E.M. MANCUSO-G. VARRASO (a cura di), *Riforma Cartabia. La nuova giustizia penale*, cit., p. 623 ss.; A. SANNA, *Cronometria e rimedi alle stasi procedimentali*, in *Proc. pen. e giust.*, 2022, p. 46.

Per identificare i delitti per i quali il termine ordinatorio è esteso a diciotto mesi, il nuovo testo del comma 2 dell'art. 405 fa riferimento all'intero comma dell'art. 407 e non solo alla sua lett. *a*), come in precedenza.

Nelle successive lett. *b*), *c*) e *d*), però, l'assunzione nel catalogo non si fonda sul riferimento a specifici titoli di reato, come nei vari numeri in cui si articola la citata lett. *a*), ma sul fatto che si proceda a "indagini particolarmente complesse" sia dal punto di vista dell'estensione oggettiva e soggettiva dell'accertamento, sia con riguardo alla necessità di compiere atti all'estero o, infine, all'esigenza di mantenere il collegamento tra più uffici del pubblico ministero nei casi in cui sia stato instaurato un *modus procedendi* che postula una continuità di rapporti tra i magistrati nelle indagini.

Per le contravvenzioni il termine di durata delle indagini è ordinariamente fissato in sei mesi, prorogabile una volta sola per un tempo non superiore a sei mesi, derivandone un termine finale che non può essere superiore ad un anno, mentre nel sistema previgente, il termine massimo era di diciotto mesi.

Se la previsione risulta compatibile con la generale scarsa esigenza investigativa che sottintende un reato contravvenzionale, non si può tuttavia trascurare l'implementazione di tale categoria di reati in settori dotati di maggiore tecnicismo e scientificità che potrebbero giustificare, in taluni casi, uno sforzo investigativo maggiore, anche in termini temporali[47]. Il pensiero corre, ad esempio, alle contravvenzioni in materia ambientale[48].

Tale perplessità, invero, è stata anche sollevata dal Consiglio superiore della magistratura che, nel parere del 21 settembre 2022, ha segnalato la possibilità di spunti investigativi più riflessivi in relazione ad alcuni reati contravvenzionali ma di particolare allarme sociale come, ad esempio, quelli in materia di prevenzione degli infortuni sul lavoro che postulano in determinati casi lo svolgimento di indagini articolate, difficilmente esperibili in un tale breve termine.

Anche in relazione ai delitti indicati nell'art. 407, comma 2, c.p.p. il termine di durata ordinaria è fissato in un anno e sei mesi, prorogabile una sola volta per un tempo non superiore a sei mesi, derivandone un termine finale non superiore a due anni. L'arco temporale, per quanto ampio, può tuttavia risultare non adeguato in relazione ai procedimenti aventi ad oggetto talune categorie di reato particolarmente gravi.

L'ipotesi residuale, ricostruita per sottrazione rispetto alle altre, riguarda tutti i delitti, diversi da quelli gravi elencati nella lett. *a*), comma 2 dell'art. 407 c.p.p. Per tale ipotesi, il termine di durata è fissato in un anno, prorogabile una sola volta fino al limite massimo di un anno e sei mesi.

---

[47] Cfr. L. GIORDANO, *Riforma processo penale: la rimodulazione dei tempi delle indagini*, in *Quest. giust.*, 17 febbraio 2023.

[48] In tal senso G. AMATO, *op. cit.*, pp. 33-34.

Per determinare il *dies a quo* ai fini della decorrenza dei termini di durata massima delle indagini preliminari relativi a diversi fatti iscritti sotto lo stesso numero in momenti differenti, l'unico criterio è quello di ordine sostanziale desumibile dall'art. 335, comma 2, c.p.p., secondo cui, quando non si tratti di mutamento della qualificazione giuridica del fatto, né di diverse circostanze del medesimo fatto, non può parlarsi di aggiornamento di iscrizioni, ma di iscrizione autonoma [49].

La protrazione della permanenza, intesa quale lo spostamento in avanti della consumazione del reato, impone di far partire *ex novo* i termini delle indagini dalla data dell'aggiornamento dell'iscrizione: si fa riferimento all'ambito della nuova iscrizione, non vertendosi nelle ipotesi del mutamento della qualificazione del fatto o quella del diverso trattamento circostanziale.

Al fondo della modifica normativa [50], si rinvengono non solo esigenze di celerità e di concentrazione dello spazio processuale, ma anche – per quanto meno nobili – effetti positivi per la finanza pubblica, in termini di un minor dispendio di risorse umane, strumentali e finanziarie.

6. Riflessioni finali

Nonostante le lodevoli intenzioni ne esce rafforzata l'idea di un processo che, confermando la tesi di un tradimento del codice [51], si concentra sulla fase investigativa.

---

[49] Cass., Sez. V, 20 luglio 2022, Saponara; ma anche Cass., Sez. II, 6 marzo 2019, Nicotra, per il quale il pubblico ministero, salvi appunto, i casi di mutamento della qualificazione giuridica del fatto o dell'accertamento di circostanze aggravanti, deve procedere a nuova iscrizione nel registro delle notizie di reato sia quando acquisisce elementi in ordine ad ulteriori fatti costituenti reato nei confronti della stessa persona, sia quando raccolga elementi in relazione al medesimo o ad un nuovo reato a carico di persone diverse dall'originario indagato. Il termine per le indagini preliminari decorre in modo autonomo per ciascun indagato dal momento dell'iscrizione del suo nominativo nel registro delle notizie di reato e per la persona originariamente sottoposta ad indagini, da ciascuna successiva iscrizione. Cfr. altresì Cass., Sez. VI, 9 maggio 2017, secondo cui mentre nel caso di iscrizione di un nuovo fatto di reato, il termine per le indagini preliminari decorre in modo autonomo per ciascuna iscrizione, nel caso in cui si tratti di aggiornamento della notizia di reato originaria, in relazione al *nomen juris* e/o agli elementi circostanziali, il termine delle indagini preliminari decorre dalla prima e unica iscrizione per detto fatto.

[50] Secondo E.M. MANCUSO, *I rimedi alla stasi del procedimento: aspettando Godot?*, in *Proc. pen. e giust.*, 2023, 4, p. 790, osservando in maniera sinottica il risultato complessivo delle modifiche, si può affermare che le novità normative non stravolgono il quadro applicativo vigente.

[51] Cfr. O. MAZZA, *Tradimenti di un codice. La procedura penale a trent'anni dalla grande riforma*, Giappichelli, Torino, 2020.

Da fase neutrale e funzionale solo alle determinazioni inerenti l'esercizio dell'azione penale, a baricentro del procedimento[52], in cui è sempre più possibile scorgere l'anima inquisitoria[53].

Il quadro complessivo restituisce l'idea di un "procedimento a trazione anteriore"[54]. Diverse le direttrici lungo cui si può trovare conferma della osservazione. Nel complesso si assiste ad un irrobustimento della fase delle indagini, quale momento di preferibile definizione del processo. Epperò, paradossalmente il controllo del giudice sull'esatta iscrizione della notizia di reato e del nome dell'autore, il controllo sulla stasi del procedimento, sull'inerzia dello stesso e la c.d. *discovery* forzosa, sono tutti elementi che, per quanto singolarmente sembrano orientare il sistema verso un contingentamento dei tempi, osservati in una prospettiva di sistema, riflettono limiti espliciti e aporie implicite.

Il rinnovato interesse per la fase delle indagini preliminari, indubbio se si osservano le diverse finestre di giurisdizione[55] introdotte per ridimensionare fenomeni distorsivi come l'inerzia del pubblico ministero o la stasi del procedimento, può rappresentare l'occasione per una nuova stagione interpretativa, volta a superare il rigorismo formale, pur in assenza di novità legislative quanto, ad esempio, al profilo dinamico della concessione della proroga.

Un lontano ricordo appare ancor di più lo slogan che ha accompagnato il nuovo assetto processuale accusatorio, secondo cui quella delle indagini preliminari è una «fase che non conta e non pesa»[56]. E invece, conta e pesa, nella misura in cui la tempestività e la completezza di approccio al materiale probatorio sono parametri fondamentali per una ricostruzione affidabile del fatto storico[57].

La linea di intervento è tracciata, ma evidentemente le modifiche non sono

---

[52] *Contra* si veda M. GIALUZ, *La giustizia penale come servizio pubblico: completare la "riforma Cartabia"*, in *Dir. pen. e proc.*, 2023, 3, p. 358 ss., secondo cui, invece, l'arretramento è dovuto ad una evoluzione trentennale del sistema determinato da fattori più profondi, intrinseci ed estrinseci.

[53] Cfr. M. NOBILI, *L'accusatorio sulle labbra, l'inquisitorio nel cuore*, in *Crit. dir.*, 1992, IV-V, p. 11 ss.

[54] Cfr. G. SPANGHER, *Riforma Cartabia: un processo a "trazione anteriore"*, in *Dir. pen. e proc.*, 2022, 12, p. 1485.

[55] Cfr. A. MARANDOLA, *Le finestre di giurisdizione e il giudice del procedimento*, in *Proc. pen. e giust.*, 2023, 1, p. 157.

[56] L'espressione è storicamente attribuita a M. NOBILI, *Diritti per la fase che "non conta e non pesa"*, in *Scenari e trasformazioni del processo penale*, Cedam, Padova, 1998, p. 35 ss., e ripresa, poi, da A. CAMON, *La fase che "non conta e non pesa": indagini governate dalla legge?*, in *Dir. pen. e proc.*, 2017, p. 425 ss.

[57] Molto suggestivo il riferimento, a tal proposito, al motto investigativo "il tempo che passa è verità che fugge", citato da C. VALENTINI, The untouchables*: la fase delle indagini preliminari, l'ufficio del pubblico ministero e i loro misteri*, cit., p. 18.

sufficienti. Da ultimo, è utile osservare che la ragionevole durata delle indagini preliminari [58] e la ragionevole durata del segreto investigativo viaggiano su binari differenti, poiché hanno dimensioni temporali non perfettamente sovrapponibili. Il tempo della segretezza, infatti, dovrebbe essere separato dai termini di durata delle indagini. Se ne potrebbe trarre un beneficio indiretto. Imporre al pubblico ministero di anticipare la *discovery* potrebbe contribuire al raggiungimento degli obiettivi di contingentamento dei tempi delle indagini. Si può concordare, cioè, nella possibilità che, in vista del cedimento del segreto, il pubblico ministero sia animato dall'esigenza di una maggiore celerità nel compimento delle attività investigative, favorendo, in tal modo, una neutralizzazione dei tempi morti.

---

[58] Cfr. G. CORETTI, *La ragionevole durata delle indagini alla luce della riforma Cartabia:* nihil sub (italico) sole novum, in *Arch. pen.*, 2022, 2, p. 1 ss.

IL PROLUNGAMENTO DEI TERMINI PER L'AVVISO DI CONCLUSIONE DELLE INDAGINI

di Francesco Vergine

SOMMARIO: 1. La nuova disciplina dei termini: le indicazioni della legge delega e il recepimento. – 2. I rimedi alla stasi del procedimento. – 3. Novità sull'avviso *ex* art. 415-*bis* c.p.p.: il differimento della notifica dell'avviso *ex* art. 415-*bis*, comma 5-*bis* e comma 5-*ter* c.p.p. poi abrogato dal d.lgs. 19 marzo 2024, n. 31. – 4. Il prolungamento dei termini per l'avviso di conclusione indagini nei casi di cui all'art. 415-*bis*, comma 5-*bis*, lett. *a*), c.p.p. attualmente concedibile solo nei casi di cui all'art. 415-*ter*, comma 2, c.p.p. – 5. Il prolungamento dei termini per l'avviso di conclusione indagini nei casi di cui all'art. 415-*bis*, comma 5-*bis*, lett. *b*), c.p.p. attualmente concedibile solo nei casi di cui all'art. 415-*ter*, comma 2, c.p.p. – 6. Il prolungamento dei termini per l'avviso di deposito di cui all'art. 415-*ter* c.p.p. – 7. Regime transitorio.

1. La nuova disciplina dei termini: le indicazioni della legge delega e il recepimento

Sin dalle intenzioni della legge delega per la riforma del processo penale (l. 27 settembre 2021, n. 134), nella ormai chiara vocazione di sempre, ossia la rinnovata importanza del "tempo", una delle aree di intervento atteneva la fase delle indagini preliminari [1]. La novità più dirompente riguarda il *dies a quo* e consiste nella previsione di un controllo da parte del giudice per le indagini preliminari sulla tempestività dell'iscrizione della notizia di reato [2].

---

[1] «Del resto, il fine dichiarato è proprio quello di ridurre – in un'ottica complessiva – i tempi procedurali ed il carico giudiziario del 25%. Detto obiettivo, difatti, non potrà che rappresentare una stella polare, che indicherà la strada per i decreti legislativi attuativi della delega ed ancor di più per le successive interpretazioni» in F. VERGINE, *La riforma della fase delle indagini preliminari e dell'udienza preliminare*, in *Il Processo*, 2021, 3, p. 635.

[2] M. GIALUZ-J. DELLA TORRE, *Giustizia per nessuno. L'inefficienza del sistema penale italiano*

Occorre, tuttavia, evidenziare che la Riforma Cartabia, per molteplici versi proprio in tema di indagini preliminari, è intervenuta al fine di arginare prassi giurisprudenziali e orientamenti esegetici che avevano portato a un totale capovolgimento del dato normativo originariamente previsto dal codice, il quale, invero, depurato dalle specificazioni fornite dalla novella, già solo sarebbe stato sufficiente ad assicurare un rispetto delle tempistiche imposte. In altre parole, si sentiva la necessità dell'intervento da parte del legislatore delegato con l'introduzione di norme più penetranti ed incisive, giacché l'attività esegetica sviluppatasi negli anni aveva svuotato la portata di disposizioni già esistenti (si pensi all'obbligo di immediata iscrizione della notizia di reato, divenuto una sorta di "semplice consiglio" senza effettivi limiti temporali e soprattutto sprovvisto di un potere di controllo e successive sanzioni processuali).

Con la nuova disciplina delle indagini preliminari, l'intento del Legislatore è quello di raggiungere un punto di equilibrio tra le esigenze di segretezza, speditezza e adeguatezza delle indagini preliminari e le garanzie, dovute alla persona sottoposta alle indagini in ordine all'effettivo rispetto della durata delle indagini preliminari e del diritto di difesa.

La legge delega investiva, infatti, i termini di indagine e la relativa proroga, con una rimodulazione nei passaggi interni, laddove, invece, il saldo aritmetico appare poco modificato. Viene, quindi, individuato il termine ordinario di sei mesi per le contravvenzioni, quello di un anno per i reati in genere, e di diciotto mesi nel caso di delitti di cui all'art. 407, comma 2, c.p.p. Viene, infine, indicata la previsione di una sola proroga di sei mesi per tutti i procedimenti nel caso di complessità delle indagini. Sul punto, il nuovo comma 2 dell'art. 405 c.p.p. riporta testualmente[3] il criterio di delega in relazione ai termini per la conclusione delle indagini preliminari.

---

tra crisi cronica e riforma Cartabia, Giappichelli, Torino, 2022, pp. 339-340. «Si tratta di una modifica in certa misura rivoluzionaria, perché sottrae al pubblico ministero il dominio sull'inizio del procedimento: a ben considerare, nel nostro sistema, qualsiasi scelta del pubblico ministero relativa alla prosecuzione o alla chiusura delle indagini – tanto la proroga, quanto l'esercizio o il non esercizio dell'azione penale – è sottoposta al controllo necessario del giudice. Al contrario, è ben noto che la giurisprudenza aveva difeso strenuamente l'esclusiva competenza dell'accusatore con riguardo al momento dell'inizio formale dell'indagine nei confronti di un determinato soggetto; momento alquanto delicato, perché non solo fissa il *dies a quo* del termine di indagine, ma determina l'acquisizione dello *status* di "persona sottoposta alle indagini", al quale l'ordinamento ricollega importanti garanzie, e, al contempo, di quello di "indagato", al quale le norme e la prassi associano effetti pregiudizievoli».

[3] «Salvo quanto previsto dagli artt. 406 e 415-*bis*, il pubblico ministero conclude le indagini preliminari entro il termine di un anno dalla data in cui il nome della persona alla quale è attribuito il reato è iscritto nel registro delle notizie di reato. Il termine è di sei mesi, se si procede per una contravvenzione, e di un anno e sei mesi, se si procede per taluno dei delitti indicati nell'art. 407 comma 2».

Sparisce, così, la "giusta causa" e la oggettiva impossibilità di concludere le indagini nel termine ordinario: a ben vedere si tratta di una eliminazione irrilevante, dal momento che la prima proroga dell'attuale sistema è stata assorbita nel termine iniziale ora indicato dalla Riforma Cartabia. Il nuovo art. 406 c.p.p. sulla proroga dei termini dispone, infatti, che il pubblico ministero, prima della scadenza, può richiedere al giudice, «*quando le indagini siano complesse*», la proroga del termine previsto dall'art. 405 c.p.p. L'istanza contiene l'indicazione della notizia di reato e l'esposizione dei motivi che la giustificano; la proroga può essere autorizzata per una sola volta e per un tempo non superiore a sei mesi.

La Riforma Cartabia ha, quindi, eliminato la possibilità, prima riconosciuta, di prorogare più volte – ma comunque entro i limiti massimi di durata delle indagini preliminari, dettati dall'art. 407 c.p.p. – i termini "ordinari" delle indagini, stabiliti dall'art. 405 c.p.p. Si rinviene, quindi, una idea di buon senso, poiché il sistema dei tempi delle indagini si appesantiva di un sub procedimento del tutto inutile, laddove non vi era un reale controllo da parte del g.i.p. (al quale, in alcuni casi, non veniva neppure trasmesso l'intero fascicolo), che ad ogni modo autorizzava la proroga.

L'unico effetto negativo che tale rimodulazione dei tempi provoca risiede nel fatto che, essendo stato raddoppiato il termine iniziale, l'indagato non riceverà l'avviso della richiesta di proroga dopo i sei mesi. Tale atto, talvolta, rappresentava il primo strumento informativo grazie al quale egli apprendeva di essere sottoposto ad indagini. Tuttavia, è vero che la prassi ha dimostrato che i tempi di notifica della richiesta di proroga erano talmente dilatati da risultare inutili ai reali fini informativi, tant'è che è accaduto che detta richiesta giungeva quando era stata già esercitata l'azione penale. Occorre rilevare come anche questa sfasatura sistemica sia stata analizzata dalla Cassazione la quale, escludendo qualsivoglia profilo patologico, ha costantemente salvato le indagini preliminari successive, con ciò legittimando un contegno che non appare francamente in linea con la natura che il legislatore volle assegnare all'istituto.

Al contrario, con la delega "Cartabia" si è inteso valorizzare il ruolo e le prerogative del giudice per le indagini preliminari, il quale assicura all'indagato alcune "finestre di giurisdizione" per garantire il rispetto dei tempi di fase e dei termini di azione.

2. I rimedi alla stasi del procedimento

Sulla scorta della anzidetta centralità che assume l'importanza del tempo, la legge delega aveva, poi, la finalità di individuare i rimedi per la stasi del procedimento.

Uno dei punti critici che occorreva fronteggiare con la Riforma Cartabia riguardava, del resto, la gestione dei cc.dd. tempi morti, ossia quelli in cui nonostante fossero decorsi i termini, non vi era alcuna progressione processuale. È noto, infatti, che i rimedi previsti *ab origine* nel codice di rito, e successivamente implementati, prevedevano una sorta di controllo gerarchico interno agli organi d'accusa, con un diritto di informazione del Procuratore Generale ed un suo potere di intervento nelle forme dell'avocazione. I dati hanno, tuttavia, dimostrato la radicale inefficienza di tale sistema di controllo e di intervento [4].

Nella prassi, del resto, accade di frequente che, nonostante il decorso dei termini previsti per la conclusione delle indagini preliminari, il procedimento penale versi in una sorta di "quiescenza" a causa del comportamento del pubblico ministero che resta inerte, ossia non compie in maniera tempestiva la "scelta" se esercitare l'azione penale o formulare l'archiviazione [5] (tale inerzia spesso deriva dalla impossibilità per gli uffici delle fasi successive di "assorbire" i processi già penalmente azionati per cui si opta per una "progressione scaglionata").

All'uopo, la Riforma Cartabia si muove su più piani: prevede termini rigidi per l'esercizio dell'azione penale o per l'inazione, parametrati alla gravità del reato ed alla complessità delle indagini, decorsi i quali avviene la *discovery.*

In particolare, secondo quanto previsto dal nuovo art. 407-*bis*, comma 2, c.p.p. «il pubblico ministero esercita l'azione penale o richiede l'archiviazione entro tre mesi dalla scadenza del termine di cui all'art. 405, comma 2, o, se ha disposto la notifica dell'avviso della conclusione delle indagini preliminari, entro tre mesi dalla scadenza dei termini di cui all'articolo 415-*bis*, commi 3 e 4. Il termine è di nove mesi nei casi di cui all'art. 407, comma 2».

A ben vedere, tale meccanismo si pone in contrasto rispetto al dichiarato obiettivo di ridurre le inefficienze del sistema giudiziario per rendere più ragionevole la durata del processo, giacché lo *spatium deliberandi* per la pubblica accusa risulterà ben più dilatato rispetto al sistema vigente, potendo estendersi fino a nove mesi [6] non soltanto quando le indagini riguardano delitti gravissimi o

---

[4] F. VERGINE, *La riforma della fase*, cit., p. 636 ss.

[5] R. FONTI, *Strategie e virtuosismi per l'efficienza e la legalità delle indagini preliminari*, in A. MARANDOLA (a cura di), *"Riforma Cartabia" e rito penale – La legge delega tra impegni europei e scelte valoriali*, Cedam, Padova, 2022, p. 108 ss.; G.M. BACCARI, *I nuovi meccanismi per superare le stasi del procedimento dovute all'inerzia del pubblico ministero*, in G. SPANGHER (a cura di), *La riforma Cartabia*, Pacini, Pisa, 2022, p. 263 ss.

[6] Secondo F. ALONZI, *Tempi nuovi per le indagini?*, in G. SPANGHER (a cura di), *La riforma Cartabia*, cit., pp. 255-256, «Sfugge la ragione che ha indotto il legislatore a introdurre la previsione contenuta nell'ultimo periodo del comma 3 dell'art. 415-*ter* c.p.p., a tenore della quale, laddove l'ordine del giudice riguardi l'invio dell'avviso di conclusione delle indagini, si riconosce ancora al pubblico ministero un'ulteriore pausa di riflessione seppur con termini ridotti rispetto a quanto stabilito dal comma secondo dell'art. 407-*bis* c.p.p. Ci troviamo in una situazione nella quale l'or-

risultano di particolare complessità, ma anche quando sono stati compiuti atti all'estero ovvero è indispensabile mantenere il collegamento tra più uffici del pubblico ministero a norma dell'art. 371 c.p.p. (art. 407, comma 2, rispettivamente lett. *c*) e *d*)[7].

Il Legislatore fornisce nuova linfa alla scansione cronologica dell'art. 415-*bis* c.p.p., giacché introduce all'interno dell'art 407-*bis* c.p.p. il riferimento proprio ai commi 3 e 4 dell'art. 415-*bis* c.p.p., il quale fa assumere rilievo, ai fini della decorrenza del termine, al periodo di venti giorni concesso alla difesa per esercitare le proprie prerogative, ed all'ulteriore lasso temporale, di trenta giorni, nel quale il pubblico ministero compie le indagini sollecitate dalla difesa, termine che, come noto, può essere prorogato dal giudice per un tempo non superiore a sessanta giorni[8].

Onde assicurare una migliore tutela del canone della "ragionevole durata", il Legislatore ha introdotto un duplice meccanismo di sblocco attivabile in caso di inerzia (parziale o totale) dell'accusa all'esito delle indagini preliminari. Inoltre, i correttivi apportati alle disposizioni post Riforma contenute negli artt. 415-*bis* e 415-*ter* c.p.p. hanno realizzato una complessiva semplificazione del meccanismo di risoluzione della stasi e dei connessi strumenti dell'avocazione delle indagini: l'intervento è consistito nella eliminazione dei commi da 5-*bis* a 5-*quinquies* dell'art. 415-*bis* c.p.p. *e* nella concentrazione della disciplina del superamento dello stallo nell'art. 415-*ter* c.p.p., complessivamente riformulato.

Invero, nel caso in cui il p.m. sia stato totalmente inerte, non depositando neppure l'avviso di conclusione delle indagini, si applicherà, quindi, la complessa procedura regolata dal nuovo art. 415-*ter* c.p.p.[9].

In particolare, laddove il p.m. non abbia notificato l'avviso di conclusione delle indagini, ovvero ancora non abbia preso in tempo le sue determinazioni sull'azione penale, viene in gioco la procedura di cui all'art. 415-*ter*, comma 4, c.p.p. tramite cui la persona sottoposta alle indagini e la persona offesa possono

---

gano dell'accusa ha già avuto a disposizione un tempo per riflettere ed appare francamente parossistico riconoscergliene dell'altro. Nell'ipotesi delle indagini per i "casi" di cui all'art. 407, comma 2, sono trascorsi non solo i nove mesi previsti dall'art. 407-*bis* c.p.p. ma anche gli ulteriori tre mesi che le parti devono comunque attendere prima di sollecitare l'intervento del giudice. L'anno trascorso non è stato ritenuto evidentemente ancora sufficiente per imporre all'organo dell'accusa di far uscire immediatamente il procedimento dallo stato di quiete che lo stesso gli ha imposto».

[7] Si veda G.M. BACCARI, *op. cit.*, pp. 265-266.

[8] F. ALONZI, *op. cit.*, p. 255.

[9] La disciplina di cui all'art. 415 *ter* c.p.p. entrerà in vigore secondo i tempi indicati nell'art. 88-*bis*, d.lgs. n. 150/2022. Secondo M.F. CORTESI, *Le nuove disposizioni sulla "vittima" del reato*, in *Dir. pen. e proc.*, 2023, p. 217, «Solo la prassi operativa potrà, invero, consentire di comprendere la reale funzionalità di un meccanismo che sembra essere, a prima lettura, piuttosto farraginoso e mal coordinato con le modifiche apportate all'art. 415-*bis* c.p.p.».

chiedere al g.i.p. di ordinare al p.m. di determinarsi in relazione all'esercizio dell'azione penale.

Del resto, una prima formulazione dell'art. 415-*ter* c.p.p. introdotta con la Riforma Cartabia prevedeva termini diversificati in relazione alla tipologia di reato iscritto, la decorrenza dei quali portava alla *discovery* forzosa [10]: anche nella prima stesura, la lettera dell'art. 415-*ter* c.p.p. era, dunque, diretta ad esaudire l'indicazione contenuta nella legge delega di prevedere un meccanismo tale da consentire all'indagato ed alla persona offesa di accedere agli atti investigativi nel caso in cui il p.m. non assumesse le determinazioni sull'azione penale nei tempi prescritti. Tale intento ha trovato espressione più incisiva nel d.lgs. 19 marzo 2024, n. 31, il provvedimento correttivo alla Riforma Cartabia, che ha rimodulato anche la rubrica del nuovo art. 415-*ter* c.p.p. in «*Scadenza dei termini per l'assunzione delle determinazioni inerenti all'esercizio dell'azione penale. Diritti e facoltà dell'indagato e della persona offesa*».

Infatti, secondo quanto disposto dall'art. 415-*ter* c.p.p. nella sua versione entrata in vigore mediante il decreto correttivo, alla scadenza dei termini di cui all'art. 407-*bis*, comma 2, se il pubblico ministero non ha esercitato l'azione penale o richiesto l'archiviazione e non ha già disposto la notifica dell'avviso della conclusione delle indagini preliminari, la documentazione relativa alle indagini espletate è depositata in segreteria.

A ben vedere si tratta di una norma pallida, giacché da un lato è ben possibile che l'indagato neppure sappia di essere sottoposto ad indagini e, dunque, non avrebbe modo di esercitare il riconosciuto diritto, e dall'altro si chiede al p.m. ritardatario di svolgere un'attività tesa a rendere conoscibili gli atti [11].

Ad ogni modo, copia di tale avviso è comunicata al Procuratore Generale presso la Corte d'appello, il quale conserva quindi un ruolo di controllo sui corretti comportamenti da parte del pubblico ministero. Invero, l'ufficio di Procura sovraordinato, se non riceve il suddetto avviso entro dieci giorni dalla scadenza

---

[10] Il nuovo art. 415-*ter* c.p.p. – introdotto con il d.lgs. n. 150/2022, oltre a prevedere una nuova forma di ostensione patologica "spontanea" (comma 1) e una "coatta" (comma 2) di tutti gli atti di indagine da parte del p.m., contempla a sua volta un meccanismo di determinazione "forzosa": scaduti dei termini supplementari di riflessione (pari a un mese per la generalità dei reati e a tre mesi per quelli di cui all'art. 407, comma 2, decorrenti, rispettivamente, dalla notifica del deposito spontaneo o forzoso degli atti di indagine), l'indagato e la persona offesa possono chiedere al g.i.p. di ordinare al p.m. di prendere la proprie determinazioni.

[11] «È così immaginabile che una volta ripreso il fascicolo – rimasto in stasi sotto una immaginaria coltre di polvere, benché siano spirati i termini massimi di durata delle indagini – il P.M. adotterà l'atto ritardato. Non solo. Molto spesso i ritardi si accumulano non tanto per la notifica dell'avviso di conclusione delle indagini, quanto, invece, nel periodo ad esso successivo, senza che il P.M. eserciti, o meno, l'azione penale» cfr., F. VERGINE, *La riforma della fase*, cit., p. 637.

del termine di riflessione [12], può disporre l'avocazione, che adesso «viene riconfigurata realisticamente in termini di discrezionalità» (art. 412 c.p.p.) [13]. Così, ai sensi del comma 5 dell'art. 415-*ter*, una volta esclusa l'avocazione, il Procuratore Generale potrà emettere un decreto motivato con cui ordina al pubblico ministero di assumere le determinazioni inerenti all'esercizio dell'azione penale entro un termine «non superiore a venti giorni». Tale disposizione non si applica quando: a) il pubblico ministero ha formulato richiesta di differimento del deposito ai sensi del comma 2 dell'art. 415-*ter* c.p.p. e la stessa non è stata rigettata; b) è stata già presentata l'istanza di cui al comma 4.

Sicché, l'indagato e l'offeso "vigile" [14], oltre all'informativa circa la "fisiologica" facoltà di esaminare la documentazione depositata e di estrarne copia, sono informati della facoltà di adire il giudice quando la situazione di stallo del procedimento penale si protrae da troppo tempo [15]. L'intervento del g.i.p. è, quindi,

---

[12] La Procura generale verrà a conoscenza della scadenza del termine di riflessione mediante le comunicazioni mensili alle quali sono tenute le segreterie dei pubblici ministeri, ai sensi dell'art. 127 disp. att. c.p.p., in relazione ai: *a*) procedimenti nei quali il pubblico ministero non ha esercitato l'azione penale o richiesto l'archiviazione entro i termini previsti dall'art. 407-*bis*, comma 2, del codice, salvo che il pubblico ministero abbia formulato richiesta di differimento ai sensi dell'art. 415-*ter*, comma 2, del codice; in tale ultima ipotesi, i procedimenti sono inseriti nell'elenco solo in caso di rigetto della richiesta; *b*) procedimenti nei quali il pubblico ministero non ha assunto le determinazioni sull'azione penale nei termini fissati ai sensi dell'art. 415-*ter*, commi 4 e 4-*bis*, del codice.

[13] Cfr. *Relazione illustrativa allo schema di decreto legislativo recante attuazione della legge 27 settembre 2021 n. 134 recante delega al governo per l'efficienza del processo penale nonché in materia di giustizia riparativa e disposizioni per la celere definizione dei procedimenti giudiziari*, p. 95. Del resto, l'art. 412 c.p.p. nella versione previgente prevedeva l'avocazione obbligatoria da parte del Procuratore Generale per le due ipotesi di mancato esercizio dell'azione penale e della mancata richiesta di archiviazione nel termine suddetto, mentre il novellato art. 412 c.p.p. la rende facoltativa, ma vi include anche l'ipotesi prima assente, della mancata notifica dell'avviso *ex* art. 415-*bis* c.p.p. In argomento, A. MARANDOLA, *Il controllo sulla legalità delle indagini e i rimedi alla (possibile) stasi*, in *Dir. pen. e proc.*, 2023, p. 156, evidenzia che «la novella codificata come facoltativa l'avocazione del Procuratore Generale attivabile *ex* art. 412 c.p.p. nel caso in cui il pubblico ministero non abbia disposto la notifica dell'avviso di conclusione delle indagini preliminari; non abbia esercitato l'azione penale o richiesto l'archiviazione, entro i termini previsti dagli artt. 407-*bis*, comma 2, 415-*bis*, comma 5-*quinquies* e 415-*ter*, comma 3, c.p.p. Il mezzo per rimediare ad eventuali deficienze e/o ritardi degli uffici di accusa di primo grado e, più in generale, per vagliare la correttezza delle relative determinazioni ed attività è realisticamente configurato in termini facoltativi, da attivarsi, dunque, secondo la c.d. discrezionalità tecnica o selettiva. Si tratta, dunque, di un meccanismo che va impiegato con oculatezza, pena, altrimenti, la sua inattuazione». Si veda anche, G. GARUTI, *L'efficienza del processo tra riduzione dei tempi di indagine, rimedi giurisdizionali e "nuova" regola di giudizio*, in *Arch. pen.*, 2022, p. 11.

[14] Sul punto si veda G.M. BACCARI, *op. cit.*, p. 269 ss.

[15] Ossia quando è decorso un periodo pari a un mese, ovvero a tre mesi nelle ipotesi dell'art. 407 c.p.p., dalla notifica dell'avviso di deposito della documentazione investigativa o del decreto

previsto come soluzione della stasi patologica: cioè, come rimedio al fatto che, decorsi i termini di durata delle indagini, il pubblico ministero, entro l'ulteriore periodo (c.d. termine di riflessione) normativamente fissato in base alla gravità del reato e alla complessità delle indagini preliminari, non abbia esercitato l'azione penale o richiesto l'archiviazione.

Nello specifico, la persona indagata e quella offesa possono chiedere al giudice, secondo quanto disposto dall'art. 415-*ter*, comma 4, c.p.p. di valutare le ragioni del ritardo e, nel caso in cui non siano giustificate, «di ordinare al pubblico ministero di assumere le determinazioni inerenti all'esercizio dell'azione penale», ossia di emettere l'avviso di conclusione delle indagini preliminari ancora mancante. In dottrina [16], si è evidenziato che non è normativamente indicato che la richiesta di intervento dell'organo giudicante sia notificata al pubblico ministero, né che quest'ultimo debba porre a disposizione del giudice stesso gli atti oggetto della *discovery* forzosa, anche se – verosimilmente – solo l'esame degli atti potrebbe consentire all'autorità giurisdizionale di pronunciarsi, in assenza di contraddittorio, in maniera consapevole. La decisione dell'autorità giurisdizionale dovrà essere adottata nei venti giorni successivi, sentito il pubblico ministero. L'istanza è comunicata al Procuratore Generale presso la Corte d'appello.

In maniera speculare, quindi, il comma 5-*quater* dell'art. 415-*bis* c.p.p. in una prima formulazione approvata con il d.lgs. n. 150/2022, e poi abrogata con l'entrata in vigore del d.lgs. 19 marzo 2024, n. 31, prevedeva che se alla scadenza dei termini indicati dall'art. 407-*bis*, comma 2, c.p.p. il pubblico ministero non avesse esercitato l'azione penale, né richiesto l'archiviazione, la persona sottoposta alle indagini e la persona offesa avrebbero potuto chiedere al giudice di ordinare al pubblico ministero di assumere le determinazioni sull'azione penale: tale norma è, pertanto, attualmente contenuta nel comma 4 dell'art. 415-*ter* c.p.p.

Il giudice – come detto, secondo quanto previsto dal comma 4 dell'art. 415-*ter* c.p.p. – provvede nei venti giorni successivi con decreto motivato.

In caso di accoglimento (quando non ha autorizzato il differimento ai sensi del comma 2 o non ricorrono le esigenze indicate nel medesimo comma) il giudice ordina al Procuratore della Repubblica di assumere le determinazioni sull'azione penale entro un termine non superiore a venti giorni; copia del decreto è comunicata al pubblico ministero e al Procuratore Generale presso la Corte di appello e notificato alla persona che ha formulato la richiesta. Così, quando ai fini dell'esercizio dell'azione penale, deve essere notificato l'avviso di conclusione delle indagini di cui all'art. 415-*bis,* nel computo del termine assegnato dal

---

del Procuratore Generale, senza che il pubblico ministero abbia provveduto ai doverosi atti di impulso procedimentale.

[16] G.M. BACCARI, *op. loc. ult. cit.*

giudice non si tiene conto del tempo intercorso tra la notifica dell'avviso e la scadenza dei termini di cui ai commi 3 e 4 dell'art. 415-*bis* c.p.p.

Tale inedito meccanismo sembra voler ribadire la "posizione di parte del pubblico ministero", con un accrescimento del controllo giurisdizionale del g.i.p. in relazione alle tempistiche delle investigazioni: non solo ora il g.i.p. dovrà verificare la ricorrenza dei presupposti per la concessione della proroga, con conferma dei diritti partecipativi della persona sottoposta alle indagini, ma potrà – con decreto motivato – ordinare al titolare delle investigazioni di assumere le decisioni sull'azione penale ovvero sull'archiviazione. Sullo sfondo, rimane tracciato il modello procedimentale scandito dall'obbligo di immediata iscrizione della notizia di reato, sia nella componente oggettiva che soggettiva, con la nuova facoltà – garantita alla persona sottoposta alle indagini – di sollecitare la retrodatazione della iscrizione della notizia di reato, e quindi dell'*incipit* dei tempi investigativi.

All'interno del comma 4 dell'art. 415-*ter* c.p.p. [17] si rinviene, quindi, una di quelle importanti "finestre di giurisdizione" che animano l'intervento riformatore sulla disciplina della fase delle indagini preliminari, più volte auspicate [18], in cui il g.i.p. incarna il ruolo di giudice "a sportello", sollecitato esclusivamente su richiesta della persona sottoposta alle indagini o della persona offesa "vigile".

Occorre notare, tuttavia, che questa ipotesi si scontra, evidentemente, con una pacifica assenza di interesse in capo all'indagato, il quale, nella maggior parte dei casi, non ha alcun vantaggio ad imprimere una accelerata ai tempi del procedimento. Allo stesso tempo, la riforma consegna ai soggetti privati uno strumento particolarmente significativo, proprio al fine di superare quella fase di stallo o inerzia dell'organo inquirente che, statisticamente, comporta una forte dilatazione dei tempi processuali.

Sul punto, occorre segnalare che la legge delega forniva un criterio generico che affidava al legislatore delegato la costruzione dell'intero istituto, senza fornire alcuna indicazione circa le forme e la latitudine del nuovo potere. Da tanto ne deriva che, in prima battuta, all'interno proprio dell'art. 415-*bis* c.p.p., fosse inserito proprio un meccanismo che sollecitasse il Pubblico Ministero ad avvisare la persona offesa: infatti, nel comma 5-*sexies*, ora abrogato, si stabiliva che nel caso di infruttuoso decorso del periodo di riflessione post art. 415-*bis* c.p.p., alla persona offesa che non avesse ricevuto la notifica dell'avviso di conclusione delle indagini preliminari, fosse notificato l'avviso di deposito previsto dall'art. 415-*ter*, comma 1, c.p.p.

---

[17] Introdotto anche nel comma 5 *quater* dell'art. 415-*bis* c.p.p. con il d.lgs. n. 150/2022, disposizione poi trasposta nel comma 4 dell'art. 415-*ter* c.p.p.

[18] F. VERGINE, *Indagini e dibattimento: il singolare funzionamento della clessidra*, in *Dir. pen. e proc.*, 2020, p. 1157.

Vero è, tuttavia, che sotto la vigenza del comma 3-*bis* dell'art. 407 c.p.p. la disciplina in esso contenuta poteva essere facilmente aggirata, non essendo previsto un termine perentorio entro il quale notificare l'avviso di conclusione delle indagini: per evitare il decorso dei termini concessi per la riflessione, il pubblico ministero poteva rimandare l'invio dell'avviso *ex* art. 415-*bis* c.p.p. così «procrastinando (a proprio piacimento) la decorrenza del *dies a quo* del termine previsto dall'art. 407 comma 3-*bis* c.p.p.» [19].

Così, sebbene continui a non essere previsto alcun termine perentorio per l'invio dell'avviso di conclusione delle indagini, il legislatore ha introdotto nuove disposizioni che sembrano voler impedire o comunque contenere gli effetti di un'eventuale condotta abusiva dell'organo d'accusa [20].

È evidente, dunque, che una lettura sistematica delle norme rende manifesto l'intento di accelerare la prassi tendente a dilatare la fase delle indagini preliminari, e così, dal momento della *discovery* – forzosa o meno – decorre il termine per la proposizione della richiesta di retrodatazione, che tuttavia sarà diversificato, a seconda che ricorra la fisiologica condizione della notifica dell'avviso *ex* art. 415-*bis* c.p.p., ovvero tale termine decorra dal deposito degli atti per possibili vicende cautelari, o per le richieste di incidente probatorio.

Da ultimo, non si può dimenticare che la riforma richiede plurimi interventi di carattere normativo ed organizzativo per andare a regime e poter produrre tutti i propri effetti. Anzitutto, il Parlamento sarà chiamato ad adottare quella "legge-cornice", prevista dall'art. 13, comma 1, l. n. 71/2022 (riforma dell'ordinamento giudiziario) come pre-condizione per la fissazione, da parte dei Procuratori della Repubblica, dei criteri di priorità "finalizzati a selezionare le notizie di reato da trattare con precedenza rispetto alle altre"; criteri che andranno inseriti nel progetto organizzativo della procura e che sono destinati – per espresso dettato normativo – a vincolare le scelte processuali del pubblico ministero (art. 3-*bis* disp. att. c.p.p.) e dello stesso Procuratore Generale (art. 12 disp. att. c.p.p.), nonché probabilmente ad incidere sulle stesse valutazioni del g.i.p. in sede di sblocco delle indagini (artt. 415-*bis*, comma 5-*quater*, c.p.p. – attualmente art. 415-*ter*, comma 4, c.p.p.) [21].

---

[19] Così, C. Valentini, *Gli epiloghi delle indagini preliminari: una nuova fase dall'incerta fisionomia*, in L. Giuliani-R. Orlandi (a cura di), *Indagini preliminari e giudizio di primo grado*, Giappichelli, Torino, 2018, p. 107.

[20] F. Alonzi, *op. cit.*, p. 255.

[21] Cfr. M. Gialuz, *La giustizia penale come servizio pubblico: completare la "riforma Cartabia*, in *Dir. pen. e proc.*, 2023, p. 360.

3. Novità sull'avviso *ex* art. 415-*bis* c.p.p.: il differimento della notifica dell'avviso *ex* art. 415-*bis*, comma 5-*bis* e comma 5-*ter* c.p.p. poi abrogato dal d.lgs. 19 marzo 2024, n. 31

Con il d.lgs. n. 150/2022 vengono introdotte sensibili novità in relazione all'avviso di conclusione delle indagini *ex* art. 415-*bis* c.p.p., poi sensibilmente ridimensionate mediante il d.lgs. 19 marzo 2024, n. 31, che ha trasferito le norme applicative delle indicazioni della legge delega nel testo dell'art. 415-*ter* c.p.p.

Al netto di quelle innanzi sinteticamente indicate, veniva, infatti, normativamente prevista la possibilità, per il pubblico ministero, di richiedere il differimento della notifica dell'avviso di conclusione delle indagini preliminari.

Tale inedita facoltà, tuttavia, rischiava – proprio per via delle estese situazioni in cui può essere presentata la richiesta di posticipazione – di vanificare la portata innovativa dell'intero meccanismo, ideato per portare ad una sensibile contrazione dei tempi della fase di indagine.

All'uopo, occorre porre mente alla disposizione contenuta, in prima battuta, nel comma 5-*bis* dell'art. 415-*bis* c.p.p., che consentiva al p.m. di presentare al Procuratore Generale presso la Corte d'appello – prima della scadenza del termine per la conclusione delle indagini preliminari di cui all'art. 405, comma 2, c.p.p. – una «richiesta motivata di differimento della notifica dell'avviso di cui al comma 1» nei seguenti casi: a) quando è stata richiesta l'applicazione della misura della custodia cautelare in carcere o degli arresti domiciliari e il giudice non ha ancora provveduto o quando, fuori dei casi di latitanza, la misura applicata non è stata ancora eseguita; b) quando la conoscenza degli atti di indagine può concretamente mettere in pericolo la vita o l'incolumità di una persona o la sicurezza dello Stato ovvero, nei procedimenti per taluno dei delitti indicati nell'art. 407, comma 2, arrecare un concreto pregiudizio, non evitabile attraverso la separazione dei procedimenti o in altro modo, per atti o attività di indagine specificamente individuati, rispetto ai quali non siano scaduti i termini di indagine e che siano diretti all'accertamento dei fatti, all'individuazione o alla cattura dei responsabili o al sequestro di denaro, beni o altre utilità di cui è obbligatoria la confisca.

Il successivo comma 5-*ter* dell'art. 415-*bis* c.p.p. prevedeva che, entro i venti giorni successivi al deposito della richiesta da parte del p.m., il Procuratore Generale dovesse decidere con decreto motivato. Al positivo riscontro dei presupposti del differimento, il p.m. sarà autorizzato «per il tempo strettamente necessario e, comunque, per un periodo complessivamente non superiore a sei mesi o, se si procede per taluno dei delitti indicati nell'art. 407, comma 2, non superiore a un anno».

In caso contrario, il Procuratore Generale ordinerà al Procuratore della Repubblica di provvedere alla notifica dell'avviso di conclusione indagini entro un termine non superiore a venti giorni. In tale seconda ipotesi, copia del decreto è notificata alla persona sottoposta alle indagini e alla persona offesa che, nella notizia di reato o successivamente, abbia dichiarato di voler essere informata della conclusione delle indagini (art. 415-*bis*, comma 5-*ter*, c.p.p.).

Solo in questa ipotesi, pertanto, la persona sottoposta alle indagini (come anche la persona offesa) veniva immediatamente a conoscenza dell'esistenza del procedimento penale, giacché, in caso di concessione del prolungamento del termine per la notifica, non avrebbe avuto conoscenza dell'avvenuta concessione del differimento.

Il legislatore, dunque, accordava la possibilità di usufruire di un ulteriore tempo supplementare prima di inviare l'avviso di conclusione delle indagini preliminari. Il "nuovo" art. 415-*bis*, comma 5-*bis* e 5-*ter*, c.p.p., infatti, creava un inedito segmento investigativo dai tempi tutt'altro che contenuti, perché permetteva che fosse dilatato sino ad un anno.

Parimenti, nell'intento del Legislatore, il ruolo del Procuratore Generale veniva ampiamente valorizzato nell'apprezzamento dei fatti ostativi all'invio dell'avviso *ex* art. 415-*bis* c.p.p. e all'immediata *discovery* del fascicolo delle indagini a favore dei soggetti privati legittimati[22]. Se, quindi, il decreto correttivo introduce una accelerazione ai tempi delle indagini, abrogando la possibilità di differire la notifica dell'avviso di conclusione delle indagini, la figura del Procuratore Generale rimane centrale giacché alla scadenza dei termini di riflessione, se non dispone l'avocazione, potrà ordinare al p.m. di assumere le determinazioni inerenti all'esercizio dell'azione penale nel termine di venti giorni.

La figura del Procuratore Generale viene, invece, sostituita da quella del g.i.p. nella gestione dei "tempi" del procedimento, che non sembrano subire grosse contrazioni, in relazione alla possibilità riconosciuta all'indagato e alla persona offesa di sollecitare una rapida prosecuzione del procedimento. Come indicato, ribadendo i profili critici della norma contenuta nell'art. 415-*bis* c.p.p., poi abrogata, il Procuratore Generale a fronte della richiesta, poteva autorizzare, con decreto motivato, «il differimento dell'invio dell'atto per il tempo strettamente necessario e, comunque, per un periodo complessivamente non superiore a sei mesi o, se si procede per taluno dei delitti indicati nell'art. 407, comma 2, non superiore a un anno». Ebbene, il riferimento testuale ai soli delitti indicati nel comma 2 dell'art. 407 c.p.p. dovrebbe indurre a ritenere che la possibilità di ottenere l'autorizzazione al differimento avrebbe dovuto essere riconosciuta solo per i delitti di cui alla lett. *a*) del comma 2 dell'art. 407 c.p.p.

Tuttavia, l'ampiezza della formula contenuta nell'art. 415-*bis*, comma 5-*ter*,

---

[22] Cfr. A. MARANDOLA, *op. cit.*, p. 156. Al contrario, secondo A. CABIALE, *I nuovi controlli giudiziali sui tempi della fase investigativa: una riforma tanto attesa quanto indispensabile*, in *Legisl. pen.*, 2 marzo 2022, p. 38, secondo cui il delegato avrebbe potuto affidare il controllo al g.i.p.

c.p.p. non "invita" il soggetto a cui era indirizzata all'auto contenimento: sicché il *tempo strettamente necessario* potrà coincidere – con ogni probabilità, quasi sempre – con i termini massimi comunque riconosciuti. Del resto, veniva aggiunta una nuova attribuzione al Procuratore Generale il quale è già titolare di una serie di complesse funzioni[23], e dunque, oltre ad assumere le proprie determinazioni in ordine all'avocazione[24] delle indagini ai sensi del nuovo art. 412 c.p.p., anche decidere, ai sensi dell'art. 415-*bis*, comma 5-*bis* e comma 5-*ter* c.p.p., sulla richiesta di differimento della notifica dell'avviso di conclusione delle indagini.

Inoltre, l'elenco delle situazioni in cui poteva essere richiesto il differimento dell'invio dell'avviso 415-*bis* c.p.p. testimonia la volontà di estendere il segreto investigativo in alcuni casi patologici, quali, ad esempio, l'intempestiva pronuncia su una domanda cautelare; esso, tuttavia, avrebbe potuto dar rilievo a circostanze dai contenuti eccessivamente sfumati e che facilmente si potrebbero prestare all'abuso.

Il legislatore ha, dunque, confermato nel nuovo testo dell'art. 415-*ter* c.p.p. la scelta di concedere da parte del g.i.p. – nei casi indicati – al pubblico ministero un tempo suppletivo, prima della scadenza dei termini di cui all'art. 407-*bis* comma 2, che protragga la segretezza oltre la scadenza dei termini delle indagini, per le proprie decisioni, posticipando il meccanismo di *discovery* (forzosa) degli atti e la possibile istanza di intervento giurisdizionale a tutela degli interessi delle parti (*ex* art. 415-*ter*, comma 4), eliminando, però, la possibilità di richiedere (al Procuratore Generale) il differimento della notifica dell'avviso di conclusione indagini *ex* art. 415-*bis* c.p.p.

Il risultato è l'allungamento di una parentesi temporale che il legislatore aveva già introdotto con l'innesto dell'art. 415-*bis* c.p.p. nel testo originario del codice, il quale ha creato uno iato tra la conclusione delle indagini e le determinazioni del pubblico ministero, con la chiara intenzione di tutelare il diritto di difesa della persona sottoposta alle indagini. Ora viene ulteriormente concesso (a

---

[23] Oltre alla direzione e alla gestione anche amministrativa dell'ufficio, è attribuzione del p.g. la decisione inerente le richieste di astensione, i contrasti di competenza di cui all'art. 54 ss. c.p.p., e le richieste di trasmissione degli atti ad un diverso p.m., di cui all'art. 54 *quater* c.p.p.; la cura dei rapporti esterni concernenti gli uffici del pubblico ministero; il coordinamento ai sensi dell'art. 118-*bis* disp. att. c.p.p., delle indagini riguardanti i reati di cui all'art. 407, comma 2, lett. *a*), c.p.p. e l'esercizio delle attività di vigilanza e controllo previste dall'art. 6 d.lgs. 20 febbraio 2006, n. 106.

[24] Ai fini dell'avocazione, la segreteria del p.m. è tenuta a trasmettere, ogni settimana, al p.g. i dati relativi a una serie di procedimenti, da raggruppare in distinti elenchi riepilogativi, come indicato ai sensi dell'art. 127-*bis* disp. att. c.p.p.: si tratta di un ampio numero di elenchi di procedimenti da sottoporre al controllo dell'organo sovraordinato per "governare" l'inefficienza e coordinare le determinazioni del p.m. con i criteri di priorità contenuti nel progetto organizzativo dell'ufficio di Procura.

richiesta, ed in casi specifici) un differimento per il deposito della documentazione, prima che scada il termine di riflessione di cui all'art. 407-*bis*, comma 2, c.p.p. Del resto, nell'*idea* originaria del codice, nel 1989 veniva tracciato un procedimento composto da vari segmenti, ognuno dei quali avrebbe dovuto svolgere una funzione ben definita, in un arco temporale plasmato proprio sul ruolo a ciascun momento assegnato. Non è un caso se, nella traduzione codicistica di *quell'idea*, soltanto la fase delle indagini preliminari aveva un tempo contingentato. Le investigazioni si sarebbero dovute svolgere, a pena di inutilizzabilità degli atti "tardivi", entro parentesi ben delineate e passibili di allungamenti, a titolo di eccezione e sempre rigidamente previsti quanto a durata ed a numero. Questa *idea* sembra nuovamente confermata dalle intenzioni della legge delega della Riforma Cartabia.

Ad una prima analisi del dato normativo, tuttavia, se alla possibilità di prolungare i termini per l'avviso di conclusione delle indagini si aggiunge la nuova pausa di riflessione concessa al pubblico ministero, dopo la conclusione delle indagini, il saldo aritmetico porta a dei tempi tutt'altro che contenuti, i quali sono appannaggio del pubblico ministero e rimessi quasi esclusivamente alla sua discrezionalità.

Sul punto, il d.lgs. 19 marzo 2024, n. 31 correttivo della Riforma Cartabia sembra aver posto un argine all'eccessivo allentamento dei tempi del procedimento, giacché proprio la possibilità di ottenere il differimento della notifica dell'avviso *ex* art. 415-*bis* c.p.p. (ora abrogata) unito al nuovo termine di "riflessione", certamente, non avrebbe prodotto un contenimento dei tempi processuali. Ad esempio, nell'ipotesi di procedimento per uno dei delitti di cui all'art. 407, comma 2, c.p.p., ad indagini che possono durare due anni, segue la possibilità di chiedere al Procuratore Generale di differire la notifica dell'avviso di conclusione indagine, ottenendo, ove autorizzato, un altro anno, e la successiva fase di delibazione può giungere ad avere pressoché la stessa durata, se si tiene conto di quanto previsto dall'art. 407-*bis* c.p.p. Tuttavia, nonostante l'abrogazione della possibilità di differire la notifica dell'avviso di conclusione delle indagini, il saldo aritmetico non cambia: nella stessa ipotesi innanzi citata di procedimento per uno dei delitti di cui all'art. 407, comma 2, c.p.p., ad indagini che possono durare due anni, segue la possibilità di chiedere al g.i.p. di differire il deposito della documentazione relativa alle indagini espletate, ottenendo, ove autorizzato, un altro anno, e la successiva fase di delibazione può giungere ad avere pressoché la stessa durata, se si tiene conto di quanto previsto dall'art. 407-*bis* c.p.p.

Occorre peraltro osservare come la protrazione dello stato di segretezza e di quiete del procedimento trovi, in realtà, diverse giustificazioni. La eventualità di prolungare i termini per l'assunzione delle determinazioni inerenti all'esercizio dell'azione penale si riferisce ad esigenze che appaiono espressive di disfunzionalità concrete che si possono avere nel corso delle indagini. Si pensi, ad esempio, al rilievo che viene dato alla circostanza che il giudice non abbia ancora deciso una domanda cautelare del pubblico ministero, evidentemente presentata nel corso delle indagini; oppure alla ben più vaga necessità di tutelare, mercè la protrazione del segreto investigativo, la vita o l'incolumità di una persona o la sicurezza dello Stato.

Tuttavia, ciò che desta perplessità non è la circostanza – condivisibile – per la quale la notifica dell'avviso venga differita nel caso in cui il presunto autore del reato sia stato individuato e vi sia una richiesta cautelare, quanto, piuttosto, la possibilità accordata al p.m. di poter "trattenere" un fascicolo, procrastinando la *discovery* degli atti investigativi, solo perché l'ipotesi provvisoriamente iscritta rientra nel catalogo dei reati previsti dal comma 2 dell'art. 407 c.p.p., permettendo, di fatto, a quest'ultimo di proseguire nelle indagini. Tali esiti investigativi, che dovrebbero pacificamente essere dichiarati inutilizzabili, potrebbero, tuttavia, essere "recuperati" dal pubblico ministero[25], facendo ricorso, ad esempio, alla natura "documentale" (come tale inquadrabile nell'ampio alveo dell'art. 234 c.p.p.[26]).

È evidente che tale meccanismo – se concretamente piegato a prassi eccentriche e "lucrative" di segmenti investigativi – non solo non garantisce la ragionevole durata del processo, contravvenendo alla finalità dell'intervento riformatore, ma crea anche un *vulnus* per le garanzie della persona sottoposta alle indagini. Nelle intenzioni del legislatore delegato, infatti, l'importanza del "tempo", nell'ottica della ragionevole durata, è un presidio di legalità per tutti i soggetti processuali, ma i meccanismi di differimento rischiano di tradire le migliori intenzioni riformatrici.

---

[25] Vi sono atti che (secondo criticabile impostazione) non possedendo una spiccata vocazione probatoria, sono sottratti alla disciplina temporale. Si tratta, ad esempio, delle informative di reato che si limitino a riassumere tutta la precedente attività svolta, senza apportare un *novum*. Esse possono essere depositate anche oltre il termine. Resta l'interrogativo legato alla esatta perimetrazione del "riassunto" della precedente attività (obiettivamente inutile se fatto in modo asettico), giacché molto spesso si tratta di una vera e propria rielaborazione di dati che par difficile considerare priva di contenuti probatori.

[26] Basti pensare al verbale redatto dal personale della Guardia di Finanza o dai funzionari degli Uffici Finanziari, costantemente qualificabile come documento extraprocessuale ricognitivo di natura amministrativa e, in quanto tale, acquisibile ed utilizzabile ai sensi dell'art. 234 c.p.p., nonostante esso sia stato saldamente inserito nel fascicolo delle indagini. Stessa sorte per gli atti rivenienti dalle procedure fallimentari, acquisiti nel fascicolo delle indagini e pacificamente appannaggio di quello dibattimentale anche quando contengano dichiarazioni dell'imputato o di persone indicate nelle liste testimoniali. La medesima natura viene assegnata anche agli atti contenenti chiarimenti che il p.m. ha chiesto al curatore (o, nel caso dei verbali della GdF, a quest'ultima).

4. Il prolungamento dei termini per l'avviso di conclusione indagini nei casi di cui all'art. 415-*bis*, comma 5-*bis*, lett. *a*), c.p.p. attualmente concedibile solo nei casi di cui all'art. 415-*ter*, comma 2, c.p.p.

La novella introduceva la possibilità di prolungamento dei termini per l'avviso di conclusione delle indagini quando era stata richiesta l'applicazione della misura della custodia cautelare in carcere o degli arresti domiciliari e il giudice non aveva ancora provveduto o quando, fuori dei casi di latitanza, la misura applicata non era stata ancora eseguita. Mediante il d.lgs. 19 marzo 2024, n. 31 è stata mantenuta esclusivamente la possibilità per il p.m., prima della scadenza dei termini di riflessione, di presentare al g.i.p. richiesta motivata di differimento del deposito della documentazione relativa alle indagini espletate, negli stessi casi individuati dal previgente comma 5-*bis*, lett. *a*) dell'art. 415-*bis* c.p.p.

È evidente che si tratta di una norma diretta alla tutela della segretezza investigativa nel caso in cui il procedimento non si snodi nei fisiologici termini cronologici normativamente previsti, ovvero ancora nel caso in cui l'indagato sia "sfuggito" alla esecuzione della misura cautelare, ma non sia latitante.

Potrà, infatti, accadere che, nella pendenza del termine investigativo, il pubblico ministero abbia presentato una richiesta cautelare in relazione alla quale il g.i.p. non si sia ancora pronunciato; come anche che, prima della scadenza del termine investigativo o comunque prima dello spirare dei termini di cui all'art. 407-*bis*, comma 2, il p.m. non abbia potuto ancora dare esecuzione ad una misura cautelare custodiale disposta dal giudice.

Il legislatore, pertanto, disciplina una norma di favore per la garanzia di riservatezza del lavoro investigativo che, allo stesso tempo, ridisegna quella che dovrebbe essere la "fisiologica cronologia" della fase delle indagini preliminari.

Talvolta, infatti, si è assistito alla iscrizione nel registro degli indagati contestuale rispetto all'inoltro della richiesta di misura cautelare da parte del p.m. [27].

È evidente, dunque, che il legislatore della Riforma non intenda vidimare tale prassi, apprestando egli stesso dei presidi a garanzia di segretezza, che prolunghino i termini per l'esercizio dell'azione penale e dunque per la notifica dell'avviso di conclusione delle indagini, scandendo puntualmente i tempi delle indagini preliminari e, a monte, quelli relativi all'obbligo di iscrizione.

---

[27] Sicché il problema che si porrà è quello di individuare se per la iscrizione occorrerà o meno una soglia probatoria della notizia di reato, che a parere di Cordero, rimane questione clinica che non può essere codificata. In tema, F. CORDERO, *Procedura penale*, IX ed., Giuffrè, Milano, 2012, pp. 626-623, definisce l'art. 192, comma 2, c.p.p. «un tentativo velleitario d'imporre regole alla clinica giudiziaria», una «inutile» disposizione destinata ad alimentare «confusione».

Sicché, nonostante l'*incipit* del comma 5-*bis* dell'art. 415-*bis* c.p.p. fosse chiaro nella indicazione fornita al pubblico ministero, il quale poteva avanzare la richiesta di differimento prima della scadenza del termine di indagine, il decreto correttivo alla Cartabia ha eliminato tale possibilità, giacché il tempo accordato per il differimento della notifica dell'avviso 415-*bis* c.p.p. poteva rappresentare un intervallo smisurato e irragionevole, ove si rifletta che questo arco temporale andrà poi a sommarsi alle cadenze cronologiche connesse allo svolgimento della procedura in esame. Del resto, la richiamata ipotesi – nonostante l'importanza di tutelare la riservatezza delle indagini – avrebbe potuto concretamente prestarsi a strumentalizzazioni messe in atto mediante richieste di misure cautelari "forzate" e dirette solo a posticipare la decorrenza del termine di "riflessione" comunque concesso al pubblico ministero in esito alla notifica dell'avviso conclusione delle indagini.

5. Il prolungamento dei termini per l'avviso di conclusione indagini nei casi di cui all'art. 415-*bis*, comma 5-*bis*, lett. *b*), c.p.p. attualmente concedibile solo nei casi di cui all'art. 415-*ter*, comma 2, c.p.p.

Nella ulteriore ipotesi di cui alla lett. *b*), la novella introduceva la possibilità di prolungare i termini per la notifica dell'avviso di conclusione delle indagini «quando la conoscenza degli atti di indagine può concretamente mettere in pericolo la vita o l'incolumità di una persona o la sicurezza dello Stato, ovvero, nei procedimenti per taluno dei delitti indicati nell'art. 407, comma 2, arrecare un concreto pregiudizio, non evitabile attraverso la separazione dei procedimenti o in altro modo, per atti o attività di indagine specificamente individuati, rispetto ai quali non siano scaduti i termini di indagine e che siano diretti all'accertamento dei fatti, all'individuazione o alla cattura dei responsabili o al sequestro di denaro, beni o altre utilità di cui è obbligatoria la confisca».

Mediante il d.lgs. 19 marzo 2024, n. 31 è stata mantenuta esclusivamente la possibilità per il p.m., prima della scadenza dei termini di riflessione, di presentare al g.i.p. richiesta motivata di differimento del deposito della documentazione relativa alle indagini espletate, negli stessi casi individuati dal previgente comma 5-*bis*, lett. *b*) dell'art. 415-*bis* c.p.p.

Il richiamo pare andare alla casistica di cui all'art. 407, comma 2, c.p.p. e alle eventuali ulteriori esigenze di cui all'art. 7, par. 4, della direttiva 2012/13/UE del Parlamento europeo e del Consiglio, del 22 maggio 2012. In altri termini, l'avviso di cui all'art. 415-*bis* c.p.p. (insieme al nuovo deposito "forzoso" introdotto con l'art. 415-*ter* c.p.p.) rappresenta il principale istituto attraverso cui il legislatore italiano assicura alla persona sottoposta alle indagini il diritto di essere informata, tanto dell'accusa rivolta a suo carico, quanto, soprattutto, del materiale investigativo raccolto dal p.m. nel corso delle indagini. Si tratta di un fondamentale strumento di salvaguardia del diritto di difesa, sicché il differimento della *discovery* va concesso ogniqualvolta l'accesso agli atti comporti una grave minaccia per la vita o per i diritti fondamentali di un'altra persona; se la limitazione è funzionale alla salvaguardia di interessi pubblici importanti, compresi quelli relativi alla tutela delle indagini in corso, o la conoscenza degli atti può minacciare gravemente la sicurezza interna dello Stato membro in cui si svolge il procedimento penale [28].

Le ipotesi contemplate, tuttavia, si mostrano eccessivamente problematiche solo che si pensi alla descrizione di pericoli astratti e poco verificabili, sulla scorta dei quali poteva essere chiesto il prolungamento dei termini per la notifica dell'avviso di conclusione delle indagini ed attualmente il differimento della *discovery* forzosa *ex* art. 415-*ter* c.p.p., ed anche poco chiare giacché possono concretamente importare interpretazioni ondivaghe [29].

A titolo esemplificativo, si pensi alla criticità di quantificare, in modo effettivo, il concreto pregiudizio, non evitabile attraverso la separazione dei procedimenti, ovvero ancora al concreto pregiudizio per atti o attività di indagine specificamente individuati.

Del resto, proprio tale ultimo riferimento amplia oltremodo il catalogo dei procedimenti penali in relazione ai quali il titolare delle indagini potrà legittimamente fare ricorso all'ulteriore dilatazione del termine, prima di eseguire la *discovery*.

Inoltre, in una interpretazione rigorosa della norma, sembrerebbe che tale prolungamento sia diretto esclusivamente alla tutela della riservatezza delle indagini prima ancora dell'esercizio dell'azione penale, giacché, a rigore, il legislatore non ha concesso un maggior termine per indagare. Parrebbe, dunque, che in questo periodo, che si può protrarre sino a un anno nel caso in cui si proceda per taluno dei delitti indicati nell'art. 407, comma 2, c.p.p., non potrebbero essere effettuate indagini in senso tecnico.

Ebbene, solo pensando al vasto catalogo delle fattispecie elencate nell'art. 407, comma 2, c.p.p. si rende evidente che in un ampio numero di casi anche se non può più essere richiesta la ritardata notifica dell'avviso 415-*bis* c.p.p. (per via dell'abrogazione del comma 5-*bis*), potrà comunque essere ottenuto il posticipato deposito degli atti investigativi (*ex* art. 415-*ter*, comma 2), garantendo al pubblico ministero un ulteriore frangente in cui poter accludere al fascicolo investigativo aggiuntivi esiti di indagini.

---

[28] C. GITTARDI, *Le disposizioni della riforma Cartabia in materia di indagini: tempi e "stasi" delle indagini*, discovery *degli atti e controllo delle iscrizioni*, in *Giust. ins.*, 2 novembre 2021, p. 2.

[29] A. MARANDOLA, *op. cit.*, p. 156.

6. Il prolungamento dei termini per l'avviso di deposito di cui all'art. 415-*ter* c.p.p.

A fronte delle indicazioni della legge delega, che rende manifesta la presa d'atto della evanescenza dei criteri prima contenuti nel codice e la necessità di introdurne di rigidi, la Riforma Cartabia, con i suoi successivi correttivi, appronta un nuovo sistema nei casi in cui il p.m. non assuma le sue determinazioni circa l'esercizio dell'azione entro i termini previsti dalla legge (*ex* art. 407-*bis*, comma 2, c.p.p.), ovvero non invii, entro i termini prescritti, l'avviso di conclusione delle indagini preliminari.

Al verificarsi di tali ipotesi, si è, dunque, costruito un complesso sistema di "messa in mora", che trova il suo apice nei provvedimenti con i quali il giudice ordina al p.m. di determinarsi (*ex* art. 415-*ter*, comma 4, c.p.p.) e che passa anche attraverso un controllo ad opera del Procuratore Generale[30] che riceve la comunicazione dell'istanza inviata al g.i.p., e che è comunque legittimato, ai sensi del comma 5 dell'art. 415-*ter* c.p.p. ad ordinare, con decreto motivato, al Procuratore della Repubblica di assumere le determinazioni inerenti all'esercizio dell'azione penale entro un termine non superiore a venti giorni.

Come innanzi osservato, a fronte della richiesta del p.m. di differimento del deposito della documentazione relativa alle indagini espletate, il g.i.p. deve provvedere, entro venti giorni dalla richiesta, con decreto motivato. In caso di accoglimento andrà indicato il tempo, che comunque non può superare sei mesi o, se si procede *ex a*rt. 407, comma 2, c.p.p. un anno, entro il quale l'inquirente dovrà procedere.

Ebbene, se il meccanismo di differimento della notifica dell'avviso 415-*bis* c.p.p. che riconosceva un ulteriore periodo a vantaggio dell'accusa è stato aspramente criticato dalla dottrina in quanto incompatibile con quella contrazione temporale a cui la riforma tenderebbe[31], fino poi a giungere alla sua abrogazione, le stesse critiche possono essere mosse in relazione al meccanismo di cui all'art. 415-*ter*, comma 2, c.p.p.

Negli stessi casi in cui poteva essere richiesto il differimento della notifica dell'avviso di conclusione delle indagini preliminari (art. 415-*bis,* comma 5-*bis*, c.p.p.), attualmente il pubblico ministero, prima della scadenza dei termini di riflessione, potrà presentare istanza motivata di differimento della notifica dell'avviso di deposito degli atti di indagine alla persona indagata e alla persona offesa, secondo quanto previsto dall'art. 415-*ter*, comma 2, c.p.p.: ai casi già elen-

---

[30] R. APRATI, *I criteri di priorità per la trattazione delle indagini preliminari e per l'esercizio dell'azione penale*, in G. SPANGHER (a cura di), *La riforma Cartabia*, cit., p. 195.

[31] F. ALONZI, *op. cit.*, p. 242.

cati nei paragrafi precedenti si aggiunge una ulteriore ipotesi che estende maggiormente il bacino dei procedimenti in relazione ai quali potrà essere procrastinato il termine per l'esercizio dell'azione penale. Infatti, secondo la lett. *c*) del comma 2 dell'art. 415-*ter* c.p.p. è possibile presentare richiesta motivata di differimento del deposito degli atti investigativi «quando taluna delle circostanze indicate alle lettere a) e b) ricorre in relazione a reati connessi ai sensi dell'art. 12 o collegati ai sensi dell'art. 371, comma 2, per i quali non sia ancora decorso il termine previsto dall'articolo 407-*bis*, comma 2». Sulla richiesta di differimento provvede il g.i.p., il quale dovrà basare la propria decisione, assunta sempre con decreto motivato, esclusivamente sulle circostanze evidenziate dal richiedente. Nel caso non sussistano i presupposti per il differimento, il g.i.p. dovrà respingere la richiesta e ordinare al pubblico ministero di assumere le determinazioni inerenti all'esercizio dell'azione penale entro un termine non superiore a venti giorni; quando, ai fini dell'esercizio dell'azione penale, deve essere notificato l'avviso di conclusione delle indagini di cui all'art. 415-*bis* c.p.p., nel computo del termine assegnato dal giudice non si tiene conto del tempo intercorso tra la notifica dell'avviso e la scadenza dei termini di cui ai commi 3 e 4 dell'art. 415-*bis*; una copia del provvedimento andrà notificata alla persona indagata e alla persona offesa "vigile".

In un quadro complessivo, si possono incrociare i poteri di controllo spettanti al Procuratore Generale e quelli assegnati, su richiesta dei soggetti legittimati, al giudice, senza che, tuttavia, ne vengano chiariti forme e contenuti. Del resto, ampie risultano le implicazioni logico-sistematiche che questi nuovi diritti e facoltà spettanti ai diversi soggetti del procedimento e i poteri assegnati al giudice determinano anche nel rapporto con il p.m. [32]. Allo stesso modo, anche i tempi previsti per i vari passaggi (tra impulso di parte e decisione) appaiono dilatati, tanto da far dubitare che quella snellezza temporale cui la novella ambisce possa effettivamente attuarsi, importando invece ritardi nella fase investigativa [33].

7. Regime transitorio

La l. 30 dicembre 2022, n. 199, che ha convertito con emendamenti il d.l. n. 162/2022, ha introdotto l'art. 88-*bis* all'interno del d.lgs. 10 ottobre 2022, n.

---

[32] Cfr. L. D'Ancona, *Riforma del processo penale e giudice per le indagini preliminari*, in *Quest. giust.*, 9 novembre 2021, p. 2 ss.

[33] Cfr. A. De Caro, *Riflessioni sulle recenti modifiche della fase investigativa e della regola di giudizio: un percorso complesso tra criticità e nuove prospettive*, in *Arch. pen.*, 2022, p. 13; G. Garuti, *op. cit.*, p. 6.

150. Il nuovo art. 88-*bis*, intitolato "*Disposizioni transitorie in materia di indagini preliminari*" stabilisce che le disposizioni degli artt. 335-*quater*, 407-*bis* e 415-*ter*, c.p.p., non si applicano nei procedimenti pendenti alla data di entrata in vigore del d.lgs. n. 150/2022, in relazione alle notizie di reato delle quali il pubblico ministero ha già disposto l'iscrizione nel registro di cui all'art. 335 c.p.p. Del pari continuano ad applicarsi, inoltre, le disposizioni degli artt. 405, 406, 407, 412 e 415-*bis* c.p.p. e dell'art. 127 disp. att. c.p.p. Si è, dunque, ritenuto di inserire una previsione di ultrattività delle norme codicistiche con riferimento alle indagini in corso, laddove, quindi, il termine discriminante è rappresentato dalla data di iscrizione della notizia di reato.

Le nuove norme non si applicano, altresì, alle iscrizioni precedenti all'entrata in vigore della riforma né per quelle successivamente disposte, quando ricorrono le condizioni previste dall'art. 12 c.p.p. e, se si procede per taluno dei delitti indicati nell'art. 407, comma 2, c.p.p., anche quando ricorrono le condizioni previste dall'art. 371, comma 2, lett. *b*) e *c*), c.p.p. Si precisa, invece, che l'art. 335-*quater* c.p.p. introdotto dal d.lgs. n. 150/2022, e relativo all'accertamento della tempestività dell'iscrizione nel registro delle notizie di reato, si applica in ogni caso in relazione alle iscrizioni che hanno ad oggetto notizie di reati commessi dopo la data di entrata in vigore della Riforma[34].

---

[34] Si veda A. MARANDOLA-L. EUSEBI-M. PELISSERO, *Entrata in vigore, regime transitorio e differimento della riforma*, in *Dir. pen. e proc.*, 2023, p. 7.

I RIMEDI ALLA STASI DEL PROCEDIMENTO

di Enrico Maria Mancuso

SOMMARIO: 1. I nuovi termini delle indagini preliminari. – 2. Spazi di riflessione e tempi morti del procedimento. – 3. I rimedi alla stasi nella disciplina del d.lgs. n. 150/2022. – 4. Ostensione ritardata. – 5. *Discovery* automatica degli atti. – 6. La razionalizzazione dei rimedi negli interventi "correttivi" del 2024. – 7. Conclusioni, *de jure condito.*

1. I nuovi termini delle indagini preliminari

La riorganizzazione della procedura, nella disciplina codicistica dovuta al decreto delegato attuativo della l. n. 134/2021, trova nella fase investigativa una chiave di lettura fondante: per raggiungere l'efficienza del processo è essenziale concentrare il tempo dell'indagine e razionalizzarne l'esito, così da permettere un adeguato filtro delle notizie di reato meritevoli del successivo approdo alla fase processuale.

Il d.lgs. n. 150/2022, meglio noto come riforma Cartabia, ha operato una sostanziale riscrittura delle dinamiche preliminari, con la presa d'atto che, dalla riforma operata con l. n. 161/2017, occorre distinguere i termini relativi alle indagini rispetto al termine per l'esercizio dell'azione penale (c.d. termini di riflessione): a fronte di una rimodulazione dei termini ordinari di durata delle indagini preliminari, la riforma ha introdotto una disciplina destinata a incidere sulla stasi del procedimento, in conseguenza della chiusura dell'attività investigativa.

Gli interventi correttivi hanno riguardato, anzitutto, l'art. 405 c.p.p., ora rubricato "*Termini per la conclusione delle indagini preliminari*" [1].

Il delegato, in attuazione della granulare direttrice di delega *ex* art. 1, comma

[1] M. GIALUZ, *Per un processo penale più efficiente e giusto. Guida alla lettura della riforma Cartabia (profili processuali)*, in *Sist. pen.*, 2 novembre 2022, p. 43.

9, lett. *c*), l. n. 134/2021, ha delineato al comma 2 una disciplina tripartita in base alla gravità del reato: il pubblico ministero deve concludere le indagini, a pena di inutilizzabilità degli atti compiuti tardivamente (cfr. il novellato art. 407, comma 3, c.p.p.), entro un anno dalla data in cui il nome dell'indagato è iscritto nel registro delle notizie di reato, per la generalità dei delitti; per le contravvenzioni, il termine si riduce a sei mesi; mentre è prolungato a un anno e sei mesi per i delitti di cui all'art. 407, comma 2, c.p.p.[2].

Le modifiche appaiono tutt'altro che neutre, giacché determinano un prolungamento del tempo in cui l'indagato, in assenza del compimento di atti garantiti, può rimanere all'oscuro del procedimento[3].

Le ulteriori implicazioni sistematiche si colgono solo considerando le novità contestualmente introdotte nella disciplina della proroga dei termini d'indagine, all'art. 406 c.p.p.

In dettaglio, il pubblico ministero, «prima della scadenza» del termine di cui all'art. 405, comma 2, c.p.p., può chiedere al giudice (delle indagini preliminari) la proroga «quando le indagini sono complesse» (art. 406, comma 1, c.p.p.), «per una sola volta e per un tempo non superiore a sei mesi» (art. 406, comma 2, c.p.p.).

Il significato del *novum* introdotto dalla riforma è di facile intuizione. L'aver previsto una sola possibilità di prolungare il termine di indagine non è, di fatto, funzionale alla semplice *razionalizzazione* del sistema delle proroghe, farraginoso e poco trasparente[4]; mira, altresì, a una rimeditazione contenutistica dei *presupposti* per l'autorizzazione giudiziale, attraverso la sostituzione della "giusta causa" precedentemente prevista quale presupposto per la richiesta di proroga formulata dal pubblico ministero. La regola della "complessità investigativa", pen-

---

[2] La divergente formulazione nel riferimento "onnicomprensivo" al comma 2 dell'art. 407 c.p.p. è già oggetto di dibattito da parte dei primi commentatori: nel senso di valorizzare il dato letterale, in dottrina, F. ALONZI, *sub art. 405*, in A. GIARDA-G. SPANGHER (a cura di), *Codice di procedura penale commentato*, Ipsoa, Milano, 2023, pp. 2465-2466. In senso diverso, si ritiene che il riferimento sia tuttora all'art. 407, comma 2, lett. *a*), c.p.p., nella *Relazione n. 2/2023 – La "riforma Cartabia"*, a cura dell'*Ufficio del Massimario – Servizio Penale* della Corte Suprema di Cassazione Roma, 5 gennaio 2023, p. 69.

[3] Testualmente, L. PISTORELLI, *Termini di indagini, valutazione su stasi del procedimento e archiviazione*, A. BASSI-C. PARODI (a cura di) *La riforma del sistema penale. Commento al d.lgs. 10.10.2022, n. 150 (c.d. Riforma Cartabia), in attuazione della legge delega 27.9.2021, n. 134*, Giuffrè, Milano, 2022, p. 111. Nonché, G. PADUA, *Sviluppi fisiologici e patologici delle indagini preliminari*, in *Proc. pen. e giust.*, 2023, V, p. 1207 ss.

[4] *Relazione finale e proposte di emendamenti al d.d.l. A.C. 2435, Commissione di studio per elaborare proposte di riforma in materia di processo e sistema sanzionatorio penale, nonché in materia di prescrizione del reato, attraverso la formulazione di emendamenti al Disegno di legge A.C. 2435, recante Delega al Governo per l'efficienza del processo penale e disposizioni per la celere definizione dei procedimenti giudiziari pendenti presso le Corti d'appello*, 24 maggio 2021, p. 18.

sata nella prospettiva di calmierare i tempi fuori controllo delle indagini, stigmatizza le prassi (fin troppo) diffuse delle proroghe concesse in automatico e a termini scaduti, sollecitando il giudice a concedere (e il pubblico ministero a richiedere) il prolungamento dei termini solo per difficoltà oggettive correlate alle indagini in corso e non per l'inerzia di chi è chiamato a indagare, per ragioni organizzative, o per l'indisponibilità, anche contingente, di risorse[5].

D'altro canto, l'obiettivo sotteso alla scelta del legislatore delegante di promuovere «un più consapevole contraddittorio»[6] non sembra esser stato sufficientemente coltivato dal legislatore delegato nella revisione complessiva del procedimento di proroga, ancora caratterizzato da evidenti *deficit* nelle garanzie per la difesa[7]. La previsione di un contraddittorio cartolare nelle memorie *ex* art. 406, comma 3, c.p.p., cui fa da contraltare il formale dovere del giudice di decidere entro dieci giorni dalla scadenza del termine di presentazione delle stesse, nonché la previsione di un meccanismo autorizzativo camerale non partecipato (per il comma 4 della medesima norma) lascia residuare il dubbio di una attuazione minimalista della delega, non certo votata alla piena attuazione di un confronto dialettico sulla prosecuzione del momento investigativo.

Coerentemente alla revisione dei termini ordinari di durata delle indagini e del regime della proroga, l'art. 407, comma 1, c.p.p. indica nuovi termini massimi di durata della fase investigativa, secondo la consueta tripartizione: diciotto mesi per la generalità dei delitti; «se si procede per una contravvenzione, un anno»; due anni se le indagini preliminari riguardano i delitti elencati nel comma 2.

Osservando in maniera sinottica il risultato complessivo delle modifiche, si può affermare che le novità normative non stravolgono il quadro applicativo vigente: come è stato sapientemente osservato, «ciò che si è buttato fuori dalla porta con l'eliminazione di una proroga è rientrato dalla finestra con l'allungamento dei termini ordinari di indagine»[8].

E anche la scelta di ridurre, rispetto al passato, i tempi d'indagine per tutte le contravvenzioni pare non avere sufficientemente considerato le possibili complessità di accertamento che possono caratterizzare, in concreto, talune fattispecie di particolare allarme sociale, come quelle in materia di tutela della sicurezza sui luoghi di lavoro[9].

---

[5] A. SANNA, *Cronometria delle indagini e rimedi alle stasi procedimentali*, in *Proc. pen. e giust.*, 2022, 1, p. 44.

[6] Ancora, *Relazione finale e proposte di emendamenti al d.d.l. A.C. 2435*, cit., p. 19.

[7] A. MARANDOLA, *Il controllo sulla legalità delle indagini e i rimedi alla possibile stasi*, in *Dir. pen. e proc.*, 2023, I, p. 155.

[8] G. GARUTI, *L'efficienza del processo tra riduzione dei tempi di indagine, rimedi giurisdizionali e "nuova" regola di giudizio*, in *Arch. pen.*, 2022, III, p. 5.

[9] In questo senso le osservazioni del Consiglio Superiore della Magistratura, nella delibera del

Non vengono scalfite, anzi sono amplificate, «le presunzioni – non sempre aderenti all'esperienza delle vicende giudiziarie – di maggiore o minore complessità nel relativo svolgimento in ragione, anzitutto, della natura del reato oggetto del procedimento» [10].

2. Spazi di riflessione e tempi morti del procedimento

La ricerca di meccanismi che, operando su vari fronti, possano garantire la durata ragionevole del procedimento costituisce, senz'altro, uno dei *leitmotiv* della riforma del processo. Già in occasione delle interpolazioni operate nel 2017, in seguito alla l. n. 103/2017 (la c.d. riforma "Orlando"), la disciplina concernente lo scioglimento della riserva sull'inizio dell'azione penale era stata razionalizzata e isolata (arg. *ex* art. 407, comma 3-*bis*, c.p.p., oggi abrogato), nell'auspicio di metter ordine al non governo del tempo "neutro" successivo alla conclusione dell'indagine preliminare [11].

I termini indicati dal legislatore erano, tuttavia, un auspicio sovente disatteso.

L'arricchimento e il conseguente riordino della disciplina codicistica dovuto al d.lgs. n. 150/2022 richiamano gli attori della fase preliminare a una nuova autoresponsabilità, nel rispetto dei reciproci ruoli.

Decorsi i termini investigativi, il requirente si trova innanzi alla scelta d'azione, secondo le forme e le cadenze oggi confluite nel nuovo art. 407-*bis* c.p.p. ("*Inizio dell'azione penale. Forme e termini*"), che riprende il contenuto originario dell'art. 405, comma 1, c.p.p., integrandolo e aggiornandolo. Il periodo di riflessione già contemplato nel tessuto del codice di rito viene, al comma 2 dell'art. 407-*bis* c.p.p., razionalizzato [12] e in parte disciplinato *ex novo*.

Nonostante la nuova numerazione e collocazione topografica, le modifiche operate recuperano gli schemi del passato, non sempre ritenuti armonici rispetto alla necessità di evitare quei "tempi morti" che determinano un ingiustificato allungamento della durata complessiva del procedimento penale [13].

---

22 settembre 2022, *Parere sullo Schema di decreto legislativo recante delega al governo per l'efficienza del processo penale nonché in materia di giustizia riparativa e disposizioni per la celere definizioni dei procedimenti giudiziari*, p. 15.

[10] Volendo F. CASSIBBA-E.M. MANCUSO, *Le indagini preliminari tra innovazione e continuità*, in D. CASTRONUOVO-M. DONINI-E.M. MANCUSO-G. VARRASO (a cura di), *Riforma Cartabia. La nuova giustizia penale*, Wolters Kluwer-Cedam, Milano-Padova, 2023, p. 618.

[11] Sul punto L. PISTORELLI, *Riforma del processo penale: le direttive di intervento in materia di indagini preliminari e udienza preliminare*, in *Il penalista*, 8 ottobre 2021, p. 7-8.

[12] M. GIALUZ, *Per un processo penale più efficiente e giusto*, cit., p. 46.

[13] *Relazione finale e proposte di emendamenti al d.d.l. A.C. 2435*, cit., p. 19.

Al fine di valutare se esercitare o meno l'azione, il nuovo art. 407-*bis*, comma 2, c.p.p. concede al pubblico ministero un termine di tre mesi rispettivamente decorrente: (a.) dalla scadenza del termine massimo per le indagini (cfr. art. 405, comma 2, c.p.p.); (b.) «se ha disposto la notifica dell'avviso della conclusione delle indagini preliminari», dalla scadenza del termine di venti giorni entro il quale l'indagato può esercitare le proprie facoltà difensive (art. 415-*bis*, comma 3, c.p.p.); ovvero, ancora, (c.) dalla scadenza del termine stabilito dal giudice per lo svolgimento di ulteriori indagini *ex* art. 415-*bis*, comma 4, c.p.p.

I termini in questione salgono a nove mesi per i reati di cui all'art. 407, comma 2, c.p.p., in virtù della direttiva di delega che impone una rimodulazione della durata del termine in base alla gravità del reato e alla complessità delle indagini preliminari [14].

Sono conseguentemente abrogati l'art. 407, comma 3-*bis*, c.p.p., in parte sostanzialmente "assorbito" nella nuova disposizione, nonché gli artt. 416, comma 2-*bis*, e 552, comma 1-*bis*, c.p.p., perché, secondo quanto si legge nella Relazione di accompagnamento, «appaiono incompatibili con il criterio di delega» che «contempla la 'gravità del reato' unicamente quale fattore di prolungamento (e non già di abbreviazione) del c.d. termine di riflessione» [15].

La riscrittura del "rinnovato" periodo di riflessione ha il dichiarato (*rectius*, auspicato) scopo di ridurre i tempi della fase preprocessuale: sennonché, già in sede di commento alla legge delega, parte della dottrina aveva puntualmente osservato come la conferma della previsione di tempi aggiuntivi a quelli delle indagini, per le scelte in ordine all'azione penale, fosse difficile da decifrare [16].

A una attenta lettura, le modifiche non definiscono un rimedio sufficiente (e in prospettiva idoneo) a far fronte alle stasi che l'hanno caratterizzata nella prassi [17], a cagione della perdurante assenza di cadenze perentorie per l'esercizio dell'azione penale o per la notificazione dell'avviso di conclusione delle indagini preliminari.

Sorge il dubbio, in altri termini, che, pur essendo tale novità «giustificabile

---

[14] *Relazione illustrativa al decreto legislativo recante attuazione della legge 27 settembre 2021 n. 134 recante delega al governo per l'efficienza del processo penale nonché in materia di giustizia riparativa e disposizioni per la celere definizione dei procedimenti giudiziari*, in *Gazz. Uff.*, 19 ottobre 2022, n. 245, suppl. str. n. 5, p. 95. Si noti come il generico riferimento al comma secondo dell'art. 407 c.p.p. (e particolarmente ai casi in esso previsti) imponga un generale riferimento alle fattispecie ivi contemplate, senza possibili esclusioni basate su criteri di gravità delle fattispecie o di complessità della verifica investigativa. Sul punto, F. ALONZI, *Tempi nuovi per le indagini?*, in G. SPANGHER (a cura di), *La riforma Cartabia*, Pacini, Pisa, 2022, p. 253.

[15] *Ibidem*, p. 96.

[16] A. SANNA, *op. cit.*, p. 45.

[17] Tra i tanti, F. TRAPELLA, *La durata delle indagini preliminari. Profili di una patologia*, Wolters Kluwer-Cedam, Milano-Padova, 2022, p. 1 ss.

alla luce dell'inserimento della più gravosa regola di valutazione addossata al pubblico ministero in ordine alla richiesta di archiviazione, un così esorbitante *tempus cogitationis* finirà per rallentare e per acuire uno dei più problematici» snodi del procedimento penale [18].

Non a caso, la Corte europea dei diritti dell'uomo ha ripetutamente accertato la violazione del diritto alla ragionevole durata del procedimento della vittima (art. 6, par. 1, Cedu) proprio in forza dello spirare dei termini della prescrizione del reato prima della formale chiusura delle indagini [19].

3. I rimedi alla stasi nella disciplina del d.lgs. n. 150/2022

L'art. 407-*bis*, comma 2, c.p.p. impone, dunque, la scelta all'indicativo presente, senza il ricorso a predicati modali: «Il pubblico ministero esercita l'azione penale o richiede l'archiviazione» entro la scadenza del termine di riflessione già sopra *d*escritto. *Id est*: l'inquirente diviene requirente, poiché deve chiedere, deve formulare una domanda per superare la stasi in cui il procedimento è approdato.

Nessuna conseguenza o sanzione di carattere processuale è, tuttavia, contemplata per il caso della inosservanza del termine consentito dalla legge.

I «tempi supplementari» [20], in altre parole, possono trascorrere lenti e senza novità di sorta: senza che si giunga a una definizione forzata, per così dire – usando una metafora calcistica – ai calci di rigore, dentro o fuori.

Vero, certo, che ogni atto investigativo compiuto allo spirare dei termini investigativi incappi nella patologica inutilizzabilità del risultato probatorio, anche in chiave di delibazione sulla sostenibilità dell'accusa; ma nessuna diversa conseguenza si produrrà sul successivo corso del procedimento, in termini di preclusione ai successivi atti del procedimento o di invalidità dell'atto di impulso processuale.

Residua, e risulta almeno ideologicamente rafforzata dalla riforma, l'ipotesi di avocazione disciplinata dall'art. 412 c.p.p.: il procuratore generale presso la corte d'appello può (non necessariamente deve [21]) disporre con decreto motiva-

---

[18] G.M. BACCARI, *I nuovi meccanismi per superare le stasi procedimentali dovute all'inerzia del pubblico ministero*, in *La riforma Cartabia*, cit., p. 265.

[19] Tra tante, Corte EDU, Sez. I, 18 marzo 2021, *Petrella c. Italia*; Corte EDU, Sez. I, 7 dicembre 2017, *Arnoldi c. Italia*.

[20] F. ALONZI, *Tempi nuovi per le indagini?*, cit., p. 252.

[21] Sul tema R. APRATI, *Le nuove indagini preliminari fra obiettivi deflattivi ed esigenze di legalità*, in *Giust. ins.*, 20 dicembre 2022, p. 28.

to l'avocazione delle indagini preliminari «se il pubblico ministero non ha disposto la notifica dell'avviso di conclusione delle indagini preliminari, oppure non ha esercitato l'azione penale o richiesto l'archiviazione» entro i termini di legge (art. 412, comma 1, c.p.p.).

Il procuratore generale, al fine di poter attivare i propri poteri, riceve settimanalmente dalla segreteria del pubblico ministero i dati relativi ai procedimenti per i quali il pubblico ministero non ha disposto la notifica dell'avviso di conclusione delle indagini preliminari, né ha esercitato l'azione penale o richiesto l'archiviazione nei termini previsti dall'art. 407-*bis*, comma 2, c.p.p.; i dati riguardanti i procedimenti nei quali il pubblico ministero non ha assunto le determinazioni in ordine all'azione penale, pur a seguito dell'infruttuoso decorso del termine previsto dal comma 3 dell'art. 415-*ter* c.p.p., vale a dire in seguito all'avviso di deposito degli atti del procedimento[22]; i dati dei procedimenti diversi da quelli indicati nei quali il pubblico ministero non abbia comunque esercitato l'azione penale, né richiesto l'archiviazione, entro i termini previsti dalle citate disposizioni di legge (art. 127, comma 1, norme att. c.p.p.).

Il gravoso onere comunicativo, che incombe sulla segreteria dell'inquirente, è funzionale alla valutazione sulla possibile avocazione. Un asettico elenco di nomi e numeri, accompagnati da una qualificazione giuridica assegnata in occasione della iscrizione nel registro delle notizie di reato, dovrebbe permettere l'esercizio del potere di discernimento su ciò che merita approfondimento investigativo o, viepiù, l'inizio di una azione penale, pur nel rispetto dei criteri di priorità «contenuti nel progetto organizzativo dell'ufficio della procura della Repubblica che ha iscritto la notizia di reato» (arg. *ex* art. 127-*bis* norme att. c.p.p.).

Non è certo ignoto lo stato di crisi in cui verte il meccanismo della avocazione nel nostro ordinamento, per la strutturale inadeguatezza degli uffici di procura, e della procura generale in particolare, di farvi fronte, particolarmente per l'ipertrofia dei ruoli dell'appello nonché per la carenza di organico[23].

La scelta di rivitalizzare l'istituto, in mancanza di rimedi strutturali e di modifiche ordinamentali, rischia – allora – di risolversi ancora una volta in un preventivabile insuccesso, destinato ad appesantire a mo' di paradosso i carichi di lavoro degli uffici di procura e porre «le premesse per ulteriori ritardi»[24] nella gestione dei fascicoli: dalla presa in carico, alla selezione, allo svolgimento degli incombenti istruttori in evenienza reputati necessari, fino alla dovuta scelta sull'azione.

---

[22] Su cui v. *infra*.

[23] C. VALENTINI, The untouchables*: la fase delle indagini preliminari, l'ufficio del pubblico ministero e i loro misteri*, in *Arch. pen.*, 2022, II, p. 14 ss.

[24] Così V. MAFFEO, *Tempi e* nomina juris *nelle indagini preliminari. L'incertezza del controllo*, Cacucci, Bari, 2020, p. 89 ss. Nello stesso senso, le osservazioni del Consiglio Superiore della Magistratura, nella delibera del 22 settembre 2022, cit., p. 20.

4. Ostensione ritardata

Correlativamente, il testo dell'art. 415-*bis* c.p.p., a parte minori interpolazioni di coordinamento ai commi 1, 3 e 5, era stato arricchito di ben nuovi cinque capoversi, diretti a definire una disciplina volta a estendere i termini di riflessione dell'inquirente e a consentire il differimento della conclusione della fase preliminare, in funzione di peculiari ipotesi [25].

Più nello specifico, in seguito alla interpolazione operata sul comma 5-*bis*, il pubblico ministero, prima della scadenza dei termini di durata delle indagini preliminari, poteva presentare al procuratore generale presso la corte d'appello una richiesta motivata di differimento della notificazione all'indagato dell'avviso di conclusione delle indagini preliminari, con lo scopo di chiedere tempo ed evitare di giungere a una immediata *discovery* del fascicolo delle indagini [26].

Il differimento poteva essere richiesto in due ipotesi: quando fosse stata richiesta l'applicazione di una misura custodiale e il giudice non avesse ancora provveduto «o quando, fuori dei casi di latitanza, la misura applicata non [fosse] stata ancora eseguita» (lett. *a*); quando la conoscenza degli atti d'indagine potesse mettere in concreto pericolo «la vita o l'incolumità di una persona o la sicurezza dello Stato», o se, nei procedimenti per i delitti di cui all'art. 407 comma 2, c.p.p., la *discovery* recasse pregiudizio all'individuazione o alla cattura del reo o al possibile sequestro ai fini di confisca connesso alla fattispecie criminosa ipotizzata in fase investigativa (lett. *b*).

Il procuratore generale, analizzata la richiesta, poteva decidere se autorizzare o meno il differimento dell'avviso – ricorrendone i presupposti – con decreto motivato. Quando avesse autorizzato, la dilazione avrebbe dovuto essere concessa «per il tempo strettamente necessario e, comunque, per un periodo complessivamente non superiore a sei mesi» ovvero, se si procedeva per i delitti di maggior gravità di cui all'art. 407, comma 2, c.p.p., «non superiore a un anno» (comma 5-*ter*, 1° periodo). Nel caso di diniego, il decreto motivato avrebbe dovuto esser notificato alla persona sottoposta alle indagini e alla persona offesa che avesse chiesto di essere informata circa l'esito dell'attività investigativa (comma 5-*ter*, 2° periodo).

Il meccanismo, ispirato a comprensibili esigenze di riservatezza investigativa, di tutela della incolumità delle persone e di salvaguardia della sicurezza dello Stato, è stato pensato quale strumento eccezionale, ma ha introdotto una ulteriore complicazione al normale *iter* conclusivo di fase, destinata a risolversi in una dilatazione dei tempi del procedimento in fase prodromica all'esercizio del-

---

[25] Esprime dubbi in merito a un possibile eccesso di delega *in parte qua*, M. GIALUZ, *op. cit.*, p. 47.

[26] A. MARANDOLA, *op. cit.*, p. 156.

l'azione penale, con un'inevitabile postergazione (anche per lunghi periodi) del diritto all'informazione dell'accusato[27].

I commi successivi disciplinavano, come si dirà meglio oltre, lo specifico rimedio giurisdizionale attivabile dalla persona sottoposta alle indagini e dalla persona offesa quando, alla scadenza dei termini di riflessione, il pubblico ministero non avesse ancora sciolto la riserva tra azione e inazione, nonostante la notifica dell'avviso di conclusione delle indagini preliminari[28].

La collocazione sistematica dell'istituto in seno all'art. 415-*bis* c.p.p. appariva, in effetti, non del tutto coerente[29], atteso che l'indagato e la persona offesa non lamentavano, qui, un problema di *discovery*: l'inerzia del pubblico ministero riguardava solo ed esclusivamente le determinazioni circa l'esercizio dell'azione penale o l'archiviazione[30].

5. *Discovery* automatica degli atti

La legge delega, a sugello della disciplina descritta, prevedeva l'individuazione di possibili meccanismi volti a consentire alla persona sottoposta alle indagini e all'offeso «di prendere cognizione degli atti di indagine», nel caso in cui il pubblico ministero, decorso il termine di riflessione, fosse rimasto inerte (art. 1, comma 9, lett. *f*), l. n. 134/2021).

Nel dare attuazione alla direttiva, il delegato ha introdotto una norma di nuovo conio, l'art. 415-*ter* c.p.p., che, in tale prima versione, disciplinava i diritti e le facoltà dell'indagato e dell'offeso «*in caso di inosservanza dei termini per la conclusione delle indagini preliminari*». Alla scadenza dei termini di riflessione di cui all'art. 407-*bis*, comma 2, c.p.p., se il pubblico ministero non aveva disposto la notifica dell'avviso di cui all'art. 415-*bis* c.p.p., né sciolto la riserva tra azione e inazione, «la documentazione relativa alle indagini espletate [era] depositata in segreteria» e l'avviso dell'avvenuto deposito era notificato alla persona sottoposta alle indagini e all'offeso (che avesse chiesto di esser informato della conclusione delle indagini), nonché comunicato al procuratore generale presso la corte d'appello (art. 415-*ter*, comma 1, c.p.p.)[31].

---

[27] F. Alonzi, *Tempi nuovi per le indagini?*, cit., p. 242 ss.

[28] V. *amplius*, *infra*.

[29] *Relazione illustrativa*, cit., p. 96.

[30] M. Gialuz, *op. cit.*, p. 48.

[31] In termini, *Relazione illustrativa*, cit., 95. Completava il meccanismo di *discovery*, in favore della persona offesa che non avesse già ricevuto la notifica dell'avviso di conclusione delle indagini preliminari (e che, nella notizia di reato o successivamente, avesse dichiarato di volere essere in-

Gli oneri informativi sono stati introdotti per essere funzionali alla facoltà di esaminare gli atti ed estrarre copia del fascicolo, così da permettere la piena conoscenza del *dossier* investigativo[32].

L'avviso di cui all'art. 415-*ter* c.p.p. conteneva, altresì, l'indicazione delle facoltà concesse all'indagato e all'offeso in ordine alle determinazioni relative all'esercizio della azione penale: se, infatti, dalla notifica dell'avviso di deposito descritto fosse decorso un termine pari a un mese (o a tre mesi per i reati di cui all'art. 407, comma 2, c.p.p.) senza che l'inquirente avesse operato alcuna scelta, costoro potevano «chiedere al giudice di ordinare al pubblico ministero di provvedere» (art. 415-*ter*, comma 3, c.p.p.).

In questo snodo, le scelte concernenti l'esercizio dell'azione penale sono state rimesse a un ficcante scrutinio giudiziale.

I soggetti interessati, difatti, oltre alla informativa circa la *discovery* automatica degli atti, ricevevano notizia del potere sollecitatorio della giurisdizione: una vera e propria *finestra di giurisdizione* che anima «l'intervento riformatore sulla disciplina delle indagini preliminari»[33].

L'istanza è stata concepita per essere funzionale a ottenere un ordine giudiziale diretto al pubblico ministero, al fine di provvedere alle determinazioni sull'esercizio dell'azione penale, ma altresì di emettere l'avviso di conclusione delle indagini preliminari, se mancante. Pur nel silenzio della legge, è stato riconosciuto al giudice il potere di accedere al fascicolo del procedimento – oggetto di preventivo deposito – così da effettuare una verifica consapevole sull'oggetto della domanda[34].

Il richiamo alle norme di nuovo conio contenute nei commi 5-*quater* e 5-*quinquies* dell'art. 415-*bis* c.p.p. consentiva di individuare il tempo deliberativo nei venti giorni successivi al deposito dell'istanza. Ai sensi dell'art. 415-*bis*, comma 5-*quater*, c.p.p., il giudice provvedeva con decreto motivato: se accoglieva, ordinava al procuratore della Repubblica di assumere le determinazioni inerenti l'esercizio dell'azione entro i successivi venti giorni e copia del decreto era notificata alla persona istante e comunicata non soltanto al pubblico ministero inquirente, bensì anche al procuratore generale presso la corte d'appello. Nulla era specificato dalla legge per il caso del rigetto della domanda: muovendo dalla struttura delineata dal legislatore, pensata con evidente finalità garantista dei diritti degli interessati, tale diniego avrebbe dovuto, in ogni caso, esser disposto

formata della conclusione delle stesse), la previsione contenuta nel comma 5-*sexies* dell'art. 415-*bis* c.p.p., la quale era destinata operare, di contro, nel caso di infruttuoso decorso del periodo di riflessione post avviso di conclusione delle indagini preliminari.

[32] M. GIALUZ, *op. cit.*, p. 47.

[33] G.M. BACCARI, *op. cit.*, p. 269.

[34] Così G.M. BACCARI, *op. cit.*, che aggiunge come non fosse previsto che «la richiesta di intervento dell'organo giudicante [fosse] notificata al pubblico ministero».

con decreto motivato, che spiegasse le ragioni della carenza dei presupposti per imporre le determinazioni circa l'esercizio dell'azione penale.

I provvedimenti assunti in conseguenza dell'ordine emesso dal giudice a norma dell'art. 415-*bis*, comma 5-*quater*, c.p.p. erano trasmessi dal pubblico ministero al giudice ordinante e al procuratore generale presso la Corte d'appello (art. 415-*bis*, comma 5-*quinquies*, c.p.p.), per consentire il controllo gerarchico sul corretto esercizio delle prerogative d'azione.

Nel complesso, la previsione di un momento valutativo articolato e bifasico, venti giorni per la decisione giudiziale sull'istanza più ulteriori venti giorni per l'adozione delle determinazioni da parte del pubblico ministero, è apparsa foriera di ulteriore dilatazione dei tempi del procedimento. E, d'altro canto, in mancanza di una scelta volta a imporre sanzioni processuali in seguito all'inerzia, non poteva che esser così: più persone coinvolte nello scrutinio, maggiore esigenza di verifica e di controllo motivazionale; *ergo*, termini inevitabilmente aggiuntivi.

Per di più, quando in conseguenza dell'ordine emesso dal giudice fosse stato notificato l'avviso di chiusura delle indagini ai sensi dell'art. 415-*bis* c.p.p., rivivevano i termini di riflessione di cui all'art. 407-*bis*, comma 2, c.p.p., seppur ridotti di due terzi: «Stupisce che persino dopo l'ordine del giudice di provvedere, il pubblico ministero conserverà ancora altro tempo per riflettere sul "da farsi"»[35]; e non si trattava neppure di un tempo breve, tutto considerato. Un mese per i reati di normale gravità, ben tre mesi per quelli di cui all'art. 407, comma 2, c.p.p. Ciò, si noti, pur a fronte di una *discovery* automatica degli atti operata a norma dell'art. 415-*ter*, comma 1, c.p.p., che pure avesse consentito di conoscere l'intero incarto procedimentale ai contraddittori della fase.

Senza dimenticare, infine, che anche l'ostensione automatica poteva essere ritardata nelle stesse ipotesi in cui era consentito il differimento della notificazione dell'avviso di conclusione delle indagini preliminari (arg. *ex* art. 415-*ter*, comma 4, c.p.p.).

6. La razionalizzazione dei rimedi negli interventi "correttivi" del 2024

È nell'ottica di rispondere alle riserve degli operatori e della dottrina circa i profili problematici emersi in sede di applicazione dell'assetto normativo appena ricostruito che si pongono gli interventi integrativi e correttivi contenuti nel d.lgs. 19 marzo 2024, n. 31.

Si stabilisce, in particolare, l'obiettivo di semplificare il sistema congegnato

[35] G.M. BACCARI, *op. cit.*, p. 270.

nella precedente legislatura, risolvendone le aporie, anche alla luce di una interpretazione più ristretta delle direttive di delega, che «si limitavano ad imporre un intervento che risolvesse la c.d. stasi patologica»[36].

Dalle novità che si introducono con l'abrogazione dei commi 5-*bis*, 5-*ter*, 5-*quater*, 5-*quinquies*, 5-*sexies* dell'art. 415-*bis* c.p.p. e la contestuale riscrittura integrale dell'art. 415-*ter* c.p.p., si può ricavare quest'insieme di regole, che meritano qualche dettaglio informativo.

Si conferma, innanzitutto, il meccanismo del deposito obbligatorio della «documentazione relativa alle indagini espletate», quando, alla «scadenza dei termini di cui all'articolo 407-*bis*, comma 2», il pubblico ministero «non ha esercitato l'azione penale o richiesto l'archiviazione», a condizione che non sia già stata disposta «la notifica dell'avviso della conclusione delle indagini preliminari» (art. 415-*ter*, comma 1, c.p.p.).

Viene, di contro, completamente rivisto il differimento della *discovery* (commi 2-3).

Da un lato, si attribuisce la valutazione dei presupposti per il differimento richiesto dal pubblico ministero al giudice per le indagini preliminari: l'*iter* volto a differire la conoscibilità degli atti, dunque, «acquista carattere pienamente giurisdizionale, piuttosto che collocarsi [...] all'interno del circuito del pubblico ministero»[37].

Dall'altro lato, si estende la possibilità di differimento all'ipotesi in cui le cause per la dilazione del deposito sussistono in relazione a reati connessi (art. 12 c.p.p.) o collegati (art. 371, comma 2, c.p.p.), per i quali non sono ancora scaduti i termini per le determinazioni finali.

Queste novità si collegano alla abrogazione del differimento dell'avviso di conclusione delle indagini preliminari di cui ai commi 5-*bis* e 5-*ter* dell'art. 415-*bis* c.p.p.

Quanto alle "finestre di giurisdizione", viene superato il sistema imperniato sul distinguo a seconda che l'avviso di conclusione delle indagini è notificato o meno.

Si introduce un controllo giurisdizionale generale al comma 4 dell'art. 415-*ter* c.p.p. modellato in larga parte sul menzionato precedente normativo, avente a oggetto le «ragioni del ritardo» nelle determinazioni finali allo scadere dei termini di riflessione, attivabile su richiesta dell'indagato e della persona offesa e con l'inedita audizione del pubblico ministero. Pertanto, rispetto all'originaria versione, l'esercizio dei diritti spettanti all'indagato e alla persona offesa non si

---

[36] *Relazione al decreto legislativo recante disposizioni integrative e correttive del decreto legislativo 10 ottobre 2022, n. 150, di attuazione della legge 27 settembre 2021, n. 134, recante delega al governo per l'efficienza del processo penale nonché in materia di giustizia riparativa e disposizioni per la celere definizione dei procedimenti giudiziari*, 13.

[37] *Relazione al decreto legislativo*, cit., 13.

colloca più già al momento di conclusione delle indagini, ma soltanto alla scadenza dei termini di riflessione.

Il controllo mira a far emergere eventuali situazioni di inerzia "colpevole", a fronte delle quali il giudice ordina al pubblico ministero di assumere le determinazioni inerenti l'azione penale: quando le ragioni del ritardo «non sono giustificate»; quando lo stesso giudice per le indagini preliminari «non ha autorizzato il differimento ai sensi del comma 2»; ovvero quando non ricorrono, comunque, i presupposti per il differimento. Nemmeno il d.lgs. 19 marzo 2024, n. 31, introducendo la mera audizione del pubblico ministero, ha però previsto che il vaglio giudiziale sia necessariamente preceduto dalla trasmissione del materiale investigativo (laddove il pubblico ministero non abbia già provveduto alla *discovery*), rimanendo dunque l'esigenza di colmare la lacuna normativa in via esegetica.

Viene, poi, aggiustato il coordinamento dell'istituto *de quo* con la dinamica conclusiva delle indagini, rivedendo le soluzioni accolte dal d.lgs. n. 150/2022 quando, in conseguenza dell'ordine emesso dal giudice, deve essere notificato l'avviso di conclusione delle indagini di cui all'art. 415-*bis* c.p.p. Avviso che, in ogni caso, non può considerarsi surrogato dalla *discovery* automatica *ex* art. 415-*ter*, comma 1, c.p.p., pena un'indebita compressione delle prerogative difensive.

Consequenziali a tali modifiche sono, infine, le interpolazioni sui poteri del procuratore generale – e sui meccanismi informativi di cui all'art. 127 norme att. c.p.p. – quando l'inerzia si protrae dopo la scadenza dei termini di cui all'art. 407-*bis*, comma 2, c.p.p.

In primis, si assegna al procuratore generale, «se non dispone l'avocazione», il potere generale di ordinare «al procuratore della Repubblica» di «assumere le determinazioni inerenti all'esercizio dell'azione penale» (comma 5).

In secondo luogo, si interviene nuovamente sull'art. 412 c.p.p., sempre in chiave di coordinamento: ma senza incidere sulla natura dell'istituto.

Sostanziale appare, al riguardo, l'estensione a novanta giorni del termine per lo svolgimento delle indagini da parte del procuratore generale, quando questi ne abbia disposto l'avocazione (v. il nuovo comma 2-*bis*).

Coerentemente, sono adattati i contenuti e le tempistiche delle comunicazioni di cui all'art. 127 norme att. c.p.p., stabilite a cadenza mensile e non più settimanale.

Infine, un ultimo intervento si è reso necessario per assicurare il raccordo informativo e operativo dei nuovi poteri in tema di avocazione delle indagini spettanti al procuratore generale presso la corte di appello con le funzioni di impulso e coordinamento del procuratore nazionale antimafia e antiterrorismo[38]. L'art. 10 del d.l. 4 luglio 2024, n. 92, convertito con modificazioni dalla l. 8 agosto

---

[38] *Relazione illustrativa e tecnica allegata al d.d.l. A.S n. 1183 di conversione in legge del decreto-legge 4 luglio 2024, n. 92, recante misure urgenti in materia penitenziaria, di giustizia civile e penale e di personale del Ministero della giustizia*, 4 luglio 2024, 10.

2024, n. 112, ha aggiunto il comma 2-*ter* all'art. 412 c.p.p.: il procuratore generale presso la corte d'appello, quando dispone l'avocazione delle indagini preliminari per i delitti di cui agli artt. 51, commi 3-*bis* e 3-*quater*, e 371-*bis*, comma 4-*bis*, c.p.p., informa il procuratore nazionale antimafia e antiterrorismo.

7. Conclusioni, *de jure condito*

In sintesi, la disciplina passata in analisi definisce un tentativo concreto di richiamare i protagonisti della verifica conclusiva dell'indagine a una chiara responsabilità dei propri ruoli [39].

Due gli snodi essenziali.

In primo luogo, l'ostensione degli atti, che consegue al mero decorso di un termine di riflessione normativamente previsto. Il deposito del fascicolo dovrebbe, in effetti, fungere da elemento acceleratore delle scelte d'accusa, anche solo per evitare che si perda del tutto quel "vantaggio competitivo" derivante dalla conduzione monopolistica delle indagini. In effetti, licenziare il fascicolo, con la notifica dell'avviso di cui all'art. 415-*bis* c.p.p., significa per il requirente manifestare una volontà tendenzialmente definita, pur al netto di eventuali novità portate in sede di dialettica difensiva dall'interessato, che miri a ottenere un cambiamento di rotta. La sollecitazione indiretta che il pubblico ministero subisce per effetto dell'automatica *discovery* potrà, allora, consentire una valutazione più puntuale, e certamente prioritaria, dei fascicoli in trattazione, anche solo per evitare che sia vanificato lo sforzo investigativo compiuto.

In seconda battuta, poi, la possibilità di provocare l'intervento del giudice affinché formuli un ordine risolutivo della stasi definisce una sorta di *extrema ratio* legislativa: è definito un meccanismo procedurale per ogni caso in cui la situazione di stallo si protragga e la persona sottoposta alle indagini o, ancor di più, l'offeso intenda sollecitare il proprio diritto difensivo. La soluzione delineata dal legislatore, priva di un apparato sanzionatorio di qualsivoglia natura [40],

---

[39] M. CECCHI, *La riforma Cartabia in punto di maggiorazione dei poteri del giudice per le indagini preliminari*, in G. COLAIACOVO-F. DEL VECCHIO-W. NOCERINO (a cura di), *Gli snodi problematici della riforma Cartabia con uno sguardo al futuro*, Cacucci, Bari, 2023, p. 1 ss.; W. NOCERINO, *La durata delle indagini e il controllo giurisdizionale sui tempi del procedimento*, in *Cass. pen.*, 2023, VII-VIII, p. 2635 ss.

[40] Il legislatore ha, infatti, ritenuto di escludere ogni forma di sanzione disciplinare, oltre che processuale. La *Relazione Lattanzi* al disegno di legge, poi sfociato nella legge delega, auspicava in effetti il solo ricorso a meccanismi processuali, al fine di presidiare l'effettività della applicazione delle norme: *Relazione finale alle proposte di emendamenti al d.d.l. A.C. 2435*, Commissione di studio ministeriale, 24 maggio 2021, p. 20.

sembra avere il fiato corto di chi arranca; e deve prendere altro tempo, allargando la platea dei soggetti da coinvolgere nello scrutinio. Al giudice sono, così, «attribuiti meri poteri di controllo»[41], che pure potrebbero non risolversi nella reale effettività del rimedio sull'azione[42].

Residuale, sullo sfondo, il potere di avocazione descritto dall'art. 412 c.p.p., ultimo baluardo dell'attesa, che si colora di «tinte discrezionali»[43], sbiadite in partenza e appesantite da elenchi di nomi e numeri.

Ogni rimedio ha la sua complessità, in termini di presupposti, facoltà e oneri. E i tempi del procedimento rischiano, al paradosso, di dilatarsi ulteriormente per il sol fatto di attivarli.

---

[41] G.M. BACCARI, *op. cit.*, p. 274.

[42] Sulla effettività della novella, v. M. CECCHI, *Nuovi filtri di giudizio in sede di indagini preliminari e di udienza preliminare*, in F.S. CASSIBBA-L. FOFFANI-G. GARUTI (a cura di), *Riflessioni sulla legge delega n. 134 del 2021*, Giappichelli, Torino, 2023, p. 49.

[43] G.M. BACCARI, *op. cit.*, p. 275.

Sezione II

INTERVENTI SUI MEZZI INVESTIGATIVI

LA PARTECIPAZIONE A DISTANZA

di Giuseppe Mazza

SOMMARIO: 1. Premessa: la tecnica, il procedimento e la distanza. – 2. Gli obiettivi della delega: semplificazione, speditezza e razionalizzazione mutano il paradigma della partecipazione a distanza. – 3. *Segue*: la normativa precedente e il mutamento di paradigma: dal contenimento della pericolosità alla razionalizzazione del procedimento. – 4. Uno sguardo d'insieme alla partecipazione a distanza: il principio di sussidiarietà. – 5. Le modalità attuative: il contraddittorio, la pubblicità e le garanzie indefettibili. – 6. L'oggetto della c.d. "*remote justice*": in particolare, gli atti di indagine a distanza. – 6.1. Gli interrogatori "a distanza". – 6.2. Assunzione di sommarie informazioni dell'indagato da parte della polizia giudiziaria. – 6.3. Gli accertamenti tecnici irripetibili del pubblico ministero. – 7. Rilievi conclusivi.

1. Premessa: la tecnica, il procedimento e la distanza

Ogni società organizzata si caratterizza oggi anche per lo stato di avanzamento della tecnologia e il rapporto che mantiene tra la *téchne* e la società civile. Allo stesso modo, la scienza giuridica non solo risente delle contingenze storiche (e tecnologiche) ma è anche tenuta a determinare le regole applicabili agli strumenti tecnologici [1]. Il procedimento penale non è esente dal confronto con le nuove frontiere della tecnica [2], tanto più alla luce delle dirompenti sollecitazioni

[1] In argomento L. ALBINO, *Le innovazioni tecnologiche e la tutela degli interessi costituzionali*, in E. TELITI-P. LAGHI (a cura di), *Processo, processi e rivoluzione tecnologica*, Wolters Kluwer-Cedam, Milano-Padova, 2022, p. 29.

[2] La riflessione dottrinale sul tema è ampia; tra gli altri si vedano G.M. BACCARI-C. CONTI, *La corsa tecnologica tra Costituzione e codice di rito e norme sulla* privacy: *uno sguardo d'insieme*, in *Dir. pen. e proc.*, pp. 715 e 721; D. CURTOTTI, *Prove digitali e cooperazione nello spazio europeo. Indagini* hi-tech, *spazio* cyber, *scambi probatori tra Stati e Internet* provider service *e "Vecchia Europa": una normativa che non c'è (ancora)*, in *Dir. pen. e proc.*, 2021, p. 39; P. FELICIONI, *L'ac-*

che, da ultimo, giungono dall'affermarsi degli strumenti di intelligenza artificiale (I.A.)[3], in forza dei quali l'azione stessa del giudicare, che indiscutibilmente rappresentava uno degli ultimi baluardi delle prerogative totalmente umane, vive una fase di crisi, andando verso un possibile ridimensionamento.

La c.d. "Riforma Cartabia" ha dovuto prendere coscienza dell'impatto delle nuove tecnologie sulla giustizia penale e, di conseguenza, "aggiornare" le regole procedimentali. Peraltro, gli interventi devono essere funzionali alla ricostruzione dei fatti e all'accertamento della responsabilità; inoltre, obbligano a riflettere su quali scelte operare al fine di migliorare le scansioni temporali del procedimento, non tanto nel solo senso di accorciare i tempi, ma soprattutto nella direzione, complementare, di rimuovere gli ostacoli che fisiologicamente provocano deleterie lungaggini all'interno del procedimento. Il compito del legislatore è tutt'altro che agevole. La ragione di tale complessità risiede nella semplice considerazione per la quale le velocizzazioni procedimentali e le migliorie tecnologiche devono essere compatibili con le garanzie costituzionali e convenzionali, al fine di non sacrificare sull'altare del procedimento "rapido" il procedimento "giusto", tradendo così la necessità indefettibile della "ragionevolezza temporale"[4].

I primi commentatori hanno individuato la digitalizzazione del procedimento quale principale direttrice strategica della riforma in esame[5]. Entro tale prospettiva si inserisce la problematica della "partecipazione a distanza" al procedimento. In verità, la possibilità di prendere parte al processo da remoto non ri-

---

quisizione da remoto di dati digitali nel procedimento penale: evoluzione giurisprudenziale e prospettive di riforma, in *Proc. pen. e giust.*, 2016, 5, p. 13 ss.; R. ORLANDI, *Questioni attuali in tema di processo penale e informatica*, in *Dir. pen. e proc.*, 2009, 1, p. 2009 ss.

[3] Sul tema occorre segnalare i seguenti contributi, tra i più recenti, nell'ampia letteratura, in materia: G. CANZIO, *Intelligenza artificiale e processo penale*, in *Giustizia digitale*, *Quaderni della SMM*, 2022, 15, p. 233, in cui si legge che quella riportata è la concezione "forte" di IA, la quale si contrappone all'IA in senso "debole"; F.R. DINACCI, *Intelligenza artificiale tra quantistica matematica e razionalismo critico: la necessaria tutela di approdi* euristici, in *Processo penale e giustizia*, 2022, 6, p. 1635; L. LUPÁRIA DONATI, G. FIORELLI, *Diritto probatorio e giudizi criminali ai tempi dell'Intelligenza Artificiale*, in *Dir. pen. cont.*, 2022, 2; V. MANES, *L'oracolo algoritmico e la giustizia penale: al piglio tra tecnologia e tecnocrazia*, in *DisCrimen*, 15 maggio 2020, p. 10: S. QUATTROCOLO, *Equo processo penale e sfide della società algoritmica*, in *BioLaw Journal*, 2019, 1, p. 142 ss.

[4] Per tutti G. GIOSTRA, *Prima lezione sulla giustizia penale*, Laterza, Roma-Bari, 2020, pp. 77-80, in cui si legge: «La durata del processo è ragionevole quando si estende per il tempo necessario alla ragionevole realizzazione di tutte le garanzie del giusto processo».

[5] Si veda quanto riportato in M. GIALUZ-J. DELLA TORRE, *Giustizia per nessuno. L'inefficienza del sistema penale italiano tra crisi cronica e riforma Cartabia*, Giappichelli, Torino, 2022, pp. 290-291: per gli Autori le linee direttrici della c.d. riforma Cartabia sono: la forte spinta per la digitalizzazione del processo, la riduzione della domanda di giustizia penale, la durata ragionevole del procedimento, rinnovamento del sistema sanzionatorio (e giustizia riparativa), iniziative di carattere organizzativo.

sulta una novità assoluta nel panorama codicistico[6]. Al contrario, tale modalità partecipativa ha radici lontane e fin da subito ha sollecitato gli operatori del diritto, al punto da essere sottoposta, fin dalla prima introduzione, al vaglio del giudice delle leggi[7], che si è pronunciato a favore della sua compatibilità con il dettato costituzionale, posizionando la prima pietra sulla quale l'odierno legislatore ha edificato la disciplina per l'attività "da remoto".

Tuttavia, attraverso un confronto con il passato, sembrano essere cambiate le ragioni che giustificavano l'istituto e, come prima conseguenza, sono aumentate le ipotesi di partecipazione distanziata, attuata attraverso il *medium* dello strumento digitale.

Per comprendere questo cambio di paradigma, è necessario inquadrare sistematicamente la partecipazione a distanza all'interno della dogmatica processuale, mettendo in luce quali sono gli istituti intaccati e, di conseguenza, quali sono i princìpi garantistici che possono essere, al più, messi in crisi ma che devono trovare attuazione. Sullo sfondo, inevitabilmente, si staglia il rapido progresso tecnologico che ha travolto la contemporaneità, cui è conseguito l'aumento quantitativo e l'innalzamento qualitativo delle comunicazioni audiovisive, anche in ragione della maggior accessibilità agli strumenti necessari.

Bisogna osservare che l'attività da remoto, quale modalità di estrinsecazione del procedimento penale, si colloca all'interno di plurime aree concettuali. Da un lato, la tematica interessa l'àmbito del «procedimento penale telematico»[8], dal momento che la partecipazione a "distanza" avviene per il tramite di strumenti telematici: la comunicazione digitale audiovisiva, attraverso una *fictio* processuale, estende l'aula d'udienza (oppure, gli uffici dell'autorità giudiziaria in fase di indagini) ai luoghi dai quali sono collegati "a distanza" gli interessati. Per altro verso, il tema afferisce alla sfera della c.d. *Remote Justice*[9] che riguarda

---

[6] Il riferimento è all'art. 146-*bis* disp. att., introdotto dalla l. 7 gennaio 1998, n. 11 (entrato in vigore con il nuovo millennio) e il cui campo applicativo è stato notevolmente ampliato a seguito della l. 23 giugno 2017, n. 103 c.d. "Riforma Orlando".

[7] Corte cost., sent. 22 luglio 1999, n. 342, consultabile *online* all'indirizzo *cortecostituzionale.it*, in dottrina si veda C. CONTI, *Partecipazione e presenza dell'imputato nel processo penale: questione terminologica o interessi contrapposti da bilanciare*, in *Dir. proc. pen.*, 2000, 1, p. 76 ss.

[8] P. TONINI, *Le nuove tecnologie e la riforma Cartabia*, in *Dir. pen. e proc.*, 2022, 3, p. 293 ss.; R. RIZZUTO, *L'efficienza costituzionalmente orientata e la* "digital transformation" *della giustizia penale*, in *Proc. pen. e giust.*, 2022, 3, p. 767 ss. Per una definizione condivisibile B. GALGANI, *Il processo penale telematico*, in *Dir. pen. e proc.*, 2023, 1, p. 114: per procedimento penale telematico si intende «la gestione *lato sensu* informatica del dato giudiziario dal momento della redazione della *notitia criminis* fino alla fase definitoria del processo all'eventuale esecuzione della pena».

[9] B. GALGANI, *Contributo per un rito penale dal volto digitale: gli* "assist" *offerti dalla legge delega Cartabia*, in A. MARANDOLA (a cura di), *"Riforma Cartabia" e rito penale. La Legge Delega tra*

l'utilizzo della telematica per l'espletamento di attività in "sincrono" [10] all'interno del procedimento.

Si consideri che il concetto di partecipazione a distanza può essere scisso in due componenti, una positiva e un'altra negativa: infatti, un elemento deve necessariamente sussistere, un altro può essere trascurato (più precisamente, superato).

La nozione di partecipazione a distanza riguarda, infatti, le attività che richiedono la compresenza di più soggetti del procedimento (elemento partecipativo) e la possibilità che tali attività siano effettuate in luoghi differenti (elemento distanziale), purché sia mantenuta la sincronicità quale garanzia dell'interazione immediata tra i soggetti in gioco. Appare evidente che, a poter essere superata attraverso gli strumenti della tecnica, è la componente spaziale [11]. Altresì, sembra oramai pacifica la differenza di significato, evidenziata dalla dottrina [12], sussistente tra "presenza" e "partecipazione", dalla cui distinzione derivano le principali problematiche nei confronti del diritto di difesa.

L'esperienza pandemica da Covid-19, per ragioni a tutti note, ha imposto un rapido ripensamento delle attività sociali, ridimensionandole, ove possibile, in modalità distanziate, tra le quali rientra anche il procedimento penale [13]. Di fatto, la digitalizzazione del procedimento penale ha compiuto enormi passi in avanti, in ragione della situazione emergenziale. Infatti, il legislatore ha dovuto introdurre talune ipotesi di partecipazione a distanza, servendosi, in quanto compatibile in via analogica, del regime prescritto dagli artt. 146-*bis* e 147-*bis* disp. att. c.p.p. [14] previsto per la partecipazione al dibattimento da remoto. Al

---

impegni europei e scelte valoriali, Wolters Kluwer-Cedam, Milano-Padova, 2022, p. 58: l'Autrice definisce la *Remote justice* quale «modalità di svolgimento di talune attività processuali con soggetti che compartecipano da luoghi fisici diversi, grazie ai sistemi di video conferenza o, più di recente, attraverso l'impiego di piattaforme informatiche».

[10] In contrapposizione, talune attività telematiche possono essere svolte con modalità "asincrone", quali ad esempio la trasmissione (e la ricezione di atti), l'estrazione di copie dei medesimi e generalmente tutte le attività di carattere cartolare.

[11] Efficacemente si è parlato di "despazializzazione": così A. GARAPON, *La despazializzazione della giustizia*, Mimesis, Milano, 2021.

[12] C. CONTI, *op. cit.*, p. 76, per cui: «La presenza non è un valore in sé, ma ha natura strumentale rispetto alla partecipazione».

[13] Per le considerazioni dottrinali sul punto si veda D. NEGRI, *Costituzione delle parti, presenza e assenza dell'imputato, intervento del difensore*, in A. CAMON-M. DANIELE-D. NEGRI-C. CESARI-M.L. DI BITONTO-P.P. PAULESU, *Fondamenti di procedura penale*, III ed., Wolters Kluwer, Milano, 2021, pp. 495-496.

[14] Per i riferimenti normativi e per le considerazioni sul punto, G. BARONE, *Pandemia e processi penali da remoto: modelli a confronto e prospettive future*, in *Cass. pen.*, 2021, 2, pp. 698 ss.; L. GIORDANO, *Il processo penale a distanza ai tempi del coronavirus*, in *Dir. pen. e proc.*, 2020, 7, p.

termine della situazione d'eccezione [15], può dirsi che tale contesto si è rivelato la fucina per la regolamentazione dello *standard* per la partecipazione al processo da remoto.

Tuttavia, già durante l'emergenza sanitaria erano stati individuati alcuni irriducibili spazi di tutela, tra i quali spiccavano la reciproca visibilità tra i luoghi "distanti" e la garanzia della comunicazione tra difensore e imputato collegato in via telematica [16].

Così ricostruito, ancorché sinteticamente [17], il contesto entro il quale si collocano le riflessioni che seguono, si deve segnalare, prima di analizzare i singoli interventi del riformatore, che le scelte operate dal legislatore hanno rifiutato un modello "forte" di giustizia digitale, il quale prevedrebbe l'annullamento di qualsiasi fisicità spaziale, per relegare le attività procedimentali e processuali unicamente alle aule "virtuali" (c.d. *virtual hearing*) [18]. In altri termini, si è ritenuto indefettibile il mantenimento di un "centro di gravità" che fa capo ai luoghi istituzionali predisposti per le specifiche attività, all'interno dei quali il giudice e il pubblico ministero devono presenziare, mentre agli altri soggetti è concessa la partecipazione da remoto. Da questa considerazione emerge la netta presa di posizione contraria nei confronti di una totale "despazializzazione" degli atti e delle udienze per la giustizia penale la quale aveva fatto ingresso nell'ordinamento unicamente per ragioni sanitarie [19].

920; F. VERGINE, G. MICHELI, *Emergenza epidemiologica da Covid-19, efficienza e processo penale*, in *Il processo*, 2020, 3, pp. 843 ss.

[15] P. TONINI-C. CONTI, *Manuale di procedura penale*, Giuffrè, Milano, 2022, pp. 231-232.

[16] L. GIORDANO, *op. loc. cit.*

[17] Per un approfondimento storico ricostruttivo cfr. E.A.A. DEI-CAS, *La partecipazione a distanza in attesa della riforma del processo penale*, in *Sist. pen.*, 2022, 4, pp. 8-17, cui si rinvia anche per i riferimenti bibliografici.

[18] A conferma della messa al bando della totale «dematerializzazione» delle attività, v. UFFICIO DEL MASSIMARIO DELLA CASSAZIONE, *Relazione su novità normativa. La "riforma Cartabia"*, 5 gennaio 2023, n. 2, Roma, consultabile *online*, all'indirizzo *sistemapenale.it*, p. 19; già in dottrina, sul rigetto di modelli estremi, pregevolmente D. NEGRI, *Atti e udienze "a distanza": risvolti inquisitori di una transizione maldestra alla giustizia digitale*, in D. CASTRONUOVO-M. DONINI-E M. MANCUSO-G. VARRASO (a cura di), *Riforma Cartabia. La nuova giustizia penale*, Wolters Kluwer-Cedam, Milano-Padova, 2023, pp. 452-453, con riferimenti a possibili, non inverosimili, derive future «nel giro di pochi anni si potrà persino superare la tecnologia della trasmissione audiovisiva via schermo, creando una scena processuale i cui protagonisti si interagiscano a distanza mediante le rispettive proiezioni tridimensionali sotto forma di ologrammi o nelle spoglie grafiche degli *avatar*».

[19] O. MAZZA, *Distopia del processo a distanza*, in *Arch. pen.*, 2020, n. 1, p. 9.

2. Gli obiettivi della delega: semplificazione, speditezza e razionalizzazione mutano il paradigma della partecipazione a distanza

Per comprendere gli interventi concretamente realizzati dal d.lgs. n. 150/2022 sulla partecipazione a distanza nel procedimento è imprescindibile riflettere sugli obiettivi della manovra riformatrice. I pilastri sui quali si fonda l'importante opera novatoria sono «*semplificazione, speditezza e razionalizzazione del processo penale, nel rispetto delle garanzie difensive*» (art. 1, comma 1, l. n. 134/2021). Se questi sono i risultati cui tendere, occorre interrogarsi se e in che maniera la previsione di ipotesi di *remote justice* possa contribuire al loro raggiungimento. Una prima risposta al quesito è rintracciabile nella dichiarazione di intenti fornita dallo stesso legislatore: benché la tecnologia debba essere «posta al servizio» delle garanzie, è necessario «fare tesoro» di quanto appreso nel periodo emergenziale[20]: ovvero, è opportuno servirsi degli strumenti digitali cui la necessità aveva costretto.

Si deve segnalare che il delegante ha concesso ampio spazio d'intervento al Governo, poiché ha fornito una generica indicazione che riserva la possibilità di stabilire «*i casi in cui, con il consenso delle parti, la partecipazione all'atto del procedimento o all'udienza possa avvenire a distanza*» (art. 1, comma 8, lett. *c*), cit.). Analizzando il precipitato del criterio imposto dalla delega è possibile sviluppare quattro considerazioni.

In primo luogo, con riferimento alla portata applicativa, si scorge una grande novità. Si specifica che la partecipazione a distanza può essere la modalità di partecipazione per le udienze e, inoltre, per tutti gli «*atti del procedimento*». È pregevole il chiarimento del legislatore, seppure sovrabbondante, dal momento che la categoria "atto del procedimento" avrebbe compreso al suo interno, senza dubbio, la celebrazione delle udienze. Tuttavia, è resa in maniera chiara la divisione tra attività processuali, la cui esperienza "da remoto" era già maturata prima dell'emergenza sanitaria, e attività d'indagine.

In secondo luogo, il criterio ha lasciato libero il legislatore della riforma di individuare non solo l'*an* ma anche il *quomodo* delle ipotesi in cui l'attività possa essere svolta a distanza. Non vi è alcun criterio distintivo per selezionare i casi suscettibili di partecipazione a distanza, tuttavia si impone la rilevanza del consenso degli interessati. Come segnalato dai primi commentatori, il criterio della delega non si presentava inequivocabile nel suo significato: si sa-

---

[20] *Riforma del processo e del sistema sanzionatorio: la relazione finale della Commissione Lattanzi*, in *Riv. it. dir. proc. pen.*, 2021, 4, p. 1509, in particolare al § 2.5, relativo al nuovo art. 2-*quater* d.d.l. A.C. 2435.

rebbe potuto intendere nel senso che tutte le ipotesi (quelle già introdotte e quelle da introdurre) fossero subordinate al consenso delle parti oppure che il consenso degli interessati fosse necessario soltanto per le ipotesi di nuova introduzione. Secondo un'altra interpretazione si sarebbe dovuto introdurre il consenso quale prerequisito di alcune delle ipotesi già previste, senza che il delegato introducesse nuove ipotesi [21]. Si vedrà che la delega è stata interpretata nel suo significato più ampio, dal momento che il legislatore è intervenuto per inserire nuove ipotesi, senza subordinare al consenso le situazioni già previste dalla legge [22].

In terzo luogo, proprio con riferimento al consenso, si evidenzia l'unico indirizzo "contenitivo" da parte del delegante. Infatti, si impone la partecipazione alle attività da remoto unitamente al consenso delle persone interessate. Peraltro, il diritto a presenziare a tali attività si configura quale diritto disponibile, suscettibile di modulazione sulla base della volontà dell'interessato. Si consideri che il profondo rilievo del consenso [23], quale requisito della legittimazione alla realizzazione telematica delle attività, è stato ribadito dalla Corte costituzionale, interpellata sulla disciplina emergenziale [24] (Corte cost. n. 96/2021). Tuttavia, il riferimento è al consenso di «*tutte*» le parti: la nozione, comprendente l'imputato, l'ufficio del pubblico ministero, ma anche la parte civile, potrebbe dar luogo a situazioni di reciproco ostruzionismo [25], con effetti controproducenti rispetto alle intenzioni della riforma.

Infine, dalla legge-delega non si traggono indicazioni su chi possa partecipare a distanza o, al contrario, restrizioni soggettive sulla partecipazione. Pertanto, tutti i soggetti del procedimento potranno astrattamente prendere parte all'attività con modalità telematiche e tale prerogativa interesserà, secondo la disciplina riformata, un ventaglio ampio di soggetti, non più limitato all'imputato e al suo difensore.

---

[21] M. GIALUZ, *Per un processo penale più efficiente e giusto. Guida alla lettura della Riforma Cartabia (profili processuali)*, in *Sist. pen.*, 2 novembre 2022, p. 24.

[22] Il riferimento va all'art. 146-*bis* disp. att. c.p.p. nella parte non abrogata dai decreti attuativi prevede ipotesi rimesse alla discrezione del giudicante, a nulla rilevando il consenso dell'imputato.

[23] Il consenso è indicato quale «chiave di volta» del sistema già nella legislazione pandemica da B. GALGANI, *Contributo per un rito penale*, cit., p. 60.

[24] Art. 3, comma 1, lett. *d*), d.l. n. 28/2020.

[25] M. GIALUZ, J. DELLA TORRE, *Giustizia per nessuno*, cit., p. 300.

3. *Segue*: a normativa precedente e il mutamento di paradigma: dal contenimento della pericolosità alla razionalizzazione del procedimento

Se quelle appena riferite sono le indicazioni fornite al delegato, occorre prendere in considerazione il mutamento di paradigma intercorso nei confronti della telematica nel procedimento penale. Rispetto alle modalità distanziate allora irrinunciabili per ragioni sanitarie, appare mutato l'approccio metodologico: infatti, la previsione emergenziale è diventata, per alcune attività, un'alternativa ordinaria di partecipazione al procedimento. Far sì che l'eccezione diventi la regola, una volta terminato il periodo eccezionale, reca in sé un'ulteriore conseguenza che si evince dal raffronto con la precedente disciplina.

In altri termini, ipotesi di partecipazione a distanza erano già disciplinate agli artt. 146-*bis* e 147-*bis* disp. att. c.p.p. (pur interpolate dopo la loro introduzione[26]). Da un punto di vista sistematico le prescrizioni erano riservate alle disposizioni d'attuazione, ovvero rappresentavano ipotesi residuali di una disciplina, al tempo della sua introduzione, di esiguo rilievo[27]. Le fattispecie erano accomunate da una precisa *ratio* giustificativa, riconducibile all'interno dell'alveo della difesa dell'ordine pubblico.

Tale impostazione permetteva di individuare diverse categorie di soggetti la cui partecipazione, comunque, era controbilanciata da esigenze di pubblica sicurezza. Potevano partecipare attraverso videoconferenza unicamente: i soggetti detenuti per delitti di particolare gravità (individuati tramite il rinvio agli artt. 51, comma 3-*bis* e 407, comma 2, lett. *a*), n. 4, c.p.p.); i soggetti sottoposti a programmi di protezione (cc.dd. collaboratori di giustizia); infine, gli ufficiali e gli agenti sotto copertura.

Inoltre, ancora oggi non rileva tanto il "ruolo" processuale che questi ultimi assumono quanto il loro *status* all'interno del processo. Infatti, la partecipazione da remoto dei predetti è disposta sia che essi debbano parteciparvi come imputati del procedimento, sia che gli stessi debbano essere sentiti come testimoni.

Oltre ad un'elencazione tassativa dei soggetti interessati dalla disciplina, è prevista una c.d. "clausola aperta" (art. 146-*bis*, comma 1-*quater*, disp. att. c.p.p.) che coinvolge i detenuti a qualsiasi titolo, ai quali può essere imposta con decreto motivato da parte del Tribunale l'audizione telematica per esigenze di celerità e speditezza, comunque sorrette dalla necessità di garantire «*ragioni di sicurez-*

---

[26] Criticamente sull'estensione operata dalla l. 23 giugno 2017 (c.d. "Riforma Orlando") si veda M. DANIELE, *La partecipazione a distanza allargata*, in *Dir. pen. cont.*, 14 dicembre 2017, consultabile *online*.

[27] In maniera evocativa M. GIALUZ, *op. cit.*, pp. 21-22.

za». Questo modello consentiva ai soggetti ristretti in una determinata area circondariale di partecipare alle udienze davanti al Tribunale di un altro circondario. Benché vi sia, indubbiamente, un'indiretta conseguenza in termini di risparmio di mezzi e risorse umane in ragione della mancata traduzione dell'interessato nei luoghi dell'udienza, la base giustificatrice era (e rimane, per le categorie in esame) la tutela dell'ordine pubblico, mentre solo indirettamente si realizza un'accelerazione e un efficientamento delle attività processuali.

La ricostruzione trova conferma nel limite imposto dal legislatore alla facoltà per i soggetti coinvolti di richiedere la partecipazione in presenza[28]. Se da un lato l'interessato può sollecitare con istanza il Tribunale affinché «*ritenga necessario*» far presenziare il richiedente, da un altro lato, osta a tale valutazione l'ipotesi in cui il detenuto è sottoposto al regime previsto dall'art. 41-*bis* ord. pen.[29]. Nella logica del "doppio binario" processuale che distingue anche in punto di garanzie processuali tra delitti "ordinari" e delitti "gravi", si individuano diversi statuti partecipativi a seconda dello *status libertatis*, ovvero sulla scorta del regime penitenziario cui si è sottoposti.

Non v'è dubbio che, con riferimento ai soggetti in esecuzione di una pena detentiva, gli strumenti tecnici siano stati utilizzati per evitare possibili pregiudizi, in ragione della pericolosità del soggetto. Il bilanciamento effettuato dal legislatore per introdurre i primi "casi" di partecipazione a distanza ha riguardato il diritto a presenziare dell'imputato e l'esigenza del mantenimento dell'ordine pubblico[30].

A fortiori non stupisce che il regime partecipativo descritto sia stato esteso e utilizzato in specifici binari processuali, quali ad esempio il procedimento di prevenzione, il cui oggetto è la pericolosità sociale del proposto[31]. A tale proposito si ricorda che inizialmente la giurisprudenza aveva correttamente escluso l'estensione analogica della partecipazione distanziata per il procedimento di prevenzione, perché allora era prevista *expressis verbis* unicamente per il dibattimento finalizzato all'accertamento della responsabilità penale per taluni

---

[28] Si segnalano le considerazioni riguardo ai concetti di "presenza" e "partecipazione" svolte in C. CONTI, *op. cit.*, *passim*.

[29] Mettendo in luce le frizioni tra principio del contraddittorio e partecipazione "a distanza", distingue tra ipotesi facoltative e ipotesi obbligatorie, L. FILIPPI, *La "novella" penitenziaria del 2002: la proposta dell'Unione delle Camere penali e una "controriforma" che urta con la Costituzione e con la Convenzione europea*, in *Cass. pen.*, 2003, 1, p. 27.

[30] Tuttavia si segnala D. CURTOTTI NAPPI, *I collegamenti audiovisivi nel processo penale*, Giuffrè, Milano, 2006, pp. 373-380, in cui si leggono considerazioni tutt'ora attuali sulla «*ragione giustificatrice*» della normativa in esame.

[31] In argomento si vedano S. FÙRFARO, *Diritto processuale delle misure di prevenzione*, Giappichelli, Torino, 2022; F. MENDITTO, *Le misure di prevenzione personali e patrimoniali*, Giuffrè, Milano, 2019.

reati[32]. Si è reso necessario l'intervento del legislatore che, per adeguare le garanzie del processo di prevenzione sulla base delle sollecitazioni della Corte EDU, ha introdotto un sistema tale da garantire in ogni caso la partecipazione del proposto[33].

Di conseguenza, prima l'emergenza securitaria e successivamente l'emergenza sanitaria sono state le spinte motrici per l'adozione di un modello di giustizia da remoto il cui comune denominatore è, appunto, la situazione eccezionale che sollecita la previsione di modelli partecipativi derogatori a quello ordinario[34].

Al contrario, il regime ereditato dall'esperienza pandemica sembra teso a riportare "a sistema" lo svolgimento delle attività da remoto. Nella nuova normativa sono assenti esigenze di contenimento della pericolosità o di mantenimento del distanziamento sociale, individuate quali requisiti per l'attivazione delle modalità telematiche. Sulla base del consenso delle parti, invece, è oggi possibile prendere parte al compimento dei doveri procedimentali da remoto, questa volta per esigenze unicamente di carattere acceleratorio o di razionalizzazione delle risorse.

4. Uno sguardo d'insieme alla partecipazione a distanza: il principio di sussidiarietà

L'art. 8 del d.lgs. 10 ottobre 2022, n. 150 ha introdotto una disciplina generale, in apposito titolo (II-*bis*), all'interno del Libro II del codice dedicato agli atti del procedimento. Tale regolamentazione delinea un "modello generale" di esecuzione delle attività dal quale eventuali ipotesi speciali dovranno discostarsi solo in ragione di espresse previsioni derogatorie; al contrario, a tale modello verranno ricondotte tutte le ipotesi previste nel codice di rito penale, in assenza di ulteriori previsioni. Il modello in questione, quale statuto generale della partecipazione da remoto, è disciplinato dagli artt. 133-*bis* e 133-*ter* c.p.p.

---

[32] In questo senso Cass., Sez. VI, 8 febbraio 2000, n. 612, in *CED Cass.*, Rv. 216409.

[33] In dottrina per riflessioni sulle modifiche intervenute con la l. 17 ottobre 2017, n. 161 si rinvia a P. BRONZO, *La partecipazione del proposto al procedimento di prevenzione*, in F. CASSIBBA (a cura di), *Il codice antimafia riformato*, Giappichelli, Torino, 2019, pp. 140-141.

[34] Delle situazioni di emergenza quali stimoli per il legislatore nella previsione di ipotesi di partecipazione "virtuale" al procedimento si legge in A. BARGI, *Il nuovo volto del modello "Cartabia": riflessi sistematici sul procedimento probatorio della partecipazione a distanza e della ragionevole previsione di condanna, quale nuova regola di deflazione del dibattimento*, in *Arch. nuova proc. pen.*, 2022, 6, pp. 514-515.

La prima è una «*disposizione generale*»[35] con funzione circoscrivente del campo applicativo. Apparentemente, considerando il breve contenuto della norma, non vi è altro contenuto prescrittivo se non quello di indicare quali ipotesi devono soggiacere alle regole indicate dall'articolo successivo (art. 133-*ter* c.p.p.). In realtà, riprendendo una classificazione propria delle norme costituzionali, tale previsione ha in un certo senso carattere programmatico, poiché detta una disciplina di indirizzo che indica al futuro legislatore i binari entro cui regolamentare eventuali, successivi "casi" di partecipazione da remoto.

Una prima indicazione, in netta contrapposizione rispetto al precedente regime, riguarda l'individuazione di un modello unico valido per tutte le ipotesi, allo scopo di evitare la spiacevole situazione per cui era necessario richiamare, di volta in volta, le previsioni dinamiche degli artt. 146-*bis* e 147-*bis* disp. att. c.p.p. che, da norme "eccezionali" per tutelare l'ordine pubblico, fungevano da grimaldello per l'applicazione della telematica al processo penale. Oltretutto, in assenza di precise indicazioni era stata sollevata la questione del rapporto tra partecipazione a distanza e regime delle invalidità processuali. Infatti, ci si è interrogati sulla sussistenza e sulla natura del vizio che avrebbe colpito l'atto con il quale il giudice avesse disposto la trattazione da remoto in assenza di un'espressa previsione normativa. La giurisprudenza ha ricondotto all'interno della categoria delle nullità generali la disposizione della trattazione a distanza fuori dai casi previsti dalla legge, così escludendo l'applicazione analogica delle norme[36].

Occorre sottolineare che l'effetto positivo di delineare una disciplina sistematica per la produzione dell'atto processuale attraverso modalità telematiche era già stato evidenziato dai commentatori in sede di delega[37].

Inoltre, se la previsione all'interno delle disposizioni attuative era segno della relativa attenzione di cui godeva la disciplina, *a contrario* l'introduzione nel *corpus* normativo del codice di procedura penale, conferisce – anche solo sul piano simbolico – un significato nuovo rispetto alla disciplina precedente. Infatti, la c.d. *remote justice* diventa a tutti gli effetti una delle modalità con la quale è possibile partecipare al procedimento penale, svincolata da ragioni d'emergenza.

Un altro aspetto importante riguarda il rapporto tra disciplina generale e ipotesi speciali: attraverso l'inserimento di una clausola di riserva si prevede il «carattere sussidiario»[38] del modello generale. L'indicazione potrebbe essere un se-

---

[35] Così, letteralmente, la rubrica dell'art. 133-*bis* c.p.p.

[36] Cass., Sez. IV, 12 aprile 2018, n. 22039, in *CED Cass. pen.*, Rv. 272750-1, pronuncia nella quale la Corte ha ricondotto il vizio al regime giuridico delle nullità intermedie (art. 178, comma 1, lett. *c*), c.p.p.) con i conseguenti limiti di eccepibilità da parte dell'interessato.

[37] Si veda M. GIALUZ, J. DELLA TORRE, *Giustizia per nessuno*, cit., pp. 294-295.

[38] P. PORCU, *sub art. 133*-bis, in A. GIARDA-G. SPANGHER (a cura di), *Codice di procedura penale commentato*, VI ed., tomo I, Ipsoa, Milano, 2023, p. 2068.

gnale di apprezzabile lungimiranza. Infatti, oggi si è voluto prevedere un regime generale che potrà avere natura di statuto garantistico minimo, al quale ogni attività distanziata deve rifarsi, con la possibilità di specificazioni in ipotesi speciali. Eventuali interventi legislativi successivi potranno essere derogatori del modello generale, soltanto in ragione di un bilanciamento di interessi particolare in relazione alla singola attività da espletare che verrà regolamentata.

5. Le modalità attuative: il contraddittorio, la pubblicità e le garanzie indefettibili

La seconda disposizione che contribuisce a formare il modello generale di partecipazione a distanza è l'art. 133-*ter* c.p.p., che, da un lato, indica le modalità con le quali è possibile disporre e attivare la partecipazione da remoto e, da un altro lato, rappresenta lo statuto garantistico della *remote justice.*

Come ben noto, il protrarsi per lungo tempo dell'epidemia ha imposto una necessaria maggiore attenzione sulle regole previste per la partecipazione a distanza[39] le quali hanno subìto delle modifiche: basti ricordare il potere di opposizione del difensore[40] al compimento dell'atto a distanza, nelle ipotesi di presenza obbligata (art. 23, comma 2, d.l. n. 137/2020[41]).

Il legislatore, intenzionato a far entrare a pieno titolo la partecipazione a distanza tra il novero delle modalità ordinarie di partecipazione nei «*casi*» previsti, ha predisposto una disciplina generale. La finalità principale è quella di delineare i confini delle modalità attuative, di indicare le garanzie che devono trovare attuazione e, di conseguenza, le sanzioni processuali a protezione delle stesse. Si è evidenziato che la previsione si prefigge il difficile compito di mantenere insieme ipotesi eterogenee[42]: in parte, si introducono elementi nuovi, in altra parte, viene recepito quanto già previsto dagli artt. 146-*bis* e 147-*bis* disp. att. c.p.p.[43], in un'ottica di coordinamento delle previsioni, cercando di evitare inopportune sovrapposizioni.

---

[39] Per un'analisi completa sulle modalità utilizzate dagli uffici giudiziari v. S. NAPOLITANO, *Dall'udienza penale a distanza all'aula virtuale*, in *Sist. pen.*, 2020, 7, pp. 1-45.

[40] Sul punto, con favore, M. GIALUZ, J. DELLA TORRE, *D.L. 28 ottobre 2020, n. 137 e processo penale: sulla "giustizia virtuale" servono maggiore cura e consapevolezza*, in *Sist. pen.*, 9 novembre 2020.

[41] Ampiamente sulle previsioni della normativa in raffronto con il precedente regime si veda G. PESTELLI, *Le attività di indagine e di udienza "da remoto" nel c.d. Decreto ristori*, in *Dir. pen. e proc.*, 2021, 2, p. 160 ss.

[42] D. NEGRI, *op. cit.*, p. 469.

[43] UFFICIO DEL MASSIMARIO DELLA CASSAZIONE, *Relazione su novità normativa. La "riforma Cartabia"*, cit., p. 20.

In primo luogo, è necessario sottolineare il collegamento che sussiste tra nuove modalità partecipative e nuove forme di documentazione: infatti, il legislatore del 2022 ha reso obbligatoria la registrazione audiovisiva di ogni attività compiuta attraverso collegamento audiovisivo (art. 133-*ter*, comma 3, c.p.p.) e, secondo il principio di ottimizzazione delle risorse, ha permesso la successiva riproduzione "integrale" delle attività compiute.

La partecipazione all'udienza o al singolo atto da remoto è disposta dall'autorità giudiziaria con decreto motivato che viene notificato almeno tre giorni prima dell'attività da compiersi. Tuttavia, tale previsione riguarda solamente l'ipotesi in cui la partecipazione a distanza sia disposta per la prima volta nel procedimento; infatti in udienza l'autorità giudiziaria può dichiarare che si proceda con modalità distanziate nelle udienze successive, dandone conto nel verbale, senza che occorra apposita notificazione alle parti presenti.

Il regime unitario del termine di tre giorni precedenti all'attività per la notifica dello svolgimento delle attività con partecipazione da remoto è stato oggetto di valutazioni critiche da parte del legislatore. L'art. 2, comma 1, lett. *c*) del d.lgs. 19 marzo 2024, n. 31 differenzia dall'ipotesi generale i casi speciali d'urgenza, per i quali è consentito l'abbreviamento del termine. Tale contrazione temporale, tuttavia, è consentita a condizione che siano rispettate le facoltà difensive previste dall'art. 133-*ter*, comma 7, c.p.p.

L'interpolazione dell'art. 133-*ter*, comma 1, c.p.p. sottolinea il favore del legislatore verso la partecipazione agli atti di indagine a distanza: infatti, il termine perentorio, al mancato rispetto del quale è attualmente previsto che consegua l'impossibilità di partecipazione da remoto, impedirebbe nei casi di urgenza l'attivazione dei nuovi strumenti di *remote justice*. Al contrario, l'attuale disciplina è quella che segue il d.lgs. n. 31/2024 e permette di allargare le ipotesi nelle quali è consentita la partecipazione a distanza.

Oltretutto, la condizione indefettibile del rispetto delle «*facoltà difensive*», unitamente al regime della nullità previsto per il difetto di effettiva partecipazione delle parti o per mancata attuazione del contraddittorio, tutela in maniera incisiva il diritto di difesa anche nelle ipotesi "urgenti".

Alcuni commentatori hanno valutato negativamente l'assenza di un sistema di controllo sul provvedimento [44]; tuttavia, l'indicazione legislativa della motivazione quale elemento indefettibile dell'atto che dispone la partecipazione a distanza consente di far valere eventuali vizi della stessa, per il tramite dell'art. 125, comma 3, c.p.p. [45], con eventuale caducazione degli atti compiuti. Allo stes-

---

[44] D. NEGRI, *op. cit.*, p. 471.

[45] Di recente Cass., Sez. V, 21 giugno 2022, n. 34736, in *Cass. pen.*, 2023, I, p. 197; Cass., Sez. VI, 7 febbraio 2019, n. 14413, in *Il Penalista*, 31 maggio 2019.

so modo, la necessità della notificazione del provvedimento che dispone le modalità partecipative comporta l'applicabilità della disciplina generale in materia di vizi delle notificazioni, nel caso in cui la comunicazione sia stata omessa o sia stata non tempestiva. Inoltre, l'inserimento di un controllo sul merito, in assenza di vizi formali tutelati dai rimedi ordinari, potrebbe essere sovrabbondante dal momento che assume rilievo fondamentale il consenso dell'imputato o del difensore per l'intervento da remoto. Sembra altresì configurabile la possibilità di revocare il consenso alla partecipazione a distanza, con conseguente riespansione delle ordinarie regole partecipative "in presenza".

L'art. 133-*ter* c.p.p., inoltre, definisce in che cosa consiste la partecipazione a distanza, intesa come la realizzazione di un «*collegamento audiovisivo tra l'aula di udienza o l'ufficio giudiziario e il luogo in cui si trovano le persone*» che partecipano da remoto. In più, si prevedono le garanzie indefettibili che devono trovare attuazione e si descrivono le caratteristiche che tale collegamento deve avere. Consapevole delle complicazioni che possono derivare dalla regolamentazione delle tecnologie, in ragione della rapida evoluzione delle stesse (basti pensare alla rivoluzione avvenuta, in materia di notificazioni), il legislatore ha preferito tracciare i confini delle modalità attuative, senza individuare lo strumento col quale realizzarle. Gli elementi indefettibili sono «*la reciproca visibilità delle persone presenti nei diversi luoghi*» e «*la possibilità per ciascuna di esse di udire quanto viene detto dalle altre*». Peraltro, queste modalità devono essere effettive, in maniera tale da agevolare il contraddittorio e l'effettiva partecipazione. È evidente che sull'idoneità e sull'effettività in concreto degli strumenti tecnici verrà svolto un controllo di tipo casistico di volta in volta. Tuttavia, al fine di evitare surrettizie compressioni delle garanzie fondamentali, il legislatore sanziona con la nullità il mancato rispetto delle previsioni.

Si è affermato che la disciplina in esame deve tener conto anche della funzione sociale del procedimento[46]. La norma «*assicura*» la pubblicità degli atti compiuti a distanza, con ovvia limitazione agli atti che sono pubblici e conseguente esclusione degli atti d'indagine segreti. Così, se da un lato la despazializzazione distanzia le parti private dall'autorità giudiziaria, altrettanto non avviene nei confronti della comunità che non solo può partecipare in presenza all'udienza, ma deve essere messa in condizione di vedere e sentire coloro che partecipano da remoto[47].

Viene in rilievo, peraltro, un'attenta regolamentazione dei locali dai quali collegarsi: devono essere idonei ad assicurare l'effettiva realizzazione delle ga-

---

[46] Sul punto, G. GIOSTRA, *Prima lezione sulla giustizia penale*, Laterza, Roma-Bari, 2020, pp. 24-28.

[47] P. PORCU, sub. *art. 133*-ter, in A. GIARDA, G. SPANGHER (a cura di), *Codice di procedura penale commentato*, cit., p. 2075.

ranzie illustrate. L'estensione giuridica dell'aula d'udienza comporta una soggezione di tutti soggetti alle specifiche regole previste dal codice di rito per l'udienza. Ad esempio, il giudice può esercitare i propri poteri coercitivi anche per mezzo della forza pubblica (art. 470, comma 2, c.p.p.), il pubblico ministero potrà godere della piena autonomia da qualsiasi ingerenza durante lo svolgimento dell'udienza (art. 53 c.p.p.), ma soprattutto saranno applicabili tutte relative ipotesi sanzionatorie (es. art. 343 c.p.p.).

Secondo il modello generale suggerito dal legislatore, gli interessati partecipano a distanza, collegati dagli uffici giudiziari o dalle sezioni di polizia giudiziaria; tuttavia, tale disposizione ha carattere sussidiario dal momento che sono previste numerose deroghe.

I soggetti detenuti (a titolo definitivo o cautelare), fermati o arrestati, partecipano dal luogo in cui si trovano, mentre i difensori possono partecipare dal proprio studio; peraltro, l'autorità giudiziaria ha il potere di autorizzare l'intervento da luoghi diversi, su richiesta delle parti.

Al fine di garantire il diritto di difesa, al difensore sono riconosciute due facoltà: la prima è quella di poter partecipare dal medesimo luogo nel quale si trova l'assistito e la seconda consiste nella possibilità di comunicare con lo stesso in maniera riservata, anche nell'eventualità in cui tale comunicazione debba avvenire con strumenti tecnici, perché difensore e assistito partecipano da luoghi differenti.

Infine, assume rilievo per la corretta attuazione del modello in esame la figura dell'«*ausiliario*» dell'autorità giudiziaria, il quale ha il compito, da un lato, di accertare l'identità del soggetto che partecipa da remoto e, da un altro lato, di verificare l'idoneità dei luoghi dai quali si interviene, sia in termini tecnici (funzionamento della strumentazione) sia in termini garantistici («*sussistenza di impedimenti o limitazioni all'esercizio dei diritti e delle facoltà spettanti*»). Di tutto ciò si dà conto in un apposito verbale che deve essere allegato al verbale dell'atto d'indagine compiuto o al verbale d'udienza. L'incarico potrà essere assunto, su delega dell'autorità giudiziaria procedente, da un funzionario presso l'ufficio giudiziario ovvero da un ufficiale di polizia giudiziaria; tuttavia, si prevedono ipotesi di incompatibilità, in ragione del precedente svolgimento, da parte di questi ultimi, di atti di indagine o di protezione nei confronti dell'interessato.

6. L'oggetto della c.d. "*remote justice*": in particolare, gli atti di indagine a distanza

La giustizia da remoto ha esteso l'oggetto del proprio campo applicativo. Appare opportuna la formulazione dell'art. 133-*bis* c.p.p. che contrappone «*il com-*

pimento di un atto» alla «*celebrazione di un'udienza*». Quello che potrebbe sembrare un eccesso di specificazione, perché con il concetto di "atto" ben si sarebbe potuto intendere anche la partecipazione alle udienze (se inteso come "attività"), è in realtà l'indicazione più rilevante del legislatore. Si distinguono i concetti di "partecipazione" e di "compimento", al fine di estendere la nuova disciplina non solo alle attività processuali, ma anche agli atti d'indagine e a qualsiasi attività pre-processuale.

L'attività d'indagine da remoto non rappresenta un *novum* nel nostro ordinamento giuridico: tuttavia, lo è la sua previsione quale modalità ordinaria di svolgimento degli adempimenti. Infatti, la tragica esperienza della pandemia aveva obbligato il legislatore ad introdurre un'embrionale regolamentazione[48] per il compimento degli atti di indagine a distanza, in seguito ad un bilanciamento tra valori costituzionali: da un lato, l'obbligo di esercizio dell'azione penale (art. 112 Cost.) e, da un altro lato, il diritto alla salute previsto dall'art. 32 Cost. Tuttavia, la grande novità, anche in questo caso, è la possibilità – fuori da ragioni d'emergenza – di realizzare da remoto il compimento di atti da parte del pubblico ministero o dalla polizia giudiziaria, delegata, in fase investigativa[49]. Questo perché la partecipazione distanziata "dibattimentale", benché limitata alle ipotesi sopra indicate, era già ampiamente sperimentata da un punto di vista tecnico, pur con tutte le criticità che ne derivavano.

Per completezza si elencano di seguito le ipotesi per le quali è stato espressamente previsto il regime di partecipazione a distanza, al fine di soffermarsi successivamente sui casi inerenti alla fase delle indagini preliminari.

Tra i casi di partecipazione alle udienze "da remoto" introdotti dalla Riforma Cartabia si annoverano: l'audizione del detenuto, nelle udienze da tenersi in camera di consiglio (art. 127, comma 3, c.p.p.), l'intervento dell'imputato e del suo difensore all'udienza di convalida dell'arresto o del fermo (art. 391, comma 1, c.p.p.), la partecipazione del testimone, del perito, del consulente tecnico, dell'imputato in un procedimento connesso (art. 496, comma 2-*bis*, c.p.p.), la partecipazione degli stessi soggetti nei casi di integrazione probatoria in udienza preliminare (art. 422, comma 2, c.p.p.) oppure nel giudizio celebrato con rito abbreviato (art. 441, comma 5, c.p.p.), l'intervento dell'interessato e del suo difensore a procedimento d'esecuzione (art. 666, comma 4, c.p.p.), ovvero al procedimento di estradizione (art. 712, comma 2, c.p.p.).

---

[48] Art. 83, comma 12-*quater*, d.l. 17 marzo 2020, n. 18 (conv. dalla l. 24 aprile 2020, n. 27).

[49] Ufficio del Massimario della Cassazione, *Relazione su novità normativa. La "riforma Cartabia"*, cit., p. 21.

6.1. Gli interrogatori "a distanza"

Tra gli atti investigativi più rilevanti si consideri ora l'interrogatorio: è l'atto con il quale imputato e inquirente entrano in relazione all'interno delle indagini preliminari. In altri termini, si tratta del contributo euristico delle dichiarazioni dell'indagato e delle modalità con le quali possono essere raccolte; di conseguenza, l'atto, già di per sé polifunzionale[50], assume connotazioni diverse a seconda del soggetto che raccoglie le dichiarazioni di scienza o del momento processuale all'interno del quale l'atto stesso viene compiuto[51]. Per tali ragioni, benché sia prevista una disciplina generale, è possibile parlare di "interrogatori", le cui diverse specifiche discipline sono state interpolate dal legislatore della riforma, per consentire il compimento dell'atto da remoto.

Un primo intervento attiene alle misure cautelari (art. 294 c.p.p.). Come è noto, una volta accolta da parte del giudice per le indagini preliminari la richiesta del pubblico ministero di applicazione della misura cautelare coercitiva o interdittiva, si apre una seconda fase[52] del procedimento cautelare. In particolare, si instaura un confronto tra il giudice e l'indagato, i cui diritti di libertà sono stati compressi per esigenze di tutela del procedimento. Si tratta di un'attività che fisiologicamente ha la sua sede naturale all'interno della fase delle indagini preliminari e, pur non essendo propriamente un atto di indagine, dal momento che la *ratio* di tale interrogatorio è l'esercizio delle facoltà difensive[53], oltre al fatto che ben possa celebrarsi in altri momenti processuali, si ritiene per queste ragioni assimilabile all'interno della più ampia categoria degli atti delle indagini[54].

La materia non ha subito sostanziali modifiche con la Riforma Cartabia poiché il legislatore del 2022 ha recepito le prescrizioni introdotte in epoca emergenziale dall'art. 23, comma 2, d.l. 28 ottobre 2020, n. 137; tuttavia, è possibile

---

[50] P. TONINI-C. CONTI, *op. cit.*, p. 608: per gli Autori, l'atto esplica una funzione di garanzia e una funzione probatoria.

[51] In particolare, F. GIUNCHEDI, voce *L'interrogatorio*, in *Dig. disc. pen.*, II, Utet, Torino, 2004, p. 483 ss. in cui l'Autore sottolinea che l'atto «introduce nel procedimento un patrimonio gnoseologico che arricchisce il panorama investigativo durante le indagini ed il quadro probatorio in sede d'esame».

[52] Così, in dottrina, P. TONINI-C. CONTI, *op. cit.*, p. 498.

[53] In questo senso, quale giustificazione della nomenclatura di interrogatorio "di garanzia" A. A. DALIA-M. FERRAIOLI, *Manuale di diritto processuale penale*, X ed., Cedam, Padova, 2018, pp. 328-329.

[54] In particolare, si voglia ritenere atto di indagine, quell'atto investigativo finalizzato al compimento delle attività necessarie per l'esercizio dell'azione penale da parte del pubblico ministero, mentre si ritenga atto delle indagini, quell'insieme più ampio di attività che vengono svolte all'interno della fase delle indagini preliminari, per questo impropriamente, ma comunque fisiologicamente, ad esse riferite.

evidenziare alcune interpolazioni che esprimono le logiche innovatrici perseguite dal legislatore. La citata disposizione autorizzava «*il pubblico ministero e la polizia giudiziaria*» a compiere attività attraverso collegamenti da remoto «*nel corso delle indagini preliminari*», tra le quali era ricompreso «*l'interrogatorio di cui all'art. 294*». Il regime pandemico prevedeva una facoltà di opposizione al decreto dell'autorità giudiziaria da parte del difensore dell'imputato alla quale conseguiva l'impossibilità di procedere a distanza, dal momento che per l'interrogatorio *de quo* la presenza del difensore dell'imputato (differentemente a quanto previsto per il pubblico ministero) è indefettibile[55].

Le indicazioni introdotte dalla Riforma Cartabia differiscono in parte da tale schema: infatti, il nuovo testo dell'art. 294 c.p.p. prevede che il giudice possa dare autorizzazione alla partecipazione a distanza della persona sottoposta a misura cautelare e del difensore «*che ne facciano richiesta*» (art. 294, comma 4, c.p.p.). È evidente la diversa distribuzione della facoltà di attivazione, in assenza di una sostanziale differenza di risultato. Infatti, da uno schema che rimetteva all'autorità giudiziaria la valutazione sui presupposti per il compimento dell'attività attraverso modalità a distanza, con conseguente opposizione da parte del difensore, prima di un confronto con gli interessati, si passa ad un regime che posticipa la decisione sulla base delle esigenze difensive. Secondo il nuovo dettato del comma 4 dell'art. 294 c.p.p., sono l'interessato o il difensore a compiere la valutazione sulle modalità con le quali partecipare all'interrogatorio di garanzia e ne chiederanno la disposizione attraverso una richiesta rivolta al giudice, che potrà, successivamente, «*autorizzare*».

Anche le voci più critiche[56] hanno evidenziato come tale previsione debba essere accolta con favore[57] perché permette ai soggetti *in vinculis* di confrontarsi direttamente con il giudice che ha emesso l'ordinanza cautelare, anche nelle ipotesi in cui essi si trovino in circondari differenti: invece, il regime precedente prevedeva la possibilità che l'audizione del destinatario dell'ordinanza cautelare potesse essere svolta da un giudice delegato all'interno del circondario in cui si trovasse l'indagato. L'eventualità che il giudice che ha deciso sulla misura e quello che compie l'interrogatorio di garanzia siano persone fisiche diverse non è stata eliminata, ma ridotta ad ipotesi ragionevolmente residuali ossia ai casi in cui il giudice «*non ritenga di procedere personalmente e non sia possibile provvedere ai sensi del terzo periodo del comma 4*» (art. 294, comma 5, c.p.p.).

---

[55] M. Montagna, *sub art. 294*, in A. Giarda-G. Spangher (a cura di), *Codice di procedura penale commentato*, VI ed., tomo II, Ipsoa, Milano, 2023, p. 423.

[56] D. Negri, *op. cit.*, pp. 480-481.

[57] Ufficio del Massimario della Cassazione, *Relazione su novità normativa. La "riforma Cartabia"*, cit., p. 23.

Tuttavia, se il modello generale di partecipazione a distanza prevede l'impossibilità per il giudice e il pubblico ministero di partecipare da remoto, sembra doversi concludere che il pubblico ministero che decida di partecipare all'interrogatorio di garanzia debba necessariamente – in caso di accoglimento allo svolgimento dell'atto da remoto – partecipare dal medesimo luogo in cui si trova il giudice che conduce l'attività, non essendo in proposito previsto nulla, ma non potendo egli partecipare a distanza.

Infine, il legislatore è intervenuto anche sulle modalità di documentazione delle attività, imponendo la registrazione audiovisiva per tutte le attività che si svolgono a distanza (artt. 133-*ter*, comma 3 e 294, comma 6-*bis*, c.p.p.). In altri termini, la registrazione audiovisiva è subordinata alla sussistenza dei mezzi idonei; viceversa, l'idoneità degli stessi è presunta nei casi in cui viene disposta la partecipazione a distanza, la cui documentazione "moderna" e "ottimizzata" [58] diventa appunto obbligatoria. Conseguentemente, la videoregistrazione diviene obbligatoria e acquista maggior vigore rispetto alle novità introdotte dalla riforma in materia di documentazione degli atti in presenza; in quella sede, infatti, le registrazioni audiovisive sono state introdotte in maniera "debole" a causa della non obbligatorietà dell'utilizzo di questa modalità e della subordinazione della stessa alla presenza di strumenti tecnici idonei.

Inoltre, la vicenda cautelare è interessata dalla disciplina della partecipazione da remoto anche in sede d'impugnazione, dal momento che l'art. 309, comma 8-*bis*, c.p.p. prevede che il giudice possa disporre l'intervento dell'indagato attraverso il video collegamento, purché vi sia il consenso dell'interessato. Al contrario, la legge sembra escludere tale facoltà per il pubblico ministero, nonostante possa comunque presenziare il magistrato «*che ha richiesto l'applicazione della misura [...] in luogo del pubblico ministero presso il tribunale indicato nel comma 7*».

Con riferimento ad un'altra tipologia di interrogatorio, all'infuori della vicenda cautelare, all'art. 370, comma 1-*bis*, c.p.p. si introduce la possibilità sia per il pubblico ministero, sia per la polizia giudiziaria da questo delegata di effettuare l'interrogatorio dell'indagato a distanza. L'eventualità è in ogni caso subordinata al consenso dell'interrogato o del suo difensore. In questo caso, il provvedimento con il quale si dispone l'attività da remoto è emanato dal pubblico ministero, secondo quanto previsto dall'art. 133-*ter* c.p.p. Perciò, l'interrogatorio dell'indagato libero, se effettuato con tali modalità, è in ogni caso videoregistrato. Il regime di documentazione "rafforzata" permette una sostanzia-

---

[58] C. BONZANO, *Nuove norme in tema di documentazione di atti di indagine a contenuto dichiarativo*, in *Dir. pen. e proc.*, 2023, 1, p. 132: secondo l'Autore le modifiche «ambiscono evidentemente a modernizzare le modalità esecutive ed ottimizzarne la portata dimostrativa».

le equiparazione in punto di garanzie nella documentazione tra imputato libero e imputato detenuto (art. 141-*bis* c.p.p.).

In questa prospettiva è apprezzabile, altresì, la modifica del comma 3 della disposizione in esame, in quanto impone un onere procedimentale a carico del pubblico ministero nelle ipotesi in cui l'interrogatorio deve essere svolto presso un diverso circondario. La delega al diverso ufficio di procura potrà essere disposta solo qualora il delegante non ritenga di «*provvedere ai sensi del comma 1*-bis». Tale previsione riduce il possibile scollamento tra procedimento e magistrato affidatario del fascicolo: l'interrogatorio compiuto a distanza elimina l'ostacolo dell'intervallo spaziale ed evita che l'atto possa essere materialmente eseguito da un diverso pubblico ministero del circondario in cui si trova l'interessato. Ovviamente, il mancato consenso da parte dell'imputato (o del suo difensore) non osterebbe al precedente meccanismo della delega tra i diversi uffici delle procure.

Infine, si consideri un'altra ipotesi di interrogatorio attinente alle procedure di estradizione, in materia di coordinamento tra autorità straniere. L'art. 736 c.p.p., prevede la possibilità di adottare misure coercitive nell'esecuzione di un provvedimento adottato dall'autorità straniera a carico del condannato che si trovi nel territorio nazionale. In quest'ipotesi, l'autorità giudiziaria non solo provvede all'identificazione, ma predispone anche l'audizione del condannato: alla quale potranno partecipare a distanza, su richiesta, l'interessato e il difensore (art. 717, comma 2, c.p.p.).

6.2. Assunzione di sommarie informazioni dell'indagato da parte della polizia giudiziaria

Occorre ora considerare un altro atto d'indagine, ossia la raccolta di informazioni da parte della polizia giudiziaria dalla persona sottoposta alle indagini preliminari. L'art. 350 c.p.p. prevede tre diverse modalità esecutive: l'assunzione del contributo conoscitivo tramite domande (commi 1-4, c.d. "quasi-interrogatorio" [59]), la raccolta di informazioni nell'immediatezza o sul luogo del fatto (commi 5-6) e l'assunzione di informazioni attraverso la ricezione di spontanee dichiarazioni su iniziativa dell'indagato stesso (comma 7). La fattispecie di interesse, in quanto toccata parzialmente dal processo di digitalizzazione, è la prima. In breve, sono identificati determinati requisiti per la sua realizzazione: l'indagato non deve essere sottoposto a misura restrittiva delle libertà personali, deve

---

[59] F. CORDERO, *Codice di procedura penale commentato*, Utet, Torino, 1992, p. 418; per approfondimenti sui *deficit* di garanzia relativi a tale fattispecie si veda A. SANNA, *L'interrogatorio e l'esame dell'imputato nei procedimenti connessi. Alla luce del giusto processo*, Giuffrè, Milano, 2007, p. 103 ss.

essere necessariamente assistito da un difensore[60] e all'atto deve procedere un ufficiale di polizia giudiziaria.

Il legislatore ha inserito all'art. 350 c.p.p. il nuovo comma 4-*bis* in forza del quale, previo consenso dell'indagato o del difensore, «*il pubblico ministero, su richiesta della polizia giudiziaria, può autorizzare lo svolgimento dell'atto a distanza*». Pur ricalcando il modello generale per cui ogni attività è subordinata al consenso dell'interessato, il richiedente è la polizia giudiziaria, ma la valutazione sulla possibilità per indagato e difensore di partecipare a distanza è, in questo caso, rimessa al pubblico ministero. La scelta è comprensibile, in ragione della funzione di *dominus* dell'indagine che ricade sul pubblico ministero.

Non sono previste ulteriori regole, dal momento che viene effettuato un integrale richiamo alle disposizioni generali dell'art. 133-*ter* c.p.p. per il rispetto delle garanzie indefettibili dianzi evidenziate. In virtù di tale richiamo, peraltro, diventa obbligatoria la documentazione attraverso registrazione audiovisiva nelle ipotesi di partecipazione a distanza.

La novità non sembra aprire a particolari profili di criticità, per la forte disciplina garantistica che copre la posizione dell'indagato e delle sue dichiarazioni, in virtù delle declinazioni di disciplina del principio del *nemo tenetur se detegere*. Tale riflessione è indotta dalla disciplina dell'istituto in esame: infatti, può essere invitato a fornire informazioni solamente l'indagato libero, con la partecipazione necessaria del difensore e, peraltro, non sono previsti poteri coercitivi in capo alla polizia giudiziaria in caso di rifiuto, a differenza dell'"omologo" istituto dell'interrogatorio. In assenza di particolari scansioni temporali, si auspica la predisposizione di "buone prassi" da parte degli uffici giudiziari e della polizia giudiziaria. In altri termini, dovrebbero instaurarsi meccanismi funzionali ad un rapido contatto tra manifestazione di volontà dell'interessato e decisione dell'autorità giudiziaria, affinché la possibilità di procedere da remoto, finalizzata alla riduzione dei tempi processuali, non finisca per costituire, paradossalmente, una possibilità per una dilatazione temporale in ragione degli oneri formali richiesti.

6.3. Gli accertamenti tecnici irripetibili del pubblico ministero

Il legislatore ha delineato una rilevante ulteriore ipotesi di *remote justice* con riferimento all'accertamento tecnico irripetibile, al quale possono partecipare, tanto al conferimento dell'incarico quanto al compimento delle operazioni, l'indagato, la persona offesa, i difensori e i consulenti tecnici.

---

[60] Infatti, il difensore deve essere tempestivamente essere avvisato e ha l'obbligo di presentarsi (comma 3), altrimenti in difetto deve essere nominato un difensore d'ufficio immediatamente reperibile *ex* art. 97, comma 4, c.p.p.

Occorre distinguere i differenti momenti procedimentali in ragione dell'importante rilievo sul piano probatorio dell'attività in esame[61]. Infatti, benché non si rilevino particolari problemi specifici in relazione al conferimento dell'incarico, all'infuori delle problematiche illustrate precedentemente che riguardano l'utilizzo degli strumenti tecnici indipendentemente dalla specificità dell'atto da compiersi, altrettanto non può dirsi con riferimento al compimento delle operazioni[62].

L'accertamento è per definizione "tecnico", ossia richiede competenze di specifico carattere tecnico, artistico o scientifico che superano la conoscenza dell'autorità giudiziaria. L'introduzione di tali conoscenze nel procedimento si concretizza in operazioni tecniche che per loro natura mal si conciliano con l'essere osservati a distanza[63]. Inoltre, lo statuto garantistico dell'art. 133-*ter* c.p.p. per queste ipotesi potrebbe rivelarsi insufficiente, perché l'assicurata presenza potrebbe far risultare ineffettiva la partecipazione. Infatti, in assenza della possibilità di osservare bene le operazioni in corso di svolgimento, l'elemento partecipativo verrebbe degradato a mera presenza, con conseguente difficoltà per i consulenti tecnici e i difensori che assistono di formulare osservazioni e riserve. Oltretutto, tale prospettiva problematica si coglie maggiormente se si considera la natura irripetibile dell'attività da svolgersi. Tuttavia, su richiesta dei soggetti aventi diritto, attraverso l'attivazione dello schema di partecipazione a distanza, sarà possibile garantire la documentazione rafforzata (ossia la videoregistrazione delle operazioni) altrimenti non obbligatoria[64].

A questa considerazione potrebbe obiettarsi che l'attivazione delle modalità di partecipazione a distanza onera l'autorità procedente al rispetto di tutte le garanzie previste per preservare la genuinità delle operazioni svolte; infatti, eventuali vizi concernenti le garanzie partecipative, tutelate con la nullità, potrebbero riverberarsi sulla validità del risultato, con conseguente impossibilità di sentire sul merito, in dibattimento, il consulente tecnico del pubblico ministero[65]. Peraltro, ci si interroga sull'esistenza di uno spazio di tutela per l'eccezione tempestiva dell'indagato o del suo difensore che dovesse eccepire, durante lo svolgimento delle attività, l'impossibilità di partecipare "correttamente" per insufficien-

---

[61] P. TONINI-C. CONTI, *op. cit.*, p. 613; A. SCALFATI, *Gli accertamenti tecnici dell'accusa*, in *Ind. pen.*, 1992, pp. 144-145.

[62] Solleva talune perplessità, D. NEGRI, *op. cit.*, pp. 482-483.

[63] Per una casistica recente, ma comunque significativa si v. Cass., Sez. II, 17 gennaio 2023, n. 7349, in *CED Cass. pen.*, Rv. 284195; Cass., Sez. IV, 17 luglio 2019, n. 38583, in *CED. Cass. pen.*, Rv. 277188.

[64] Criticamente sul punto, B. GALGANI, *Digitalizzazione e processo penale: riflessioni sul dover essere di una nuova "cartografia"*, in *disCrimen*, 3 giugno 2021, p. 12.

[65] Cass., Sez. IV, 25 marzo 2021, n. 20387, in *CED. Cass. pen.*, Rv. 281242.

za degli strumenti tecnici. Si prospettano due soluzioni che hanno entrambe profili di criticità. Secondo una prima impostazione, la previsione legislativa potrebbe subire una flessione applicativa qualora l'autorità giudiziaria preventivamente, al fine di evitare la dispersione dell'elemento di prova, non acconsentisse alla partecipazione da remoto. Una seconda esegesi, una volta disposta l'esecuzione a distanza delle attività *ex* art. 360 c.p.p., ritiene che non sarebbe consentita alcuna critica relativa alla qualità della visione legata alla modalità di partecipazione, con pregiudizio dei diritti dell'indagato che ha deciso di parteciparvi.

7. Rilievi conclusivi

Con le riflessioni finora svolte si è tentato di evidenziare la linea di fondo che ha caratterizzato le modifiche introdotte dalla Riforma Cartabia. Infatti, le singole scelte della disciplina analizzata sono legate agli obiettivi della riforma, riconducibili al binomio "riduzione del carico procedimentale e efficientamento dei procedimenti".

Il traguardo richiamato è auspicabile in ogni progettazione dei modelli procedimentali, perché risponde all'esigenza organizzativa, cristallizzata nel dettato costituzionale, del buon andamento della pubblica amministrazione (art. 97 Cost.) e, inoltre, assicura l'attuazione della celebrazione del processo in tempi ragionevoli (art. 111, comma 2, Cost. e art. 6, § 1, Cedu).

Se questo è il fine del legislatore, gli strumenti di telecomunicazione appaiono idonei alla realizzazione stesso. Il legislatore ha preso atto delle potenzialità acceleratorie e delle capacità operative degli strumenti tecnologici che permettono il superamento di ostacoli fisici. Tuttavia, il dato non è "neutro" sul piano valoriale[66], dal momento che occorre effettuare un costante bilanciamento tra gli interessi che vengono in rilievo, ossia predisporre i mezzi per l'accelerazione dei tempi processuali, purché non vi siano compressioni dei diritti partecipativi in capo ai soggetti coinvolti.

Si è cerato di evidenziare il *novum* rispetto alle precedenti previsioni. L'idea di innovare il processo penale con spinta propulsiva verso la modernizzazione dello stesso era già presente da tempo negli intenti del legislatore[67]; tuttavia è innegabile che l'introduzione di una regolamentazione per il compimento di atti di indagine "telematici" sia stata mossa da obblighi di mantenimento del distanziamento sociale. Ebbene, anche con riguardo alla partecipazione a distanza

---

[66] Cfr. D. NEGRI, *op. cit.*, p. 471.

[67] La considerazione è riscontrabile in G. PESTELLI, *op. cit.*, *passim*.

l'emergenza e la relativa legislazione sono servite quale banco di prova empirico per la successiva regolamentazione "ordinaria".

E allora, si è visto che l'innovazione risiede nella diversa *ratio* che giustifica un regime generale di attività investigativa distanziata, non più per rispondere ad un'emergenza contingente, ma per rispondere ad un'esigenza di celerità ed efficienza, immanente. L'attività da remoto diviene lo strumento necessario per accelerare i tempi della giustizia e non una modalità "straordinaria" per superare un "ostacolo" eccezionale.

A questo punto, però, occorre chiedersi se è costituzionalmente e convenzionalmente sostenibile lo schema previsto dal legislatore in materia. Gli interessi in gioco sono molteplici e riguardano fondamentali garanzie processuali: tra tutti, l'intervento dell'indagato (anche per il tramite del difensore) nel procedimento e, di conseguenza, l'espletamento del diritto di difesa.

Le modifiche in questione, inoltre, sono strettamente legate agli interventi infrastrutturali, necessari per dotare gli uffici giudiziari delle strumentazioni tecnologiche idonee, altrimenti qualsiasi riflessione sul piano giuridico sarebbe vana in ragione dell'insufficienza tecnica dei mezzi. L'evoluzione digitale della pubblica amministrazione è una costante delle recenti legislature[68] e oggi assume un carattere preminente, in ragione anche della disponibilità di consistenti risorse economiche, derivanti dal PNRR.

Lo schema predisposto dal legislatore ha il pregio di salvaguardare, nei differenti casi interessati, il rispetto del principio del contraddittorio; inoltre, attraverso il richiamo all'effettività del collegamento a distanza, funzionale a garantire la comunicazione tra i soggetti interessati, avvicina la nuova modalità di partecipazione dell'indagato e del difensore alla tradizionale partecipazione in presenza.

Inoltre, la subordinazione della partecipazione a distanza al consenso dell'indagato consente a quest'ultimo, anche per il tramite del proprio difensore, di svolgere la valutazione sull'opportunità di partecipare "da remoto". Il legislatore ha correttamente concesso una facoltà processuale in capo all'indagato, attribuendo al medesimo la possibilità di valutare l'interesse prevalente. D'altro canto, la partecipazione (o meglio, la presenza) alle attività del procedimento viene degradata a diritto dispositivo e, entro un'ottica pubblicistica, si può obiettare che possa aprire, in alcuni casi, ad atteggiamenti di tipo passivo che allontanano l'indagato dal procedimento nella fase iniziale dello stesso. Potrebbero ritenersi superate, altresì, le obiezioni inerenti alla compressione del diritto di difesa dato che la legge si premura di garantire la compresenza nel medesimo luogo fisico

---

[68] Tra gli ultimi atti, a titolo esemplificativo, si riportano, *Il piano triennale per l'informatica (PT), aggiornato al 2022-2024* (adottato con d.P.C.M. 22 dicembre 2022), consultabile all'indirizzo *online*, *https://www.agid.gov.it* e, a livello europeo, il *Piano d'azione 2019-2023 per la giustizia elettronica europea*, 2019/C-96/05, consultabile *online* all'indirizzo *https://eur-lex.europa.eu.*

del difensore e dell'assistito; in alternativa, qualora la compresenza non venga richiesta, si deve concedere all'indagato la possibilità di comunicare in maniera riservata, anche durante le attività, con il proprio difensore. Pur con riferimento al potenziale onere economico che l'imputato dovrebbe essere tenuto a sopportare, non sembrano esservi più ostacoli, dal momento che rimangono a carico dello Stato i compensi dovuti all'ausiliario del difensore che assiste per garantire sia la presenza *in loco* che la presenza da remoto [69].

Da un punto di vista statistico, sembra che l'introduzione di tale modello potrebbe aumentare numericamente le ipotesi di partecipazione senza allontanare l'imputato dalle aule di giustizia, dal momento non sono stati rimodulati i casi di partecipazione in presenza in fase di indagine, mentre al contrario sono state aggiunte delle possibilità di partecipazione, attraverso lo strumento tecnico.

La maggiore frizione della nuova disciplina si ha con riferimento al principio di immediatezza [70], i cui fattori di crisi sono numerosi, ma che trovano vigore in materia di partecipazione distanziata. L'immediatezza è un rapporto che deve sussistere tra giudice e fonte di prova, si connota per le due componenti dell'*hic et nunc*, delle quali si ritiene superabile, sicuramente, la parte del "qui" e si è visto in che modo la videoconferenza despazializza la giustizia. Tuttavia, anche l'elemento dell'"ora" potrebbe essere ritenuto superato, poiché nel caso in cui vi sia stata la documentazione rafforzata delle prove dichiarative, allora il giudice potrà visionare nuovamente l'atto che si è compiuto.

È allora opportuna una distinzione classificatoria che differenzia la partecipazione ad atti d'indagine dalla partecipazione alle udienze. Sono ben note le differenze anche sul piano delle garanzie, derivate dalla diversa funzione assunta dalle fasi processuali. Pertanto, se molte perplessità si sono sollevate con riferimento alla partecipazione "dibattimentale" da remoto [71], perché sede dell'agone

[69] E.A.A. DEI-CAS, *op. cit.*, p. 18, in cui si indica l'eventualità secondo cui è oggetto di liquidazione per gli ammessi al patrocinio a spese dello stato, anche il difensore nominato, temporaneamente, per garantire la presenza della difesa tecnica in entrambi i luoghi.

[70] Per tutti R. ORLANDI, *Immediatezza ed efficienza nel processo penale*, in *Riv. dir. proc.*, 2021, 3, p. 807 ss., icasticamente l'Autore segnala che: «Il principio di immediatezza è una specificazione del principio di oralità, ha estensione più limitata e riguarda il rapporto fra organo giudicante e prova. Esso è volto ad assicurare che chi decide il merito della questione si formi il proprio convincimento in presenza delle parti, avvalendosi di fonti conoscitive qualificate e selezionate come migliori rispetto a possibili surrogati», e in particolare, per le presenti riflessioni, viene in gioco il principio di immediatezza in senso soggettivo; già riguardo alla messa in crisi del principio di immediatezza a causa della partecipazione a distanza O. MAZZA, *Immediatezza e crisi sanitaria*, in *Riv. it. proc. pen.*, 2021, 2, p. 473.

[71] In particolare, si veda G. ILLUMINATI, *Alla ricerca di un processo penale efficiente*, in *Riv. dir. proc.*, 2022, p. 1161, per cui: «Occorre sfuggire all'illusione tecnologica secondo cui l'immagine virtuale è realtà».

processuale, dove la fisicità assume innegabilmente un ruolo fondamentale, queste sembrano affievolirsi in relazione agli atti d'indagine.

Appare apprezzabile, ed è indice di un mutamento culturale in materia, la scelta legislativa di imporre la garanzia dell'integrità e della sicurezza della trasmissione dei dati informatici generati dalla videocomunicazione (art. 147-*quater* disp. att. c.p.p.) per evitare ogni pregiudizio alle indagini in caso di illegittima diffusione della notizia o del contenuto di atti segreti.

Infine, nonostante le potenziali preoccupazioni relative allo svolgersi di atti di indagine a distanza, si devono evidenziare alcuni aspetti positivi dell'intervento legislativo. Lo strumento della videoconferenza anche per l'acquisizione di contributi dichiarativi trovava già riconoscimento in materia di Ordine Europeo d'Indagine (OEI)[72], strumento per superare il meccanismo delle rogatorie e favorire la cooperazione in materia giudiziaria tra Stati membri dell'Unione europea nella raccolta del materiale probatorio. Vi è, infatti, una sovrapposizione tra le categorie dei soggetti che possono intervenire nel procedimento penale a distanza[73], previste dal codice di rito e dalla disciplina attuativa OEI. Si deve sottolineare che, attraverso la stabilizzazione dei casi di partecipazione da remoto nei procedimenti nazionali, indirettamente si valorizzano le previsioni adottate per la cooperazione giudiziaria europea. Infatti, proprio nel rapporto tra *lex loci* e *lex fori*, a seconda che si debba emettere o eseguire un OEI, la presenza di una disciplina generale e la tipizzazione delle ipotesi di partecipazione tramite videoconferenza[74] aumentano il grado di riconoscimento delle garanzie. Per l'attivazione di videoconferenze transnazionali troverà applicazione l'art. 133-*ter* c.p.p., nell'ipotesi di c.d. "procedura attiva", quale norma da rispettare nello Stato estero, e nell'ipotesi di c.d. "procedura passiva" quale controlimite[75] interno da far valere, perché statuto garantistico fondamentale dello Stato d'esecuzione.

In conclusione, le scelte legislative oggetto di riflessione aprono a nuovi scenari; peraltro, volendo spingersi oltre, si può prospettare un'espansione delle ipotesi di partecipazione da remoto. Una tendenza verso l'aumento dei casi di *remote justice* può essere ascritta ad un mutamento culturale relativo alle modalità di svolgimento del procedimento penale. Se sono evidenti le ragioni dell'in-

---

[72] Disciplinato dal d.lgs. 21 giugno 2017, attuativo della direttiva UE 2014/41.

[73] M. BOLOGNARI, *Le videoconferenze transnazionali nell'ordine europeo d'indagine*, in *Riv. dir. proc.*, 2022, 12, p. 513.

[74] Occorre sottolineare che la forte connotazione internazionale della partecipazione per il tramite di videoconferenze è testimoniata dagli artt. 726-*quinquies* e 726-*sexiex* c.p.p., introdotti dal d.lgs. 3 ottobre 2017, n. 149, per regolare i casi dell'audizione da parte di uno Stato estero di indagati, imputati, consulenti tecnici o periti che si trovano nel territorio italiano, ovvero dell'omologo 729-*quater* c.p.p. che riguarda l'intervento dall'estero davanti all'autorità giudiziaria italiana.

[75] R.E. KOSTORIS, *Ordine di investigazione europeo e diritti fondamentali*, in *Cass. pen.*, 2018, p. 1441.

troduzione degli strumenti tecnici quali mezzi per la partecipazione da remoto, nonché le loro potenzialità, occorre anche prendere atto delle problematiche connesse all'arretramento della spazialità nei diversi momenti procedimentali.

Tuttavia, in considerazione delle scelte del legislatore della riforma, e volgendo lo sguardo al futuro, appare più che mai opportuna ed auspicabile l'instaurazione di buone pratiche da parte di tutti gli operatori del diritto, per consentire il funzionamento dei nuovi modelli e, in parallelo, cogliere dall'esperienza eventuali distorsioni alle quali porre rimedio tramite eventuali, successivi interventi legislativi.

LA DOCUMENTAZIONE RAFFORZATA DI TALUNI ATTI

di Guido Sola

1. Premessa

Varata per efficientare la giustizia penale[1], la c.d. legge Cartabia[2] è stata certamente progettata anche per soddisfare ambizioni tecnologicamente avanzate[3].

Filtrando la riforma attraverso il prisma proprio della digitalizzazione[4], infatti, la stessa ha inteso marcare con forza il principio alla stregua del quale, nel-

---

[1] G.L. GATTA, *Riforma della giustizia penale: contesto, obiettivi e linee di fondo della "Legge Cartabia"*, in *https://www.sistemapenale.it/it/scheda/gatta-legge-2021-134-delega-riforma-giustizia-penale-cartabia*, p. 1.

[2] Complice altresì l'articolato proprio della Commissione Lattanzi. Così B. GALGANI, *Forme e garanzie nel prisma dell'innovazione tecnologica. Alla ricerca di un processo penale "virtuoso"*, Wolters Kluwer-Cedam, Milano-Padova, 2022, p. 317 ss.

[3] T. PADOVANI, *La "sottile linea rossa" della riforma condizionata dai nodi organizzativi*, in *Guida dir.*, 2021, 40, p. 65.

[4] G.L. GATTA, *op. cit.*, p. 3.

l'era di *internet*, il processo penale non può non essere sagomato a sua volta a partire dall'innovazione tecnologica che quotidianamente caratterizza le nostre vite[5].

Nell'espugnare per tale via anche quest'ultima cittadella analogica[6], peraltro, il legislatore ha inteso altresì ricollocare gli atti processuali nel perimetro proprio della nuova natività digitale[7] che contrassegna gli stessi[8], con ciò traslando il sistema verso nuove dimensioni informatiche che sembrerebbero essere state pensate per "durare"[9].

2. Una nuova, ordinaria, forma di documentazione degli atti

Se quanto precede è corretto, non deve allora stupire il fatto che, a mente del novellato art. 134, comma 1, c.p.p., alla documentazione degli atti si proceda e mediante verbale e mediante riproduzione audiovisiva o fonografica[10].

Inoltre, se per redigere i verbali[11] è possibile usare la stenotipia, altro strumento idoneo allo scopo[12] ovvero la scrittura manuale[13] (art. 134, comma 2,

---

[5] G.L. GATTA, *op. cit.*, p. 8.

[6] W. NOCERINO, *La riforma Cartabia in materia di processo penale telematico e la circolazione digitale degli atti*, in *https://rivista.camminodiritto.it/articolo.asp?id=8340*, p. 3.

[7] B. GALGANI, *Il processo penale in "ambiente" digitale: ragioni e (ragionevoli) speranze*, in *https://www.questionegiustizia.it/articolo/il-processo-penale-in-ambiente-digitale-ragioni-e-ragionevoli-speranze, passim.*

[8] «Completamente innovato *ex* art. 6 d.lgs. 10.10.2022, n. 150, l'attuale art. 110, se, da un lato, rappresenta il diretto portato di quanto stabilito dall'art. 1 c. 5 lett. a) ["prevedere" – è detto in quella sede – "che atti e documenti processuali possano essere formati e conservati in formato digitale, in modo che ne siano garantite l'autenticità, l'integrità, la leggibilità e, ove previsto dalla legge, la segretezza"], dall'altro lato e proprio su queste basi, individua nella modalità digitale la nuova modalità generale di formazione di tutti gli atti del procedimento». In questi termini, volendo, G. SOLA, *sub art. 110 c.p.p.*, in A. GIARDA-G. SPANGHER (a cura di), *Codice di procedura penale commentato*, VI ed., tomo I, Ipsoa, Milano, 2023, p. 1484.

[9] B. GALGANI, *Digitalizzazione e processo penale: riflessioni sul dover essere di una nuova "cartografia"* in *https://discrimen.it/digitalizzazione-e-processo-penale-riflessioni-sul-dover-essere-di-una-nuova-cartografia/, passim.*

[10] Ciò «nei casi previsti dalla legge».

[11] «[I]n forma integrale o riassuntiva».

[12] La parola «meccanico», che figurava nella precedente formulazione dell'art. 134 comma 2 c.p.p. («strumento meccanico»), è stata appunto sostituita dalle parole «idoneo allo scopo» dall'art. 9, comma 1, lett. *a*), n. 2, d.lgs. 10 ottobre 2022, n. 150.

[13] Ciò «in caso di impossibilità di ricorso a tali mezzi».

c.p.p.), la documentazione degli atti mediante riproduzione audiovisiva o fonografica è obbligatoria in due casi: allorquando il verbale è redatto in forma riassuntiva ovvero allorquando la redazione dello stesso in forma integrale è giudicata insufficiente (art. 134, comma 3, c.p.p.)[14].

Secondo Alcuni, così "restylizzando" l'art. 134 c.p.p., i novellatori non avrebbero aggiunto qui «niente di nuovo»[15]: la possibilità di riprodurre audiovisivamente o fonograficamente gli atti, infatti, era già prevista, in linea generale, dall'art. 139, comma 1, c.p.p.

Va, però, ribadito, in proposito, come, *in parte qua*, l'obiettivo della riforma fosse anche quello di allineare tra loro disciplina codicistica e innovazione tecnologica[16], implementando per tale via la qualità della documentazione degli atti[17].

Come affermato in sede di Relazione illustrativa, infatti, ciò che i novellatori hanno inteso fare è stato «porre mano al sistema di documentazione degli atti processuali, tenendo conto per un verso delle risorse tecniche oggi disponibili per una riproduzione non solo cartacea del relativo andamento, e per l'altro verso degli sviluppi della giurisprudenza e della stessa legislazione circa il minimo valore euristico esigibile per la valutazione di determinate prove (a partire da quelle dichiarative). Si è [così] preso atto [...] della diversa scansione stabilita in base alla funzione ed alle caratteristiche dei diversi adempimenti: massimo livello per le prove dichiarative e per gli interrogatori tenuti fuori udienza (quindi senza compresenza delle parti in contraddittorio), e dunque ricorso alla videoregistrazione, facendo salva la possibilità di eccettuare situazioni di indisponibilità dei mezzi necessari; livello intermedio per le sommarie informazioni (audio-

---

[14] «Viene dunque meno» – osserva F. PORCU, *Digitalizzazione degli atti, videoriprese e partecipazione a distanza*, in G. SPANGHER (a cura di), *La riforma Cartabia. Codice penale – Codice di procedura penale – Giustizia riparativa*, Pacini, Pisa, 2022, p. 105 – «il requisito, in precedenza stabilito con riferimento alla riproduzione audiovisiva, della assoluta indispensabilità della stessa». «Con riferimento a quest'ultima ipotesi» – osserva G. DUCOLI, *Registrazione audio e video*, in D. CASTRONUOVO-M. DONINI-E.M. MANCUSO-G. VARRASO (a cura di), *Riforma Cartabia. La nuova giustizia penale*, Wolters Kluwer-Cedam, Milano-Padova, 2023, p. 490 –, «occorre sottolineare l'assenza di qualsivoglia indicazione in ordine al soggetto deputato a valutare la sufficienza – o meno – della verbalizzazione integrale. Si potrebbe pensare – e pare la soluzione più plausibile – che a compiere tale valutazione sarà colui che procede al compimento dell'atto [...]. È chiarò però che una disposizione di tale tenore lascia le porte aperte a diverse interpretazioni, e, in ogni caso, grande spazio alla discrezionalità».

[15] G. DUCOLI, *op. cit.*, p. 488.

[16] Cfr. M. GIALUZ, *Per un processo penale più efficiente e giusto. Guida alla lettura della riforma Cartabia. Profili processuali*, in *https://www.sistemapenale.it/it/scheda/gialuz-per-un-processo-piu-efficiente-e-giusto-guida-alla-lettura-della-riforma-cartabia*, p. 25.

[17] Cfr. *Relazione su novità normativa. La "Riforma Cartabia"*, n. 2/2023, in *https://www.cortedicassazione.it*, p. 25.

registrazione), con possibilità di eccettuare determinate situazioni, pur con la previsione che non debba necessariamente trascriversi il discorso registrato».

In quest'ottica, nell'interpolare, in termini peraltro obbligatori, il comma 3 [18] e nell'abrogare il comma 4 [19] dell'art. 134 c.p.p., il legislatore sembrerebbe avere inteso disegnare qui nuovi perimetri regolatori in materia di documentazione degli atti, valorizzando soluzioni tecnologiche moderne, che, nell'era della codificazione, erano state marginalizzate siccome costose sotto plurimi profili.

Ne sono derivati innovativi assetti, costruiti a partire da modelli immediati di più ampio respiro, pensati per soddisfare esigenze di speditezza, proteggere i diritti fondamentali di coloro che sono protagonisti del singolo atto e garantire corrette modalità di assunzione delle prove [20], tali per cui, per il futuro, nelle ipotesi di legge, la riproduzione audiovisiva e fonografica andrà a rappresentare, insieme alla verbalizzazione [21], la nuova, ordinaria, forma di documentazione degli atti [22].

---

[18] Sottolinea, in proposito, G. DUCOLI, *op. cit.*, p. 490 – e se ne deve convenire –, che, nonostante l'«introduzione di quello che sembrerebbe essere [appunto] un vero e proprio obbligo per l'autorità che procede» non si ha qui nessuna «previsione sanzionatoria in caso di mancato rispetto della nuova disciplina».

[19] Che prevedeva la possibilità d'aggiungere alla verbalizzazione dell'atto la riproduzione audiovisiva dello stesso allorquando l'anzidetta riproduzione si appalesasse «assolutamente indispensabile» essendo le tradizionali modalità di documentazione insufficienti. «La riproduzione audiovisiva delle dichiarazioni della persona offesa in condizione di particolare vulnerabilità», chiosava il citato comma 4, «[era] in ogni caso consentita, anche al di fuori delle ipotesi di assoluta indispensabilità».

[20] «Il passaggio da un modello di "lettura mediata" dell'atto (il verbale cartaceo) ad uno più aperto, penetrante e intellegibile (la sua registrazione), consente non solo di soddisfare esigenze di speditezza (sostituendo alla macchinosa verbalizzazione riassuntiva la trascrizione di quanto registrato), ma anche di garantire il controllo sul rispetto dei diritti fondamentali dei soggetti coinvolti nell'atto (soprattutto laddove si tratti di atti compiuti durante le indagini, e di interrogatori fuori udienza) e sulle modalità di assunzione della prova, da parte di chi non vi abbia assistito (si pensi, ad esempio, agli atti istruttori compiuti in incidente probatorio, ovvero a quelli dibattimentali rinnovati mediante semplice lettura). Così, testualmente, la *Relazione su novità normativa*, cit., p. 25.

[21] «[C]he assume così valenza complementare». In questi termini, B. GALGANI, *Forme e garanzie*, cit., p. 354.

[22] La qual cosa, a ben guardare, non deve stupire. Anche «sull'abbrivio dei moniti formulati a livello sovranazionale», infatti, non sembra revocabile in dubbio, qui giunti, che il legislatore «guardi con favore all'utilizzo dei mezzi di documentazione audiovisiva». Così A. PULVIRENTI, *sub art. 134 c.p.p.*, in A. GIARDA-G. SPANGHER (a cura di), *Codice di procedura penale commentato*, cit., p. 2082. In passato, è bene ricordare, consimili forme di documentazione garantite erano considerate alla stregua di «virtuosism[i] tecnic[i] da usare molto parsimoniosamente». Così, elegantemente, F. CORDERO, *Procedura penale*, IX ed., Giuffrè, Milano, 2012, p. 345.

3. La disciplina speciale: gli interrogatori di persone *in vinculis*

Come è stato correttamente osservato, la disciplina generale disegnata dal novellato art. 134 c.p.p. deve essere integrata con quella, speciale, prevista in materia di documentazione di singoli atti[23].

In quest'ottica, desiderando ragionare *in primis* di interrogatori[24], a venire qui in emergenza è innanzitutto il nuovo art. 141-*bis* c.p.p.

A mente della citata norma, più precisamente, tutti gli interrogatori di persone *in vinculis*, ove non assunti in udienza[25], devono essere audiovisivamente documentati integralmente a pena di inutilizzabilità.

Ove ciò non fosse possibile, gli interrogatori di persone *in vinculis* devono essere documentati con mezzi di riproduzione fonografica.

E se, in caso di indisponibilità di strumenti di riproduzione audiovisiva e fonografica/di personale tecnico, si procede con le forme della perizia/della consulenza tecnica, dell'interrogatorio è comunque redatto verbale in forma riassuntiva.

Inserita a sistema per scongiurare i rischi, invero non latenti, di forzature della libertà morale dell'interrogato[26], nella formulazione *ex restyling*, la citata nor-

---

[23] G. DUCOLI, *op. cit.*, p. 490 ss.

[24] Intesi essi in senso formale, vale a dire alla stregua di interrogatori aventi come protagonisti indagati, imputati e imputati in procedimenti connessi o per reati collegati, anche se «effettuat[i] con le modalità del confronto». In questi termini, Cass. pen., Sez. Un., 30 giugno 1998, D'Abramo, in *Cass. pen.*, 1999, p. 2874.

[25] Precisa, in proposito, M.L. DI BITONTO, *sub art. 141-bis c.p.p.*, in A. GIARDA-G. SPANGHER (a cura di), *Codice di procedura penale commentato*, cit., p. 2124, che a venire qui in emergenza sono esclusivamente le udienze di convalida dell'arresto e del fermo e le udienze preliminari, potendo l'imputato, in sede dibattimentale, essere solamente esaminato. Ne consegue, per quel che qui importa, che la citata norma è destinata a trovare applicazione unicamente allorquando a procedere agli interrogatori siano il pubblico ministero, il giudice per le indagini preliminari ovvero il giudice dell'udienza preliminare.

[26] C. BONZANO, *La documentazione delle dichiarazioni: ancora incompiuto l'incerto cammino verso il sinolo aristotelico di sostanza e forma*, in G. SPANGHER (a cura di), *La riforma Cartabia. Codice penale – Codice di procedura penale – Giustizia riparativa*, Pacini, Pisa, 2022, p. 120. Sul punto, v. anche F. PORCU, *op. cit.*, p. 102, nella parte in cui, citando testualmente P.P. RIVELLO, *sub art. 141-*bis *c.p.p.*, in G. ILLUMINATI-L. GIULIANI (a cura di), *Commentario breve al codice di procedura penale*, Wolters Kluwer-Cedam, Milano-Padova, 2020, p. 498 ss., ricorda come «l'imposizione di tale più severa modalità documentativa, introdotta dalla legge 8 agosto 1995, n. 332, [fosse] scaturita da una certa "diffidenza o sfiducia nei confronti dell'operato dell'a.g., ed in particolare del p.m., volendosi in tal modo offrire lo strumento per verificare in maniera più esaustiva l'assenza di possibili abusi tesi a coartare la volontà del soggetto sottoposto ad interrogatorio, o quanto meno l'insussistenza di pressioni psicologiche o di sollecitazioni di vario tipo da parte dei magistrati, volte ad indurre il detenuto a forzate confessioni».

ma, se, per un verso, ha inteso superare la tradizionale equivalenza tra audio e videoregistrazione[27], per l'altro verso, si appalesa in linea con l'ontologica delicatezza propria di atti aventi come protagonisti persone in stato di soggezione[28].

In consimili ipotesi, infatti, non appare certamente scorretto – anzi – ricorrere a forme di documentazione garantite[29] e ciò anche nella duplice ottica di proteggere interrogato e interrogante: il primo, dalla tendenza propria dell'accusatore-tipo a "giocare" sull'anzidetto stato di soggezione; il secondo, da possibili rilievi che l'interrogato volesse muovere circa l'operato dell'interrogante[30].

Ciò premesso, preme osservare quanto segue.

Si è testé ricordato come, a mente del novellato art. 141-*bis*, comma 1, c.p.p., tutti gli interrogatori di persone *in vinculis*, ove non assunti in udienza, debbano essere audiovisivamente/fonograficamente documentati integralmente a pena di inutilizzabilità.

Come è stato correttamente osservato, non di meno, mentre, nell'ottica della più autorevole dottrina, l'inutilizzabilità che viene qui in emergenza, se correttamente letta, dovrebbe privare gli interrogatori non audiovisivamente/fonograficamente documentati integralmente di tutti gli effetti giuridici loro propri[31], la Corte di Cassazione è tradizionalmente incline a circoscrivere la portata propria della sanzione *de qua* alla sola dimensione probatoria degli stessi[32].

Cristalline le conseguenze: seppur privi di rilevanza probatoria, essendo stati comunque assunti, anche gli interrogatori non audiovisivamente/fonograficamente documentati integralmente si appaleserebbero per ciò solo idonei, a mero titolo esemplificativo, ad impedire l'estinzione della misura cautelare *ex* art. 302 c.p.p.[33].

Consimili principi di diritto, a ben guardare, nell'umiliare, già sul piano esegetico, l'importanza propria della riproduzione audiovisiva/fonografica, se confermati per il futuro, non potranno che frustrare seriamente gli intenti garanti-

---

[27] Cfr. M. GIALUZ, *op. cit.*, p. 25.

[28] Cfr. *Relazione su novità normativa*, cit., p. 26.

[29] Cfr. M. GIALUZ, *op. cit.*, p. 25.

[30] C. BONZANO, *L'interrogatorio investigativo*, Cedam, Padova, 2012, p. 215. In proposito, v. già R. KOSTORIS, *Commento all'art. 2 l. 8 agosto 1995, n. 332*, in AA.VV., *Modifiche al codice di procedura penale*, Cedam, Padova, 1995, p. 55.

[31] Cfr., per tutti, G. SPANGHER, *Inutilizzabilità dell'interrogatorio e perdita di efficacia delle misure cautelari*, in *Dir. pen. e proc.*, 1996, p. 1109 e F.J. GAROFOLI, *La riproduzione fonografica od audiovisiva* ex *art. 141*-bis *c.p.p. tra dubbi interpretativi ed esigenze di garanzia*, in *Cass. pen.*, 2005, p. 2228.

[32] Cass. pen., Sez. I, 27 dicembre 1995, Ventra, in *Cass. pen.*, 1997, p. 2167; Cass. pen., Sez. I, 19 marzo 1996, De Bari, in *Giust. pen.*, 1997, III, p. 231.

[33] Lo ricorda, puntualmente, C. BONZANO, *La documentazione delle dichiarazioni*, cit., p. 122, parafrasando, anche *in parte qua*, Cass. pen., Sez. I, 27 dicembre 1995, Ventra, cit. e Cass. pen., Sez. I, 19 marzo 1996, De Bari, cit.

stici di una novella che, *in parte qua*, null'altro intendeva cesellare se non l'importanza assoluta di «valori che [, *in subiecta materia*,] vanno ben oltre il vezzo formale»[34].

4. *Segue*: gli interrogatori di garanzia

A mente del novellato art. 294, comma 6-*bis*, c.p.p., alla documentazione degli interrogatori di garanzia si procede anche con mezzi di riproduzione audiovisiva o, se ciò non è possibile a causa della contingente indisponibilità di mezzi di riproduzione audiovisiva o di personale tecnico, con mezzi di riproduzione fonografica.

È fatta salva – chiosa l'ultimo periodo della citata norma – l'applicazione dell'art. 133-*ter*, comma 3, 3° periodo, c.p.p., che, come noto, impone la registrazione audiovisiva se l'interrogando è autorizzato a partecipare a distanza all'interrogatorio[35].

Come è stato attentamente osservato, la situazione che precede rappresenta l'unica situazione che i novellatori non hanno avuto remore a citare a mo' di esempio virtuoso di *remote justice:* potendo comparire da remoto, infatti, l'interrogando non sarà più costretto a rendere dichiarazioni *ex* art. 294 c.p.p. avanti il giudice per le indagini preliminari di altro luogo, condizionando il novellato art. 294, comma 5, c.p.p. la rogatoria all'impossibilità di ascoltare la persona in videoconferenza[36].

Nulla essendo detto in punto di trascrizione delle dichiarazioni rese in sede di interrogatorio, nel silenzio della legge, si deve ipotizzare qui l'applicazione della disciplina generale dell'art. 139 c.p.p.

---

[34] Così, icasticamente, C. BONZANO, *La documentazione delle dichiarazioni*, cit., p. 123.

[35] Osserva, in proposito, D. NEGRI, *Atti e udienze "a distanza": risvolti inquisitori di una transizione maldestra alla giustizia digitale*, in D. CASTRONUOVO-M. DONINI-E.M. MANCUSO-G. VARRASO (a cura di), *Riforma Cartabia. La nuova giustizia penale*, cit., p. 448 ss., come, «[t]ramite una direttiva di studiata duttilità», la legge 27 settembre 2021, n. 134, avesse deciso che ad individuare le ipotesi di ammissibile partecipazione a distanza ad atti ed udienze dovesse essere il legislatore delegato. Consimile «invito a sciogliere le briglie», ricorda l'Autore, ha prodotto «un catalogo assai nutrito di esemplari corrispondenti al disegno riformatore» che «[avrebbe] trascina[to] il processo penale in mezzo al guado». Ciò che ne sarebbe derivato, infatti, non sarebbe più un processo penale «indissolubilmente legato agli stilemi classici, plasmati sulla dimensione corporale dell'esperienza», bensì un processo penale ibrido che, se, per un verso, non è arrivato a riflettere «il modello estremo dell'udienza smaterializzata», per l'altro verso, «mantiene [...] la fisionomia dell'udienza tradizionale, con un preciso centro di gravità, rappresentato dalla sala ove siede il giudice, sul quale convergono mediante videoconferenza le singole posizioni periferiche».

[36] Cfr. D. NEGRI, *op.* cit., p. 478.

5. *Segue*: gli interrogatori del pubblico ministero

Disciplina analoga a quella testé passata in rassegna è prevista anche per gli interrogatori del pubblico ministero.

Stabilisce, infatti, il nuovo art. 373, comma 2-*bis*, c.p.p. che alla documentazione degli interrogatori[37] con la persona sottoposta alle indagini si proceda anche con mezzi di riproduzione audiovisiva o, se ciò non è possibile a causa della contingente indisponibilità di mezzi di riproduzione audiovisiva o di personale tecnico, con mezzi di riproduzione fonografica.

Si è osservato, in dottrina, come, negli anfratti della citata norma, rischi di vivere un vero e proprio paradosso.

A mente dell'art. 373, comma 2-*quinquies*, c.p.p., infatti, in consimili ipotesi, alla trascrizione delle dichiarazioni audiovisivamente o fonograficamente riprodotte *ex* comma 2-*bis* si procederà unicamente ove la stessa venga ritenuta assolutamente indispensabile.

Rebus sic stantibus, in altre parole, la cadenza procedimentale-tipo sembrerebbe essere la seguente: non venendo generalmente disposta la trascrizione della riproduzione audiovisiva o fonografica, in linea di principio, l'atto entrerà a far parte del corredo procedimentale attraverso un verbale redatto in forma esclusivamente riassuntiva.

Attraverso un verbale redatto in forma esclusivamente riassuntiva che, però, sembrerebbe essere destinato a rappresentare l'unica forma, fruibile, di documentazione degli interrogatori del pubblico ministero.

Con la conseguenza, per quel che qui importa, che, laddove, in fase investigativa preliminare, il pubblico ministero si trovasse a chiedere provvedimenti giudiziali, ciò, ragionevolmente, accadrà sulla base del verbale sintetico, potendo il dichiarante che fosse interessato a provare eventuali infedeltà proprie della sintesi unicamente chiedere di visionare/ascoltare la registrazione[38].

A ciò si aggiunga – è bene osservare – che, nemmeno in questo caso, i novellatori hanno previsto sanzioni per l'omessa documentazione rafforzata degli interrogatori che qui ci occupano[39].

---

[37] «[E] dei confronti».

[38] Cfr. C. BONZANO, *La documentazione delle dichiarazioni*, cit., p. 125.

[39] «[A]nomia», questa, alla quale «potrebbe tentarsi di porre rimedio prospettando la configurabilità di una nullità a regime intermedio per violazione del diritto di difesa (art. 178, lett. c c.p.p.) oppure di una inutilizzabilità generale per violazione di divieto probatorio, con tutte le difficoltà connesse sia alla possibilità di vedere dichiarate tali sanzioni in assenza di previsione espressa, sia alla discrasia rispetto alla inutilizzabilità speciale prevista dall'art. 141-*bis* c .p.p. e già di per sé sottoposta ad interpretazioni [...] volte a ridimensionarne gli effetti». Così C. BONZANO, *La documentazione delle dichiarazioni*, cit., p. 125.

6. *Segue*: gli interrogatori di persone imputate in procedimento connesso o per reato collegato

A chiusura del cerchio inerente agli interrogatori, infine, si pone l'art. 373 commi 2-*bis* e 1 lett. *d-bis*), c.p.p.

Richiamando la lettera *d-bis*), infatti, il comma 2-*bis* della citata norma prescrive che anche alla documentazione degli interrogatori di persone imputate in procedimento connesso *ex* art. 12 c.p.p.[40] si proceda con mezzi di riproduzione audiovisiva o, se ciò non è possibile a causa della contingente indisponibilità di riproduzione audiovisiva o di personale tecnico, con mezzi di riproduzione fonografica.

Idem dicasi, argomentando *ex* art. 363, comma 2, c.p.p., per quanto riguarda gli interrogatori di persone imputate per reato collegato a quello per cui si procede *ex* art. 371, comma 2, lett. *b*), c.p.p.

7. *Segue*: le dichiarazioni delle persone minorenni, inferme di mente o in condizioni di particolare vulnerabilità

A venire qui in emergenza, come noto, sono le dichiarazioni che promanano dalle cc.dd. fonti dichiarative deboli.

Fonti, queste, che, come correttamente osservato in dottrina, meritano certamente trattazione autonoma[41].

A mente degli artt. 357 comma 3-*ter*, 373 comma 2-*quater* e 391-*ter*, comma 3-*ter* c.p.p., tutti novellati *ex* d.lgs. 10 ottobre 2022, n. 150, le dichiarazioni delle persone minorenni, inferme di mente o in condizioni di particolare vulnerabilità sono documentate integralmente, a pena di inutilizzabilità, con mezzi di riproduzione audiovisiva o fonografica, salvo che si verifichi una contingente indisponibilità di strumenti di riproduzione o di personale tecnico e sussistano particolari ragioni di urgenza che non consentano di rinviare l'atto.

Anche in questi casi – preme osservare – ragioni economiche hanno indotto i novellatori a prevedere la trascrizione delle dichiarazioni audiovisivamente o fonograficamente riprodotte *ex* commi 3-*ter*, 2-*quater* e 3-*ter* solo se ritenuta asso-

---

[40] E che, a mente dell'art. 363, comma 1, c.p.p., «sono interrogate dal pubblico ministero sui fatti per cui si procede nelle forme previste dall'articolo 210 commi 2, 3, 4 e 6» c.p.p.

[41] Cfr. L. ALGERI, *Il testimone vulnerabile*, Giuffrè, Milano, 2017, *passim*. In merito, cfr. anche L. PARLATO, *Il contributo della vittima tra azione e prova*, Torri del vento, Palermo, 2012, *passim*.

lutamente indispensabile (artt. 357, comma 3-*quater*, 373, comma 2-*quinquies* e 391-*ter*, comma 3-*quater*, c.p.p.).

Ciò detto, pare opportuno porre in luce quanto segue.

Premesso che «sarebbe stato opportuno escludere [qui] l'equivalenza fra riproduzione audiovisiva e fonografica» [42], si è osservato, in dottrina, come *rebus sic stantibus*, la tutela dell'integralità della documentazione sembri dipendere da «fortunat[e] congiunzion[i] astral[i]» [43]: infatti, affinché l'integralità della documentazione risulti concretamente tutelata, sono necessarie due condizioni: da un lato, che la debolezza delle fonti dichiarative sia correttamente fotografata a monte; dall'altro lato, che, proprio in vista dell'assunzione delle dichiarazioni che qui ci occupano, si disponga e di strumenti di riproduzione e di personale tecnico.

Sotto quest'ultimo profilo, peraltro, si è sarcasticamente sottolineato come «non basterebbe ricorrere alla più ardita delle circonlocuzioni per spiegare ad un profano come possa mai accadere che negli uffici giudiziari di uno dei Paesi più industrializzati del Pianeta non si disponga anche solo del più elementare ed economico strumento di videoregistrazione» [44].

A prescindere da quanto precede, in ogni caso, a stagliarsi sullo sfondo sono, anche qui, profili potenzialmente imbarazzanti in chiave difensiva.

Si è visto *supra* come, negli anfratti del nuovo art. 373, comma 2-*bis*, c.p.p., rischi di vivere un vero e proprio paradosso [45].

Ma identica situazione, a ben guardare, si potrebbe verificare anche *in subiecta materia*.

Anche nel caso delle dichiarazioni delle persone minorenni, inferme di mente o in condizioni di particolare vulnerabilità, infatti, può accadere che il correlativo atto entri a far parte del corredo procedimentale esclusivamente per mezzo di un verbale redatto in forma riassuntiva, «restando la registrazione integrale eventualmente fruibile a seguito di una richiesta di accesso» [46].

E, però, mentre nel caso degli interrogatori del pubblico ministero, presenziando all'assunzione dell'atto e ricordando, con ciò, i passaggi che può essere utile andare a verificare [47], il difensore potrà agevolmente scongiurare eventuali

---

[42] «[E] imporre una prevalenza della prima, in termini non dissimili da quanto previsto in ordine all'interrogatorio della persona detenuta *ex* art. 141-*bis* c.p.p.». Così, testualmente, F. PORCU, *op. cit.*, p. 109.

[43] C. BONZANO, *La documentazione delle dichiarazioni*, cit., p. 127.

[44] *Ibidem*.

[45] Cfr. C. BONZANO, *La documentazione delle dichiarazioni*, cit., p. 125.

[46] C. BONZANO, *La documentazione delle dichiarazioni*, cit., p. 127 ss.

[47] *Ivi*, p. 127.

infedeltà proprie della documentazione di sintesi, qui lo stesso, anche solo per poter vagliare l'esistenza di eventuali profili consimili[48], non potrà far altro che dare vita, peraltro solamente a valle della c.d. *discovery*, ad ascolto integrale della registrazione.

A prescindere da quanto precede, in ogni caso, si è osservato – e se ne conviene – che, *in parte qua*, la riforma *ex* c.d. legge Cartabia deve essere salutata con favore.

E perché, anche sulla scorta delle indicazioni proprie del sapere psicologico[49], va a superare i desiderata dell'intervistatore in punto di documentazione rafforzata delle dichiarazioni che promanano dalle cc.dd. fonti dichiarative deboli[50].

E perché, proprio superando i desiderata dell'intervistatore, va a chiudere il cerchio aperto con la l. 1° ottobre 2012, n. 172[51].

E perché, in ogni caso, non dimentica di prevedere la sanzione dell'inutilizzabilità per l'omessa documentazione rafforzata delle dichiarazioni che qui ci occupano[52].

8. *Segue*: le informazioni delle persone che possono riferire circostanze utili a fini investigativi

Fatta salva la contingente indisponibilità di strumenti di riproduzione/di personale tecnico, a mente del novellato art. 357, comma 3-*bis*, c.p.p., le informa-

---

[48] «[A]ttività, questa, che potrebbe non essere così semplice da svolgere anche nell'imminente processo telematico e nel rispetto degli angusti termini di cui spesso le parti private dispongono». Così, in termini condivisibili, C. BONZANO, *op. loc. ult. cit.*

[49] E. LORENZETTO, *Audizioni investigative e tutela della vittima*, in M. BARGIS-E. BELLUTA (a cura di), *Vittime di reato e sistema penale. La ricerca di nuovi equilibri*, Giappichelli, Torino, 2017, p. 359 ss.

[50] Ciò anche nell'ottica di operare «un controllo del comportamento non verbale e di quest'ultimo e dell'intervistato». C. BONZANO, *La documentazione delle dichiarazioni*, cit., p. 128.

[51] Di attuazione della Convenzione di Lanzarote, mediante interpolazione degli artt. 351, 362 e 391-*bis* c.p.p. Sottolinea, in proposito, G. DUCOLI, *op. cit.*, p. 494, però che, *in parte qua*, «la *ratio* della novella non sembr[erebbe] essere quella di offrire una maggiore protezione del dichiarante c.d. vulnerabile: non trattandosi di un contesto garantito dalla presenza del giudice, infatti, le dichiarazioni così documentate non incontreranno il favore ad esse accordato dall'art. 190-*bis* c.p.p. [...] e il loro uso nel procedimento parrebbe in ogni caso molto limitato».

[52] M. GIALUZ, *op. cit.*, p. 26. Anche se, osserva, ancora una volta, C. BONZANO, *La documentazione delle dichiarazioni*, cit., p. 128 ss., «[a]ll'apprezzabile scelta positiva si accompagna [...] l'ennesima discrasia sistematica: le omologhe disposizioni già esistenti nel codice per l'audizione della fonte dichiarativa debole non prevedono alcuna sanzione espressa nell'ambito delle attività di indagine [...]; analoga carenza emerge nell'ambito dell'incidente probatorio [...] e del dibattimento».

zioni delle persone che possono riferire circostanze utili a fini investigativi *ex* art. 351 c.p.p. sono fonograficamente riprodotte[53] in due ipotesi: quando le indagini preliminari riguardino delitti *ex* art. 407, comma 2, lett. *a*), c.p.p. ovvero quando la persona informata sui fatti ne faccia richiesta.

Anche in questo caso, la trascrizione delle dichiarazioni fonograficamente riprodotte *ex* comma 3-*bis* è disposta solo se ritenuta assolutamente indispensabile (art. 357, comma 3-*quater*, c.p.p.).

A venire qui in emergenza è forma di documentazione garantita, ma semplificata, che sembrerebbe essere giustificata dalla necessità di contemperare tra loro garanzie e urgenze operative tipiche della fase investigativa preliminare[54].

All'art. 357, comma 3-*bis*, c.p.p. fa da *pendant* il parallelamente novellato art. 351, comma 1-*quater*, c.p.p., che conferisce alla persona chiamata a rendere sommarie informazioni il diritto di ottenere, a propria richiesta, la riproduzione fonografica delle future dichiarazioni.

Accordando consimile diritto alla persona chiamata a rendere sommarie informazioni, la citata norma non sembrerebbe rispondere a *ratio* facilmente intuibile[55].

La riproduzione fonografica delle dichiarazioni, infatti, non parrebbe essere affare del futuro testimone, impattando la stessa sul piano, oggettivo, proprio dell'accertamento *facti*, nonché su quello, soggettivo, proprio del diritto di difesa[56].

Ciò non toglie che identica previsione sia riprodotta altresì nell'ambito degli artt. 373, comma 2-*ter* e 362, comma 1-*quater*, c.p.p.

Anche in questo caso, non sono state previste sanzioni né per l'omessa fonoregistrazione, né per l'omesso avviso alla persona informata sui fatti.

E però, mentre nell'ipotesi passata in rassegna dall'art. 373, comma 2-*quinquies*, c.p.p., l'aporia potrebbe essere sanata evocando la nullità di ordine generale a regime intermedio *ex* art. 178, comma 1, lett. *c*), c.p.p., qui il problema

---

[53] Nonché «ad opera della polizia giudiziaria».

[54] Cfr. C. BONZANO, *La documentazione delle dichiarazioni*, cit., p. 130.

[55] C. BONZANO, *op. ult. cit.*, p. 131, parla testualmente di «frutto [...] avvelenato maturato spontaneamente nel giardino creativo del decreto-delegato».

[56] Cfr. C. BONZANO, *op. loc. ult. cit.* Nello stesso senso, opina M. GIALUZ, *op. cit.*, p. 26, che, peraltro, censura altresì la previsione propria del precedente art. 357, comma 3-*bis*, c.p.p.: «[p]oiché vi è un interesse oggettivo alla genuinità della documentazione dell'atto, non si possono condividere, né la scelta di delimitare l'obbligo in relazione a una serie soltanto di reati (è del tutto evidente che l'interesse alla fedeltà della documentazione non ha alcun nesso con la gravità del reato), né quella di attribuire rilievo alla volontà della persona informata sui fatti (non appare ragionevole far dipendere la forma di documentazione di un atto dalla scelta di un soggetto che, peraltro, nel procedimento penale potrebbe non aver alcun interesse)».

sembrerebbe insuperabile, avendo l'«estro del legislatore delegato»[57] costruito il meccanismo come se lo stesso riflettesse effettivamente un interesse proprio della persona chiamata a rendere sommarie informazioni[58] e non dell'imputato, con tutto ciò che ne deriva in punto di (im)possibilità di denunciare invalidità.

9. *Segue*: le prove dichiarative

Nella propria novellata versione, l'art. 510, comma 2-*bis*, c.p.p. afferma che ad essere documentati anche con mezzi di riproduzione audiovisiva, salva la contingente indisponibilità di strumenti di riproduzione o di personale tecnico, sono altresì l'esame testimoniale, quello peritale, quello dei consulenti tecnici, quello delle parti private, nonché quello delle persone indicate nell'art. 210 c.p.p.

Egualmente rafforzata, negli stessi, identici, termini, è la documentazione degli atti di ricognizione, di quelli di confronto, nonché delle prove assunte in sede di incidente probatorio (art. 401, comma 5, c.p.p.) e nell'ambito del giudizio abbreviato (art. 441, comma 6, c.p.p.).

In tutte queste ipotesi – preme osservare –, alla trascrizione delle dichiarazioni audiovisivamente riprodotte *ex* artt. 510, comma 2-*bis*, 401, comma 5 e 441, comma 6, c.p.p. si procede solo se la stessa è richiesta dalle parti (art. 510, comma 3-*bis*, c.p.p.).

E, però, mentre nel caso del giudizio abbreviato, la previsione *ex* novellato art. 441, comma 6, c.p.p. sembrerebbe discendere dalla consapevolezza che consimile giudizio contrassegna, a sua volta, «una sede [...] geneticamente destinata a formare il convincimento del giudice sull'imputazione»[59], nel caso dell'incidente probatorio, la novella potrebbe essere «addirittura peggiorativ[a] rispetto allo *status quo ante*»[60].

Esistendo la videoregistrazione, infatti, il giudice, se, per un verso, potrebbe

---

[57] C. BONZANO, *op. ult. cit.*, p. 132.

[58] Cosa, questa, che, invece, non può essere. Come correttamente osservato da F. PORCU, *op. cit.*, p. 108, infatti, «[c]hi viene sentito dal Pubblico Ministero o dalla Polizia giudiziaria quale persona informata non può (e tendenzialmente non deve) essere portatore di un interesse autonomo o potenzialmente confliggente con l'obbligo di riferire la verità (con limitatissime deroghe) e, conseguentemente, di contribuire in tal modo all'accertamento dei fatti. Se tale obiettivo (il buon esito delle indagini, inteso come completezza e utilità delle stesse) può essere tutelato anche mediante la riproduzione fonografica del dichiarante, non si comprende per quale ragione tale obiettivo debba essere maggiormente tutelato (sotto tale profilo) a seconda che il dichiarante formuli o meno una richiesta in tal senso».

[59] C. BONZANO, *op. ult. cit.*, p. 143.

[60] *Ibidem.*

essere indotto a non disporre l'esame dibattimentale delle persone già esaminate in sede di incidente probatorio, per l'altro verso, potrebbe decidere di decidere nel merito obliterando la visione della videoregistrazione.

9.1. *Segue*: tentativi di codificazione

Frutto di tentativi di codificazione di quanto affermato da Corte Costituzionale[61] e Corte di cassazione[62], il novellato art. 510, comma 2-*bis*, c.p.p. sembrerebbe rappresentare il vero baricentro di una riforma che, *in parte qua*, parrebbe davvero aver inteso erodere le fondamenta proprie del processo penale di matrice tendenzialmente accusatoria.

A mente del nuovo art. 495, comma 4-*ter*, c.p.p., infatti, se il giudice muta nel corso del dibattimento, la parte che vi ha interesse può sì ottenere l'esame delle persone che hanno già reso dichiarazioni, ma non laddove il precedente esame sia stato documentato integralmente mediante mezzi di riproduzione audiovisiva.

Perché di qui, nell'ottica del legislatore della novella, era evidentemente destinata a passare quella deroga alla regola dell'immutabilità del giudice teorizzata dal giudice delle leggi nella sentenza costituzionale n. 132: nell'occasione, infatti, la Corte costituzionale non aveva avuto remore ad affermare testualmente che «resta[va] aperta per il legislatore la possibilità di introdurre ragionevoli eccezioni al principio dell'identità tra giudice avanti al quale è assunta la prova e giudice che decide, in funzione dell'esigenza, costituzionalmente rilevante, di salvaguardare l'efficienza dell'amministrazione della giustizia penale, in presenza di meccanismi compensativi funzionali all'altrettanto essenziale obiettivo della correttezza della decisione»[63].

Ma consimile deroga – preme osservare – è costruita a partire da postulato che, per quanto evidente, potrebbe non essere altrettanto condivisibile.

Nel caso di specie, a ben guardare, si va implicitamente ad assumere che dichiarazioni rese in vivavoce e dichiarazioni audiovisivamente riprodotte pari siano.

---

[61] Corte cost., 29 maggio 2019, n. 132, in *Giur. cost.*, 2019, p. 1543, con nota di M. DANIELE, *Le "ragionevoli deroghe" all'oralità nel caso di mutamento del collegio giudicante: l'arduo compito assegnato dalla Corte costituzionale al legislatore*.

[62] Cass., Sez. Un., 10 ottobre 2019, Bajrami, in *Dir. pen. e proc.*, 2020, p. 1551, con nota di G. PECCHIOLI, *Le SS.UU. ed il principio di immutabilità del giudice: una "quadratura del cerchio"?*. A conferma di ciò, M. GIALUZ, *op. cit.*, p., 27, che ricorda espressamente come il nuovo art. 510, comma 2-*bis*, c.p.p. sia stato pensato appunto per «superare l'orientamento [proprio] d[e]lle Sezioni Unite Bajrami del 2019».

[63] Corte cost., 29 maggio 2019, n. 132, cit.

La qual cosa potrebbe non corrispondere a verità[64], andando qui a scemare, così impostata la questione, quell'immediatezza che, figlia dell'art. 111, comma 4, Cost.[65], voleva proprio scongiurare il rischio che il giudice si trovasse a decidere nel merito sulla base di vere e proprie prove precostituite[66].

Ma va ammesso, in proposito, che è certamente vero – e se ne deve certamente tenere debito conto – quanto affermato dagli stessi giudici delle leggi, ovvero che, raramente, nel passare dalla teoria alla pratica, la nuova escussione testimoniale si è dimostrata in grado di aggiungere *quid novi* rispetto a quanto già dichiarato, in prima battuta, dal testimone.

La qual cosa porrebbe comunque il nuovo giudice nell'impossibilità di ricavare dalla nuova escussione testimoniale materiali diversi rispetto a quelli già acquisiti agli atti di causa mediante trascrizione delle precedenti dichiarazioni rese dal testimone[67].

Anche se bisognerebbe sempre ricordare che, a differenza di quanto potrebbe accadere nel caso delle dichiarazioni rese in vivavoce, nel caso delle dichiarazioni audiovisivamente riprodotte sarà impossibile, per il nuovo giudice, orientare la formazione della prova *ex* art. 506 c.p.p., ponendo domande officiose all'esito di esame e controesame[68]: «sembrerebbe scontato accogliere con ottimismo il ricorso alla videoregistrazione della prova dichiarativa, di cui da tempo si invocava la valorizzazione; il discorso muta se essa, però, da modalità di documentazione della prova diventa il surrogato della riassunzione stessa, sostituendola. Problema centrale, al riguardo, è che può fondatamente dubitarsi che la complessità della ricostruzione di una vicenda umana del passato – che il processo è deputato in una certa maniera a far rivivere – sia accettabile *tout court* con le "cadenze dello svolgimento di una pellicola". Ed in effetti, guardare un video che riproduce l'escussione del dichiarante non sembra perfettamente sovrapponibile al diretto svolgimento dell'esame incrociato [...]. Il giudice che os-

---

[64] Si v., in proposito, le riflessioni di R. ORLANDI, *Immediatezza ed efficacia nel processo penale*, in *Riv. it. dir. proc.*, 2021, p. 811 e di P. FERRUA, *La prova nel processo penale*, I, *Struttura e procedimento*, Giappichelli, Torino, 2017, p. 124.

[65] Cfr. C. IASEVOLI, *Il giudizio e la crisi del metodo epistemologico garantista*, in *Sist. pen.*, 2022, 11, p. 5 ss.

[66] Cfr. F. MORELLI, *Principio di immediatezza e diritto di difesa*, in *Riv. it. dir. proc. pen.*, 2021, p. 477 ss.

[67] Cfr. C. BONZANO, *La documentazione delle dichiarazioni*, cit., p. 134 ss.

[68] Osserva, in proposito, F. PORCU, *op. cit.*, p. 112, che «è pacifico che la passiva visione di una videoregistrazione non possa essere equiparata alla partecipazione diretta all'assunzione della prova, non soltanto per il complesso di elementi che soltanto quest'ultima consente di percepire, ma soprattutto perché la mera visione di una riproduzione audiovisiva non consente alcuna forma di intervento al giudice, chiamato a valutare una prova già "preconfezionata", con tutte le problematiche che gli strappi al principio di immediatezza comportano».

serva una videoregistrazione non partecipa, o partecipa solo limitatamente ed indirettamente alla formazione della prova, usufruendo di quello che in fin dei conti rimane un prodotto già confezionato»[69].

Cristalline le conseguenze di consimile impostazione: «per quanti prodigi faccia l'evoluzione delle videotecnologie, una videoregistrazione sarà sempre inadeguata a realizzare il valore della immediatezza»[70].

Perché, come è stato correttamente osservato, decidere nel merito sulla base di prove precostituite «non è stare nell'evento, ma è osservare quell'evento come altro da sé»[71].

Senza considerare, in proposito, che la novella, *in parte qua*, nulla ha inteso prescrivere circa l'uso, da parte del nuovo giudice, delle dichiarazioni audiovisivamente riprodotte.

Come è stato correttamente osservato, effettivamente, la stessa, *in subiecta materia*, non si è peritata di intervenire né in merito all'*an* né in merito al *quomodo* dell'anzidetto uso[72].

Anzi: se, per un verso, non è stato previsto qui nessun obbligo di riproduzione della registrazione in udienza, per l'altro verso, non sono stati nemmeno introdotti meccanismi finalizzati a verificare che, effettivamente, il nuovo giudice visioni la stessa[73].

Su questo sfondo, sarebbe invero censurabile che, per il futuro, nonostante richieste di parte in tal senso, i nuovi giudici si spingessero a negare che quello che, così impostata la questione, va qui a stagliarsi sullo sfondo sia un vero e proprio obbligo per il giudicante di visionare integralmente la registrazione che qui ci occupa.

9.2. Circolazione probatoria

Sotto altro profilo, sembra qui opportuno sottolineare quanto segue.

Nel disciplinare i verbali di prove di altri procedimenti, l'art. 238 c.p.p. continua a parlare unicamente di verbali.

Ma è innegabile che verbale e riproduzione audiovisiva o fonografica rappresentino due distinte forme di documentazione degli atti[74].

---

[69] Cfr. A. CONTE, *L'immediatezza nella "Riforma Cartabia"*, in *Giur. pen. web*, 2022, 6, p. 43.

[70] R. ORLANDI, *op. cit.*, p. 815.

[71] Cfr. F. MORELLI, *op. cit.*, p. 486.

[72] Cfr. C. BONZANO, *La documentazione delle dichiarazioni*, cit., p. 138.

[73] Cfr. F. PORCU, *op. cit.*, p. 113.

[74] Come confermato anche da F. CERVETTI, voce *Verbale*, in *Enc. dir.*, XLVI, Milano, 1993, p. 615.

In quest'ottica, un'interpretazione letterale della citata norma potrebbe cospirare a far ritenere che acquisibili, qui, siano esclusivamente i verbali e non anche le correlative riproduzioni audiovisivi o fonografiche.

In dottrina, però, vi è stato chi ha posto in luce che, per giustificare vasi comunicanti tra procedimento penale A e procedimento penale B, per il futuro, potrebbe essere sufficiente evocare il novellato art. 134, comma 2, c.p.p.

A mente della citata norma, infatti, per redigere i verbali si potrà ricorrere anche ad altro strumento idoneo allo scopo e, dunque, per quel che qui importa, altresì alla riproduzione audiovisiva o fonografica [75].

10. Conclusioni

Come è stato correttamente osservato, la novella, *in parte qua*, reitera costantemente clausole di salvezza pensate per mettere le mani avanti rispetto a possibili contingenti indisponibilità di strumenti di riproduzione [76].

Consimile opzione, a ben guardare, non appare condivisibile.

E perché, «nella società dell'informazione», caratterizzata da bassi costi per la tecnologia e da alta disponibilità di tecnologia, la possibilità di contingenti indisponibilità di strumenti di riproduzione, oggettivamente, non può essere considerata alla stregua di «limite accettabile» [77].

E perché, comunque, se si eccettua l'ipotesi avente ad oggetto le dichiarazioni che promanano dalle cc.dd. fonti dichiarative deboli [78], non sono previste sanzioni per l'omessa riproduzione audiovisiva o fonografica delle dichiarazioni.

La qual cosa, se, per un verso, rischia di depotenziare significativamente le previsioni che qui ci occupano, per l'altro verso, potrebbe anche avere «effett[i] dirompent[i] sugli equilibri tra [gli atti di indagine] e l'assunzione dibattimentale della prova»: [p]are infatti che la registrazione (audio o video) potrà essere utilizzata per le "letture", che non saranno più tali in senso stretto: considerata la valenza documentale di video e audioregistrazione non si potrà escludere che siano utilizzabili insieme ai verbali, al di là del tenore dell'art. 500, comma 2,

---

[75] Cfr. G. DUCOLI, *op. cit.*, p. 507.

[76] Cfr. G. DUCOLI, *op. cit.*, p. 496.

[77] M. GIALUZ, *op. cit.*, p. 26.

[78] In questo caso, come detto, le dichiarazioni devono essere documentate integralmente, a pena di inutilizzabilità, con mezzi di riproduzione audiovisiva o fonografica, (artt. 357, comma 3-*ter*: 373, comma 2 *quater* e 391-*ter*,comma 3-*ter,*c.p.p.).

c.p.p., che parla di dichiarazioni "lette" per la contestazione o degli artt. 511 ss. c.p.p., nella cui rubrica ci si riferisce alle "letture" [79].

In proposito, preme evidenziare quanto segue.

Come detto, per il futuro, a fronte del compimento di un atto, si potranno avere un verbale, un *file* contenente una registrazione audio e/o video, nonché l'eventuale trascrizione dell'anzidetta registrazione.

Ma un conto – lo si è già visto – sono i verbali, altro le riproduzioni audiovisive o fonografiche [80].

Se, però, fosse lo stesso verbale redatto in forma riassuntiva a richiamare espressamente la registrazione audio e/o video, nonché l'eventuale trascrizione dell'anzidetta registrazione, non si vedrebbero ragioni per escludere che registrazione audio e/o video e correlativa trascrizione vadano a formare parte integrante dell'anzidetto verbale [81].

Ora: è vero, come si è testé ricordato, che l'art. 500, comma 2, c.p.p. parla ancora oggi di «dichiarazioni lette per la contestazione» e che le rubriche degli artt. 511 ss. c.p.p. contengono ancora oggi la parola «[l]ettura» [82].

Ma è altrettanto vero che, pur *rebus sic stantibus*, nulla sembrerebbe ostare a ché, per il futuro, «[le] contestazioni [venissero] effettuate con il supporto audiovisivo», con tutto ciò che ne conseguirebbe in punto di effettiva possibilità, per il giudice, di «conoscere non solo il dato testuale, ma anche il tono della voce ed eventualmente espressioni del volto o atteggiamenti tenuti dalla persona in fase di assunzione delle sommarie informazioni» [83].

Sotto altro profilo, sembra qui opportuno sottolineare quanto segue.

Novellatori coraggiosi – è stato posto in luce – si sarebbero peritati di dettagliare le ragioni poste a base della decisione di procedere con fonoregistrazione e non con audiovideoregistrazione ovvero con verbalizzazione e non con fonoregistrazione, ecc. [84].

Ciò sulla falsariga di quanto già succede, ad esempio, in materia di intercettazioni, laddove il codice di procedura penale abilita sì l'inquirente a porre in essere captazioni mediante apparecchiature esterne agli uffici della procura della Repubblica, ma a patto che lo stesso, con proprio provvedimento motivato, illu-

---

[79] Così, testualmente, M. GIALUZ, *op. cit.*, p. 26, a parere del quale, «[p]er sgombrare il campo da qualsiasi equivoco o dubbio, forse avrebbe avuto senso adeguare la disciplina degli artt. 500 ss. e contemplare espressamente la possibilità di un ascolto dell'audioregistrazione o di una riproduzione del video».

[80] Come confermato anche da F. CERVETTI, *op. cit.*, p. 615.

[81] Cfr. G. DUCOLI, *op. cit.*, p. 503.

[82] M. GIALUZ, *op. cit.*, p. 26.

[83] Cfr. G. DUCOLI, *op. cit.*, p. 503 ss.

[84] Cfr. G. DUCOLI, *op. cit.*, p. 497.

stri le ragioni per le quali non è stato possibile procedere altrimenti, vale a dire mediante apparecchiature installate *in loco*[85].

Sullo sfondo – preme evidenziare in chiusura – alligna quindi il tema delle possibili invalidità, parzialmente già sondato *supra* ragionando di interrogatori del pubblico ministero e di informazioni delle persone che possono riferire circostanze utili a fini investigativi.

Come è stato correttamente osservato, in altre parole, sotto questo profilo, si tratta di comprendere, da un lato, se possano essere ipotizzate conseguenze processuali per l'omessa riproduzione audiovisiva o fonografica delle dichiarazioni e, dall'altro lato, che tipo di inutilizzabilità venga in emergenza allorquando ad essere violate siano le previsioni proprie degli artt. 141-*bis*, 357, comma 3-*ter*, 373, comma 2-*quater* e 391-*ter*, comma 3-*ter*, c.p.p.[86].

Per quanto riguarda il primo scenario, secondo Alcuni, come anticipato, sarebbe possibile evocare qui nullità di ordine generale a regime intermedio *ex* art. 178, comma 1, lett. *c*), c.p.p. per violazione del diritto di difesa[87].

Secondo Altri, per converso, a venire in emergenza sarebbero qui mere irregolarità[88].

Chi opina in quest'ultimo senso, peraltro, non esclude in radice la strada maestra delle nullità[89], ma ricorda, in proposito, come autorevole dottrina[90], in consimili ipotesi, paventasse stasi procedimentali.

Per quanto riguarda il secondo scenario, invece, sembra corretto affermare che l'inutilizzabilità che qui ci occupa sia una «inutilizzabilità *in toto* ed *erga omnes*»[91].

In dottrina, per la verità, vi è chi, pur convenendone[92], ha correttamente ricordato come la Corte di cassazione sia tradizionalmente incline a circoscrivere la portata propria della sanzione *de qua* alla sola dimensione probatoria degli interrogatori non audiovisivamente/fonograficamente documentati integralmente[93].

---

[85] Cfr. G. DUCOLI, *op. cit.*, p. 497 e T. POLITI, *La documentazione audiovisiva delle sommarie informazioni: una prima lettura della Riforma Cartabia*, in *Giur. pen. web*, 2022, 11, p. 5.

[86] Cfr. G. DUCOLI, *op. cit.*, p. 497 ss.

[87] C. BONZANO, *La documentazione delle dichiarazioni*, cit., p. 125.

[88] Cfr. G. DUCOLI, *op. cit.*, p. 498.

[89] Che, anzi, ipotizza a sua volta espressamente, seppur solo in nota a piè pagina. Cfr. G. DUCOLI, *op. cit.*, p. 498, nota 36.

[90] Cfr. M. NOBILI, *Divieti probatori e sanzioni. Relazione al II Congresso italiano di diritto penale dell'*Association Internationale de droit penale *sul tema: La prova nel nuovo processo penale*, Gardone Riviera, 11 ottobre 1991, in *Giust. pen.*, 1991, III, p. 646 ss.

[91] Cfr. G. DUCOLI, *op. cit.*, p. 498.

[92] Cfr. C. BONZANO, *La documentazione delle dichiarazioni*, cit., p. 122.

[93] Cass. pen., Sez. I, 27 dicembre 1995, Ventra, cit.; Cass. pen., Sez. I, 19 marzo 1996, De Bari, cit.

Ma va osservato, in proposito, come l'affermazione che precede sembri corroborata dal fatto che il legislatore non abbia inteso qui espressamente circoscrivere l'area propria dell'inutilizzabilità per l'omessa riproduzione audiovisiva o fonografica delle dichiarazioni.

Cosa, questa, che, anche sulla scorta di quanto già previsto, ad esempio, dagli artt. 63 e 403 c.p.p., lo stesso, ove avesse voluto, ben avrebbe potuto fare [94].

---

[94] «Mancando qualsiasi espresso riferimento sul punto» – chiosa, in proposito, G. DUCOLI, *op. cit.*, p. 499 –, «la conseguenza non può che essere quella di una inutilizzabilità *tout court*, posta a sanzione del mancato rispetto delle formalità previste dalla norma».

LE NUOVE NORME IN MATERIA DI IDENTIFICAZIONE DEGLI APOLIDI E DEI CITTADINI DI PAESI TERZI

di Eleonora Dei-Cas

SOMMARIO: 1. «*What's in a name?*» *Error nominis* ed *error personae* nel procedimento penale: cenni introduttivi. – 2. Le modifiche normative. – 3. Le ombre della «cultura del controllo» e del rafforzamento del diritto processuale penale dello straniero.

1. «*What's in a name?*» *Error nominis* ed *error personae* nel procedimento penale: cenni introduttivi

È di tutta evidenza come, nel procedimento penale, come nel diritto in genere, non possa essere accolta la risposta all'interrogativo shakespeariano «*What's in a name? that which we call a rose By any other name would smell as sweet*» [1], essendo il nome un fenomeno giuridico, simbolo dell'identità individuale, regolato da norme di diritto pubblico [2].

Per quanto riguarda la materia processuale penale, l'ascrizione delle corrette generalità alla persona sottoposta a indagini prima, poi imputata e, eventualmente, condannata, è invero esigenza presidiata da una serie di regole codicistiche tese, da un lato, a far prevalere l'identificazione [3] fisica del soggetto coinvol-

[1] W. SHAKESPEARE, *Romeo and Juliet*, Atto II, scena II, versi 43-44.

[2] Norme che si applicano a tutti i rami del diritto: a riguardo, M. D'ORAZI, Error nominis et error personae *nel processo penale*, Cedam, Padova, 2004, p. 98.

[3] L. DELLA RAGIONE, *Le nuove norme sull'identificazione*, in B. ROMANO-A. MARANDOLA (a cura di), *La riforma Cartabia. La prescrizione, l'improcedibilità e le altre norme immediatamente precettive*, Pacini, Pisa, 2022, p. 93, fa notare come l'individuazione della persona sia funzione essenziale delle indagini, non essendo possibile formulare una imputazione *ad incertam personam*. Sul tema anche G. NICOLUCCI, voce *Identificazione personale*, in *Dig. disc. pen.*, Agg. I, Torino,

to – tant'è che, se lo stesso risulta determinato fisicamente[4], le attività potranno proseguire nei suoi confronti nonostante le incertezze anagrafiche[5] –; dall'altro lato, a correggere eventuali sviste meramente nominative, mediante l'ordinario meccanismo di correzione degli errori materiali (art. 130 c.p.p.). Questo in virtù della circostanza per cui, di frequente[6], l'errore sul nome sfocia in errore sulla

---

2005, p. 707. Sui rilievi ai fini dell'identificazione, si vedano T. ALESCI, *Il corpo umano fonte di prova*, Wolters Kluwer-Cedam, Milano-Padova, 2017, p. 72 ss., e P. FELICIONI, *Accertamenti sulla persona e processo penale. Il prelievo di materiale biologico*, Ipsoa, Lavis (TN), 2007, p. 85 ss.

Sulla differenza tra individuazione e identificazione, O. DOMINIONI, *sub artt. 66-68*, in E. AMODIO-O. DOMINIONI (diretto da), *Commentario del nuovo codice di procedura penale*, vol. I, Giuffrè, Milano, 1989, pp. 409-410, secondo il quale l'*individuazione* dell'imputato è «una delle componenti dell'imputazione e consiste nel determinare, fra una più o meno definita cerchia di individui, la persona a cui è ascritto il fatto di reato e nei confronti della quale, pertanto, è iniziata l'azione penale»; mentre l'*identificazione* è «l'attribuzione all'imputato dei contrassegni che lo accompagnano nell'ordinaria vita di relazione: cognome, nome e le altre generalità necessarie a rendere univoca la sua designazione, quali la paternità, la maternità, il luogo e la data di nascita [...]». Pertanto, l'identificazione «può dirsi che è lo strumento mediante il quale si esprime l'individuazione dell'imputato, che, grazie agli indici di cui la prima consta, è comunicabile nel processo garantendone la determinatezza per il suo intero corso».

[4] Si veda F. CORDERO, *sub art. 66 c.p.p.*, in *Codice di procedura penale commentato*, II ed., Utet, Torino, 1992, pp. 80-81, secondo cui in ordine alla figura dell'imputato occorre distinguere le due identità: «[u]na, fisica, attiene al corpo e una, artificiale, al nome», sottolineando che «[n]el processo interessa l'identità fisica: che l'autentico nome dell'imputato sia ignoto o dubbio, è circostanza scomoda, perché impone perifrasi o nomi convenzionali, ma non impedisce nessuno degli atti intesi a stabilire se debba essere punito».

[5] Si allude all'art. 66, comma 2, c.p.p., che stabilisce la priorità dell'identità fisica ai fini della prosecuzione dell'attività, le quali, di contro, sono precluse se manca detta identificazione: in tal senso L. DELLA RAGIONE, *op. cit.*, p. 94. Precisa M. D'ORAZI, *op. cit.*, pp. 319-320, che la funzione della norma in esame è affermare che le generalità non sono un segno indispensabile, per la identificazione, quando vi siano segni identificativi di altro tipo. In altri termini, l'art. 66, comma 2, c.p.p. avrebbe la funzione precipua di consentire semiosi identificative diverse dalle generalità; fuori dai segni sostitutivi autorizzati, l'imputato è invece da ritenersi non identificato.

Pure in giurisprudenza è stato affermato che «[l]'incertezza sull'individuazione anagrafica dell'imputato è irrilevante ai fini della prosecuzione del processo penale, allorché sia certa l'identità fisica della persona nei cui confronti sia stata iniziata l'azione penale, potendosi pur sempre provvedere alla rettifica delle generalità erroneamente attribuite nelle forme previste dall'art. 130 c.p.p. Ne consegue che, qualora sia certa l'identità fisica della persona nei confronti della quale si procede, ma sorgano dubbi sulle sue esatte generalità, non può essere pronunciata nei suoi confronti sentenza di improcedibilità dell'azione penale per essere ignoto l'autore del fatto, ma è necessario procedere nei suoi confronti previo svolgimento degli opportuni accertamenti sulle sue esatte generalità»: così Cass., Sez. I, 17 novembre 1997, Mansure, in *Cass. pen.*, 1999, p. 915. In senso conforme, Cass., Sez. III, 22 ottobre 1998, p.m. in c. Mohibi, in *CED Cass.*, n. 212179; Cass., Sez. I, 5 aprile 1996, p.m. in c. Onmsalem, *ivi*, n. 205117.

[6] ... ma non sempre: si veda O. DOMINIONI, *op. cit.*, p. 410, il quale precisa che un errore di identificazione (cioè l'attribuzione di generalità errate alla persona) non genera necessariamente un errore originario o successivo nell'individuazione dell'imputato.

persona[7], dovendosi pertanto applicare la disciplina (art. 68 c.p.p.) relativa alla seconda, più grave, situazione[8].

Nell'attuale temperie storica e sociale, quanto precede assume ancora maggiore pregnanza, dal momento che i fenomeni migratori di massa complicano indubbiamente gli accertamenti, allorché a rimanere tra le spire del procedimento penale sia persona priva di documenti, oppure nota attraverso plurimi *alias*. Per quei soggetti coinvolti in differenti procedure in vari Stati, se gli *alias* dovessero poi venire variamente trasfusi nelle condanne emesse all'esito delle stesse, vi sarebbe un problema legato alla conoscibilità dei precedenti penali del soggetto, cagionando ripercussioni ben oltre i confini nazionali. Del resto, la possibilità per uno Stato membro dell'Unione europea di conoscere la storia criminale di un soggetto è evenienza necessaria per consentire all'autorità giudiziaria di quel Paese di trarre dalla condanna pronunciata in altro Stato le medesime conseguenze derivanti da una condanna nazionale, ad esempio, per la contestazione della recidiva e per la determinazione della pena[9].

Occorre allora subito dar conto di come, a livello sovranazionale, e nel quadro di favorire la c.d. «cooperazione informativa»[10] tra i Paesi membri dell'Unione – basilare[11] ai fini di assicurare il mutuo riconoscimento[12] –, si fosse

---

[7] M. D'ORAZI, *op. cit.*, p. 122.

[8] M. D'ORAZI, *op. cit.*, p. 143, precisa che, anche laddove non sfoci in errore di persona, l'errore di nome è visto comunque con sfavore dall'ordinamento: infatti, la presenza di un segno errato, nel contesto di un atto di identificazione, rappresenta pur sempre un pericolo per la corretta semiosi di identificazione; nulla esclude, quindi, che in futuro la presenza di un segno erroneo porti a equivoci o a errori di persona.

[9] Lo sottolinea G. DI PAOLO, *La circolazione dei dati personali e del casellario giudiziario*, in *Cass. pen.*, 2011, p. 4035.

[10] Sui regolamenti adottati in materia di «cooperazione informativa» (reg. UE 2019/816, oltre ai due regolamenti "gemelli" reg. UE 2019/818 e reg. UE 2019/817), si veda, per tutti, G. DI PAOLO, *Verso una nuova architettura di gestione dei dati contenuti nei sistemi di informazione dell'Unione*, in *Cass. pen.*, 2019, p. 3380 ss. Sulla cooperazione informativa, pure F. PERONI-M. GIALUZ (a cura di), *Cooperazione informativa e giustizia penale nell'Unione Europea*, Edizioni Università di Trieste, Trieste, 2009, *passim*.

[11] La definisce una «*condicio sine qua non* per la piena attuazione del principio del mutuo riconoscimento» G. DI PAOLO, *Il riconoscimento degli effetti della condanna straniera e lo scambio di dati estratti dal casellario giudiziale (dd.lgs. 12 maggio 2016, nn. 73, 74, 75)*, in F. RUGGIERI (a cura di), *Processo penale e regole europee: atti, diritti, soggetti e decisioni*, Giappichelli, Torino, 2017, p. 208, alla quale si rimanda anche per l'analisi dei profili storici attinenti allo sviluppo della cooperazione informativa. Analogamente, sottolinea come «la precondizione fondamentale per riconoscere una decisione adottata in un altro Stato membro sia proprio quella di essere a conoscenza della decisione stessa» M. GIALUZ, *Il casellario giudiziario europeo: una frontiera dell'integrazione in materia penale*, in F. PERONI-M. GIALUZ (a cura di), *Cooperazione informativa e giustizia penale nell'Unione Europea*, cit., p. 194.

evidenziata ben presto la necessità di superare le lacune proprie del sistema ECRIS (*European Criminal Records Information System*)[13], il quale, essendo incardinato sullo Stato di cittadinanza[14], risultava ontologicamente disfunzionale rispetto alla necessità di conoscere fatti commessi da cittadini di Paesi terzi oppure da persone apolidi[15]. Questo in quanto, affinché potesse conoscere le condanne pronunciate nei confronti di appartenenti alle categorie soggettive in parola, lo Stato era tenuto a inviare plurime richieste generalizzate, con un notevole aggravio burocratico, che quindi minava l'utilizzo del sistema informatico *de quo*.

---

[12] Art. 82 TFUE. Sul tema, per tutti, L. BACHMAIER WINTER, *Il principio del mutuo riconoscimento*, in R.E. KOSTORIS (a cura di), *Manuale di procedura penale europea*, V ed., Giuffrè, Milano, 2022, p. 363 ss.

[13] Istituito con decisione 2009/316/GAI del Consiglio del 6 aprile 2009, in applicazione dell'art. 11 della decisione quadro 2009/315/GAI del 26 febbraio 2009, relativa all'organizzazione e al contenuto degli scambi fra gli Stati membri di informazioni estratte dal casellario giudiziario. A riguardo, si vedano D. CIMADOMO, *Il casellario giudiziario*, in L. KALB (a cura di), *«Spazio europeo di giustizia» e procedimento penale italiano. Adattamenti normativi e approdi giurisprudenziali*, Giappichelli, Torino, 2012, p. 845 ss.; G. DI PAOLO, *Casellario giudiziario*, in A. MARANDOLA (a cura di), *Cooperazione giudiziaria penale*, Giuffrè, Milano, 2018, p. 997 ss.; EAD., *Il riconoscimento degli effetti della condanna straniera e lo scambio di dati estratti dal casellario giudiziale (dd.llgs. 12 maggio 2016, nn. 73, 74, 75)*, cit., p. 207 ss.; B. GALGANI, *Forme e garanzie nel prisma dell'innovazione tecnologica. Alla ricerca di un processo penale "virtuoso"*, Wolters Kluwer-Cedam, Milano-Padova, 2022, p. 16 ss.

Sul d.lgs. 12 maggio 2016, n. 75, che recepisce la predetta decisione 2009/316/GAI, D. CIMADOMO, *La revisione della disciplina del casellario giudiziale*, in G.M. BACCARI-C. BONZANO-K. LA REGINA-E.M. MANCUSO (a cura di), *Le recenti riforme in materia penale. Dai decreti di depenalizzazione (d.lgs. n. 7 e n. 8/2016) alla legge "Orlando"*, Wolters Kluwer-Cedam, Milano-Padova, 2017, p. 633 ss.

[14] Si tratta di «un sistema informatico decentrato basato sulle banche dati dei casellari giudiziali di ciascuno Stato membro»: secondo l'art. 3, § 1, d.q. 2009/316/GAI.In argomento, G. DI PAOLO, *Il riconoscimento degli effetti della condanna straniera*, cit., p. 236.

Sulle ragioni che hanno sconsigliato l'adozione di un sistema centralizzato, si veda M. GIALUZ, *op. cit.*, p. 209 ss. Sul punto pure C. STEFANOU, *The European Criminal Record: Political Parameters*, in C. STEFANOU-H. XANTHAKI, *Towards a European Criminal Record*, Cambridge University Press, Cambridge, 2008, p. 72 ss., spec. p. 82, ove nota «[e]specially for the Left in Europe and for citizens of the new Member States [...] keeping files on citizens conjures up images of a totalitarian Europe with dictators, secret police forces and informers keeping files on citizens' actions and political/religious beliefs. This lasting memory seems to have created a strong resistance by some political parties and NGOs to moves by the state which recreate the 'filing' of information on individual citizens. Consequently, any proposal for the creation of a new database must pass this psychological test and alleviate any fears concerning the general use of such data. To put it in more precise terms the citizens must be assured firstly that there is a need for such a proposal and secondly that there will not be any misuse of information. In order to satisfy this need attention must be placed on three aspects: contents, access and use of the ECR».

[15] M. GIALUZ, *op. cit.*, p. 222.

Veniva pertanto implementato l'ECRIS-TCN (*Third Country National*), mediante il reg. (UE) 2019/816 del Parlamento europeo e del Consiglio del 17 aprile 2019, che istituisce un sistema centralizzato per individuare gli Stati membri in possesso di informazioni sulle condanne pronunciate a carico di cittadini di Paesi terzi e apolidi e integrare il sistema europeo di informazione sui casellari giudiziali, e che modifica il reg. (UE) 2018/1726 [16]. Rispetto al modello precedente, quest'ultimo consente, se non di ottenere direttamente l'informazione in ordine alle precedenti condanne di un individuo, quantomeno di sapere a quale Stato rivolgersi allo scopo, con il conseguente superamento delle richieste plurime.

Su questo sfondo, e al fine precipuo di favorire la cooperazione informativa tra Stati, si inseriscono allora le disposizioni immediatamente precettive di cui all'art. 2, commi 7-10, della l. 27 settembre 2021, n. 134 [17], volte a modificare le regole codicistiche (artt. 66, comma 2; 349, comma 2; 431, comma 1, lett. *g*), c.p.p., oltre all'art. 110, comma 1-*bis*, disp. att. trans.) in tema di identificazione, allorquando l'attività in questione riguardi un apolide [18], una persona della quale è ignota la cittadinanza, un cittadino di uno Stato non appartenente all'Unione europea ovvero un cittadino di uno Stato membro dell'Unione europea privo del codice fiscale o che è attualmente, o è stato in passato, titolare anche della cittadinanza di uno Stato non appartenente all'Unione europea.

---

[16] Su ECRIS-TCN, in dottrina, L. CAMALDO, *Nuovi strumenti per ampliare e migliorare la cooperazione informativa nell'Unione europea*, in *Proc. pen. e giust.*, 2019, p. 1050 ss.; G. DI PAOLO, *Verso una nuova architettura*, cit., p. 3380 ss.

[17] In ordine alle quali si vedano L. DELLA RAGIONE, *op. cit.*, p. 93 ss.; P. MAGGIO, *Apolidia e processo penale: nuove norme sulla identificazione dei non* cives, in G. SPANGHER (a cura di), *La riforma Cartabia*, Pacini, Pisa, 2022, p. 214 ss.; A. NATALINI, *Scheda fotosegnaletica con "Cui", va trasmessa al Pm e al giudice. L'identificazione degli apolidi*, in *La Riforma del Processo Penale. Commento alla legge n. 134 del 27 settembre 2021*, Il Sole 24 Ore, Milano-Roma, 2021, p. 91 ss.; L. ROSA, *Il processo penale allo straniero: un breve commento a margine della riforma Cartabia*, in *Dir., imm. e cittadinanza*, 2022, 2, p. 403 ss.; G. VARRASO, *La "nuova" identificazione dell'indagato-imputato apolide o proveniente da Paesi extra UE*, in *Dir. pen. e proc.*, 2021, p. 1456 ss.

[18] Ovvero, l'individuo privo di qualsiasi cittadinanza, secondo quanto stabilito dall'art. 1 della Convenzione relativa allo *status* degli apolidi, adottata a New York il 28 settembre 1954 dall'Organizzazione delle Nazioni Unite. Sul tema, G. BISCOTTINI, voce *Apolidia*, in *Enc. dir.*, II, Milano, 1958, p. 612 ss.; F. FERRI, *Diritto UE e apolidia nel contesto dei movimenti migratori: l'anello mancante di una catena debole*, in *www.dpceonline.it*, 19 ottobre 2020, p. 3145 ss.

Va precisato che, a livello interno, l'art. 1 del d.lgs. 25 luglio 1998, n. 286 ("*Testo unico delle disposizioni concernenti la disciplina dell'immigrazione e norme sulla condizione dello straniero*") equipara sotto il profilo trattamentale l'apolide al cittadino extracomunitario, salvo che sia diversamente disposto da parte di leggi o Convenzioni internazionali.

2. Le modifiche normative

Già si è anticipato in apertura come il codice di rito preveda sia meccanismi di profilassi[19], volti a evitare gli errori predetti, sia meccanismi correttivi, tali da eliminare gli errori nelle generalità o, peggio, l'errata identificazione fisica, una volta verificatasi.

I congegni preesistenti trovano ora un rafforzamento per effetto della legge c.d. Cartabia, nella misura in cui rafforzano i segni identificativi, che si aggiungono alle generalità, nei confronti delle particolari categorie soggettive di cui sopra, in relazione ai quali viene presunta *ex lege* una maggiore difficoltà nell'identificazione[20]. Per questi soggetti – lo si ribadisce: non solo apolidi, ma anche persone delle quali è ignota la cittadinanza, cittadini di uno Stato non appartenente all'Unione europea ovvero cittadini di uno Stato membro dell'Unione europea privi del codice fiscale o che sono attualmente, o sono stati in passato, titolari anche della cittadinanza di uno Stato non appartenente all'Unione europea –, viene quindi previsto che debba essere riportato, in ogni caso, il CUI (Codice Univoco Identificativo)[21] della persona nei provvedimenti destinati a essere iscritti nel casellario giudiziale[22] (art. 66, comma 2, c.p.p.).

Trattasi di un codice alfanumerico, generato automaticamente da AFIS (*Au-*

---

[19] Dizione utilizzata da M. D'Orazi, *op. cit.*, p. 300.

[20] Secondo A. Natalini, *op. cit.*, p. 92, la novella in parola avrebbe soltanto positivizzato quanto già avveniva da anni nelle *best practices* giudiziarie. A riguardo, pure M. D'Orazi, *op. cit.*, pp. 57-58, il quale, diversi anni fa, specificava che «tutti i segnali *indicali*» sono ammessi e talvolta impiegati nel processo penale, facendo l'esempio dell'impronta digitale dell'accusato allegata alla richiesta di rinvio a giudizio: la qual cosa, già allora, non era quindi da ritenersi vietata, ma anzi un accorgimento rientrante utilmente fra le ulteriori indicazioni tese all'identificazione dell'imputato; così come l'allegazione di una foto o del cartellino fotodattiloscopico alla richiesta stessa.

[21] Si veda l'art. 43 del d.P.R. 14 novembre 2002, n. 313 ("*Testo unico delle disposizioni legislative e regolamentari in materia di casellario giudiziale, di casellario giudiziale europeo, di anagrafe delle sanzioni amministrative dipendenti da reato e dei relativi carichi pendenti*"), il quale prevede che «[a]l fine di consentire la sicura riferibilità di un procedimento ad un cittadino di Stato appartenente all'Unione europea, che non abbia il codice fiscale, ad un cittadino di Stato non appartenente all'Unione europea, ad una persona di cui non è nota la cittadinanza o ad un apolide, con decreto dirigenziale del Ministero della giustizia, di concerto con il Ministero dell'Interno, sentiti la Presidenza del Consiglio dei Ministri – Dipartimento per l'innovazione e le tecnologie, e il Garante per la protezione dei dati personali, sono stabilite le regole tecniche che consentono, nei casi previsti dal presente testo unico, l'adozione di un codice identificativo attraverso l'utilizzazione del sistema di riconoscimento delle impronte digitali esistente presso il Ministero dell'Interno, come eventualmente modificato o integrato dalla normativa di attuazione prevista dall'art. 34 della legge 30 luglio 2002, n. 189, e successive modificazioni».

[22] Al fine, occorre far riferimento all'art. 3 t.u. casellario, ove viene stilato l'elenco tassativo dei provvedimenti suscettibili di iscrizione.

tomated Fingerprint Identification System), sistema automatizzato per l'identificazione delle impronte digitali del casellario centrale d'identità del Ministero dell'Interno, Dipartimento della pubblica sicurezza, collocato presso la Direzione centrale anticrimine della Polizia di Stato, Servizio polizia scientifica, in base ai dati biometrici [23], al prelievo di campioni biologici e ai rilievi dattiloscopici [24]. Detto codice, legato alla persona in maniera univoca, consente quindi la «sicura riferibilità del procedimento penale all'indagato prima e all'imputato poi» [25], a prescindere dall'accertamento corretto del nome, prodromica alla riferibilità certa allo stesso di eventuali provvedimenti pronunciati nei suoi confronti, che debbano essere iscritti nel casellario giudiziale ai sensi dell'art. 3 del relativo t.u. [26].

Insomma, la novella realizza una profilassi rafforzata là dove più di frequente si annida il rischio di errore nell'ascrizione delle corrette generalità, ovvero nei confronti di cittadini di Paesi *extra*-UE o apolidi, o perché privi di documenti, o perché soliti utilizzare diversi *alias*, fin dalle prime fasi del procedimento [27], e con conseguenze capaci di ripercuotersi anche dopo il giudicato [28].

Fino alla modifica normativa, l'identificazione per il tramite di rilievi dattiloscopici, fotografici e antropometrici, nonché di altri accertamenti [29], rimaneva

---

[23] Tali dati sono definiti dall'art. 4, § 1, n. 14, reg. UE 2016/679 «dati personali ottenuti da un trattamento tecnico specifico relativi alle caratteristiche fisiche, fisiologiche o comportamentali di una persona fisica che ne consentono o confermano l'identificazione univoca, quali l'immagine facciale o i dati dattiloscopici».

[24] Impronte digitali di cui è ormai riconosciuta l'individualità, a livello internazionale. A riguardo, A. SPINELLA-G. SOLLA, *L'identificazione personale nell'investigazione scientifica: dna e impronte*, in *Cass. pen.*, 2009, p. 428 ss., spec. p. 432, sull'utilizzo delle impronte, e p. 433 sul sistema AFIS, a proposito del quale si veda anche V. BARBATO, *Le banche dati tecnico-scientifiche*, in *Dir. pen. e proc.*, 2000, p. 1661.

Più di recente, R. GENNARI-L. SARAVO, *Rilievi ed accertamenti sulle tracce: dalle impronte al dna*, in D. CURTOTTI-L. SARAVO, *Manuale delle investigazioni sulla scena del crimine. Norme, tecniche, scienza, logica*, II ed., Giappichelli, Torino, 2022, p. 677 ss.

[25] G. VARRASO, *La "nuova" identificazione*, cit., p. 1457.

[26] P. MAGGIO, *op. cit.*, p. 217.

[27] Autorevole dottrina ha ritenuto che l'art. 66, comma 2, c.p.p., nel suo testo originario, non fosse applicabile alla fase delle indagini preliminari, facendo leva sulla possibilità di svolgere le investigazioni anche nei confronti di ignoti: si veda, in tal senso, R.E. KOSTORIS, *sub artt. 66-68*, in M. CHIAVARIO (coord. da), *Commento al nuovo codice di procedura penale*, vol. I, Utet, Torino, 1989, pp. 338-339. *Contra*, M. D'ORAZI, *op. cit.*, pp. 296 ss. e 317, secondo il quale la disposizione *de qua* deve trovare applicazione generalizzata anche nella fase investigativa.

[28] Il dato viene evidenziato, ad esempio, da P. MAGGIO, *op. cit.*, pp. 217-218. Si vedano gli artt. 667 e 668 c.p.p.: a riguardo, per tutti, M. D'ORAZI, *op. cit.*, p. 368 ss.

[29] Tra cui, il più rappresentativo risulta, secondo alcuni, l'esame del dna: L. DELLA RAGIONE, *op. cit.*, p. 101; G. NICOLUCCI, *op. cit.*, p. 711. Sottolinea l'utilità del dna in questo campo, M. D'ORAZI, *op. cit.*, pp. 94 e 327. Per tutti, sul tema, P. FELICIONI, *Accertamenti sulla persona e pro-*

nella discrezionalità valutativa degli inquirenti: adesso, per l'apolide o il cittadino di Paese terzo, divengono doverosi («sono sempre eseguiti»), secondo il disposto dell'art. 349, comma 2, c.p.p. riformulato[30], il quale impone poi la trasmissione al pubblico ministero della copia del cartellino fotodattiloscopico da parte della polizia giudiziaria, oltre alla comunicazione del CUI della persona indagata. A riguardo, attenta dottrina[31] ha precisato che, oltre alla raccolta delle impronte digitali, per i soggetti in discorso si aggiunge sempre anche la foto del volto, la quale è solo eventuale alla stregua del regolamento europeo, né tantomeno è prevista dall'art. 4 del t.u. leggi p.s. (né dall'art. 7 del relativo regolamento di esecuzione), che prevede – sebbene con ben altra finalità[32] – la sottoposizione a rilievi segnaletici delle persone pericolose o sospette e di coloro che non sono in grado o si rifiutano di provare la loro identità[33].

Alla modifica codicistica viene accompagnata l'introduzione dell'art. 110, comma 1-*bis*, disp. att. trans., in base alla cui odierna formulazione la segreteria acquisisce, al momento della iscrizione del nominativo della persona nel registro delle notizie di reato, i certificati anagrafici, i certificati del casellario nazionale ed europeo, e anche, ove necessario, una copia del cartellino fotodattiloscopico, provvedendo, in ogni caso, all'annotazione del CUI della persona nel registro *ex* art. 335 c.p.p. Iscrizione che avviene nell'apposito campo già previsto dal SICP (Sistema informativo della cognizione penale) nel quadro dedicato all'indagato-

---

cesso penale. Il prelievo di materiale biologico, cit., spec. p. 141 ss.; EAD., *L'acquisizione di materiale biologico a fini indentificativi e di ricostruzione del fatto*, in A. SCARCELLA (a cura di), *Prelievo del DNA e banca dati nazionale*, Cedam, Padova, 2009, p. 191 ss.

[30] Merita, tuttavia, sottolineare che secondo M. D'ORAZI, *op. cit.*, p. 304, anche in precedenza si trattava di attività "doverosa" per la p.g., ogniqualvolta risultasse inidonea la raccolta delle mere generalità per l'identificazione.

[31] G. VARRASO, *La "nuova" identificazione*, cit., p. 1458.

[32] Secondo G. COLANGELI, voce *Identificazione*, in *Dig. disc. pen.*, VI, Torino, 1992, p. 66, il contrasto sarebbe meramente apparente, posto che l'art. 349 c.p.p. disciplina un atto della polizia giudiziaria, dalle finalità repressive, nei confronti del solo indagato; mentre le disposizioni in materia di pubblica sicurezza hanno obiettivi meno mirati di carattere general-preventivo.

Dà conto della differenza anche F. LA MARCA, *sub art. 349*, in M. CHIAVARIO (coord. da), *Commento al nuovo codice di procedura penale*, vol. IV, Utet, Torino, 1990, p. 124.

[33] Non è ozioso richiamare una nota, quanto risalente, pronuncia del giudice delle leggi (Corte cost., 27 marzo 1962, n. 30) che ha escluso che l'esecuzione dei rilievi segnaletici di cui all'art. 4 t.u. leggi p.s. importi l'assoggettamento, fisico o morale, di una persona al potere dell'organo di polizia, con la conseguenza di sottrarre gli stessi dal campo di applicazione dell'*habeas corpus*, anche qualora richiedano una momentanea immobilizzazione della persona per descrivere, fotografare o misurare gli aspetti nelle parti normalmente esposte del corpo, o per consentire la fissazione delle impronte digitali. Il discrimine tra ciò che è tutelato dall'art. 13 Cost. e ciò che non lo è, nel caso di specie, viene ravvisato nel fatto che i rilievi in parola riguardano l'esteriorità della persona, la cui sfera di integrità resta intatta, diversamente dalle ispezioni personali.

imputato. Quanto alla acquisizione del cartellino, essa resta nella discrezionalità valutativa, come si evince univocamente dalla lettera della legge, della segreteria del p.m.[34], essendo doverosa la sola annotazione del codice identificativo. Preme tuttavia evidenziare che il cartellino in questione sarà comunque contenuto nel fascicolo del pubblico ministero, essendo allegato al verbale di identificazione della p.g. e trasmesso al *dominus* della fase preliminare con l'informativa di cui all'art. 347 c.p.p.[35], anche nell'eventualità in cui venga iscritta una notizia di reato acquisita in via autonoma dal titolare delle indagini, oppure qualora quest'ultimo disponga l'iscrizione di un nuovo nominativo nel registro mod. 21, o una iscrizione a mod. 21 dal registro mod. 44 o 45[36].

Quelle finora descritte, ovvero la formazione del cartellino fotodattiloscopico, l'annotazione del codice identificativo nel registro delle notizie di reato, l'inserimento del primo nel fascicolo delle indagini, sono tutte «attività propedeutiche e indispensabili anche per la corretta operatività dei successivi adempimenti previsti dalla novella»[37]. Non a caso, è stato oggetto di modifica anche l'elenco dei contenuti del fascicolo per il dibattimento, tale da estenderne la portata pure – sempre che il processo riguardi imputati apolidi o cittadini di Paesi *extra*-UE nel senso sopra specificato – alla copia del cartellino fotodattiloscopico e all'indicazione del CUI, giusta la modifica dell'art. 431, comma 1, lett. *g*), c.p.p. Dell'incombenza si occuperà il g.u.p., nel contraddittorio delle parti, subito dopo l'emissione del decreto che dispone il giudizio, oppure, nel caso di citazione diretta a giudizio, il p.m.

Occorre, qui giunti, dar conto del fatto che nessuna delle norme di nuovo conio è presidiata da alcuna sanzione processuale, per cui, in caso di omissione, stante il principio di tassatività, non potrebbe che invocarsi la sanzione disciplinare prevista dall'art. 124 c.p.p.[38].

Sul piano della concreta operatività poi, sebbene non si tratti di uno sconvolgimento radicale, ma semmai della traduzione in legge di prassi già diffuse[39], alla novella dovranno essere accompagnati protocolli operativi concreti, destinati, in primo luogo alla polizia giudiziaria[40], oltre al personale delle procure.

---

[34] P. MAGGIO, *op. cit.*, p. 219; G. VARRASO, *La "nuova" identificazione*, cit., p. 1459.

[35] G. VARRASO, *La "nuova" identificazione*, cit., p. 1459. Dello stesso avviso P. MAGGIO, *op. cit.*, p. 219.

[36] G. VARRASO, *op. loc. ult. cit.*, richiamando PROCURA DELLA REPUBBLICA PRESSO IL TRIBUNALE DI TIVOLI, *Linee guida per l'applicazione della legge n. 134/2021*, in *www.giurisprudenza penale.com*, p. 7.

[37] Testualmente, G. VARRASO, *op. loc. ult. cit.*

[38] Come sottolineato da G. VARRASO, *op. ult. cit.*, p. 1460.

[39] Lo si è anticipato *supra*. A conferma, si veda PROCURA DELLA REPUBBLICA PRESSO IL TRIBUNALE DI TIVOLI, *Linee guida per l'applicazione della legge n. 134/2021*, cit., p. 5.

[40] *Ivi*, p. 8. In dottrina, sottolinea il dato G. VARRASO, *op. loc. ult. cit.*

3. Le ombre della «cultura del controllo»[41] e del rafforzamento del diritto processuale penale dello straniero

Da quanto fin qui tratteggiato, emerge chiaramente la *ratio* degli innesti normativi: rafforzare, fin da subito, i segni identificativi di quei soggetti che risultano più difficili da identificare mediante il mero ricorso alle generalità, *id est* ai normali «contrassegni personali»[42]. Operazione che darà frutti durante tutto l'arco del procedimento, dal momento che alcuni errori di persona, emersi dopo il giudicato, sono emendabili attraverso la revisione[43].

Sotto un diverso profilo, la compiuta identificazione giova al rintraccio dello straniero/apolide, anche ai fini di evitare la pronuncia di una sentenza di non doversi procedere per mancata conoscenza dello svolgimento del processo (art. 420-*quater* c.p.p.)[44], istituto che si è succeduto alla previgente ordinanza di sospensione, la quale, negli anni di vigenza, si riferiva prevalentemente proprio a una «moltitudine di stranieri irreperibili, spesso d'incerta identità, solo provvisoriamente transitati sul territorio nazionale»[45].

Se quanto precede pare condivisibile e auspicabile, si addensano, nondime-

---

[41] Richiamando il titolo di D. GARLAND, *La cultura del controllo: crimine e ordine sociale nel mondo contemporaneo*, trad. it. di A. CERETTI, Il Saggiatore, Milano, 2004.

In argomento, e sugli strumenti di sorveglianza di massa, tra molti, G. DI PAOLO, *"Tecnologie del controllo" e prova penale. L'esperienza statunitense e spunti per la comparazione*, Cedam, Padova, 2008, p. 1 ss.; C. FANUELE, *La localizzazione satellitare nelle investigazioni penali*, Wolters Kluwer-Cedam, Milano-Padova, 2019, spec. p. 5 (in termini di «"globalizzazione del controllo" o [di] "controllo globale"»); F. NICOLICCHIA, *I controlli occulti e continuativi come categoria probatoria. Una sistematizzazione dei nuovi mezzi di ricerca della prova tra fonti europee e ordinamenti nazionali*, Wolters Kluwer-Cedam, Milano-Padova, 2020, *passim*; W. NOCERINO, *Le intercettazioni e i controlli preventivi. Riflessi sul procedimento probatorio*, Wolters Kluwer-Cedam, Milano-Padova, 2018, p. 327 ss.

[42] Che F. CORDERO, *Procedura penale*, VIII ed., Giuffrè, Milano, 2006, p. 237, identifica con «patronimico, nome, luogo e data della nascita».

[43] G. VARRASO, *op. loc. ult. cit.* Diffusamente sul tema, M. D'ORAZI, *op. cit.*, p. 368 ss.

[44] Condivisibilmente, G. VARRASO, *op. loc. ult. cit.*, sottolinea che «una più corretta instaurazione del processo nei confronti degli irreperibili [...] vede come premessa logico-giuridica l'esatta identificazione dell'accusato».

Per la disanima del nuovo istituto, introdotto dal d.lgs. 10 ottobre 2022, n. 150, si vedano, per tutti, A. SANNA, *La sentenza di non doversi procedere per mancata conoscenza del processo. Torsioni sistematiche e* deficit *di garanzie*, in *DisCrimen*, 20 marzo 2023, p. 1 ss.; G. VARRASO, *Il processo in assenza dell'imputato*, in D. CASTRONUOVO-M. DONINI-E.M. MANCUSO-G. VARRASO, *Riforma Cartabia. La nuova giustizia penale*, Wolters Kluwer-Cedam, Milano-Padova, 2023, p. 587 ss.

[45] D. NEGRI, *Il processo nei confronti dell'imputato "assente" al tortuoso crocevia tra svolgimento e sospensione*, in M. DANIELE-P.P. PAULESU (a cura di), *Strategie di deflazione penale e rimodulazione del giudizio* in absentia, Giappichelli, Torino, 2015, p. 240.

no, nubi fosche attorno alle nuove previsioni, non appena si approcci la questione sotto il profilo delle garanzie della persona e, nello specifico, dell'*habeas data*. Si allude al fatto che, con la trasformazione della prassi in legge, per gli individui delle categorie menzionate verranno realizzate mappature informatiche complete, destinate inevitabilmente a implementare forme di riconoscimento facciale [46]. Per convincersi di ciò, è sufficiente la lettura del Capitolato tecnico [47] del *software* SARI (Sistema Automatico Riconoscimento Immagini) [48], sistema che si basa su algoritmi di elaborazione delle immagini e che permette l'identificazione di un soggetto tramite il confronto tra la foto dell'ignoto con quelle di milioni di soggetti foto-segnalati che compongono le banca dati precostituite [49]. A quest'ultimo proposito, il già citato Capitolato tecnico specifica il collegamento esistente tra la banca dati AFIS – a cui si è fatto cenno in precedenza, dal momento che è lo stesso sistema che genera il CUI – e SARI *Enterprise* che si serve dei dati presenti nella prima [50].

---

[46] Preoccupazione avanzata, a ragione, da P. MAGGIO, *op. cit.*, pp. 217 e 219.

In riferimento all'ordinamento inglese, dubbi di compatibilità tra le banche dati biometriche e i diritti umani, sotto il profilo del rispetto dell'art. 8 Cedu, sono avanzati da K. MCGREGOR RICHMOND, *Human Rights Compatibility of Biometric Data Retention on Shared UK Databases*, in *Crim. law rev.*, 2022, p. 545 ss.

[47] MINISTERO DELL'INTERNO, DIPARTIMENTO DELLA PUBBLICA SICUREZZA, *Capitolato tecnico. Procedura volta alla fornitura della soluzione integrata per il sistema automatico di riconoscimento immagini S.A.R.I. Lotto n° 1*, leggibile in *https://www.poliziadistato.it/statics/06/20160627-ct-sari--4-.pdf*.

[48] Sul riconoscimento facciale, si vedano, senza alcuna pretesa di esaustività, G. BORGIA, *Profili sistematici delle tecnologie di riconoscimento facciale automatizzato, anche alla luce dei futuribili sviluppi normativi sul fronte eurounitario*, in *Legisl. pen.*, 11 dicembre 2021, p. 1 ss.; R. LOPEZ, *Riconoscimento facciale tramite* soft-ware *e individuazione del sospettato*, in A. SCALFATI (a cura di), *Pre-investigazioni (Espedienti e mezzi)*, Giappichelli, Torino, 2020, p. 295 ss.; E. SACCHETTO, Face to face*: il complesso rapporto tra* automated facial recognition technology *e processo penale*, in *Legisl. pen.*, 16 ottobre 2020, p. 1 ss.; M. TORRE, *Nuove tecnologie e trattamento dei dati personali*, in *Dir. pen. e proc.*, 2021, p. 1047 ss.; R.V.O. VALLI, *Sull'utilizzabilità processuale del Sari: il confronto automatizzato di volti rappresentati in immagini*, in *ilPenalista*, 16 gennaio 2019.

[49] Per dare un'idea dell'ordine di grandezza, si veda l'interrogazione parlamentare del 5 febbraio 2020, *Sull'utilizzo da parte delle forze di polizia di sistemi informatici per il riconoscimento facciale*, (leggibile in *http://documenti.camera.it/leg18/resoconti/commissioni/bollettini/html/2020/02/05/01/allegato.htm*), ove si dice che, all'epoca, il numero dei cartellini fotosegnaletici presenti in AFIS ammontasse a 17.592.769, rispondenti a 9.882.490 individui diversi. Il sito istituzionale della Polizia di Stato, invece, dà conto del fatto che nel 2022 vi sono stati 894.999 inserimenti di cartellini dattiloscopici nella banca dati AFIS: si veda la notizia *Il 2022 della Polizia di Stato in numeri*, leggibile al link *https://www.poliziadistato.it/articolo/1996642eda8a851be907571692*.

[50] Si veda MINISTERO DELL'INTERNO, DIPARTIMENTO DELLA PUBBLICA SICUREZZA, *Capitolato tecnico. Procedura volta alla fornitura della soluzione integrata per il sistema automatico di riconoscimento immagini S.A.R.I. Lotto n° 1*, cit., p. 14, ove viene specificato come inizialmente S.A.R.I.

Il collegamento esistente tra i due strumenti solleva dunque ancora maggiori perplessità sotto il profilo del rispetto del diritto alla vita privata e individuale, presidiato dall'art. 8 Cedu, con la conseguenza che i dati contenuti[51] (impronte, fotografie, DNA) debbano essere utilizzati non soltanto secondo il disposto di legge, per una delle finalità tassativamente indicate nella norma e considerate necessarie in una società democratica, ma anche nel rispetto del principio di proporzionalità[52].

Un diverso motivo di disagio deriva, poi, dal versante soggettivo: dal momento che il perimetro di obbligatorietà delle disposizioni in parola concerne soltanto le persone apolidi o straniere provenienti da Paesi *extra*-UE, non sfugge[53] che

---

Enterprise dovesse importare l'intera banca dati dei soggetti fotosegnalati (ricavata dai dati presenti in SSA – SottoSistema Anagrafico AFIS –), la quale doveva poi essere periodicamente aggiornata in base ai nuovi inserimenti in AFIS, in modo da mantenere allineati i due sistemi (AFIS e SARI). Dell'uso della banca dati AFIS da parte di S.A.R.I. danno conto, in dottrina, R. LOPEZ, *op. cit.*, p. 299; M. TORRE, *op. cit.*, p. 1049, nota 58; R.V.O. VALLI, *op. cit.*

[51] La giurisprudenza della Corte di Strasburgo ha più volte affermato che la conservazione di fotografie, impronte o DNA di un soggetto costituisce una ingerenza ai sensi dell'art. 8, § 1, Cedu: Corte EDU, Sez. I, 13 febbraio 2020, *Gaughran c. Regno Unito*, in *www.echr.coe.int*, §§ 63 e 70; Corte EDU, Grande Camera, 4 dicembre 2008, *S. e Marper c. Regno Unito*, *ivi*, § 67; §§ 84-86 (in relazione alle impronte digitali). Pertanto, la valutazione sulla legittimità di detta ingerenza, *ex* art. 8, § 2, dipende dal fatto che la stessa sia prevista dalla legge, per un fine legittimo tassativamente indicato dalla norma (come la prevenzione e la repressione dei reati), necessario in una società democratica, e in modo da assicurare un «*fair balance*» tra gli interessi generali e individuali in conflitto: Corte EDU, Sez. I, 13 febbraio 2020, *Gaughran c. Regno Unito*, cit., § 96.

[52] Si veda inoltre il Principio n. 2 – Raccolta di dati, della Raccomandazione n. R (87) 15 del Comitato dei Ministri del Consiglio d'Europa Tesa a regolamentare l'utilizzo dei dati a carattere personale nel settore della polizia, adottata il 17 settembre 1987, secondo il quale la raccolta di dati a carattere personale a fini di polizia dovrà essere limitato a quanto necessario per la prevenzione di un pericolo concreto o alla repressione di una determinata infrazione penale. Ogni eccezione a tale disposizione dovrà essere oggetto di una specifica disposizione nazionale. Cfr., inoltre, il d.lgs. 18 maggio 2018, n. 51 ("*Attuazione della direttiva UE 2016/680 del Parlamento europeo e del Consiglio, del 27 aprile 2016, relativa alla protezione delle persone fisiche con riguardo al trattamento dei dati personali da parte delle autorità competenti a fini di prevenzione, indagine, accertamento e perseguimento dei reati o esecuzione di sanzioni penali, nonché alla libera circolazione di tali dati che abroga la decisione quadro 2008/977/GAI del Consiglio*").

Con particolare riguardo al rapporto tra art. 8 Cedu e raccolta di dati genetici, si veda P. FELICIONI, *La prova del dna nel procedimento penale. Profili sistematici, dinamiche probatorie, suggestioni mediatiche*, Giuffrè, Milano, 2018, p. 67 ss.

In generale, sul tema, si vedano L. BELVINI, *Principio di proporzionalità e attività investigativa*, ESI, Napoli, 2022; M. CAIANIELLO, *Il principio di proporzionalità nel procedimento penale*, in *Dir. pen. cont.-Riv. trim.*, 2014, 3-4, p. 143 ss.; F. NICOLICCHIA, *Il principio di proporzionalità nell'era del controllo tecnologico e le sue implicazioni processuali rispetto ai nuovi mezzi di ricerca della prova*, *ivi*, 2018, 2, p. 176 ss.

[53] P. MAGGIO, *op. cit.*, p. 221.

le stesse vadano a rimpolpare il già vasto novero delle norme processuali riservate allo straniero[54]. È chiaro che «non esiste – né potrebbe esistere – una procedura penale dichiaratamente differenziata per lo straniero [sebbene e]sist[a]no [...] svariati istituti, destinati a operare nel procedimento penale che si celebra a carico di tale soggetto, che, complessivamente considerati, evidenziano in modo molto netto la politica seguita nel plasmare questa materia»[55].

Altrettanto chiaro è che non ogni disparità debba necessariamente essere considerata pregiudizievole, se solo si pensa che la pluralità del rito processuale è dato insito, fin da quando si è immaginato un insieme di regole sulla competenza per materia[56]. Ciò detto, occorre tuttavia prestare la dovuta attenzione alla ragionevolezza delle discipline differenziate, valutando attentamente che non nascondano intenti discriminatori e che non si prestino ad abusi.

Passando dal piano delle considerazioni generali a quello qui di interesse, l'aver previsto una "schedatura di massa" per gli stranieri che un tempo si sarebbero chiamati "extracomunitari" e per i soggetti apolidi coinvolti da procedimenti penali non può che suscitare imbarazzi. Certo, si dirà che la disciplina è giustificata dalla frequente mancanza di documenti o dall'incertezza sulla loro vera identità anagrafica[57]. Tuttavia, l'aver generalizzato quei rilievi (art. 349,

---

[54] A titolo meramente esemplificativo, A. CAPUTO, *Immigrazione e procedimento penale*, in G. SPANGHER (diretto da), *Trattato di procedura penale*, G. GARUTI (a cura di), *Modelli differenziati di accertamento*, vol. VII, t. 1, Utet, Torino, 2011, p. 529 ss.; S. CARNEVALE, *Stranieri al processo: meccanismi di esclusione e accertamento penale*, in O. GIOLO-M. PIFFERI, *Diritti contro: meccanismi giuridici di esclusione dello straniero*, Giappichelli, Torino, 2009, p. 111 ss.; S. LONATI, *Espulsione amministrativa dello straniero, processo penale e modelli differenziati di accertamento*, in *Giur. cost.*, 2019, p. 3238 ss.; S. LORUSSO, *Strappi e scorciatoie nel trattamento processuale del migrante clandestino*, in *Dir. pen. e proc. – Speciale Immigrazione 2009, n. 1*, 2009, p. 50 ss.; F.B. MORELLI, *La tutela della libertà personale dello straniero presente* sine titulo *sul territorio nazionale tra respingimento, espulsione e trattenimento*, in O. GIOLO-M. PIFFERI, *Diritti contro: meccanismi giuridici di esclusione dello straniero*, cit., p. 149 ss.; L. PARLATO, *Aspetti processualpenalistici e dubbi di costituzionalità della legge in materia di immigrazione: figlia di un «giusto processo minore»?*, in *Cass. pen.*, 2004, p. 346 ss.; E. VALENTINI, *La procedura penale per lo straniero: tratti di specialità al ribasso*, in F. CURI-F. MARTELLONI-A. SBRACCIA-E. VALENTINI, *I migranti sui sentieri del diritto. Profili socio-criminologici, giuslavoristici, penali e processualpenalistici*, II ed., Giappichelli, Torino, 2021, p. 297 ss.; D. VIGONI, *Le norme in tema di immigrazione clandestina*, in G. DI CHIARA (a cura di), *Il processo penale tra politiche della sicurezza e nuovi garantismi*, Giappichelli, Torino, 2003, p. 165 ss.

[55] E. VALENTINI, *op. cit.*, p. 297.

[56] Sul tema, per tutti, G. PIZIALI, *Pluralità dei riti e giudice unico*, in *Riv. it. dir. proc. pen.*, 2000, p. 971 ss.

[57] Tant'è che l'art. 349, comma 4, c.p.p., rimasto inalterato, è ritenuto (con una considerazione limitata all'ultimo periodo) norma «forgiata *ad hoc* per gli stranieri» da P.P. PAULESU, *sub art. 349 c.p.p.*, in A. GIARDA-G. SPANGHER, *Codice di procedura penale commentato*, VI ed., tomo 2, Ipsoa, Milano, 2023, p. 1684.

comma 2, c.p.p.), e, conseguentemente, l'aver previsto che questi debbano *sempre* essere accompagnati per il fotosegnalamento[58], privando così della discrezionalità valutativa di cui dispongono in relazione alle altre categorie soggettive gli operatori (e che consentiva loro, già prima della riforma, di effettuare i rilievi antropometrici, dattiloscopici e fotografici, se ritenuto necessario ai fini della corretta identificazione[59]), per la diversa provenienza geopolitica, ha un sentore vagamente discriminatorio, a cui sembrano sottese – neanche a dirlo – logiche securitarie[60].

---

[58] Cfr. PROCURA DISTRETTUALE DELLA REPUBBLICA DI BOLOGNA (Ufficio del Procuratore della Repubblica Giuseppe Amato), *Disciplina sulla compiuta identificazione dell'indagato. La disciplina del nuovo articolo 349, comma 2, c.p.p., modificato dalla legge n. 134 del 2021*, 25 ottobre 2021, in cui si ritiene che il fotosegnalamento strumentale alla predisposizione del cartellino non debba essere ripetuto ogniqualvolta il soggetto – appartenente alle categorie qui in esame – venga sottoposto a rilievi; nel caso, si dice, è sufficiente trasmettere il cartellino già presente in atti, purché riferito con certezza allo stesso. Ciò non vieta, a ogni buon conto, che la p.g. possa decidere di reiterare il fotosegnalamento, se opportuno (ad esempio, qualora la foto risulti datata).

[59] Preme evidenziare come, già prima della riforma, alcuni avessero riferito l'inciso "ove occorra" anche alle qualità soggettive, in modo tale da riferirlo, tra gli altri, agli apolidi e agli stranieri, nonché «agli zingari privi di documenti e generalmente indicati come "sedicenti"»: così G. ICHINO, *L'attività di polizia giudiziaria*, in M.G. AIMONETTO (coordinati da), *Indagini preliminari ed instaurazione del processo*, in M. CHIAVARIO-E. MARZADURI (diretto da), *Giurisprudenza sistematica di diritto processuale penale*, Utet, Torino, 1999, p. 135.

[60] Del tema, sebbene da una prospettiva che esula da quella processual-penalistica, si occupa E. GARGIULO, *Riconoscere o «schedare»? L'identificazione delle persone tra esigenze amministrative, iniziative securitarie e pulsioni razziste*, in *Ragion prat.*, 2018, p. 507 ss., il quale sottolinea (a p. 509) che «[l]'enfasi della sicurezza, particolarmente evidente quando al centro dell'attenzione si trovano questioni come le migrazioni e i comportamenti – reali o presunti – dei "rom", si è rapidamente trasformata in ossessione securitaria. Questa ossessione, con elevata frequenza, si traduce concretamente in un uso escludente delle tecnologie amministrative di identificazione».

Ravvisa il venire in essere di un «microsistema processuale del migrante clandestino [...] ispirato a linee di fondo espressione evidente della logica della 'sicurezza pubblica'» S. LORUSSO, *Strappi e scorciatoie nel trattamento processuale del migrante clandestino*, cit., p. 51. Più in generale, l'Autore ha dato conto di come anche le norme in materia di immigrazione possano rientrare tra quelle animate da ragioni di sicurezza in S. LORUSSO, *Sicurezza pubblica e diritto emergenziale: fascino e insidie dei rimedi processuali*, in *Dir. pen. e proc.*, 2010, p. 269 ss.

Di «*diritto penale dell'esclusione*» primo simbolo del «*diritto penale del nemico*» parla M. DONINI, *Il cittadino extracomunitario da* oggetto materiale *a* tipo d'autore *nel controllo penale dell'immigrazione*, in *Quest. giust.*, 2009, p. 131, al quale si rimanda anche per la nutrita bibliografia in tema di diritto penale del nemico (p. 114 s., note 19-20).

UN INEDITO CONTROLLO GIURISDIZIONALE SULLA PERQUISIZIONE

di Angela Procaccino

1. La nuova disciplina: l'art. 252-*bis* c.p.p. e il comma 4-*bis* dell'art. 352 c.p.p.

Con l'art. 1, comma 24 della l. n. 134/2021 si incaricava il legislatore delegato di prevedere «il diritto della persona sottoposta alle indagini e dei soggetti interessati di proporre opposizione innanzi al giudice per le indagini preliminari avverso il decreto di perquisizione cui non consegua un provvedimento di sequestro»[1].

[1] Occorre ricordare che l'art. 11 d.d.l. C-2435, presentato dall'allora ministro Bonafede, reperibile in *documenti.camera.it*, p. 55, recitava: «*prevedere uno strumento di impugnazione del decreto di perquisizione o di convalida della perquisizione, anche quando ad essa non consegua un provvedimento di sequestro*». La riformulazione dell'art. 11 d.d.l. C-2435, da parte della Commissione Lat-

Cosicché, in attuazione della delega, il d.lgs. n. 150/2022 provvedeva a costruire un nuovo "controllo" avverso il decreto che dispone o convalida una perquisizione che non abbia condotto ad alcun sequestro, tramite l'introduzione dell'art. 252-*bis* c.p.p.[2] e del comma 4-*bis* dell'art. 352 c.p.p.[3]. Il controllo è stato concepito in forma di "opposizione". A detti innesti normativi si affianca, peraltro, anche la modifica del comma 4 del medesimo art. 352 c.p.p., poiché la precedente previsione per cui il p.m. convalidava la perquisizione "se ne ricorre(va)no i presupposti" è ora sostituita dalla previsione per cui il pubblico ministero, *decide con decreto motivato* sulla convalida della perquisizione effettuata d'iniziativa ai sensi della disposizione stessa[4].

2. Il caso "*Brazzi*" quale *casus belli* (o "in bello")

È individuabile, a nostro avviso, una sorta di distonia quando si invoca come causa "diretta" del *novum* normativo la celebre e ultracitata sentenza della Corte EDU sul caso *Brazzi c. Italia*[5]; ciò si rende ancor più evidente ove si pensi che

---

tanzi, reperibile in *giustizia.it*, pp. 45-46, aveva invece portato ad una formula più dettagliata sia per l'ambito soggettivo che oggettivo, la quale recitava: «*prevedere il diritto della persona sottoposta alle indagini e dei soggetti interessati di proporre opposizione al giudice per le indagini preliminari avverso il decreto di perquisizione cui non consegua un provvedimento di sequestro*».

[2] Art. 252-*bis* c.p.p. ("*Opposizione al decreto di perquisizione emesso dal pubblico ministero*") «1. Salvo che alla perquisizione sia seguito il sequestro, contro il decreto di perquisizione emesso dal pubblico ministero la persona nei cui confronti vengono svolte le indagini e la persona nei cui confronti la perquisizione è stata disposta o eseguita possono proporre opposizione, sulla quale il giudice provvede a norma dell'articolo 127. 2. L'opposizione è proposta, a pena di decadenza, entro dieci giorni dalla data di esecuzione del provvedimento o dalla diversa data in cui l'interessato ha avuto conoscenza dell'avvenuta perquisizione. 3. Il giudice accoglie l'opposizione quando accerta che la perquisizione è stata disposta fuori dei casi previsti dalla legge».

[3] Art. 352, comma 4-*bis*, c.p.p. «Salvo che alla perquisizione sia seguito il sequestro, entro dieci giorni dalla data in cui hanno avuto conoscenza del decreto di convalida, la persona nei cui confronti vengono svolte le indagini e la persona nei cui confronti la perquisizione è stata disposta o eseguita possono proporre opposizione, sulla quale il giudice provvede a norma dell'articolo 127. Si applica la disposizione di cui all'articolo 252-*bis*, comma 3».

[4] Si veda, *infra*, par. 4.

[5] Corte EDU, 27 settembre 2018, *Brazzi c. Italia*, in *Cass. pen.*, 2019, I, p. 81 ss. Con quella pronuncia, del 2018, la Corte riteneva che l'assenza di rimedi esperibili rispetto ad una perquisizione domiciliare non seguita dal sequestro del corpo del reato o delle cose pertinenti al reato, violasse il diritto alla libertà di domicilio di cui all'art. 8 Cedu. Si era trattato del caso di un cittadino italiano indagato per il reato di cui all'art. 5 d.lgs. n. 74/2000 dalla Procura della Repubblica presso il Tribunale di Mantova, formalmente residente in Germania ma domiciliato a fini fiscali in Italia, che aveva omesso di presentare le relative dichiarazioni fiscali per il periodo d'imposta

la lacuna ora colmata non solo era stata da tempo rilevata in dottrina ma, proprio sulla scorta di quei rilievi, un progetto di riforma del codice di rito aveva provato a eliminarla con un intervento ben mirato [6].

A guardar sotto la superficie, l'assenza di tutela in caso di perquisizione "negativa" si innesta nella nota e antica "guerra" tra *male captum, bene retentum* e *poisonous tree doctrine*. In quella guerra il nostro ordinamento è nettamente

---

2003. Nel luglio 2010 la Procura aveva emesso un decreto di perquisizione dell'abitazione e dei veicoli dell'interessato al fine di ricercare e sequestrare documenti fiscali e qualsiasi altro documento utile per le indagini. La perquisizione aveva dato esito negativo e la Procura, sollecitata dall'indagato, nel settembre 2010 aveva chiesto l'archiviazione, arrivata poi nella forma del decreto del g.i.p. Il Brazzi, dunque, per contestare l'illegittimità della perquisizione, aveva proposto ricorso per Cassazione per violazione del diritto al rispetto del domicilio e della vita privata, eccependo che la verifica avrebbe dovuto svolgersi con indagini meno invasive. Il ricorso veniva tuttavia ritenuto inammissibile, in primo luogo stante l'assenza, nel nostro ordinamento, di una norma che consentisse il riesame ai sensi dell'art. 257 c.p.p. contro la perquisizione non seguita da sequestro; in secondo luogo, per l'impossibilità di accedere allo strumento di cui all'art. 111, comma 7, Cost., difettando il decreto di perquisizione domiciliare della natura decisoria e non essendoci la diretta incisione, contrariamente alla perquisizione personale, della libertà personale; in terzo luogo, a causa dell'impossibilità di inquadrare l'irritualità della perquisizione in alcuna delle ipotesi di nullità contemplate dall'art. 178, comma 1, lett. *c*), c.p.p. o di inutilizzabilità di cui all'art. 191 c.p.p., in quanto la violazione non atteneva all'atto in sé ma alle modalità di esecuzione e, da ultimo, perché l'eventuale inosservanza da parte dell'autorità giudiziaria o della polizia giudiziaria delle norme e dei limiti che disciplinano le perquisizioni aveva comunque una risposta nell'ordinamento, ravvisabile nello strumento di carattere disciplinare. Così esperiti i rimedi interni, il ricorrente proponeva ricorso a Strasburgo, dolendosi della violazione del diritto alla propria vita privata in spregio all'art. 8 della Convenzione. Nel settembre 2018 la Corte dava ragione al ricorrente affermando che un effettivo rispetto del diritto alla propria vita privata e familiare, al proprio domicilio e alla propria corrispondenza non potesse prescindere da un controllo giurisdizionale. L'esito decisionale si presentava di notevole impatto perché integrava il requisito espresso della "riserva di legge" dell'art. 8 Cedu, con l'ulteriore "requisito-specificazione" della riserva di giurisdizione, ritenuta inestricabilmente connessa al "principio dello stato di diritto". In altre parole, ad avviso della Corte, oltre che ad assicurare la "previsione normativa" delle modalità e delle condizioni di ingerenza nella vita privata dell'individuo, l'ordinamento nazionale deve predisporre opportuni strumenti volti a scongiurare il rischio di abusi e arbitrii nell'interpretazione e applicazione di quelle stesse previsioni. Il Governo italiano, al fine di resistere al ricorso, aveva messo in luce come dell'ordinamento giuridico già prevedesse adeguate garanzie in fase di esecuzione, individuabili innanzitutto negli obblighi di motivazione del provvedimento e consegna dello stesso all'indagato o a chi abbia la disponibilità dei luoghi; nella facoltà di farsi assistere da persona di fiducia, purché idonea e prontamente reperibile (art. 250 c.p.p.); nella previsione di fasce orarie di esecuzione (art. 251 c.p.p.); nella designazione di un difensore d'ufficio alla persona che ne sia priva e nel diritto del difensore di assistere all'atto pur senza preavviso e di presentare al pubblico ministero richieste, osservazioni e riserve di cui poter fare menzione nel verbale (art. 365 c.p.p.); nell'obbligo di deposito presso la segreteria del p.m. entro tre giorni dall'esecuzione del verbale di perquisizione, con facoltà del difensore – al quale occorre immediatamente notificare l'avviso di deposito – di prenderne visione ed estrarne copia (art. 366 c.p.p.).

[6] Si veda, *infra*, par. 3.

schierato a favore del primo principio e la Corte EDU propende, lo si legge nelle pieghe delle sue sentenze, per il secondo.

Eppure, come si dirà tra un attimo, non si possono invocare quelle sentenze per dirimere questa guerra, poiché esse sono scudo più che spada, e ciò per due ordini di ragioni, il primo dei quali è strutturale: la Corte di Strasburgo tutela i diritti in una prospettiva autonoma e non modella rimedi e garanzie intorno agli esiti processuali che si vogliono conseguire, mentre legislatore e nomofilachia italiani sostengono evidentemente una concezione dei diritti individuali in linea di massima funzionali al processo[7]. Il secondo ordine di ragioni è rappresentato dalla nota "virata" per così dire "nazionalistica" della Consulta, cui ora accenneremo, che ha ancor più accentuato la detta divergenza tra i due sistemi.

Ecco perché non convince del tutto il passo in cui la relazione tecnica al Disegno di legge C-2435 dell'allora ministro Bonafede[8] espressamente afferma che la disposizione «*si rende necessaria a seguito della sentenza pronunciata dalla Corte europea ... Pertanto, al fine di adeguare l'ordinamento giuridico italiano ai principi del diritto internazionale, è stato ritenuto necessario intervenire a livello di espletamento di indagini preliminari ed acquisizione degli elementi probatori ...*»[9].

Tenendo in disparte ogni considerazione sulla notevole *improprietà* linguistica del generico riferimento ai "principi del diritto internazionale", certamente si devono appuntare due noticine sul vincolo pretesamente incarnato dalla famigerata sentenza *Brazzi*[10]: una relativa, come detto, al ruolo attuale delle sentenze Cedu, l'altra relativa a peso ed effetti, nello specifico, della pronuncia.

---

[7] Per una sintesi dell'approccio della Corte di Strasburgo alle prove illegittime, preceduto da una panoramica sulla *evidence exclusion* anche in chiave comparativistica, si veda F.P. ÖLÇER, *Illegally Obtained Evidence in European Treaty od Human Rights (ETHR) Law*, in *Annales de la Faculté de Droit d'Istanbul*, 2008, 57, p. 65 ss., reperibile in *acarindex.com*, il quale sottolinea come sia la Corte ad aver introdotto il concetto dell'*exclusionary rule* costruendolo da una base che ha ritenuto implicita nella Convenzione «*(S)so, where weakness of the rule can be explained by the absence of strict law dictating stronger application, its incorporation in a legal system, does not seem to require legislation*».

[8] D.d.l. C-2435, cit., p. 30.

[9] Tuttavia, pure la Commissione Lattanzi avrebbe, successivamente, rilevato che il criterio di delega fosse volto a colmare un vuoto di tutela dell'ordinamento penale italiano messo in luce dalla Corte di Strasburgo. Cfr., *Relazione finale e proposte di emendamenti al d.d.l. C-2435*, reperibile online in *giustizia.it*, p. 46. La *Relazione illustrativa del d.lgs. 150/2022*, in *documenti.camera.it*, p. 100, riporta il richiamo alla pronuncia *Brazzi*, quale causa della novella, richiamando la *Relazione Lattanzi.*

[10] Su cui si vedano, R. COPPOLA, *La tutela delle libertà fondamentali: dalla sentenza della Corte EDU* Brazzi c. Italia, *alla Legge 27 settembre 2021, n. 134*, in *Arch. pen.* 2022, 2, p. 35 ss.; G. PADUA, *Opposizione dell'atto perquirente non seguito da sequestro*, in *processopenaleegiustizia.it*, 2022, p. 1 ss.

Corte EDU, 27 settembre 2018, *Brazzi c. Italia*, in *Proc. pen. e giust.*, 2019, 2, p. 426 ss., con nota di M. TORRE, *Perquisizioni domiciliari e art. 8 C.E.D.U.: la Corte europea censura la mancanza di*

Sotto la prima angolatura, pur non potendo qui porre in rassegna le sentenze della Consulta volte a "raffreddare" e ordinare il magma casistico di Strasburgo [11], si può tener per certo come, all'epoca della pronuncia *Brazzi*, lo stato della nostra giurisprudenza costituzionale imponesse già molta cautela nell'apprezzare contenuti ed effetti della giurisprudenza Cedu, specie in seguito ai *dicta* di Corte cost. n. 311/2009, n. 80/2011, n. 210/2013 e n. 49/2015.

In particolare, con l'ultima di dette sentenze, "opportunamente e per la prima volta" [12], la Corte costituzionale elencava, in positivo, i casi nei quali si è propriamente vincolati dalla decisione di Strasburgo [13], individuandoli *a*) nell'avere la decisione della Corte EDU definito la causa di cui il giudice comune torna ad occuparsi; *b*) nell'esser divenuta detta giurisprudenza "diritto consolidato"; *c*) nell'essere in presenza di una sentenza pilota.

Ebbene, oltre a non essere una sentenza pilota, la pronuncia *Brazzi* rappresentava anche l'unica di tal fatta [14] pronunciata contro l'Italia [15] (peraltro relati-

---

un "controllo effettivo" sulla necessaria ingerenza; D. CARDAMONE, *La sentenza della C.E.D.U. Brazzi c. Italia: sono arbitrarie le perquisizioni disposte dall'Autorità giudiziaria?* in *questionegiustizia.it*, 15 gennaio 2019; F. FALATO, *(il)Legittimità sistemica delle perquisizioni. Tra normazione nazionale e giurisdizione europea. A proposito di Corte EDU, prima sezione, 27 settembre 2018, causa Brazzi c. Italia*, in *Arch. pen.*, 2019, 2, p. 1 ss.; S. NOVANI, *La Corte europea dei diritti dell'uomo e il rispetto della vita privata: le condizioni di una perquisizione domiciliare legittima*, in *Cass. pen.*, 2000, 7-8, p. 3002 ss.; A. TARALLO, *La disciplina interna del decreto di perquisizione domiciliare tra indipendenza della magistratura requirente ed esigenza di un controllo efficace: nota alla sentenza della Corte Europea dei Diritti dell'Uomo resa nel caso Brazzi contro Italia*, in *Giust. pen.*, 2019, I, p. 81 ss.; A. ZAMPINI, *Per i Giudici di Strasburgo la disciplina codicistica delle perquisizioni viola l'art. 8 C.E.D.U.: implicazioni e prospettive*, in *Cass. pen.*, 2019, p. 4472 ss.

[11] Nella vasta letteratura, si rinvia alla sintesi di F. VIGANÒ, *la Convenzione europea dei diritti dell'uomo nell'ordinamento giuridico italiano nella prospettiva della Corte costituzionale*, in *cortecostituzionale.it*.

[12] D. TEGA, *La sentenza della Corte costituzionale n. 49 del 2015 sulla confisca: il predominio assiologico delle Costituzione sulla Cedu*, in *Quad. cost.*, 2015, 2, p. 400.

[13] Per gli approfondimenti dovuti, specie in merito al concetto di *diritto consolidato*, sviluppato nel par. 7 di Corte cost. n. 49/2015, si rinvia, *ex multis*, ad A. RUGGERI, *Fissati nuovi paletti dalla Consulta a riguardo del rilievo della Cedu in ambito interno*, in *archiviodpc.dirittopenaleuomo.org*.

[14] Oltre a quanto pure si dirà *infra*, si segnala come Corte EDU, 24 gennaio 2023, *Svetova e altri c. Russia* (Stato non più parte del Consiglio d'Europa e della Convenzione) abbia recentemente dichiarato la violazione del citato art. 8, perché, tra l'altro, le Corti russe «*had declined to carry out a judicial review of the reasons underlying the issuance of the warrant*», in relazione ad un caso in cui i ricorrenti non erano accusati in alcun procedimento penale o parapenale e la perquisizione era invece connessa ad un procedimento penale a carico di terzi, in modo che «*the Court was unable to satisfy itself that the warrant had been based on a reasonable suspicion that any items indicative of any criminal activities might be found in the applicants' flat*» e «*the search record gave the police unrestricted discretion in determining which items and documents were to be seized … Such indiscriminate seizure could not be considered "necessary in a democratic society"*».

[15] La sentenza *Brazzi* interviene dopo Corte EDU, 28 ottobre 1998, *Assenov e altri c. Bulgaria*,

vamente alle perquisizioni domiciliari), non potendo dunque raggiungere quei requisiti in grado di legittimare una interpretazione convenzionalmente vincolata; ragioni a cui si aggiunge la circostanza che la decisione, volutamente, era rimasta del tutto vaga sui rimedi che lo Stato italiano avrebbe dovuto predisporre[16].

Quest'insieme di fattori certamente esimeva i giudici interni da uno sforzo ermeneutico volto a piegare all'art. 8 Cedu gli strumenti normativi degli artt. 247, comma 1 e 1-*bis*; 247, commi 2 e 3; 352, comma 4; 250; 251; 257[17], c.p.p., sforzo che, probabilmente, sarebbe stato tentato nella stagione precedente alla "virata nazionalistica" della Consulta, in cui la giurisprudenza era per l'appunto più incline all'applicazione diretta della Cedu.

Il problema veniva allora preso in carico dal *côté* legislativo, e anche opportunamente. Ciò che però va ben ricordato, lo ripetiamo, è che il vaglio delle perquisizioni negative non era affatto un problema che nasceva o veniva svelato nel 2018 con la pronuncia *Brazzi*. In aggiunta, se proprio a detta pronuncia si fosse voluto prestar fede, si sarebbe dovuto valorizzarne il passaggio motivazionale che sebbene in forma di *obiter dictum*, annoverava tra i segni dell'effettività di un controllo giurisdizionale la sanzione processuale della inutilizzabilità del risultato probatorio che porta alla «esclusione dal processo degli elementi di prova raccolti»[18]. Il confronto con questo passo della pronuncia Cedu ci dà la

---

e Corte EDU, 23 ottobre 1990, *Huber c. Svizzera*, integrandone e completandone i contenuti; in particolare, focalizzandosi sul problema dell'affidamento della tutela delle libertà fondamentali ad un organo che assuma la funzione di accusa in una successiva fase processuale, anche laddove l'ordinamento ne prevede l'indipendenza dal potere esecutivo, sul presupposto che tale indipendenza, seppure importante, non giova nello specifico nel rapporto processuale con l'indagato. In relazione a questo profilo, difatti, non importa tanto evitare interferenze da parte del governo, quanto difendere l'individui dai possibili abusi da parte del pubblico ministero. Cfr., anche R. COPPOLA, *op. cit.*, p. 19. La pronuncia *Brazzi* evidentemente crea forti imbarazzi sistematici. Chi cerca di superarli punta sull'interpretazione della locuzione "autorità giudiziaria" di cui all'art. 14 Cost. quale "autorità giurisdizionale", segnalando altrimenti una violazione di detta disposizione da parte degli art. 247, comma 2 e 352, comma 4. Cfr., da ultimo, F. FALATO, *op. cit.*, p. 36 e la letteratura ivi citata. Il problema, postosi anche in relazione all'Ordine europeo di indagine e al MAE, sotto la precisa angolatura dell'indipendenza dal potere esecutivo, è stato risolto dalla Corte di giustizia dell'Unione europea, attraverso l'accoglimento di una nozione ampia di "autorità giudiziaria" per il primo strumento, e di una più ristretta per il secondo, anche in virtù del dato testuale contenuto, rispettivamente nella Direttiva OEI e nella Decisione quadro MAE. Si rinvia, però, a I. MILAZZO, *La nozione di autorità giudiziaria nell'interpretazione della Corte di giustizia: un discutibile* discrimen *tra mandato d'arresto europeo e ordine europeo di indagine*, in. *Riv. it. dir. e proc. pen.*, 2021, p. 1473 ss.

[16] D. CARDAMONE, *op. cit.*

[17] Così pure F. FALATO, *op. cit.*, p. 5 ss.; R. COPPOLA, *op. cit.*, p. 7.

[18] Cfr. Corte EDU, 27 settembre 2018, *Brazzi c. Italia*, par. 45. Seppure la Corte avesse poi rilevato che nel caso tale rimedio non avrebbe potuto essere esperito proprio a causa dell'epilogo

cifra di quanto "tenue"[19] invece la novella rischi di risultare, stanti gli effetti pressocché inesistenti – se non su un piano meramente morale – del buon esito dell'opposizione.

3. Un vuoto già avvertito e un rimedio già pensato: l'esempio del "progetto di riforma Dalia"

Come si è anticipato, del vuoto di tutela nei confronti dell'atto perquirente che non conduce a sequestro si era ben resa conto la dottrina negli anni di vigenza del codice 1988, la quale aveva messo in luce il rischio di abusi dovuti al rischio di arbitrarietà, prima o dopo la perquisizione. Difatti, si era da un lato proposta una ipotesi autonoma di riesame del decreto di perquisizione negativa, da inserirsi tramite apposita previsione normativa[20], dall'altro si era suggerito un ripensamento del ferreo rifiuto giurisprudenziale di consentire il riesame o, quanto meno, la possibilità di ricorrere per cassazione[21].

Tali perplessità erano poi state raccolte dai redattori del "Progetto Dalia"[22] di riforma del codice di rito penale. In quella sede, era stata ripensata la materia dei mezzi di ricerca della prova[23], attraverso lo spostamento di tali attività nella

---

negativo della perquisizione, resta tuttavia, significativa, la predilezione per la *poisonous tree theory*. Si veda, pure, *infra*, par. 8.

[19] Si veda, *infra*, par. 8.

[20] G. Bellantoni, *Provvedimento di perquisizione e impugnazioni*, in, Nota a Cass. Sez. V, 21.1.1999, *Gasperini*, in *Foro it.*, 2000, II, p. 290 ss.; ma anche, poi, Id., *Illegittimità della perquisizione e ripercussioni sul conseguente sequestro: una questione da definire*, in *Arch. nuova proc. pen.*, 2022, p. 97.

[21] Si chiedeva e si sosteneva la ricorribilità per cassazione del decreto di perquisizione – perché l'inviolabilità del domicilio sarebbe riconducibile al *genus* libertà personale – utilizzando l'art. 568, comma 2, che costituirebbe l'applicazione, a livello legislativo, dell'art. 111, comma 7 Cost. Cfr. Malvasi, *sub art. 247 c.p.p.*, in *Commentario breve al codice di procedura penale*, diretto da G. Conso, G. Illuminati, Wolters Kluwer-Cedam, Milano-Padova, 2015, p. 967; A. Tarallo, *op.* cit., p. 81 ss. Da ultimo, si veda, G. Murone, *Il controllo giurisdizionale sulla legittimità della perquisizione*, in *Dir. pen. e proc.*, 2023, p. 203 ss.; C. Morselli, *L'idolo del sequestro come "atto dovuto" che impedisce la declaratoria di illegittimità in caso di perquisizione illegittima*, in *Proc. pen. e giust.*, 2020, 1, p. 111 ss.; Id., *Il "principio di autosufficienza" della fonte codicistica, in materia di perquisizione: il "deficit" della previsione del controllo giurisdizionale espone il mezzo di ricerca della prova al rischio di degenerazione in "tortura reale"*, in *Giust. pen.*, 2019, p. 614 ss.

[22] Cfr. A. Pennisi (a cura di), *Verso un nuovo processo penale. Opinioni a confronto sul progetto di riforma Dalia*, Giuffrè, Milano, 2008.

[23] «(A)allo scopo di operare un più efficace bilanciamento tra la tutela dei diritti costituzionali di libertà del soggetto compromessi dall'esercizio di procedure invasive, quali ispezioni, intercet-

nuova categoria delle "misure cautelari probatorie" (in un apposito titolo IV del Libro IV) e si era contemplato che l'inosservanza delle disposizioni previste per l'emanazione di una misura cautelare probatoria comportasse, in ogni caso, l'inutilizzabilità del contenuto o del risultato dell'atto.

Infine, veniva espressamente estesa la possibilità di impugnare la perquisizione "indipendentemente dall'esito".

Si era prescelto in quella sede, tuttavia, lo strumento del riesame, tant'è che l'ipotizzato art. 344 c.p.p. recitava: «contro il decreto di perquisizione emesso dal giudice e contro il decreto di convalida del decreto emesso dal magistrato del pubblico ministero, il difensore dell'indagato, dell'imputato, della persona perquisita e di quella che ha la disponibilità del luogo perquisito può proporre richiesta di riesame anche nel merito, indipendentemente dall'esito della perquisizione» [24].

4. Ambito applicativo oggettivo e soggettivo

Ma venendo all'esame della nuova disciplina codicistica, la formula d'apertura della nuova disposizione di cui all'art. 252-*bis* c.p.p. «(S)salvo che alla perquisizione sia seguito il sequestro ...» chiarisce senza ombra di dubbio che il nuovo rimedio si applica soltanto alle perquisizioni in esito alle quali non siano stati operati sequestri probatori. In queste ipotesi, difatti, il rimedio a disposizione è già presente ed è rappresentato dal riesame, così come disciplinato nell'art. 257 c.p.p. In questo caso, il tribunale del riesame controllerà a monte anche la legittimità del decreto di perquisizione. A tale proposito, in dottrina si è denunciata la ingiustificata discrasia di trattamento normativo – dovuta alla coesistenza di due mezzi impugnatori ben differenti – che si viene a creare «in conseguenza della circostanza, del tutto aleatoria, che alla perquisizione sia seguito o non sia seguito il sequestro» [25].

L'opposizione riguarderà qualsiasi tipo di perquisizione disposta, sia essa lo-

---

tazioni, e l'esigenza di garantire un'adeguata efficienza all'azione investigativa del magistrato del pubblico ministero ...».

[24] Cfr. Atti parlamentari, Proposta di legge, Camera dei deputati n. 232, p. 144, reperibile sul sito *documenti.camera.it*. Come si vede, tuttavia, oltre a caratterizzarsi in maniera differente rispetto allo strumento ora introdotto, perché strutturato quale procedimento incidentale di riesame, quello prospettato nel Progetto di riforma Dalia, vedeva l'impugnabilità anche del provvedimento di perquisizione eventualmente emesso dal giudice e non del solo provvedimento del pubblico ministero. Cfr., *infra*, nota 29.

[25] G. BELLANTONI, *sub art. 252-bis*, in A. GIARDA-G. SPANGHER (a cura di), *Codice di procedura penale commentato,* VI ed., tomo I, Ipsoa, Milano, 2023, p. 3320 ss.

cale o domiciliare, sia essa operabile su dispositivo informatico o telematico, come pure una perquisizione online[26].

Al di là dell'apparente specularità delle disposizioni introdotte, non v'è perfetta corrispondenza tra l'art. 252-*bis* c.p.p. e il comma 4-*bis* dell'art. 352: mentre nei casi di cui alla prima disposizione l'opposizione si proporrà contro *il decreto di perquisizione* che è ovviamente, e sempre, emesso dal *pubblico ministero* poiché si tratta di atto compiuto su delega (o, più raramente, dallo stesso p.m.), nel caso di cui all'art. 352, comma 4-*bis*, c.p.p., la situazione è meno lineare, perché il pubblico ministero può anche emettere un decreto che non convalida la perquisizione eseguita d'iniziativa dalla p.g.

La lettera della disposizione consente l'opponibilità del solo decreto che convalida il sequestro d'iniziativa, lasciando invece fuori dall'ambito di applicazione il provvedimento di mancata convalida. Anche nella Relazione illustrativa del d.lgs. n. 150/2021[27], l'impugnazione del decreto di mancata convalida si è espressamente ritenuta "evidentemente ultronea". Si è ritenuto, evidentemente, di bilanciare tale previsione con la già vista modifica del precedente comma 4 nella disposizione in parola, a tenore del quale, il p.m. dovrà adottare *sempre* un decreto e non più, come talora avveniva per una certa interpretazione della vecchia formulazione, soltanto quando convalidava la perquisizione in caso di ricorrenza dei presupposti[28].

---

[26] G. BELLANTONI, *op. ult. cit.*, p. 3321.

[27] Cfr. *Relazione illustrativa del d.lgs. 150/2022*, cit., p. 101.

[28] Deve tenersi presente che la preparazione della novella ha marciato in parallelo con altre questioni di legittimità costituzionale dell'art. 352 c.p.p., risolte con Corte cost. n. 247/2022, pronunciata in data 17 ottobre e depositata in data 9 dicembre 2022. Essa contiene quattro declaratorie, due di inammissibilità e due di infondatezza.

Difatti, il Tribunale di Lecce aveva nuovamente provato a censurare l'art. 191 c.p.p., lamentando che – secondo il diritto vivente – esso non prevede l'inutilizzabilità degli esiti probatori delle perquisizioni e delle ispezioni, domiciliari e personali, compiute dalla polizia giudiziaria fuori dei casi previsti dalla legge, compresi il sequestro del corpo del reato o delle cose pertinenti al reato e la possibilità di deporre sui predetti atti e sui loro risultati. Si lamentava, pure che l'inutilizzabilità non colpisse anche gli esiti probatori delle perquisizioni e delle ispezioni operate dalla polizia giudiziaria, fuori del caso di flagranza, in forza di segnalazioni anonime o confidenziali e autorizzate o convalidate dal pubblico ministero su detti presupposti, o convalidate dal pubblico ministero senza indicare gli elementi utilizzabili che le legittimavano, o non convalidate dal pubblico ministero per qualsiasi ragione. In merito alle censure relative all'art. 191 c.p.p. la Corte ha ritenuto "precluse", e dunque inammissibili, la maggior parte di esse perché già coperte da precedente pronuncia. Corte cost. n. 252/2020, aveva difatti dichiarato manifestamente inammissibili questioni sollevate dallo stesso giudice, le quali erano state, a loro volta, già dichiarate inammissibili da Corte cost. n. 219/2019. Come noto, in quelle occasioni la Corte non aveva voluto traslare il regime di invalidità "derivata" di cui all'art. 185, comma 1, c.p.p. previsto in relazione alle nullità, nell'ambito dell'inutilizzabilità delle prove, perché la pronuncia avrebbe richiesto un grado di "manipolazione" inaccettabile in una materia riservata alla discrezionalità del legislatore. Le que-

Inoltre, dal momento che l'art. 252-*bis* c.p.p. parla di decreto di perquisizione "emesso dal pubblico ministero" (caso naturalmente di gran lunga preponderante nella pratica), non risulta opponibile il decreto di perquisizione emesso dal giudice, il quale non solo è pure legittimato ad emetterlo, ma in taluni casi è

---

stioni attinenti sempre all'art. 191 c.p.p., ma ritenute invece "non precluse", perché nuove, sono state quelle relative all'invocazione del parametro del giusto processo e del principio di uguaglianza (per disparità di trattamento rispetto all'art. 103 c.p.p., prima invocato per altre ragioni). Anche tali questioni sono state ritenute tuttavia inammissibili per le stesse ragioni già esposte nelle citate precedenti pronunce della Corte.

Sulla scia della recente ordinanza n. 116/2022, peraltro, la questione della «ridotta verificabilità» degli elementi sulla cui base la polizia giudiziaria ha proceduto alla perquisizione, sollevata in riferimento al giusto processo (artt. 111 e 117 Cost., in relazione all'art. 6 Cedu) è stata reputata dalla Consulta solo rafforzativa della questione già prospettata in precedenza dal giudice *a quo*, in riferimento agli artt. 3 e 24 Cost. Mette conto, a riguardo, ricordare come vi fosse stata un'opinione scritta depositata, in veste di *amicus curiae*, dall'Unione delle camere penali italiane (UCPI), che sosteneva fosse possibile – senza manipolare l'art. 191 c.p.p. – riconoscere l'esistenza di un comando costituzionale minimo che consente al giudice di rimuovere la prova acquisita a seguito della violazione di un diritto costituzionale o convenzionale, quando risulti necessario per una tutela effettiva del diritto leso. Ad avviso della Corte, però l'UCPI avrebbe in questo modo introdotto una questione ulteriore e nuova rispetto a quella sollevata dal giudice *a quo*, e volta ad affermare un tipo di "inutilizzabilità derivata discrezionale", e ciò, afferma la Corte, «a prescindere da ogni rilievo circa l'effettiva possibilità di ritenere imposto dalla giurisprudenza della Corte EDU un simile intervento e la genericità del criterio sulla cui base il giudice dovrebbe decidere sull'utilizzabilità della prova» (punto 5.2 in diritto). Parimenti, Corte cost. n. 247/2022 ha pure dichiarato inammissibili le questioni relative all'art. 352 c.p.p., nella parte in cui tale disposizione non prevede che, ove il pubblico ministero non convalidi la perquisizione nei termini di legge, tutti i risultati probatori della stessa divengano inutilizzabili (punto 6 in diritto), e ciò perché, il giudice *a quo*, si legge in motivazione, avrebbe chiesto nuovamente e per altra via, l'introduzione di una figura di inutilizzabilità "derivata", che la Corte aveva già affermato non poter sostenere.

Le censure dell'art. 352 c.p.p. – nella parte in cui non prevede che il decreto del pubblico ministero che convalida la perquisizione debba essere motivato – sono state esaminate nel merito e ritenute non fondate: al punto 7, in diritto, di Corte cost. n. 247/2022 si specifica come, già nella sentenza n. 252/2020, – nell'accogliere la distinta questione di legittimità costituzionale sollevata dal medesimo giudice rimettente, sull'art. 103 d.P.R. n. 309/1990 – la Corte avesse già ritenuto che malgrado il silenzio dell'art. 352, comma 4, c.p.p. sul punto, la convalida della perquisizione deve essere motivata, sia per un'esigenza di rispetto degli artt. 13 e 14 Cost., sia per ragioni di coerenza sistematica» poiché «(N)non avrebbe senso, in effetti, che la norma costituzionale richieda l'"atto motivato" quando l'autorità giudiziaria, titolare ordinaria del potere, operi di sua iniziativa, e non pure nell'ipotesi – più delicata – in cui sia chiamata a verificare se la polizia giudiziaria abbia agito nell'ambito dei casi eccezionali di necessità e urgenza nei quali la legge le consente di intervenire». Da ultimo, sono state ritenute non fondate le questioni relative all'art. 125, comma 3, c.p.p., nella parte in cui non prevede che la nullità del decreto di convalida della perquisizione per difetto di motivazione sia di tipo assoluto. Anche in questo caso, trattandosi di opzione sul tipo di nullità che sanziona una violazione processuale, ad avviso della Consulta, il legislatore gode di ampia discrezionalità, esercitabile nei confini della non manifesta irragionevolezza o arbitrarietà della scelta.

il solo a poterlo fare (come nel caso dell'art. 103, comma 4, c.p.p.) essendo invece ciò precluso al p.m.

Anche qui emerge un ulteriore disallineamento poiché, ove alla perquisizione segua il sequestro, l'impugnazione col mezzo del riesame sarà consentita tanto per il decreto emesso dal p.m., quanto per quello emesso dal giudice. Invece, in caso di perquisizione c.d. negativa, l'impugnazione col mezzo dell'opposizione sarà ammessa soltanto per il decreto emesso dal p.m., risultando un controllo più limitato sul potere esercitato dal giudice che dispone la perquisizione non seguita da sequestro. Oltre ad essere controversa, tale ricorribilità è infatti limitata al solo provvedimento di perquisizione personale e domiciliare[29].

Quanto ai soggetti legittimati alla proposizione del rimedio sono individuabili nella persona sottoposta a indagini e in quella nei cui confronti la perquisizione è stata eseguita o disposta. È necessaria, tuttavia, qualche precisazione cui si vuole accennare nel paragrafo successivo, relativa alla potenziale restrizione dell'ambito soggettivo del nuovo istituto.

5. *Segue*: l'interesse concreto "ad impugnare". Echi della giurisprudenza su restituzioni di dispositivi e copie informatiche?

Occorre ricordare come, in relazione alla persona sottoposta a indagini, che non sia stata al contempo destinataria diretta della perquisizione (o delle relative attività esecutive), la Relazione illustrativa del d.lgs. n. 150/2022 evidenzi che, in virtù della natura impugnatoria del rimedio costruito, si debba "dare per scontato" che l'opposizione possa essere proposta soltanto qualora sussista un suo "concreto interesse" a far valere l'illegittimità della perquisizione. Sempre la *Relazione* giustifica la mancata indicazione di tale requisito nel testo della norma, col fatto che esso sarebbe di carattere generale, ai sensi dell'art. 568, comma 4, c.p.p. A ben guardare, sembra che in questo inciso riecheggi una visione restrittiva, piuttosto simile a quella che le Sezioni Unite *Andreucci*[30] avevano adottato

---

[29] Anche questa discrasia, sarebbe stata evitabile, se si fosse *tout court* demandata al giudizio collegiale del tribunale del riesame la cognizione dell'opposizione al decreto di perquisizione in genere, emesso, cioè, sia dal p.m. che dal giudice. Così G. BELLANTONI, *sub art. 252-bis*, cit., p. 3321. Cfr. anche, *supra*, par. 3, spec. nota 24.

[30] Cfr. Cass., Sez. Un., 20 luglio 2017, n. 40963, Andreucci, in *Cass. pen.*, 2017, p. 4303. Si rinvia a G. TODARO, *Restituzione di bene sequestrato, estrazione di copia, interesse ad impugnare:* revirement *delle sezioni unite*, in *Dir. pen. cont.-Riv. trim.*, 2017, n. 11, p. 157 ss. Come noto, una posizione garantistica ha poi preso a rimarcare l'illegittimità, per violazione del principio di proporzionalità e adeguatezza, del sequestro a fini probatori di un dispositivo elettronico che conduca, in difetto di specifiche ragioni, alla apprensione indiscriminata di una massa di dati informatici, sen-

nell'esigere quel *quid pluris "d'interesse"* per il ricorso in cassazione avverso il riesame di sequestro probatorio di computer (o supporto informatico) restituito previa estrazione di copia dei dati ivi contenuti. Si richiedeva, come noto, in quei casi, che fosse dedotto l'interesse, concreto e attuale, alla esclusiva disponibilità dei dati. Tale visione restrittiva, non ci pare poter essere condivisibile, come pure ora si dirà in merito alle ragioni di proponibilità e accoglimento dell'opposizione.

6. Le peculiarità del "controllo": tra procedura e "ragioni di proponibilità"

Gli atti della Commissione Lattanzi dichiaravano espressamente che l'ispirazione del *novum* normativo era stata la tipologia di opposizione che l'interessato, ai sensi dell'art. 263, comma 5, c.p.p., può esperire dinanzi al g.i.p. nel caso in cui il p.m. rigetti la richiesta di restituzione di cose sequestrate[31]. E difatti, almeno dal punto di vista procedurale, il delegato ha dimostrato di recepire lo schema dell'art. 127 c.p.p., richiamando dunque, un'udienza camerale a partecipazione non necessaria delle parti, che conduce ad un'ordinanza poi pure ricorribile in cassazione, così come disposto dal comma 7 di tale disposizione[32].

In realtà, la lettura della Relazione illustrativa del d.lgs. n. 150/2022 rivela

---

za alcuna previa selezione di essi e comunque senza l'indicazione degli eventuali criteri di selezione. Secondo questo orientamento, dalla illegittimità del sequestro discende la necessità della restituzione all'avente diritto non solo dell'apparecchio, ma anche delle copie forensi eventualmente effettuate. Cfr. Cass., Sez. VI, 22 settembre 2020, n. 34265, in *sisitemapenale.it*; Cass., Sez. VI, 27 ottobre 2021, n. 38460, in *Guida dir.*, 2021, 47, p. 88; Cass., Sez. VI, 3 febbraio 2022, n. 18502, in *dirittoegiustizia.it*.

[31] La *Relazione finale e proposte di emendamenti al d.d.l. A.C. 2435*, cit., p. 46, al suo punto 2.15, a proposito della riformulazione dell'art. 11, d.d.l. A.C. 2435, (Controllo giurisdizionale della legittimità delle perquisizioni) afferma espressamente «si introduce pertanto un apposito rimedio affidato al giudice per le indagini preliminari che consente all'indagato o agli interessati di attivare un controllo sulla perquisizione soltanto in questa ipotesi, posto che, nei casi nei quali alla perquisizione segua un sequestro è già disponibile un'impugnazione specifica. Si è suggerito di plasmare il rimedio come opposizione, sulla falsariga di quanto previsto con riguardo ad altro mezzo di ricerca della prova, ossia al sequestro: nel corso delle indagini preliminari, sulla restituzione delle cose sequestrate provvede il pubblico ministero con decreto motivato, contro il quale gli interessati possono proporre opposizione ai sensi dell'art. 263, comma 5, c.p.p.». Si ricorda che la proposta originariamente presentata dall'allora Ministro Bonafede era contenuta, per l'appunto, nell'art. 11 del d.d.l. C-2435, presentato alla Camera il 13 marzo 2019, che recitava «prevedere uno strumento di impugnazione del decreto di perquisizione o di convalida della perquisizione, anche quando ad essa non consegua un provvedimento di sequestro».

[32] G. BELLANTONI, *sub art. 252-bis*, cit., p. 3322.

che c'era pure stata una certa aspirazione a rintracciare un modello comune di *opposizione* cercando un filo conduttore, oltre che nel citato art. 263, comma 5, anche negli artt. 233, comma 1-*bis*; 366, comma 2; 408, comma 3; 461, comma 1; 667, comma 4; 678, comma 1-*ter*, c.p.p.[33].

La scelta procedurale si è appuntata sul modello del "reclamo" al giudice per le indagini preliminari anziché sul quello del riesame, posto che, se si fosse scelta la soluzione del riesame, si sarebbe inserito un procedimento incidentale che, innanzitutto avrebbe impegnato un notevole numero di magistrati giudicanti (nonché di altre risorse umane ed economiche) e, in secondo luogo, avrebbe impiegato un lasso temporale probabilmente più esteso, per quanto sempre contenuto nelle ragionevoli tempistiche del riesame medesimo.

Se ciò è vero allora, se cioè si sono voluti evitare gli appesantimenti del riesame optando per la struttura di un reclamo camerale, appare spurio sia il termine per l'opposizione sia la sua decorrenza: il primo è stato fissato in dieci giorni e il secondo, il *dies a quo*, è stato individuato nel momento dell'esecuzione del provvedimento, ovvero nella diversa e successiva data in cui l'interessato abbia avuto conoscenza dell'avvenuta perquisizione. Ovviamente si tratta di un termine previsto a pena di decadenza.

Ciò fa emergere una chiara ispirazione al modello del riesame di misure reali *ex* art. 324 c.p.p.; tuttavia, mentre le cadenze temporali sono lì funzionali ai passaggi di fascicoli e ai potenziali effetti della decisione, in questo caso essi non sembrano legarsi a concrete esigenze. Probabilmente sarebbe stato più opportuno dare la possibilità di proporre l'opposizione entro il termine di scadenza delle indagini preliminari[34].

Quanto alle ragioni di proponibilità (e specularmente ai motivi di accoglibilità) dell'opposizione, il comma 3 della nuova disposizione di cui all'art. 352-*bis* c.p.p. prevede che il giudice la accolga quando accerta che la perquisizione «è stata disposta fuori dei casi previsti dalla legge». La formula è evidentemente generica e laconica e solleverà severe criticità in giurisprudenza.

La Relazione illustrativa del d.lgs. n. 150/2022[35] sottolinea come tale locuzione individui i vizi che attengono ai presupposti sostanziali previsti dalla legge per l'effettuazione della perquisizione, il cui verificarsi rende "arbitraria" l'ingerenza nelle libertà del singolo. Tale posizione, evidentemente restrittiva, non ci parrebbe condivisibile ove, come sembra fare, escludesse dall'opposizione tutte quelle ipotesi in cui si volesse sindacare non solo (o non tanto) l'*an*, ma il *quomodo* della perquisizione, come nei casi in cui si contesti la sproporzione nel-

[33] *Relazione illustrativa del d.lgs. 150/2022*, cit., p. 101.

[34] Così pure, W. NOCERINO, *Il vaglio giurisdizionale sulle perquisizioni "negative"*, in G. SPANGHER (a cura di), *La riforma Cartabia*, Pacini, Pisa, 2022, p. 222 ss.

[35] *Relazione illustrativa del d.lgs. 150/2022*, cit., p. 101.

l'esecuzione, l'uso di modalità improprie, ingiustificatamente coercitive, il danno a persone o a cose, ecc.[36].

Paiono accogliere la nostra interpretazione, sebbene solo indirettamente, talune delle direttive adottate dai Procuratori della Repubblica e dai Procuratori Generali per l'attuazione della riforma Cartabia. In esse si chiede espressamente e chiaramente alla polizia giudiziaria di incrementare il grado di specificità nella descrizione della situazione di fatto e delle ragioni che hanno condotto alla perquisizione e al controllo.

Guardando, ad esempio, alle Direttive del Procuratore antimafia di Trieste, si legge che «diviene particolarmente importante l'accuratezza della motivazione contenuta nel decreto di perquisizione del pubblico ministero nonché della motivazione sulle condizioni che hanno condotto la polizia giudiziaria ad eseguire la perquisizione d'iniziativa ... Si raccomanda pertanto di tenere conto di questa importante necessità giustificativa»[37].

Il Procuratore generale di Napoli, nella prima Direttiva emanata all'inizio del 2023, per dare appunto attuazione alla riforma, chiede alla polizia giudiziaria di esplicitare «con assoluta chiarezza le ragioni e l'oggetto dell'atto, nonché i beni, le cose e le tracce di reato che si ritengono di potere acquisire e sequestrare con la perquisizione», specificando che «inoltre dovrà esser indicato con chiarezza anche il collegamento tra la notizia di reato acquisita e la necessità investigativa della perquisizione»[38].

7. Le perquisizioni *extra codicem* e il preoccupante silenzio della novella

La lettera della disposizione dell'art. 352, comma 4-*bis*, c.p.p. non contiene un riferimento da cui possa dedursi l'estensione della sua applicabilità anche alle perquisizioni previste dalla legislazione *extra codicem*.

---

[36] Cfr. G. BELLANTONI, *sub art. 252-bis*, cit., p. 3322, nonché, in riferimento all'analitica esposizione di forme e garanzie che devono esser rispettate prima e durante la perquisizione, ID., *sub art. 247*, in *Codice di procedura penale commentato*, cit., p. 3287 ss.

[37] Cfr. Procura di Trieste, Direzione Distrettuale Antimafia, *Seconda direttiva sul D.lgs. 10.10.2022 n. 150 (c.d. "riforma Cartabia", in attuazione della L. 27.9.2021 n. 134)*, prot. 38/2023, disponibile online, p. 8; P. FELICIONI, *Le ispezioni e le perquisizioni*, in *Trattato di procedura penale*, diretto da G. UBERTIS, P.P. VOENA, XX, Giuffrè, Milano, 2012; M. BARGIS, *Perquisizione*, in *Dig. disc. pen.*, IX, Torino, 1995, p. 488 ss.; P. BALDUCCI, *Perquisizione (dir. proc. pen.)*, in *Enc. dir.*, Agg., IV, Milano, 2000, p. 987; G. SPANGHER, *Trattato di procedura penale*, III, a cura di G. GARUTI, Torino, 2009, p. 215.

[38] Procura generale di Napoli, Direttiva n. 1/2023, p. 15, reperibile online.

Si tratta di ipotesi numerose e persino talvolta preponderanti, dal punto di vista statistico, nella prassi quotidiana di polizia. Basti pensare alle perquisizioni in materia di reati finanziari (art. 33 l. n. 4/1929), a quelle per la ricerca di armi, munizioni o esplodenti (art. 4 r.d. n. 773/1931, c.d. Tulps), alle perquisizioni c.d. sul posto (art. 4 l. n. 152/1975) o relative a delitti di criminalità organizzata (art. 27, comma 2, l. n. 55/1990; art. 25-*bis* d.l. n. 306/1992; art. 3 d.l. n. 347/2001), a quelle per la repressione e prevenzione del traffico di stupefacenti (art. 99 e 103 d.P.R. n. 309/1990); a quelle previste per la lotta all'immigrazione clandestina (art. 12, comma 7, d.lgs. n. 286/1998)[39].

La problematicità della questione è riflessa nella divergenza delle posizioni dottrinali, visto che, accanto a chi pare dar per scontato il controllo sulle perquisizioni speciali[40], v'è chi invece sembra escluderlo basandosi su un'esegesi del dato normativo che esalta la chiarezza della sua lettera, secondo il criterio dell'"*ubi lex voluit, dixit*"[41].

Divergenti opinioni sembrano riscontrarsi anche nella detta *soft law* emanata dalle Procure per attuare la novella. Ad esempio, il Procuratore generale di Napoli ha espressamente ricordato che la perquisizione di iniziativa della p.g., ove consentita per l'attività di ricerca della prova, presuppone che sia già stata acquisita la notizia di reato, specificando come non sia consentito il suo utilizzo per la ricerca di una *notitia criminis*[42]. Il passaggio, limpido e inequivocabilmente volto a prevenire talune sbavature della prassi di polizia, paradossalmente corre il rischio di riverberare effetti contrari, poiché tutti i controlli svolti con un margine di discrezionalità ben più ampio da parte della polizia, nel corso dei quali sia poi emersa una notizia di reato, nella prospettiva della procura, saranno destinati a rimanere privi della nuova tutela.

Non sembra invece che il silenzio della disposizione abbia rappresentato un limite insormontabile per il Procuratore DDA di Trieste, il quale, nel sottolineare l'importanza dell'accuratezza della motivazione sulle condizioni che hanno condotto la polizia giudiziaria ad eseguire la perquisizione d'iniziativa, a fini di maggior chiarezza della sua direttiva espressamente citava, quale esempio, due ipotesi di perquisizioni *extra codicem*, ovverosia l'ipotesi «di cui all'art. 103 d.P.R. n. 309/1990 o quella di cui all'art. 41 Tulps»[43].

---

[39] Cfr. P. FELICIONI, *op. cit.*, p. 367 ss.; G. GUALTIERI, *Perquisizioni ed ispezioni di polizia*, Giuffrè, Milano, 1979, p. 91 ss.; P.P. PAULESU, *Perquisizioni sul posto*, in R.E. KOSTORIS-R. ORLANDI (a cura di), *Contrasto al terrorismo interno e internazionale*, Giappichelli, Torino, 2007, p. 285.

[40] Si veda R. COPPOLA, *op. cit.*, p. 27.

[41] Si veda W. NOCERINO, *op. cit.*, p. 239.

[42] Procura generale di Napoli, Direttiva n. 1/2023, cit., p. 15. Sul tema ci sia consentito rinviare a A. PROCACCINO, Soft law *e giustizia penale*, Wolters Kluwer-Cedam, Milano, 2023.

[43] Cfr. Procura di Trieste, Direzione Distrettuale Antimafia, *Seconda direttiva sul D.Lv. 10.10.2022 n. 150 (c.d. "riforma Cartabia", in attuazione della L. 27.9.2021 n. 134)*, prot. 38/2023, cit., p. 8.

8. Effetti (cosmetici) della decisione che accoglie l'opposizione: ritorno alle considerazioni "di sistema"?

Come già accennato, l'intervento si presenta come l'unico affaccio della riforma Cartabia nel diritto delle prove. A segnarne, a scanso di ogni equivoco, la natura puntiforme v'è peraltro la Relazione illustrativa al d.lgs. n. 150/2022[44], la quale a chiare lettere esclude che l'opposizione possa sfociare nell'invalidazione processuale del decreto impugnato (e/o delle relative risultanze). Come noto, non è affatto scontato che il verbale di perquisizione "negativa" sia spoglio di altri elementi a valore probatorio: al contrario, è del tutto frequente che vi si raccolgano informazioni, constatazioni, comportamenti ecc. e che sugli accadimenti occorsi nell'attività svolta venga poi chiamata a testimoniare la polizia.

A ben guardare, il rimedio effettivo che segue al provvedimento che accoglie l'opposizione sarebbe dovuto consistere proprio nell'invalidazione del decreto e di tutte le annesse risultanze probatorie, e nella connessa impossibilità di inserire decreto e verbale nel fascicolo per il dibattimento di cui all'art. 431 c.p.p.[45]. Questa soluzione, tuttavia, sembra non coincidere con quella avuta in mente dal legislatore Cartabia: la citata relazione, infatti, afferma proprio che l'opzione «è parsa funzionale alla conferma dell'incontroverso orientamento giurisprudenziale secondo cui l'eventuale illegittimità dell'atto di perquisizione compiuto ad iniziativa della polizia giudiziaria non comporta effetti invalidanti sul successivo sequestro del corpo del reato [...], o delle cose pertinenti al reato, che costituisce un atto dovuto a norma dell'art. 253, comma 1, c.p.p.; *né effetti invalidanti sulla utilizzabilità del medesimo atto in funzione probatoria*»[46].

È da un lato certo che non si poteva chiedere al legislatore delegato di varcare il confine della delega. Sarebbe stata invece quella della stesura della l. n. 134/2021, l'occasione per attualizzare il nostro ordinamento e ripensare quel *male captum bene retentum*, dietro cui si cela una visione della ricerca (e dell'immagazzinamento) probatorio come separati, e talora preponderanti, rispetto alle sfere di libertà in quella ricerca violate.

D'altro canto, se è vero che la riforma Cartabia è stata votata a snellimento ed efficientamento del sistema giustizia, è d'altronde non meno vero che una delle trame di quella riforma è rappresentata dall'aspirazione al vaglio sulla di-

---

[44] *Relazione illustrativa del d.lgs. 150/2022*, p. 101.

[45] Categorico, in questo senso, difatti, G. BELLANTONI, *sub art. 252-bis*, cit., p. 3322.

[46] La *Relazione illustrativa del d.lgs. 150/2022*, p. 101, difatti, riporta, poi, i precedenti a cui ci si è adeguati (Cass., Sez. I, 15 luglio 2021, n. 38605, Cataldo, che a sua volta richiama la celeberrima Cass., Sez. Un., 27 marzo 1996, n. 5021, Sala, in *CED Cass.*, n. 204643; Cass., Sez. II, 10 gennaio 2020, n. 16065, Giannetti, in *CED Cass.*, n. 278996; Cass., Sez. VI, 23 giugno 2010, n. 37800 M'Nasri, in *CED Cass.*, n. 248685).

screzionalità del pubblico ministero tramite un complementare incremento del controllo di carattere giurisdizionale.

Né si può continuare a cullarsi nei *self restraint* della Corte costituzionale. Seppure nuovamente chiamata a censurare la disciplina delle perquisizioni[47] da numerosissime ordinanze di rimessione, questa ha ancora ritenuto di non frantumare il dogma pur autorevolmente e da tempo contestato[48] del *male captum*[49]; è pur vero, tuttavia, che ha scelto di adoperare fin dove possibile lo strumento della dichiarazione di inammissibilità e non del rigetto, proprio per evitare il paradossale *feedback* negativo in termini di forza delle garanzie, saggiamente "pesando" le conseguenze delle proprie pronunce.

Ma c'è di più: sul fronte Cedu, se proprio si volesse riconoscere tanto peso ai *dicta* della Corte di Strasburgo (come pure si è detto di voler fare ponendo il caso *Brazzi* a base di una novella) si dovrebbe ricordare come, proprio il succitato *obiter dictum* della sentenza avesse affermato che una delle manifestazioni dell'effettività del controllo giurisdizionale risiede nella sanzione processuale della inutilizzabilità del risultato probatorio che porta alla «*esclusione dal processo degli elementi di prova raccolti*»[50].

Ciò diventa tanto più significativo, quando si torna al tema, già accennato, del corredo probatorio che il verbale di perquisizione c.d. negativa può avere, specie ove si pensi alla perquisizione di dispositivo informatico[51]. Si pensi, ad

---

[47] Cfr. Corte cost. n. 252/2020, come pure, Corte cost. n. 219/2019. Si rinvia a N. GALANTINI, *Alla ricerca dell'inutilizzabilità derivata*, in *sistemapenale.it*; A. ZAMPINI, *La Corte costituzionale nuovamente alle prese con le perquisizioni, tra* male captum *e legittimità dell'*iter *autorizzativo*, in *Riv. it. dir. proc. pen.*, 2021, p. 297 ss.

[48] Su tutti N. GALANTINI, *op. cit.*, p. 161, che afferma «è da ritenere che sia la stessa illegittimità della perquisizione a sancire il decadere del potere istruttorio, che si è già consumato nel compimento dell'atto di perquisizione», e richiama G. RICCIO, *Le perquisizioni nel codice di procedura penale*, Jovene, Napoli, 2012, p. 527.

[49] Si ricorda, tuttavia, l'importantissimo intervento, ad opera di Corte cost. n. 252/2020, sull'art. 103 d.P.R. n. 309/1990, in cui palese era la sbavatura dei poteri: difatti la Corte ha alla fine preso atto del fatto che l'autorizzazione orale, ivi prevista non arrivava a concretizzare un «atto motivato». Ora il pubblico ministero è tenuto a convalidare l'autorizzazione da lui stesso data oralmente e, sebbene possa sembrare anomalo, la convalida *ex post* varrà a formare proprio il detto atto motivato, al fine di verificare il puntuale svolgimento dei fatti.

[50] Cfr. Corte EDU, 27 settembre 2018, *Brazzi c. Italia*, par. 45, seppure la Corte avesse poi rilevato che, nel caso, tale rimedio non avrebbe potuto essere esperito proprio a causa dell'epilogo negativo della perquisizione.

[51] Per quanto siano sicuramente infrequenti i casi di perquisizione "negativa" su dispositivo informatico, specie alla luce di quella posizione giurisprudenziale, secondo cui il sequestro di dati informatici non deve essere «necessariamente preceduto dalla perquisizione informatica». Secondo questa giurisprudenza, «l'effettuazione di una perquisizione informatica richiede una predisposizione di strumenti investigativi – e segnatamente la disponibilità di tecnici – che non è compati-

esempio, al caso in cui la polizia nell'attività di perquisizione riesca a prendere nota di contatti o informazioni in genere presenti sul telefono cellulare presente sul posto e le trascriva nel detto verbale[52], come pure, in genere, alle potenzialità probatorie, che si potrebbero esplicare poi attraverso la testimonianza della p.g., negli ambiti consentiti[53].

9. Le Sezioni Unite civili n. 3182/2022, il consenso tacito all'esecuzione e la superfluità del *placet* del p.m. nelle perquisizioni tributarie. Un margine di apprezzamento nazionale ai confini con la sindacabilità Cedu?

Abbiamo visto come fosse stato proprio il mancato controllo sul dispiegamento dei controlli statali, la causa della pronuncia *Brazzi*[54]. E ancora il dispiegamento di tali controlli – questa volta in particolare, i poteri degli ispettori in

bile con la natura di atto "a sorpresa" della perquisizione ordinaria che implica che ne siano garantite tempestività ed immediatezza, e che non può essere condizionata dalla predisposizione degli strumenti tecnici necessari per l'effettuazione di una perquisizione che richiede competenze specialistiche come quella informatica» (Cass., Sez., II, 23 settembre 2020, n. 37941). Si veda, da ultimo, Cass., Sez. II, 23 marzo 2023, 17604, in *CED Cass.*, n. 284393, ma in precedenza, Cass., Sez. V, 17 maggio 2019, n. 38456, in *CED Cass.*, n. 277343; Cass., Sez. V, 14 marzo 2017, n. 16622, in *CED Cass.*, n. 270018.

[52] Si veda, ad esempio, Cass., Sez. V, 13 marzo 2018, n. 25667, in *CED Cass.*, n. 273540, ad avviso della quale «non configura un provvedimento di sequestro di dati in formatici, neppure implicito, l'annotazione nel verbale di perquisizione di informazioni visionate dagli operanti di polizia giudiziaria ed estrapolate direttamente dal telefono nel corso della perquisizione, senza effettuare alcuna copia degli stessi». Mette conto segnalare poi, sebbene sotto altra angolatura, Cass., Sez. VI, 27 marzo 2018, n. 273273, che esclude lo stesso inquadramento nella categoria delle perquisizioni dell'acquisizione da parte della p.g. del numero di utenza telefonica mobile attraverso l'esame, all'insaputa dell'indagato, dell'apparecchio a lui in uso. Qui l'atto è qualificato come urgente e "innominato" poiché demandato agli organi di p.g. ai sensi degli artt. 55 e 348 c.p.p. e, dunque, non soggetto a preventiva autorizzazione dell'autorità giudiziaria e neppure alla necessaria documentazione prevista dall'art. 357 c.p.p. che, afferma la pronuncia, non fa riferimento alle attività ed operazioni di cui all'art. 348 c.p.p.

[53] In senso assolutamente critico, difatti, si veda già G. BELLANTONI, *Provvedimento di perquisizione*, cit., p. 100.

[54] Cass. civ., Sez. Un., 12 ottobre-2 febbraio 2022, n. 3182, in *Riv. giur. trib.*, 2022, p. 678 ss., con nota di G. DE PETRIS, *Per perquisire borse chiuse basta il consenso non informato del contribuente soggetto a verifiche*; nonché in *Riv. notar.*, 2021, p. 1187, con nota di M. KROGH, *La legittima acquisizione di prove nel corso delle verifiche fiscali e delle verifiche antiriciclaggio*. Si veda anche la *Relazione dell'Ufficio del Massimario della Cassazione, Informazione su avvenuta risoluzione di contrasto*, 28 febbraio 2022, n. 20. L'ordinanza di rimessione si legga all'indirizzo *giustiziainsieme.it*.

assenza di autorizzazione del pubblico ministero – è stato oggetto di contrasto nella prassi e in giurisprudenza, tanto da causare l'intervento delle Sezioni Unite civili. Come ora si dirà, siamo questa volta al confine tra consapevolezza dei propri diritti e dovere d'informazione da parte dell'autorità, confine di tale sensibilità da riverberarsi in un tasso di politicità e dunque di discrezionalità eccezionalmente alto, che, tuttavia, non esclude del tutto l'eventualità che la Corte EDU arrivi a ritenere varcato il margine di apprezzamento lasciato al nostro Stato.

Per maggior chiarezza occorre ricordare che alla nostra Suprema Corte erano stati posti i seguenti quesiti: «se, in caso di apertura della valigetta reperita in sede di accesso, la mancanza di autorizzazione di cui al d.P.R. n. 633/1972, art. 52, comma 3 [55], possa essere superata dal consenso prestato dal titolare del diritto; se, nel caso in cui si dia risposta positiva alla prima questione, il consenso può dirsi libero ed informato anche qualora l'amministrazione finanziaria non abbia informato il titolare del diritto della facoltà, di cui alla l. n. 212/2000, art. 12, comma 2, di farsi assistere da un professionista abilitato alla difesa dinanzi agli organi della giustizia tributaria; se, infine, l'eventuale inosservanza del suddetto obbligo di informazione ed il conseguente vizio del consenso del titolare del diritto comporti l'inutilizzabilità della documentazione acquisita in mancanza della prescritta autorizzazione».

Il quadro normativo della materia è composito poiché comprende sia accessi, sia ispezioni e verifiche dell'amministrazione fiscale: i primi due commi dell'art. 52 d.P.R. n. 633/1972, riguardano la possibilità di accesso nei locali destinati all'esercizio dell'attività, o dell'abitazione che sia anche adibita a tale attività o presso l'abitazione stessa del contribuente; il comma 3, invece, disciplina il com-

[55] La disposizione prevede che «(G)gli uffici possono disporre l'accesso di impiegati dell'Amministrazione finanziaria nei locali destinati all'esercizio di attività commerciali, agricole, artistiche o professionali, nonché in quelli utilizzati dagli enti non commerciali e da quelli che godono dei benefici di cui al decreto legislativo 4 dicembre 1997, n. 460, per procedere ad ispezioni documentali, verificazioni e ricerche e ad ogni altra rilevazione ritenuta utile per l'accertamento dell'imposta e per la repressione dell'evasione e delle altre violazioni. Gli impiegati che eseguono l'accesso devono essere muniti di apposita autorizzazione che ne indica lo scopo, rilasciata dal capo dell'ufficio da cui dipendono. Tuttavia, per accedere in locali che siano adibiti anche ad abitazione è necessaria anche l'autorizzazione del Procuratore della Repubblica. In ogni caso, l'accesso nei locali destinati all'esercizio di arti e professioni dovrà essere eseguito in presenza del titolare dello studio o di un suo delegato. 2. L'accesso in locali diversi da quelli indicati nel precedente comma può essere eseguito, previa autorizzazione del Procuratore della Repubblica, soltanto in caso di gravi indizi di violazioni delle norme del presente decreto, allo scopo di reperire libri, registri, documenti, scritture ed altre prove delle violazioni. 3. È in ogni caso necessaria l'autorizzazione del Procuratore della Repubblica o dell'Autorità Giudiziaria più vicina per procedere durante l'accesso a perquisizioni personali e all'apertura coattiva di pieghi sigillati, borse, casseforti, mobili, ripostigli e simili e per l'esame di documenti e la richiesta di notizie relativamente ai quali è eccepito il segreto professionale ferma restando la norma di cui all'articolo 103 del codice di procedura penale».

pimento di atti investigativi eterogenei, quali perquisizioni personali, apertura coattiva di casseforti, pieghi sigillati, borse, ecc., prevedendo un'autorizzazione del p.m. o dell'autorità giudiziaria per il compimento di atti che evidentemente costituiscono un *vulnus* alle libertà costituzionali. In particolare, quanto alla acquisizione coattiva di borse durante la verifica fiscale, si distinguono i casi in cui le borse costituiscano oggetti a stretto contatto con l'individuo che le indossa, da quelli in cui le borse siano invece rinvenute nei locali oggetto di accesso. Ebbene, solo nel primo caso, il Collegio ha valutato applicabile l'art. 13 Cost. a tutela della libertà personale; mentre il secondo caso l'ha ritenuto coperto dalla norma a tutela del domicilio, individuando il comma 3 dell'art. 14 Cost. quale comando al legislatore di settore per il corretto bilanciamento tra i valori in gioco. Ora, dal momento che l'art. 52, comma 3, d.P.R. n. 633/1972 (e le norme ad essa sovrapponibili) richiede l'autorizzazione del p.m. per i soli casi di "apertura coattiva" di borse, plichi e documenti, la Corte ha reputato che tale autorizzazione non occorra in presenza di consenso libero, reso cioè in assenza di alcuna costrizione, né diretta né indiretta perché correlata alla prospettazione di conseguenze sfavorevoli del contribuente alla consegna della borsa. Cosicché, solo in caso di opposizione di quest'ultimo, l'accesso al contenuto della borsa richiederà l'autorizzazione del p.m., mentre, in caso di assenza di opposizione, verrebbe meno la coattività, che è poi il presupposto richiesto dalla norma per la necessità dell'autorizzazione.

Ma, il punto centrale della decisione sta in ciò: che ad avviso delle Sezioni Unite, non esisterebbe alcun indice normativo dal quale desumere che il consenso del contribuente, in tema di apertura di borse, sia condizionato all'adempimento di un obbligo informativo da parte delle autorità procedenti, poiché esso «non è affatto menzionato nel dettato vigente della norma in esame, né può desumersi *aliunde*, attingendo a parametri costituzionali o normativi altri rispetto al ricordato art. 52, comma 3». Non sarebbe, addirittura, neanche desumibile dall'art. 12 dello Statuto del contribuente, il quale prevede che «(Q)quando viene iniziata la verifica, il contribuente ha diritto di essere informato delle ragioni che l'abbiano giustificata e dell'oggetto che la riguarda, della facoltà di farsi assistere da un professionista abilitato alla difesa dinanzi agli organi di giustizia tributaria, nonché dei diritti e degli obblighi che vanno riconosciuti al contribuente in occasione delle verifiche».

Ci sembra che siano criticabili, in primo luogo, l'esclusione della correlazione tra informazione sul diritto all'assistenza difensiva e validità del consenso prestato all'apertura della borsa, in secondo luogo la completa pretermissione dell'obbligo di informare il contribuente *dei diritti e degli obblighi che vanno riconosciuti al contribuente in occasione delle verifiche* poiché, ci sembra che, al contrario, questo si legga in maniera sufficientemente chiara nell'art. 12, comma 2, l. n. 212/2000 (c.d. Statuto del contribuente).

10. Qualche nota sul rimedio risarcitorio per danni provocati a seguito di operazioni di polizia giudiziaria di cui al d.P.R. n. 388/1994

Come si è visto, l'accoglimento della nuova opposizione si sostanzia nell'accertamento del fatto che la perquisizione è stata disposta o convalidata fuori dai casi previsti dalla legge, non avendo altri effetti di carattere processuale[56].

I commentatori della legge delega si erano affrettati a segnalare la necessità di evitare un «controllo ... fine a sé stesso», consigliando la previsione di un risarcimento di natura economica, per la indebita limitazione della libertà personale e domiciliare[57]. Si metteva in luce come addirittura la espressa previsione di inutilizzabilità nei casi di violazione di legge in materia di intercettazioni, svelerebbe la consapevolezza del legislatore che neanche il controllo giurisdizionale preventivo è idoneo ad assicurare una salvaguardia assoluta e invalicabile. Ciò dovrebbe portare a concludere che «solo mediante un ristoro economico come risposta ad ogni violazione dei diritti e delle libertà fondamentali tout court sarà possibile assicurare una loro tutela svincolata dal processo penale»[58]. L'ispirazione per un simile strumento, era rinvenuta dai detti commentatori, nell'ordinamento giuridico statunitense, ove in forza del codice federale (titolo 42, «*The Public Health and Welfare*», capitolo 21 «*Civil Rights*», § 1983 «*Civil action for deprivation of rights*») si può agire nei confronti di «*[e]very person who, under color of any statute, ordinance, regulation, custom, or usage, of any State or Territory or the District of Columbia, subjects, or causes to be subjected, any citizen of the United States or other person within the jurisdiction thereof to the deprivation of any rights, privileges, or immunities secured by the Constitution and laws* [...]»[59].

Invero, mette conto rilevare come recentemente nel caso *Vega v. Tekoh*[60] la

---

[56] Quanto agli effetti extraprocessuali, una perquisizione illegittima può portare a conseguenze di carattere penale e disciplinare a carico di chi l'ha disposta o operata. Quanto alla responsabilità civile, ci sembra difficoltosa l'applicazione per il magistrato, l'applicabilità della legge n. 117/1988 (ma di contrario avviso, cfr. G. BELLANTONI, *sub art. 252-bis*, cit., p. 3322) e quanto alla polizia si potrebbe far riferimento, come si dirà, al d.P.R. n. 388/1994.

[57] Così R. COPPOLA, *op. cit.*, p. 28; G. PADUA, *op. cit.*, p. 56.

[58] R. COPPOLA, *op. loc. ult. cit.* Concorde, anche, G. BELLANTONI, *sub art. 252-bis*, cit., p. 3322.

[59] Cfr. M. DEGANELLO, *Il processo penale statunitense*, a cura di R. GAMBINI MUSSO, Giappichelli, Torino, 2009, p. 34 ss.

[60] Supreme Court of the United States, Argued April 20, 2022 – Decided June 23, 2022, *Vega v. Tekoh*, 597 U.S. (2022), in *supremecourt.gov/opinions/21pdf/21-499_gfbh.pdf*. La decisione riguarda la mancata applicazione delle garanzie individuali nell'acquisizione di dichiarazioni dal sottoposto a procedimento, ma è assai rilevante anche per il nostro discorso. Si trattava della ri-

Corte Suprema statunitense sembri aver ristretto l'ambito della disposizione, valorizzando e puntando tutto invece sulla sanzione dell'inutilizzabilità nel processo penale. L'interpretazione della Corte Suprema, criticata in dottrina[61], si è basata sulla distinzione tra *prophylactic rules* e vere e proprie *constitutional rules*: le prime proteggerebbero i diritti costituzionali, ma si collocherebbero al di fuori del nocciolo duro delle garanzie previste dalla lettera della Costituzione, di talché «*(O)one can therefore violate those rules without actually violating the Constitution*». La maggioranza dei giudici ha difatto affermato che i Miranda Warnings concretizzano «*"prophylactic rule" protecting the Fifth Amendment right against self-incrimination, not a constitutional right itself*», ritenendo dunque bastevole per la loro attuazione la sanzione dell'inutilizzabilità processuale (*"(T)the identification of a Miranda violation and its consequences ... ought to be determined at trial"*)[62], posto che «*(A)a judicially crafted rule is justified only by reference to its prophylactic purpose and applies only where its benefits outweigh its costs ... while the benefits of permitting the assertion of Miranda claims under § 1983 would be slight, the costs would be substantial*».

In realtà, anche nel nostro ordinamento è possibile individuare una soluzione percorribile, che è peraltro, latamente, accostabile al rimedio statunitense appena cennato.

Ci si riferisce alla richiesta di risarcimento disciplinata dal d.P.R. 18 aprile 1994, n. 388[63] e proponibile in via amministrativa in relazione ai danni conseguenti all'espletamento di servizi di ordine pubblico e ad operazioni di polizia giudiziaria. È previsto che detta richiesta vada inoltrata alla Questura nel cui territorio l'evento dannoso si è verificato, oppure al Comando provinciale dell'Arma dei Carabinieri territorialmente competente, ove la perquisizione sia stata da questi operata. Gli uffici sono tenuti ad effettuare una propria istruttoria

---

chiesta d'indennizzo promossa nei confronti di un ufficiale di polizia, fondata sulla illegittima ammissione di dichiarazioni non preceduti dai noti *Miranda Warnings* (*"un-Mirandized" statements*). Il dichiarante Tekoh, processato sulla scorta di quelle dichiarazioni di carattere confessorio, veniva poi dichiarato non colpevole. La Corte d'appello del nono Circuito aveva ritenuto che vi fosse fondamento per la citazione ai sensi del § 1983 contro Vega. Tuttavia, la pronuncia della Corte Suprema, adottata a maggioranza, rigettava queste conclusioni, a maggioranza. Le opinioni dissenzienti sono state stilate dai giudici Kagan, Breyer e Sotomayor.

[61] L. HERBERT, *Tantamount to nothing: Miranda "rights" can(not) be wronged*, in *SCOTUSblog*, 27 giugno 2022, reperibile in *scotusblog.com/2022/06/tantamount-to-nothing-miranda-rights-cannot-be-wronged/*. In lingua italiana cfr., anche, G. COTTI, *Vega v. Tekoh: secondo la Corte Suprema i Miranda warnings non sono diritto costituzionale*, in *quadernicostituzionali.it*.

[62] Anche sulla scorta della precedente decisione nel caso *Chavez v. Martinez* del 2003: Supreme Court of the United States, *Chavez v. Martinez*, Argued December 4, 2002, Decided May 27, 2003, 538 U.S. 760, 790.

[63] Si tratta del Regolamento recante semplificazione del procedimento di risarcimento dei danni provocati a persone e a cose a seguito di operazioni di polizia giudiziaria.

interna, che contempla, fra l'altro, l'acquisizione dei rapporti di servizio di chi è intervenuto all'atto perquirente e la stesura di una relazione finale da inviare alla Prefettura competente[64]. Detta relazione, che l'art. 2 d.P.R. n. 388/1994 definisce "analitica", oltre a descrivere l'operazione, la dinamica dei fatti e i luoghi dove si sono svolti, deve recare l'indicazione del personale che ha diretto o disposto le operazioni, le deposizioni testimoniali, i rilievi o accertamenti tecnici ed ogni altro utile elemento di valutazione.

Qualora ritenga sussistenti i presupposti per il risarcimento, il Prefetto chiederà poi l'autorizzazione al pagamento delle somme al Ministero competente[65]. Quanto ai presupposti giustificativi della richiesta, mette conto segnalare come si fosse posto il dubbio se la risarcibilità fosse esclusa nei casi di perquisizione non illegittima, dubbio poi risolto dal TAR di Napoli, il quale ha interpretato estensivamente l'istituto affermando la risarcibilità dei danni causati nell'espletamento di attività anche nei casi suddetti.

---

[64] Salvo, tuttavia, che il danno lamentato, si sostanzi in un importo superiore ai cinquemila euro circa. In tal caso la Prefettura dovrà chiedere parere sulla fondatezza e sulla congruità della domanda, rispettivamente all'Avvocatura dello Stato e all'Ufficio tecnico erariale (in caso di danni alle cose), al Personale medico in forza alla Polizia di Stato (in caso di danni alle persone), ed alla Motorizzazione civile (in caso di danni a veicoli).

[65] TAR Campania, Napoli, Sez. V, 27 febbraio-23 aprile 2014, n. 2264. La sussistenza della giurisdizione amministrativa in luogo di quella ordinaria è, poi, desumibile da Cons. Stato, Sez. VI, 20 aprile 2009, n. 2383.

Sezione III

DETERMINAZIONI FINALI DEL PUBBLICO MINISTERO E NUOVI PARADIGMI

I CRITERI DI PRIORITÀ PER L'ESERCIZIO DELL'AZIONE PENALE

di Lorenzo Algeri

SOMMARIO: 1. I criteri di priorità per l'esercizio dell'azione penale nel sistema processuale penale. – 2. Evoluzione storica dei criteri di priorità tra (buone?) prassi e (sporadici) interventi legislativi. – 3. Criteri di priorità e reati da "Codice rosso". – 4. Dal "disegno di legge Bonafede" alla "Riforma Cartabia". – 5. Riflessioni conclusive: criteri di priorità di indagine *vs* criteri di scelta dei crimini.

1. I criteri di priorità per l'esercizio dell'azione penale nel sistema processuale penale

I criteri di priorità [1] nell'esercizio dell'azione penale costituiscono una risposta ad uno stato di necessità, purtroppo non occasionale e di cui si fa fatica a ve-

[1] Si vedano, in generale, sui criteri di priorità R. APRATI, *Criteri di priorità e progetti organizzativi delle procure*, in *Legisl. pen.*, 24 maggio 2022; ID., *I criteri di priorità per la trattazione delle indagini preliminari e per l'esercizio dell'azione penale*, in G. SPANGHER (a cura di), *La riforma Cartabia*, Pacini, Pisa, 2022, p. 186 ss.; C. CESARI, *L'inflazione delle notizie di reato e i filtri selettivi ai fini del processo*, in *Riv. dir. proc.*, 2011, p. 1407 ss.; P. FERRUA, ID., *I criteri di priorità nell'esercizio dell'azione penale*, in *Cass. pen.*, 2020, 1, p. 12; G. GRASSO, *Sul rilievo dei criteri di priorità nella trattazione degli affari penali nelle delibere del CSM e nelle pronunce della sezione disciplinare,* in *Foro it.*, 2015, III, p. 48; R.E. KOSTORIS, *Obbligatorietà dell'azione penale e criteri di priorità fissati dalle procure*, in *Cass. pen.*, 2020, p. 2178 ss.; A. RICCIO, *I criteri di priorità: verso una declinazione realistica del principio di obbligatorietà dell'azione penale*, in *Dir. pen. e proc.*, 2023, 7, p. 957 ss.; L. RUSSO, *I criteri di priorità nella trattazione degli affari penali: confini applicativi ed esercizio dei poteri di vigilanza*, in *Dir. pen. cont.*, 9 novembre 2016; G. SPANGHER, *Considerazioni sul processo "criminale" italiano*, 2015, pp. 98-100; P. TONINI-C. CONTI, *Manuale di procedura penale*, Giuffrè, Milano, 2023, p. 673; L. VERZELLONI, *Il lungo dibattito sui criteri di priorità negli uffici giudicanti e requirenti*, in *Arch. pen.*, 2014, 3; V. ZAGREBELSKY, *Una «filosofia» dell'organizzazione del lavoro per la trattazione degli affari penali*, in *Cass. pen.*, 1989, p. 1615.

dere la soluzione, causato essenzialmente dalla carenza delle risorse umane e materiali degli uffici, con riferimento al personale della magistratura, al personale amministrativo, nonché, da ultimo, non certo in ordine di importanza, alle forniture materiali e tecnologiche[2].

Dal punto di vista sistematico, di fronte all'impossibilità degli uffici del pubblico ministero di svolgere tempestivamente tutte le indagini preliminari che sono rese necessarie dalle notizie di reato che pervengono negli uffici, sono prospettabili due modelli di procedimento penale. È possibile individuare, da un lato, un sistema processuale basato sul principio dell'opportunità dell'esercizio dell'azione penale[3] e, da un altro lato, un sistema processuale caratterizzato dal principio dell'obbligatorietà dell'azione penale[4]. Volgendo l'attenzione alla di-

---

[2] Cfr. V. ZAGREBELSKY, *Stabilire le priorità nell'esercizio obbligatorio della azione penale*, in *Il pubblico ministero oggi*, Giuffrè, Milano, 1994, p. 104; G. DI CHIARA, *Il pubblico ministero e l'esercizio dell'azione penale*, in G. FIANDACA-G. DI CHIARA, *Una introduzione al Sistema penale*, Jovene, Napoli, 2003, p. 255, osserva che: «guardando alla realtà applicativa, i rapporti tra carico giudiziario, razionalità degli apparati giudiziari preposti ad evaderlo e risorse disponibili generino un innegabile divario tra le sopravvenienze (in termini di affari penali) e la capacità di smaltimento delle stesse: v'è un *gap*, ormai cronicizzato, che gli annuali dati statistici impietosamente declamano, tra la massa degli affari penali di cui ciascun ufficio giudiziario risulta investito e gli affari che l'assetto organizzativo dell'ufficio medesimo è in grado, nell'unità di tempo, di evadere. È intuitivo che il *gap* in parola genera fenomeni di discrezionalità di fatto nella trattazione degli affari penali: con tale intrascurabile realtà anche il giurista è chiamato a confrontarsi, rifuggendo dall'irresponsabile tentazione di rimuovere lo scomodo problema semplicemente escludendolo dal campo di osservazione».

[3] «La nostra Costituzione (art. 112) stabilisce che il pubblico ministero ha l'obbligo di esercitare l'azione penale. L'obbligatorietà può essere considerata conseguenza dell'indefettibilità della giurisdizione; nonché un riflesso processuale del principio di legalità sostanziale, tant'è vero che nei paesi di lingua tedesca viene indicata col medesimo nome, *Legalitätsprinzip*. Ad essa si contrappone il principio di opportunità, vigente in altri ordinamenti, che assegna al pubblico ministero il potere discrezionale di decidere, in concreto, quali reati perseguire: consentendo in tal modo l'ottimizzazione delle risorse – che ovunque sono inadeguate – e una maggiore flessibilità nell'adeguare la risposta penale alle esigenze della società», così G. ILLUMINATI, *Costituzione e processo penale*, in *Giur. it.*, 2008, 2, p. 524.

[4] In generale, sul principio di obbligatorietà, v. M. CHIAVARIO, *Protagonisti e comprimari nel processo penale*, Utet, Torino, 1995, p. 135 ss.; ID., *L'obbligatorietà dell'azione penale: il principio e la realtà*, in AA.VV., *Il pubblico ministero oggi*, Giuffrè, Milano, 1994, p. 67; ID., *Riflessioni sul principio costituzionale di obbligatorietà dell'azione penale*, in AA.VV., *Scritti in onore di Costantino Mortati*, IV, Giuffrè, Milano, 1977, 89; ID., *La fisionomia del titolare dell'azione penale, tema essenziale per la cultura del processo*, in AA.VV., *Pubblico ministero e riforma dell'ordinamento giudiziario*, Giuffrè, Milano, 2006, p. 9 ss.; ID., *Obbligatorietà dell'azione penale: né un mito da abbattere né un feticcio da sottrarre a ogni discussione*, in AA.VV., *L'obbligatorietà dell'azione penale*, atti del XXXIII Convegno nazionale dell'Associazione tra gli studiosi del processo penale (Verona, 11-12-ottobre 2019), Milano, 2021, pp. 9 e ss.; CORSO, *Il pubblico ministero nel sistema costituzionale*, in *Dir. pen. e proc.*, 1997, 3, p. 885; O. DOMINIONI, *L'obbligatorietà dell'azione penale dal codice Rocco alla Costituzione. Il bilanciamento fra l'interesse alla persecuzione penale e altri*

mensione applicativa, si evidenzia che ognuno dei due sistemi necessita di determinati correttivi per poter funzionare in modo adeguato, come si evince dall'osservazione di altri ordinamenti in un'ottica comparatistica[5]. Così, nel primo sistema cui si accennava l'"opportunità" deve essere "regolata"[6], in modo da non rendere la scelta del tutto arbitraria; mentre nel secondo sistema l'"obbligatorietà" deve essere temperata da specifici ed efficaci "criteri di priorità"[7]. Tali

---

interessi a copertura costituzionale, in AA.VV., *L'obbligatorietà dell'azione penale*, Atti del XXXIII Convegno nazionale di Verona 11-12 ottobre 2019 dell'Associazione tra gli studiosi del processo penale, Giuffrè, Milano, 2021, p. 15; ID., *L'ufficio del pubblico ministero. Obbligatorietà dell'azione penale ed efficienza giudiziaria*, in N. ZANON-F. BIONDI (a cura di), *L'indipendenza della magistratura oggi*, Giuffrè, Milano, 2020, p. 143; ID., voce *Azione penale*, in *Dig. disc. pen.*, I, Torino, 1987; L. LUPARIA, *Obbligatorietà e discrezionalità dell'azione penale nel quadro comparativo europeo*, in *Giur. it.*, 2002, p. 1026 ss.; E. MARZADURI, voce *Azione. IV) Diritto processuale penale*, in *Enc. giur.*, IV, Agg., Roma, 1996, p. 1 ss.; ID., *Qualche considerazione sui rapporti tra principio di obbligatorietà dell'azione penale e completezza delle indagini preliminari*, in *Il pubblico ministero oggi*, Giuffrè, Milano, 1994, p. 113 s.; G. MONACO, *L'obbligatorietà dell'azione penale*, Giuffrè, Milano, 2003; ID., *sub art. 112 Cost.*, in *Codice di procedura penale commentato*, VI ed., tomo I, Ipsoa, Milano, 2023, p. 135 ss.; G. NEPPI MODONA, *Principio di legalità e nuovo processo penale*, in AA.VV., *Il pubblico ministero oggi*, Giuffrè, Milano, 1994, p. 121; M. NOBILI, *Accusa e burocrazia, profilo storico-costituzionale*, in G. CONSO (a cura di), *Pubblico Ministero e accusa Penale. Problemi e prospettive di riforma*, Zanichelli, Bologna, 1979, p. 120; S. QUATTROCOLO, *Azione penale*, in S. CASSESE (a cura di), *Dizionario di diritto pubblico*, vol. I, Giuffrè, Milano, 2006, p. 420 ss.; S. RUGGERI, *Azione penale*, in *Enc. dir., Annali*, III, Milano, 2010, p. 129 ss.; G. UBERTIS, *Per un effettivo rispetto del principio di obbligatorietà dell'azione penale*, in *Cass. pen.*, 1991, p. 1891; ID., voce *Azione. II) Azione penale*, in *Enc. giur.*, IV, Roma, 1988, p. 1 s.; C. VALENTINI, *Le forme di controllo sull'esercizio dell'azione penale*, Cedam, Padova, 1994, p. 28 ss.; V. ZAGREBELSKY, *L'obbligatorietà dell'azione penale. Un punto fermo, una discussione mancata, un problema attuale*, in *Cass. pen.*, 1992, p. 3183 ss. Per un'analisi storica del principio di obbligatorietà dell'azione penale F. DI VIZIO, *L'obbligatorietà dell'azione penale efficiente ai tempi del PNRR*, in *Quest. giust.*, 2021, 4, p. 55 ss.

[5] Per un'analisi comparatistica nell'ambito degli ordinamenti ispano-americani v. R. APRATI, *Criteri di priorità e progetti*, cit., p. 6 ss.; per una disamina in materia di obbligatorietà e discrezionalità dell'azione penale in ambito europeo v. L. LUPARIA, *op. cit.*, p. 1026 ss.

[6] Negli Stati Uniti i procuratori distrettuali formano e rendono pubbliche le cosiddette *guidelines* in base alle esigenze specifiche del distretto di competenza. Si tratta di vere e proprie scelte di politica criminale: esse, infatti, spesso fanno parte del programma politico degli aspiranti *district attorneys*. Infatti, il sistema di selezione dei procuratori distrettuali, adottato dalla maggior parte degli Stati americani, consiste in un sistema di elezione politica diretta con la presenza o meno di un collegamento partitico delle nomine. Tale assetto dà piena coerenza e legittimazione all'esercizio da parte dei *prosecutors* di una discrezionalità non meramente tecnica ma politica, anche nell'esercizio dell'azione penale: si tratta, infatti, di un corpo che risponderà politicamente del proprio operato.

[7] In tal senso si veda R. APRATI, *Criteri di priorità e progetti*, cit., p. 5 che osserva: «In pratica nella realtà si assiste a un peculiare fenomeno: la presenza, comunque, di parametri normativi che governano più nel dettaglio la disciplina relativa all'azione. Di conseguenza, da una parte, i sistemi ad obbligatorietà si configurano come sistemi a "obbligatorietà realistica" e, dall'altra parte, i sistemi a opportunità si configurano come sistemi a "opportunità regolata" o a "selezione regolata".

criteri di priorità costituiscono strumenti di gestione e di programmazione del lavoro giudiziario mediante cui, tenuto conto degli affari penali pendenti, della gravità degli stessi e delle capacità strutturali degli uffici, le procure possono organizzare l'ordine di trattazione dei procedimenti [8].

Nell'attuale assetto costituzionale, l'obbligatorietà non può tradursi in un automatismo tra notizia di reato e azione penale [9]. L'esercizio del potere di azione costituisce un dovere in presenza di presupposti e secondo modalità disciplinate dalla legge ordinaria, non rimesso a criteri di opportunità enucleati surrettiziamente. Considerato, inoltre, che i reati si presentano con diversi connotati di gravità, di urgenza e di impatto sociale, non è plausibile ricorrere ad un criterio rigidamente cronologico, secondo l'ordine di arrivo delle notizie, che rischierebbe di paralizzare l'attività dell'ufficio sotto il peso di una casistica di fattispecie numerose ma poco rilevanti [10]. Da tali constatazioni si è sviluppata la concezione c.d. realistica dell'obbligatorietà dell'azione penale [11]. Peraltro, pur dovendo riconoscere un alto tasso di logicità a tale elaborazione teorica, resta sempre presente il rischio che i reati c.d. "non prioritari" siano postergati fino al decorso della prescrizione [12].

Nei primi, si mira a una maggiore flessibilità rispetto a un incondizionato esercizio dell'azione, introducendo delle regole, che, se pur non arrivano a eliminarne l'automatismo, tentano però di gestirlo meglio. Del pari, nei secondi, si approntano una serie di criteri volti a indirizzare le libere scelte relative all'azione e quindi si guidano i singoli pubblici ministeri nell'esercizio dell'opzione fra azione e inazione. Alcuni sistemi, poi, si sono direzionati verso la costruzione di un doppio binario: presenza tanto dell'obbligatorietà quanto dell'opportunità. In tal modo hanno cumulato i correttivi. Perché nello spazio dedicato all'obbligatorietà, hanno comunque ricercato una "obbligatorietà realistica", negli spazi riservati all'opportunità, del pari, hanno fatto ricorso ad una "opportunità regolata"».

[8] G. COSTANZO, *Principio di legalità, azione penale e trasformazioni dello stato di diritto*, Giuffrè, Milano, 2018, p. 219.

[9] Cfr. G. CONSO, *Introduzione* a AA.VV., *Pubblico Ministero e Accusa Penale. Problemi e prospettive di riforma*, Zanichelli, Bologna, 1979, p. XVI, secondo ilo quale: «di un'obbligatorietà nel senso pieno del termine non è possibile parlare in concreto [...]. Ad essere obbligato, anche a causa della carenza dei mezzi, non è tanto l'esercizio dell'azione penale, quanto il compimento di scelte prioritarie, il cui prezzo è non di rado l'accantonamento di casi ritenuti non prioritari sul binario scontato della prescrizione»; O. DOMINIONI, *La Corte assediata*, in *Dir. pen. e proc.*, 2013, 12, p. 1386.

[10] G. ILLUMINATI, *op. cit.*, p. 524.

[11] R.E. KOSTORIS, *Per un'obbligatorietà temperata dell'azione penale*, in *Riv. dir. proc.*, 2007, 4, p. 875 ss., N. ROSSI, *Per una concezione realistica dell'obbligatorietà dell'azione penale*, in *Quest. giust.*, 1997, 2, pp. 309-318.

[12] In riferimento ai criteri di priorità, P. FERRUA, *I criteri di priorità nell'esercizio dell'azione penale*, cit., p. 13, specifica che «occorre distinguere tra due modelli a seconda che intervengano all'interno di un sistema potenzialmente in grado di sostenere il carico penale e quindi operino come *criteri regolativi* che ne razionalizzano la gestione; o intervengano in un sistema sovraccarico,

Occorre, dunque, procedere ad un'analisi della genesi storica e degli sviluppi normativi dei criteri di priorità, in modo da comprendere se e in che misura l'attuale punto di arrivo, costituito dalle modifiche introdotte dalla riforma "Cartabia" rappresenti un approdo dotato di caratteristiche di stabilità e di compatibilità con il complesso dei valori costituzionali.

2. Evoluzione storica dei criteri di priorità tra (buone?) prassi e (sporadici) interventi legislativi

In assenza di una specifica disciplina legislativa [13], fin dagli anni Novanta del secolo scorso in alcune Procure della Repubblica sono state adottate alcune circolari contenenti l'indicazione di determinati criteri di priorità.

Il primo documento che affermava la necessità di ricorrere a dei criteri di priorità per assicurare un servizio di giustizia efficiente è noto come "circolare Pieri-Conti", firmato l'8 marzo 1989 dal Procuratore Generale e dal Presidente della Corte d'appello di Torino [14]. In questa circolare si raccomandava di concentrare le energie sui procedimenti più importanti evidenziando la necessità di «evitare di sprecare tempo, fatica e denaro dello Stato in attività praticamente inutili, quali la minuziosa e scrupolosa celebrazione di processi destinati ineluttabilmente alla prescrizione». Il criterio di priorità teneva conto, in sostanza, soltanto della prescrizione e della capacità di smaltimento degli uffici aderendo, di fatto, ad una concezione di opportunità dell'azione penale.

A poca distanza di tempo, il 16 novembre 1990 fu emanata la c.d. circolare Zagrebelsky [15]. Con tale documento il Procuratore della Repubblica di Torino

---

incapace di fronteggiare la domanda di giustizia, nel qual caso operano di fatto come *criteri selettivi*, che deflazionano le notizie di reato, separando quelle a cui si darà una risposta da quelle destinate ad essere accantonate e, quindi, avviate al binario morto della prescrizione».

[13] N. GALANTINI, *Il principio di obbligatorietà dell'azione penale tra interesse alla persecuzione penale e interesse all'efficienza giudiziaria*, in *Dir. pen. cont.*, 23 settembre 2019, p. 4 ss.

[14] App. Torino, circolare 8 marzo 1989, in *Cass. pen.*, 1989, n. 8-9, 1616, con nota di V. ZAGREBELSKY, *Una "filosofia" dell'organizzazione del lavoro*, cit., p. 1615. Nella circolare si afferma che «Occorre, a questo fine, evitare di sprecare tempo, fatica e denaro dello Stato in attività praticamente inutili – quale la minuziosa e scrupolosa celebrazione dei processi destinati ineluttabilmente alla prescrizione. Ciò richiede un filtro scrupoloso delle priorità da assegnare ai singoli processi, in modo da far procedere rapidamente, e senza timore di prescrizioni, i processi importanti e da non ingolfare, al tempo stesso, uffici già strutturalmente troppo deboli con masse ingenti di lavoro inutili – perché destinato ineluttabilmente ad essere del tutto vanificato».

[15] App. Torino, circolare 16 novembre 1990, in *Cass. pen.*, 1990, p. 364. Per quanto riguarda l'impatto dei criteri di priorità con l'assetto costituzionale, nella circolare si affermava che non vi era contrasto con il principio di obbligatorietà dell'azione penale «dal momento che il possibile

definiva le priorità che avrebbero dovuto essere osservate dai magistrati dell'ufficio nella conduzione delle indagini preliminari in ordine alle notizie di reato.

Secondo l'estensore del documento, l'elaborazione dei criteri era giustificata con il richiamo agli artt. 3 e 97, comma 1, Cost.: i principi di uguaglianza e di buon andamento della pubblica amministrazione non avrebbero permesso che la capacità di smaltimento del lavoro potesse essere impiegata in modo casuale o lasciata alla discrezionalità del singolo magistrato.

Nella circolare Zagrebelsky le priorità vengono individuate in base al criterio della "gravità del reato". Il criterio della gravità viene enucleato tenendo conto di tutta una serie di parametri come la gravità della pena, le conseguenze patrimoniali, la sottoposizione ad una misura cautelare, la rilevanza degli interessi tutelati dalle fattispecie incriminatrici [16].

Dal punto di vista storico, la circolare Zagrebelsky ha rappresentato un vero e proprio prototipo [17] dei "criteri di priorità" e, mancando una specifica disciplina legislativa, è stata assunta per lungo tempo come punto di riferimento per altri interventi dal tenore analogo adottati successivamente ed è stata sostanzialmente avallata dal CSM [18].

---

mancato esercizio di una azione penale tempestiva e adeguatamente preparata per tutte le notizie di reato non infondate, non deriva da considerazioni di opportunità (...) ma trova una ragione nel limite oggettivo alla capacità di smaltimento del lavoro dell'organismo giudiziario».

[16] Si legge nella circolare 16 novembre 1990 a p. 368: «a) innanzitutto i procedimenti con l'indagato soggetto a misure cautelari personali – coercitive o interdittive – o nel corso dei quali siano state adottate misure cautelari reali e b) successivamente i procedimenti relativi a fatti di reato da considerare gravi [...] in considerazione della personalità dell'indagato, della lesione subita dall'interesse penalmente tutelato, dalla reiterazione, dal danno patrimoniale e non patrimoniale cagionato e non risarcito o altrimenti rimosso e c) successivamente ancora i procedimenti residui». In merito alla ricostruzione della gerarchia di priorità, cfr. D. VICOLI, *L'esperienza dei criteri di priorità nell'esercizio dell'azione penale: realtà e prospettive*, in G. DI CHIARA (a cura di), *Il processo penale tra politiche della sicurezza e nuovi garantismi*, Giappichelli, Torino, 2003, p. 229, nota 9.

[17] Cfr. R.E. KOSTORIS, *Per un'obbligatorietà temperata*, cit., p. 880.

[18] Emblematico, in proposito è il c.d. caso Vannucci (decisione della Sez. disciplinare del CSM del 23 luglio 1997) su cui v. *amplius* D. CARCANO, *Stabilire i criteri di priorità nella trattazione dei procedimenti è un dovere dei capi degli uffici*, in *Giur. cost.*, 1998, p. 1877; CSM, Sez. disc., 20 giugno 1997, Vannucci, in *Giur. cost.*, 1998, p. 1877, con nota di G. D'ELIA; nonché in *Cass. pen.*, 1998, p. 1489, con nota di D. Carcano; CSM., risoluzione 9 novembre 2006, in *Quest. giust.*, 2006, p. 1075; CSM., risoluzione 15 maggio 2007, *ivi*, 2007, p. 631, con nota di G. Santalucia. In sintesi, veniva portata a conoscenza della Sezione disciplinare la vicenda di un sostituto procuratore della procura circondariale di Roma, contro il quale era stato mosso un addebito per aver lasciato, nell'atto di trasferimento, una considerevole quantità di procedimenti inevasi. In quella circostanza, il CSM ne escluse la responsabilità disciplinare, in considerazione del fatto che il magistrato, nella concreta possibilità di esaurire il carico di tutti i procedimenti assegnatigli, avesse scelto di privilegiare la trattazione degli affari penali connotati da particolare gravità, tralasciando quelli di minore rilevanza, in quanto destinati, con tutta probabilità, alla prescrizione già in primo grado. Attraverso questo provvedimento, l'organo di autogoverno della magistratura si spinse oltre il ricono-

Dopo alcuni anni, il 10 gennaio 2007 è stata adottata dal Procuratore Capo di Torino la c.d. circolare Maddalena [19] che forniva direttive utili per la gestione della trattazione dei procedimenti in conseguenza della legge sull'indulto (l. 31 luglio 2006, n. 241) [20]. Con tale documento veniva fissata per la prima volta, esplicitamente, la "regola dell'accantonamento" degli affari non prioritari. L'autore della circolare elencava una serie di reati rientranti nella previsione di accantonamento (essenzialmente, reati per i quali in caso di condanna, sarebbe stata applicata una pena interamente condonata ovvero con indagati o imputati irreperibili) e contestualmente prevedeva una serie di eccezioni, per lo più incentrate sull'attuale o sulla pregressa applicazione di misure cautelari o coercitive personali, sulla contestazione della recidiva aggravata o di taluna delle tipologie di "delinquenza qualificata", sulla sussistenza di un concreto interesse della persona offesa alla trattazione del procedimento, sulla richiesta avanzata dalle parti processuali. Analoghe indicazioni venivano fornite anche in relazione ai procedimenti per i quali era stata inoltrata al Tribunale richiesta di fissazione dell'udienza ai fini dell'emissione del decreto di citazione a giudizio [21].

Con decisione del 15 maggio 2007 [22] il CSM si è pronunciato a favore della legittimità della circolare Maddalena, pur fornendone un'interpretazione costi-

---

scimento della legittimazione dell'elaborazione dei criteri di priorità, fino ad arrivare a riconoscere altresì la possibilità che a provvedervi siano i singoli magistrati dell'ufficio. «ai procedimenti che con ogni ragionevolezza, in base al titolo di reato e ad altre circostanze di fatto, pur in caso di condanna [...] si sarebbero conclusi con l'irrogazione di una penale contenuta nei limiti [...] dell'indulto, considerando che in questo caso le sentenze sarebbe state *inutiliter datae* pur a fronte di un impegno considerevolissimo di tempo e risorse».

[19] Dal nome dell'estensore, all'epoca Procuratore della Repubblica di Torino. Il documento è pubblicato in *Cass. pen.*, 1991, p. 362.

[20] Si poneva il problema di comprendere quale trattamento riservare «ai procedimenti che con ogni ragionevolezza, in base al titolo di reato e ad altre circostanze di fatto, pur in caso di condanna [...] si sarebbero conclusi con l'irrogazione di una penale contenuta nei limiti [...] dell'indulto, considerando che in questo caso le sentenze sarebbe state *inutiliter datae* pur a fronte di un impegno considerevolissimo di tempo e risorse».

[21] Per una critica da parte della dottrina v. R.E. KOSTORIS, *Per un'obbligatorietà temperata*, cit., p. 879: «un conto è infatti indicare corsie preferenziali per certe notizie di reato (come fece la c.d. circolare Zagrebelsky), un conto è prevedere l'accantonamento di fascicoli relativi a processi già pendenti, o prescrivere archiviazioni "generose" (come si prevede oggi nella c.d. "Circolare Maddalena"): una selezione in positivo, rivolta al futuro, in un caso, in negativo e rivolta al passato nell'altro, e qui, per di più, motivata – almeno in rapporto alla maggior parte delle ipotesi che vi sono contemplate – dalla ritenuta "inutilità" di tenere in vita processi destinati comunque a rientrare nel raggio d'azione del recente provvedimento di indulto».

[22] Si veda G. SANTALUCIA, *Obbligatorietà dell'azione penale e criteri di priorità*, in *Quest. giust.*, 2007, 2, p. 617 ss.

tuzionalmente conforme[23]. Nello specifico, il Consiglio sottolineò come il termine “accantonamento”, utilizzato nella circolare *de qua* non potesse intendersi come un invito a non esercitare l’azione penale, bensì come differimento della trattazione delle notizie di reato non prioritarie[24].

Dal punto di vista sistematico occorre osservare che i primi criteri di priorità nascono e cominciano ad essere applicati senza copertura normativa[25], pur incidendo direttamente sull’attività degli uffici giudiziari in modo ben più profondo del profilo meramente organizzativo[26].

Sotto il profilo normativo, il tema dei criteri di priorità veniva introdotto per la prima volta con l’art. 227 del d.lgs. n. 51/1998, istitutivo del giudice unico di primo grado. Con tale disposizione il legislatore, al fine di assicurare la rapida definizione dei procedimenti pendenti alla data di entrata in vigore del decreto, disponeva di tener conto della gravità e concreta offensività del reato, del pregiudizio che poteva derivare dal ritardo per la formazione della prova e per l’accertamento dei fatti, dell’interesse della persona offesa. Sulla base di questi “criteri-cornice”[27], ai titolari degli uffici giudiziari erano stati attribuiti il potere di stabilire i criteri di priorità e l’onere di comunicarli al Consiglio superiore della magistratura, purché fosse realmente individuata la necessità di garantire il rapido smaltimento dei procedimenti in corso.

La disposizione, pertanto, è stata varata per attuare obiettivi contingenti, senza il carattere di stabilità. Infatti, essa trae origine dalla l. delega 16 luglio 1997, n. 254, per l’istituzione del giudice unico di primo grado, che, all’art. 1, comma 2, autorizzava l’organo esecutivo a proporre l’inserimento di una disciplina normativa transitoria al fine di prevenire conseguenze negative sull’amministrazione

---

[23] N. ZANON-F. BIONDI, *Il sistema costituzionale della magistratura*, IV ed., Zanichelli, Bologna, 2014, p. 246.

[24] Sulle criticità della decisione del CSM si veda il commento di S. CATALANO, *Rimedi peggiori dei mali: sui criteri di priorità nell’azione penale*, in *Quad. cost.*, 2008, 1, pp. 80-82. La circolare Maddalena fu accolta con molte riserve da parte dell’avvocatura. In particolare, la Camera penale di Torino presentò numerose segnalazioni. Per un riepilogo del dibattito, v. in particolare L. VERZELLONI, *Il lungo dibattito sui criteri di priorità negli uffici giudicanti e requirenti*, in *Arch. pen.* 2014, 3, p. 1.

[25] Cfr. N. GALANTINI, *Il principio di obbligatorietà*, cit., p. 4 ss.

[26] Le circolari adottate dai capi degli uffici requirenti e dal CSM costituiscono «fonti atipiche» del processo penale, le quali, pur essendo attività di autoregolamentazione riconducibile agli atti amministrativi, producono effetti di ordine generale sull’andamento dei procedimenti penali, condizionando l’attività requirente nel suo complesso. In questi termini, cfr. M. CHIAVARIO, voce *Diritto processuale penale*, in *Enc. dir.*, *Annali*, IX, Milano, 2016, p. 274.

[27] R.E. KOSTORIS, *Criteri di selezione e moduli deflativi nelle prospettive di riforma. Atti del Convegno (Como, 24-26 settembre 1999)*, in AA.VV., *Il giudice unico nel processo penale*, Giuffrè, Milano, 2001, p. 36.

della giustizia che sarebbero potute derivare, nell'immediato, dall'accorpamento degli uffici giudiziari[28].

Con d.l. 24 novembre 2000, n. 341 (conv., con mod., in l. 19 gennaio 2001, n. 4) è stato introdotto l'art. 132-*bis* disp. att. c.p.p.[29] che, nella sua formulazione originaria, riconosceva priorità assoluta soltanto ai procedimenti in cui erano state applicate misure cautelari di tipo custodiale prossime alla scadenza dei termini, e in presenza di gravi ragioni di urgenza[30].

La terza fonte normativa che è intervenuta in materia è rappresentata dagli artt. 1, comma 2 e 4, comma 2, d.lgs. 20 febbraio 2006 n. 106 ("*Disposizioni in materia di riorganizzazione dell'ufficio del pubblico ministero, a norma dell'articolo 1, comma 1, lettera d), della legge 25 luglio 2005, n. 150*"). Il primo afferma che «Il procuratore della Repubblica assicura il corretto, puntuale ed uniforme esercizio dell'azione penale ed il rispetto delle norme sul giusto processo da parte del suo ufficio». Il secondo stabilisce che «Ai fini di cui al comma 1, il procuratore della Repubblica può definire criteri generali da seguire per l'impostazione delle indagini in relazione a settori omogenei di procedimenti». La norma attribuisce al Procuratore della repubblica il potere-dovere di determinare i criteri di organizzazione dell'ufficio e, altresì, i criteri cui devono attenersi i sostituti procuratori[31].

In perfetta aderenza con le linee ispiratrici della legislazione dell'emergenza, l'art. 2-*bis* del d.l. 23 maggio 2008, n. 92, noto come "decreto sicurezza" (convertito nella l. 23 luglio 2008, n. 125) è intervenuto sull'art. 132-*bis* disp. att. modificandolo completamente e con l'obiettivo di stabilire una sorta di "corsia preferenziale" per la trattazione prioritaria di determinate categorie di processi[32]. Dunque, il giudice, nel fissare il ruolo di udienza, non deve più attenersi al

---

[28] D. VICOLI, *op. cit.*, pp. 227-228, dove, in particolare, viene spiegato che il destino dell'art. 227 era già segnato fin dall'origine, perché l'intenzione del legislatore era quella di introdurre meccanismi deflativi del carico pendente sino al 2 giugno 1999, data a partire dalla quale le nuove strutture giudiziarie avrebbero cominciato a funzionare. M. BARGIS, *Il giudice unico di primo grado e la progressiva "messa a punto" del processo penale*, in M. CHIAVARIO-E. LUPO (diretto da), *Commento alla normativa delegata sul giudice unico*, vol. II, Utet, Torino, 2001, a p. 41 attribuisce alla norma in esame il valore di un esperimento in tema di disciplina delle priorità.

[29] Le differenze che corrono fra le due norme (art. 227 d. 51/98 e art. 132-*bis* disp. att.) sono la collocazione in merito alla fonte e il carattere transitorio della prima norma e quello stabile della seconda. Per approfondimenti, cfr. E. MARZADURI, *La sospensione dei processi penali nei suoi rapporti con la previsione dei c.d. criteri di priorità*, in V. GAROFOLI (a cura di), *L'azione penale tra obbligatorietà e discrezionalità*, Atti del Convegno (Bari, 29 novembre 2008), Giuffrè, Milano, 2009, p. 27.

[30] P. FERRUA, *I criteri di priorità nell'esercizio dell'azione penale*, cit., p. 14 osserva che l'art. 132-*bis* indirizza le priorità «ai giudici e non ai pubblici ministeri».

[31] Per alcune considerazioni di tipo critico sulla norma v. P. FERRUA, *op. ult. cit.*, p. 15.

[32] Per un commento alla norma in esame v. G. FRIGO, *Un primo serio intervento legislativo sulle priorità nella trattazione dei processi*, in S. LORUSSO, *Le nuove norme sulla sicurezza pubblica*,

solo ed unico criterio che dava prevalenza, nella trattazione, ai processi in cui "ricorrono gravi ragioni di urgenza con riferimento alla scadenza dei termini di custodia cautelare", ma a una serie molto articolata di criteri prefissati in sede legislativa che non si rifanno solo ed esclusivamente a giustificate esigenze di carattere processuale ispirandosi anche al titolo di reato per cui si procede.

I criteri attualmente in vigore si dividono in tre grandi categorie di processi per i quali deve essere assicurata la precedenza, sia nel momento dedicato alla formazione dei ruoli di udienza sia nella successiva trattazione[33]. Nella prima categoria si fa riferimento ai processi per determinati reati che, secondo una valutazione operata dal legislatore con riguardo all'esigenza di effettività e di efficienza del relative istanze punitive, esigono una corsia preferenziale perché maggiormente impattanti sul piano dell'allarme sociale: *a*) tutti i delitti più gravi indicati dall'art. 407, comma 2, lett. *a*), del codice di rito (criminalità organizzata, terrorismo, omicidio, rapina, estorsione, sequestro di persona a scopo estorsivo, armi, droga, contro la libertà sessuale della persona e contro i minori); *b*) i delitti commessi in violazione delle norme relative alla prevenzione degli infortuni e all'igiene sul lavoro; *c*) i delitti commessi in violazione delle norme in materia di circolazione stradale; *d*) i delitti di cui al testo unico delle disposizioni concernenti la disciplina dell'immigrazione e norme sulla condizione dello straniero, di cui al d.lgs. 25 luglio 1998, n. 286. Un'altra categoria che fa riferimento alle connotazioni sostanziali del reato per cui si procede riguarda i delitti puniti con la pena della reclusione non inferiore nel massimo a quattro anni. La terza ed ultima categoria, invece, prende le mosse da talune caratteristiche processuali o da aspetti soggettivi della persona dell'imputato per assegnare priorità nella trattazione a talune categorie di reati. Si tratta *a*) dei processi a carico di imputati detenuti, anche per reato diverso da quello per cui si procede; *b*) quando si tratti

---

Cedam, Padova, 2009, p. 415; E. MARZADURI, *La sospensione dei processi penali*, cit., p. 27; G. PAPAGNO, *sub art. 132-bis* disp. att. c.p.p., in A. GIARDA-G. SPANGHER (a cura di), *Codice di procedura penale commentato*, VI ed., tomo I, Ipsoa, Milano, 2023, p. 3462 ss.

[33] G. PAPAGNO, *op. ult. cit.*, p. 3464 dove si specifica che: «Si perviene così, *ad escludendum*, all'individuazione dei processi privi di priorità la cui celebrazione e conclusione potrebbero essere posti in serio rischio dalla normativa *de qua*. Sono i processi per delitti con la pena della reclusione inferiore nel massimo a quattro anni e le contravvenzioni, a meno che non subentrino, anche per questi processi, quelle prerogative processuali che sono prese in considerazione nella terza categoria dei criteri sanciti dalla nuova formulazione dell'art. 132-*bis* disp. att. e coord. Pertanto, anche ai processi che hanno ad oggetto delitti puniti con una pena inferiore nel massimo a quattro anni o delle contravvenzioni godranno comunque della corsia preferenziale qualora siano a carico di imputati detenuti, anche per reato diverso da quello per cui si procede, ovvero – ma queste ipotesi riguardano solo i procedimenti che hanno ad oggetto i delitti e non le contravvenzioni – imputati sottoposti a fermo o ad arresto o a misura cautelare anche revocata o la cui efficacia sia cessata o, ancora, a carico si soggetti nei cui confronti è contestata la recidiva di cui all'art. 99, c. 4, c.p. Infine, per i procedimenti da celebrare nelle forme del giudizio direttissimo o immediato».

di processi nei quali l'imputato è stato sottoposto ad arresto o a fermo di indiziato di delitto, ovvero a misura cautelare personale, anche revocata o la cui efficacia sia cessata; *c*) quando si tratti di processi nei quali è contestata la recidiva reiterata; *d*) quando si tratti di processi da celebrare con giudizio direttissimo e con giudizio immediato.

In particolare, il comma 2 dell'art. 132-*bis* disp. att. c.p.p. introduce la seguente regola: i dirigenti degli uffici giudicanti devono adottare i provvedimenti organizzativi necessari per assicurare la rapida definizione dei processi per i quali è prevista la trattazione prioritaria. Peraltro, la norma non chiarisce se debba essere lo stesso dirigente dell'ufficio giudiziario ad intervenire direttamente sulla formulazione dei ruoli del giudice, modificandoli secondo i criteri sanciti dal comma 1 oppure se debba limitarsi a fornire delle direttive, cui i giudici devono successivamente uniformarsi per la predisposizione dei ruoli di udienza. Si ritiene preferibile la seconda linea interpretativa, per evitare una forma impropria di gerarchizzazione dell'ufficio giudiziario con effetti negativi in tema di indipendenza dell'organo giurisdizionale[34].

Nel corso del tempo, a fronte della proliferazione di atti interni adottati dalle procure della repubblica per fronteggiare il quotidiano lavoro di gestione degli affari penali secondo "buone prassi", il Consiglio Superiore della Magistratura ha sostanzialmente avallato[35] tali iniziative mediante proprie risoluzioni e circolari[36], riconoscendo il compito del Procuratore della Repubblica di elaborare

---

[34] Cfr. G. PAPAGNO, *op. ult. cit.*, p. 3465.

[35] Cfr. CSM, Sez. disc., 20 giugno 1997, Vannucci, in *Giur. cost.*, 1998, p. 1877, con nota di G. D'ELIA; nonché in *Cass. pen.*, 1998, p. 1489, con nota di D. Carcano; CSM, risoluzione 9 novembre 2006, in *Quest. giust.*, 2006, p. 1075; CSM, risoluzione 15 maggio 2007, *ivi*, 2007, p. 631, con nota di G. Santalucia.

[36] CSM, Circolare sulla organizzazione degli uffici di Procura approvata il 16 novembre 2017, come modificata con delibera del 16 dicembre 2020; CSM, Risoluzione del 9 luglio 2014, CSM, Risoluzione del 17 giugno 2015; CSM, Risposta a quesito dell'11 maggio 2016 (Linee guida in materia di criteri di priorità e gestione dei flussi di affari – rapporti fra uffici requirenti e uffici giudicanti); CSM, Risoluzione del 12 luglio 2007 (relativa a "*Disposizioni in materia di organizzazione degli uffici del Pubblico Ministero a seguito dell'entrata in vigore del D.Lgs. 20 febbraio 2006, n. 106*"), CSM, Risoluzione del 21 luglio 2009 (relativa alla "*Organizzazione degli uffici del Pubblico Ministero*"); CSM, Regolamento in materia di permanenza nell'incarico presso lo stesso ufficio alla luce della modifica introdotta dal decreto legislativo n. 160 del 30 gennaio 2006 come modificato dalla legge 30 luglio 2007, n. 11, adottato con delibera di *plenum* del 13 marzo 2008 così come modificata in data 11 febbraio 2015; CSM, Risoluzione del 9 luglio 2014 in tema di Criteri di priorità nella trattazione degli affari penali; CSM, Risoluzione dell'11 maggio 2016 in tema di "linee guida in materia di criteri di priorità e gestione dei flussi di affari – rapporti fra uffici requirenti e uffici giudicanti; CSM, Risoluzione del 16 marzo 2016 sulla organizzazione degli Uffici di Procura competenti per i delitti commessi in materia o con finalità di terrorismo. Rapporti con la Procura Nazionale Antiterrorismo. Coordinamento investigativo; CSM, Risposta a quesito del 20 aprile 2016 in materia di limiti e modalità di esercizio delle competenze del Procuratore generale

criteri di priorità nella trattazione dei procedimenti, nel rispetto dell'art. 112 Cost. e dell'art. 132-*bis* disp. att. e coord. c.p.p.[37].

Particolarmente rilevante dal punto di vista sistematico è la delibera del CSM del 9 luglio 2014. Innanzitutto, il documento consiliare parte da un presupposto indefettibile: l'art. 132-*bis* disp. att. costituisce fonte normativa espressa delle priorità processuali suscettibili di concreta attuazione sulla scorta di un provvedimento organizzativo dettato per ciascuno degli uffici degli organi giudicanti dal suo dirigente. L'obiettivo sotteso a tali direttive è quello di assicurare le condizioni affinché sia garantita la priorità assoluta nella trattazione dei procedimenti per reati qualificati dall'art. 132-*bis* disp. att. c.p.p. come prioritari. Il passaggio che costituisce una svolta rispetto alle precedenti prassi delle procure è quello in cui il CSM afferma che le priorità non possono essere condizionate dalla incombente prescrizione che, anzi, deve imporre una corsia preferenziale anche per i reati non compresi nel "catalogo" legale. Il "rischio prescrizione" non può costituire un criterio per non trattare con sollecitudine procedimenti per reati che si ritengano destinati in tempi medio-brevi alla prescrizione, con la conseguenza di non prestare la dovuta considerazione ad aspettative e diritti delle persone offese. In tal modo il CSM ha stabilito che oltre ai criteri statuiti dal legislatore nella norma di cui all'art. 132-*bis*, debbano avere priorità le urgenze riconducibili, ad esempio, ad una prossima prescrizione[38] (o ai rischi di una seria compromissione nella formazione della prova). Con specifico riferimento all'individuazione dei criteri di priorità da parte degli uffici requirenti con tale delibera è stato affermato che «in assenza di un sistema di tipizzazione delle priorità legislativamente predeterminato, la individuazione di linee guida finalizzate a scongiurare l'insorgenza di ingiustificate disparità nel concreto esercizio dell'azione penale deve essere rimessa ai singoli dirigenti delle Procure della Repubblica, tenendo conto dei criteri adottati dai corrispondenti uffici giudicanti».

---

della Repubblica presso la Corte d'appello ai sensi dell'art. 6 d.lgs. n. 106/2006; CSM, Risposta a quesito del 22 aprile 2020 in materia di deleghe organizzative conferite senza previo interpello e loro utilizzo nel procedimento per il conferimento di incarichi direttivi e semidirettivi; CSM, Risposta a quesito del 29 maggio 2020 in ordine al differimento dei termini per il deposito dei progetti organizzativi degli uffici requirenti per il triennio 2020-2022.

[37] G. MONACO, *Riforma della giustizia penale e criteri di priorità nell'esercizio dell'azione*, in *federalismi.it*, 2022, 9, p. 24; N. GALANTINI, *Il principio di obbligatorietà*, cit., p. 5 osserva che: «La disomogeneità ed eterogeneità delle circolari interne, cui sono vincolati i singoli sostituti, ha trovato una sorta di antidoto negli interventi del CSM che, sul fronte della normazione secondaria, pur ribadendo la necessaria vincolatività del principio *ex* art. 112 Cost. che vieta attività selettive soggettive ed arbitrarie, ha ritenuto ammissibili i criteri orientativi interni purché funzionali a scelte razionali, trasparenti e prevedibili, in una attuazione "realistica" della obbligatorietà dell'azione penale basata su modelli virtuosi che escludano formule autorizzative a non accettabili omissioni».

[38] Si tratta delle ipotesi che rientrano, secondo la qualificazione fornita dallo stesso CSM, nella c.d. "*archiviazione processuale*", ossia quella per prossima prescrizione del reato.

La Circolare sull'organizzazione degli uffici di Procura del 16 novembre 2017 (da ultimo modificata il 16 dicembre 2020) e le delibere 9 luglio 2014 e 11 maggio 2016, in essa richiamate, disciplinano in modo definitivo il potere-dovere del dirigente dell'ufficio di procura di individuare anche priorità ulteriori rispetto a quelle indicate all'art. 132-*bis* disp. att. c.p.p.[39].

Infine, nella delibera del CSM del 21 dicembre 2021 si stabiliscono i seguenti principi generali: «le misure in materia di priorità, oltre ad essere facoltative in quanto integranti solo uno dei moduli organizzativi possibili, debbano rispondere ai seguenti principi: i) debbono integrare una soluzione necessitata, preceduta dalla verifica circa l'oggettiva impossibilità di trattazione di tutti i procedimenti penali pendenti e di attivazione di strumenti organizzativi alternativi; *ii*) debbono integrare una soluzione temporanea, dovendosi tenere conto, anche mediante periodici monitoraggi, degli eventuali mutamenti della situazione dell'ufficio; *iii*) debbono essere precedute, ai fini della individuazione delle priorità, da un indagine statistica condotta in termini non solo quantitativi ma, anche e soprattutto, qualitativi; *iv*) devono essere preceduti dalla conferenza distrettuale al fine di trovare la massima condivisione tra gli uffici coinvolti e devono inoltre essere in ogni caso adottati seguendo, all'interno dell'ufficio, un procedimento partecipato, destinato a concludersi con un provvedimento inserito o in altro provvedimento organizzativo tipico (di cui seguirà il regime ordinamentale) od in un provvedimento *ad hoc* (da trasmettere al Consiglio per la presa d'atto previo parere del consiglio giudiziario)»[40].

---

[39] In particolare, la circolare sull'organizzazione degli uffici di Procura attualmente vigente prevede: all'art. 3, intitolato "*Ragionevole durata del processo e azione penale obbligatoria*", che: «1. Allo scopo di garantire la ragionevole durata del processo, il Procuratore della Repubblica assicura un'attenta e particolareggiata analisi dei flussi e delle pendenze dei procedimenti ed il loro costante monitoraggio, anche avvalendosi della Commissione Flussi istituita presso il Consiglio giudiziario della Corte d'Appello, nonché dei dati acquisiti dai Presidenti dei Tribunali sul ricorso ai riti speciali e sugli esiti delle diverse tipologie di giudizio. 2. Il Procuratore della Repubblica, nel rispetto del principio di obbligatorietà dell'azione penale e dei parametri fissati dall'art. 132-bis disp. att. c.p.p. e delle altre disposizioni in materia, può elaborare criteri di priorità nella trattazione dei procedimenti. Indica i criteri prescelti al fine dell'efficace e uniforme esercizio dell'azione penale, tenendo conto della specifica realtà criminale e territoriale, nonché delle risorse tecnologiche, umane e finanziarie disponibili. 3. Nell'elaborazione dei criteri di priorità, il Procuratore della Repubblica cura l'interlocuzione con il Presidente del tribunale ai fini della massima condivisione, ed opera sia tenendo conto delle indicazioni condivise nella conferenza distrettuale dei dirigenti degli uffici requirenti e giudicanti, sia osservando i principi enunciati nelle delibere consiliari del 9 luglio 2014 e dell'11 maggio 2016 in tema, rispettivamente, di "criteri di priorità nella trattazione degli affari penali" e di "linee guida in materia di criteri di priorità e gestione dei flussi di affari – rapporti fra uffici requirenti e uffici giudicanti».

[40] In merito ai poteri del Procuratore della repubblica la delibera del CSM del 21 dicembre 2021 a p. 6 stabilisce che: «Il Procuratore, ove chiamato ad operare in un sistema che nel suo complesso sia impossibilitato a fronteggiare l'intera domanda di giustizia (considerata anche la

3. Criteri di priorità e reati da "Codice rosso"

Uno specifico criterio obbligatorio di priorità è previsto per la trattazione dei procedimenti concernenti i delitti di violenza domestica e di genere.

Come è noto, con la l. 19 luglio 2019, n. 69, c.d. Codice rosso[41], il legislatore italiano è intervenuto allo scopo di rafforzare la risposta ad un fenomeno di violenza di estrema gravità e di dare pieno adempimento alla Convenzione di Istan-

situazione dell'ufficio giudicante e l'eventuale impossibilità di assicurare una definizione di tutti i giudizi in tempi ragionevoli e nel termine di prescrizione), può adottare soluzioni organizzative, incidenti sui tempi delle indagini e, correlativamente, dell'esercizio dell'azione penale, che prevedano una graduazione dei reati da perseguire, attribuendo precedenza alla trattazione di quelli ritenuti di maggiore rilevanza e postergando gli altri minusvalenti, senza, tuttavia, mai abdicare, neppure per questi ultimi, all'esercizio dell'azione penale.

In tal caso il Procuratore deve innanzitutto formulare un progetto di organizzazione dell'ufficio nel quale, previa ricognizione dei flussi, del volume degli affari da trattare, delle risorse umane e di mezzi disponibili, nonché dell'impossibilità di attivare strumenti organizzativi alternativi, espliciti le ragioni per cui non è realisticamente possibile la persecuzione di tutti i reati, secondo l'oggettivo criterio cronologico dell'avvio delle indagini in base al momento dell'iscrizione della notizia di reato.

Il dirigente deve, quindi, motivatamente individuare i procedimenti cui riconoscere trattazione "cronologicamente anticipata": a tal fine terrà conto, innanzitutto, delle priorità indicate dall'art. 132-*bis* disp. att. c.p.p., che individua una gerarchia di urgenze costituente un imprescindibile criterio di riferimento anche nella scelta della tempistica di svolgimento delle attività requirenti; inoltre, sulla scorta di una previa indagine statistica, potrà individuare gli ulteriori procedimenti (diversi da quelli elencati all'art. 132-*bis* cit.) necessitanti di una rapida definizione, indicando gli indici, anche qualitativi, in base ai quali tali ulteriori priorità sono state selezionate.

Va in ogni caso sottolineato, come già accennato, che le soluzioni organizzative adottate in tema di priorità devono rivestire il carattere di "*soluzioni necessitate*" e "*temporanee*", sicché, per esempio, non potranno essere ritenuti conformi alla normativa secondaria moduli organizzativi destinati a rinnovarsi tacitamente, risolvendosi in misure non temporanee, ma tendenzialmente stabili.

È necessario, invero, che le iniziative intraprese siano effettivamente coerenti rispetto alle concrete condizioni degli uffici in un determinato momento e che vengano modificate e adeguate con il variare dei flussi, delle pendenze e delle sopravvenienze, da monitorare periodicamente».

[41] Il provvedimento ha introdotto quattro nuove fattispecie di reato: violazione dei provvedimenti di allontanamento dalla casa familiare e del divieto di avvicinamento ai luoghi frequentati dalla persona offesa (art. 387-*bis*), costrizione o induzione al matrimonio (art. 558-*bis*), deformazione dell'aspetto della persona mediante lesioni permanenti al viso (art. 583-*quinquies*), diffusione illecita di immagini o video sessualmente espliciti (art. 612-*ter*) ed ha aggravato le pene o la disciplina delle circostanze aggravanti dei reati di maltrattamenti contro familiari e conviventi (art. 572 c.p.), violenza sessuale (art. 609-*bis* c.p.), atti sessuali con minorenne (art. 609-*quater* c.p.), atti persecutori (art. 612-*bis* c.p.) e omicidio (artt. 576 e 577 c.p.). Per un commento alla l. n. 69/2019 si veda, volendo, L. ALGERI, *Il c.d. Codice rosso: tempi rapidi per la tutela delle vittime di violenza domestica e di genere*, in *Dir. pen. e proc.*, 2019, 10, p. 1363 ss.

bul del Consiglio d'Europa dell'11 maggio 2011 (Convenzione d'Europa sulla prevenzione e la lotta contro la violenza nei confronti delle donne e contro la violenza domestica)[42], apportando modifiche ad alcune disposizioni del codice penale e di procedura penale, sia al fine di reprimere più efficacemente i reati di violenza di genere e domestica sia di offrire una più significativa tutela alle donne e ai minori vittime di tali violenze[43].

In particolare, si è stabilito che quando si procede per i delitti previsti dagli artt. 572, 609-*bis*, 609-*ter*, 609-*quater*, 609-*quinquies*, 609-*octies*, 612-*bis* e 612-*ter*, c.p., ovvero dagli artt. 582 e 583-*quinquies*, nelle ipotesi aggravate ai sensi degli artt. 576, comma 1, nn. 2, 5 e 5.1, e 577, comma 1, n. 1, e comma 2, c.p., la polizia giudiziaria ha l'obbligo di riferire immediatamente anche in forma orale la notizia di reato al pubblico ministero[44]. Alla comunicazione orale deve seguire, senza ritardo, quella scritta. Si equiparano, in tal modo, i reati di violenza di

---

[42] Per un commento alla Convenzione di Istanbul si vedano C.D. LEOTTA, voce *Femminicidio*, in *Dig. disc. pen.*, Torino, 2014, p. 248 ss.; S. MARTELLI, *Le convenzioni di Lanzarote e Istanbul: un quadro d'insieme*, in L. LUPÁRIA (a cura di), *Lo statuto europeo delle vittime di reato. Modelli di tutela tra diritto dell'Unione e buone pratiche nazionali*, Wolters Kluwer-Cedam, Milano-Padova, 2016, p. 38. L'Italia ha ratificato la Convenzione con la l. 27 giugno 2013, n. 77.

[43] Peraltro, un impulso determinante per la riforma della tempistica investigativa è sopraggiunto in seguito alla sentenza della Corte europea del 2 marzo 2017 (*Talpis c. Italia*), con cui lo Stato italiano è stato condannato per non aver agito prontamente in seguito a una denuncia di violenza domestica proveniente da una donna. Le autorità italiane hanno privato la denuncia di qualsiasi effetto creando una situazione di impunità che ha contribuito al ripetersi di atti di violenza, che in fine hanno condotto al tentato omicidio della ricorrente e alla morte di suo figlio. Per un approfondimento v. Corte EDU, Sez. I, ricorso n. 41237/14, sent. 2 marzo 2017, *Talpis c. Italia*. La Corte europea dei diritti dell'uomo ha condannato l'Italia per violazione del diritto alla vita e del divieto di trattamenti inumani e degradanti, nonché del divieto di discriminazione in quanto le autorità italiane non sono intervenute per proteggere una donna e i suoi figli vittime di violenza domestica perpetrata da parte del marito, avallando di fatto tali condotte violente (protrattesi fino al tentato omicidio della ricorrente e all'omicidio di un suo figlio): in particolare, viene contestato allo Stato italiano la mancata adozione degli obblighi positivi scaturenti dagli art. 2 e 3 della Convenzione. Per un commento alla sentenza si veda R. CASIRAGHI, *La Corte di Strasburgo condanna l'Italia per la mancata tutela delle vittime di Violenza domestica e di genere*, in *Dir. pen. cont.*, 13 marzo 2017; P. DE FRANCESCHI, *Violenza domestica: dal caso Rumor al caso Talpis cosa è cambiato nella giurisprudenza della Corte Europea dei Diritti dell'Uomo?*, in *Giur. pen. web*, 2018, 1; B. NASCIMBENE, *Tutela dei diritti fondamentali e "violenza domestica". Gli obblighi dello Stato secondo la Corte Edu*, in *Legisl. pen.*, 12 giugno 2018. In tema di obblighi positivi a tutela di persone preventivamente individuabili come potenziali vittime di aggressioni, i *leading cases* sono rispettivamente rappresentati, con riguardo agli artt. 2 e 3 Cedu, da Corte EDU, Grande Camera, sent. 28 aprile 1998, *Osman c. Regno Unito*, e da Corte EDU, Grande Camera, sent. 10 maggio 2001, *Z. e altri c. Regno Unito*.

[44] Si veda S. RECCHIONE, *Codice Rosso. Come cambia la tutela delle vittime di violenza domestica e di genere con la legge 69/2019*, in *Il Penalista*, Focus del 26 luglio 2019, 1, che definisce tali fattispecie come «reati "spia" della crisi delle relazioni strette».

genere e domestica a quelli previsti dall'art. 407, comma 2, lett. *a*), nn. 1-6. La previsione dell'immediata comunicazione della notizia di reato introduce una presunzione assoluta di urgenza rispetto a fenomeni criminosi per i quali l'inutile decorso del tempo può portare ad un aggravamento delle conseguenze dannose o pericolose. La modifica esclude ogni discrezionalità da parte della polizia giudiziaria, chiamata ad attivarsi immediatamente, senza alcuna possibilità di valutare se ricorrano o meno le ragioni di urgenza.

Correlativamente, sempre nell'ottica di un contingentamento dei tempi investigativi è stata introdotta la regola per cui il pubblico ministero, ai sensi del nuovo comma 1-*ter* dell'art. 362 c.p.p., entro tre giorni dall'iscrizione della notizia di reato, assume informazioni dalla persona offesa o da chi ha denunciato il fatto di reato. Tuttavia, tale termine può essere prorogato: la deroga rispetto alla rapidità dell'intervento scatta quando vi sono esigenze di tutela di soggetti minorenni o di riservatezza delle indagini.

Infine, come logico completamento operativo delle due regole precedenti, i nuovi commi 2-*bis* e 2-*ter* introdotti nell'art. 370 c.p.p. stabiliscono che la polizia giudiziaria procede senza ritardo al compimento degli atti di indagine delegati e, sempre senza ritardo, ponga a disposizione del p.m. la documentazione delle attività svolte. Analogamente a quanto già osservato in relazione alle modifiche apportate all'art 347 c.p.p., anche in questo caso si introduce una presunzione legale di urgenza per le indagini delegate dal pubblico ministero in materia di tutela delle vittime di violenza domestica e di genere.

La volontà del legislatore è, in definitiva, quella di creare una vera e propria corsia preferenziale per la gestione investigativa in via assolutamente prioritaria dei casi in cui la vittima deve essere sentita in tempi rapidi per poter predisporre, altrettanto rapidamente, presidi di tutela a garanzia della persona offesa.

Successivamente l'art. 2, commi 11-13, della l. delega 27 settembre 2021, n. 134 ha integrato le norme introdotte dalla l. n. 69/2019 estendendone la portata applicativa (originariamente limitata alle fattispecie di cui agli artt. 572, 609-*bis*, 609-*ter*, 609-*octies*, 609-*quater*, 609-*quinquies*, 612-*bis*, 612-*ter*, 582 e 583-*quinquies*, c.p. nelle ipotesi aggravate ai sensi degli artt. 576, comma 1, n. 2, 5 e 5.1, 577, comma 1, n. 1, e 2, c.p.) anche alle vittime dei medesimi reati in forma tentata, nonché all'ipotesi di tentato omicidio[45].

In dottrina è stato correttamente evidenziato che l'elenco dei reati da Codice rosso non coincideva con le ipotesi originariamente previste dall'art. 132-*bis* norme att. c.p.p. e tale asincronia determinava un evidente scoordinamento normativo, poiché mentre la prima elencazione prescrive priorità investigative, la

---

[45] V. *amplius* M.F. CORTESI, *La vittima del reato sotto la lente della riforma Cartabia*, in *Giur. it.*, 2022, 4, p. 992 ss.; A. NATALINI, *Reati violenti: tutele alle vittime estese al tentativo e all'omicidio volontario*, in *Guida dir.*, 2021, 40, p. 101.

seconda stabiliva priorità di tipo processuale[46]. Al fine di riportare armonia sul punto in questione, l'art. 3 della l. 24 novembre 2023, n. 168 ("*Disposizioni per il contrasto della violenza sulle donne e della violenza domestica*") ha stabilito che «Al fine di assicurare priorità nella trattazione dei processi in materia di violenza di genere e di violenza domestica, all'art. 132-*bis*, comma 1, delle norme di attuazione, di coordinamento e transitorie del codice di procedura penale di cui al decreto legislativo 28 luglio 1989, n. 271, la lettera a-*bis*) è sostituita dalla seguente: "a-*bis)* ai delitti previsti dagli articoli 387-*bis*, 558-*bis*, 572, 582, nelle ipotesi aggravate ai sensi degli articoli 576, primo comma, numeri 2, 5 e 5.1, e 577, primo comma, numero 1, e secondo comma, 583-*quinquies*, 593-*ter*, da 609-*bis* a 609-*octies*, 612-*bis*, 612-*ter* e 613, terzo comma, del codice penale"».

4. Dal "disegno di legge Bonafede" alla "Riforma Cartabia"

La disciplina in materia di criteri di priorità dettata dalla c.d. Riforma Cartabia è l'ultimo approdo di un *iter* legislativo estremamente discusso che si è sviluppato attraverso due tappe precedenti: il progetto Bonafede e la proposta della Commissione Lattanzi. I tre testi rappresentano altrettanti modelli in cui vengono assegnati ruoli e poteri diversi ai soggetti che sono preposti o che concorrono alla emanazione dei criteri di priorità.

Il primo testo era stato delineato dal Ministro della giustizia del secondo governo Conte. L'art. 3, lett. *h*) del d.d.l. Bonafede (AC 2435 del 13 marzo 2020) assegnava al legislatore delegato il compito di: «prevedere che gli uffici del pubblico ministero, per garantire l'efficace e uniforme esercizio dell'azione penale, individuino criteri di priorità trasparenti e predeterminati, da indicare nei progetti organizzativi delle procure della Repubblica, al fine di selezionare le notizie di reato da trattare con precedenza rispetto alle altre; prevedere che nell'elaborazione dei criteri di priorità il procuratore della Repubblica curi in ogni caso l'interlocuzione con il procuratore generale presso la corte d'appello e con il presidente del tribunale e tenga conto della specifica realtà criminale e territoriale, delle risorse tecnologiche, umane e finanziarie disponibili e delle indicazioni condivise nella conferenza distrettuale dei dirigenti degli uffici requirenti e giudicanti»[47].

---

[46] M.F. CORTESI, *op. cit.*, p. 997.

[47] Per un commento v. P. FERRUA, *I criteri di priorità nell'esercizio dell'azione penale*, cit., p. 17; M. GIALUZ-J. DELLA TORRE, *Il progetto governativo di riforma della giustizia penale approda alla Camera: per avere processi rapidi (e giusti) serve un cambio di passo*, in *Sist. pen.*, 21 aprile 2020, p. 163 ss.; V. MAFFEO, *I criteri di priorità dell'azione penale tra legge e scelte organizzative degli uffici*

Si tratta di un modello autoreferenziale in quanto non contempla alcuno spazio di intervento da parte del parlamento mentre l'intero ciclo di produzione dei criteri di priorità è collocato in ambito giudiziario.

La doverosa elaborazione dei criteri di priorità era affidata ai capi degli uffici di procura, chiamati a svolgerla seguendo due ordini di indicazioni, procedurali e di contenuto. Sul piano procedurale, il testo sottolineava l'esigenza che i criteri venissero formulati attraverso l'interlocuzione con il procuratore generale presso la corte d'appello e con il presidente del tribunale, e prevedeva che i dirigenti degli uffici tenessero conto delle indicazioni condivise emerse nella conferenza distrettuale dei dirigenti degli uffici requirenti e giudicanti. Sul versante dei contenuti era previsto che, nella redazione dei criteri, venissero prese in considerazione la specifica realtà criminale e territoriale e le risorse tecnologiche, umane e finanziarie disponibili, in una valutazione combinata di mezzi e fini. Infine, i criteri contenuti nei progetti organizzativi avrebbero dovuto tenere conto dei princìpi elaborati in materia dal Consiglio superiore della magistratura [48].

Scartato il modello autoreferenziale, alla ricerca di un assetto più equilibrato e soprattutto con la finalità di assegnare un ruolo centrale al parlamento, la Commissione Lattanzi indicava al legislatore delegato di: «prevedere che il Parlamento determini periodicamente, anche sulla base di una relazione presentata dal Consiglio Superiore della Magistratura, i criteri generali necessari a garantire efficacia e uniformità nell'esercizio dell'azione penale e nella trattazione dei processi; prevedere che, nell'ambito dei criteri generali adottati dal Parlamento, gli uffici giudiziari, previa interlocuzione tra uffici requirenti e giudicanti, predi-

inquirenti, in *Proc. pen. giust.*, 2022, 1, p. 61; N. Rossi, *I "criteri di priorità" tra legge cornice e iniziativa delle procure*, in *Quest. giust.*, 2021, 4, p. 78.

[48] Critici M. Gialuz, J. Della Torre, *op. ult. cit.*, pp. 166-167: «I criteri di priorità elaborati dalle procure e avallati dal CSM hanno rappresentato una forma di supplenza rispetto all'incapacità del Parlamento di assumersi la responsabilità di scelte ineludibili. In altre parole, davanti all'inerzia della politica nell'esercitare queste opzioni, alcuni procuratori e l'organo di autogoverno hanno tentato di fissare delle regole. Ora, però, nel momento in cui la politica si incarica di affrontare finalmente una delle tematiche decisive della giustizia penale, ci si sarebbe aspettati che fosse attribuito un ruolo centrale al Parlamento nella definizione delle priorità. Ciò non è accaduto nella proposta del Governo. Non resta che auspicare che sia lo stesso Parlamento a rivendicare a sé la responsabilità di dettare le direttive generali in tema di criteri di priorità, le quali potrebbero poi essere specificate, tenuto conto delle peculiarità territoriali, a livello di procure. È evidente la difficoltà di tale prospettiva, ma sarebbe certamente la più rispettosa dell'architettura costituzionale. Ove una tale strada non sia considerata politicamente percorribile, quantomeno è auspicabile che venga chiarito in modo esplicito nel testo della delega, per come oggi configurato, l'obbligo in capo alle procure della Repubblica di rispettare nella stesura dei criteri di priorità le indicazioni del Consiglio superiore della magistratura, onde assicurare così almeno una certa uniformità tra i parametri adottati a livello locale». Nello stesso senso, P. Ferrua, *I criteri di priorità nell'esercizio dell'azione penale*, cit., p. 17 che parla di «un singolare atto di suicidio della legge che si espropria di un suo potere in materia di politica criminale, trasferendolo interamente alla magistratura».

spongano i criteri di priorità nell'esercizio dell'azione penale e nella trattazione dei processi, tenuto conto della specifica realtà criminale e territoriale, nonché del numero degli affari e delle risorse disponibili»[49]. Pur se apprezzabile l'idea di fondo della Commissione Lattanzi di restituire al parlamento la responsabilità in materia di politica criminale, il risultato complessivo si condensa in un modello misto potenzialmente instabile.

Si tratta di un "modello misto" in quanto concorrono nella produzione dei criteri di priorità due poteri dello stato: il parlamento che delinea i criteri generali, anche in base alla relazione del CSM, e gli uffici giudiziari, requirenti e giudicanti, che predispongono le priorità tenuto conto della specifica realtà criminale e territoriale, nonché del numero degli affari e delle risorse disponibili. Peraltro, il modello in esame risulta "potenzialmente instabile" in quanto gli interventi del parlamento non sono previsti espressamente sotto forma di legge ordinaria. L'incertezza in merito alla fonte che avrebbe dovuto fissare i criteri generali aveva fatto sorgere il dubbio che la bozza della commissione avesse inteso riferirsi genericamente a periodici atti di indirizzo politico parlamentare, contenenti valutazioni di politica criminale. Atti, questi, per loro natura fluidi nel contenuto e nelle forme, e per questo maggiormente esposti alle fluttuazioni derivanti dalle mutevoli congiunture politiche, alle occasionali spinte emotive provenienti dall'opinione pubblica e recepite dai parlamentari, con la possibilità, tutt'altro che remota, che un tale assetto sarebbe potuto divenire fonte di attriti e conflitti tra il potere legislativo e quello giudiziario[50].

Il terzo modello è quello contenuto nella l. 27 settembre 2021, n. 134, recante "*Delega al Governo per l'efficienza del processo penale nonché in materia di giustizia riparativa e disposizioni per la celere definizione dei procedimenti giudiziari*". Nella legge di delegazione si assegna al legislatore delegato una traccia notevolmente diversa da quelle sin qui esaminate, consistente nel «prevedere

[49] E. ALBAMONTE, *I criteri di priorità nell'esercizio dell'azione penale*, in *il Penalista*, 22 settembre 2021, p. 5 che osserva: «La relazione di accompagnamento alla proposta della Commissione Lattanzi sul punto appare apodittica, non dando conto, se non mediante una affermazione di principio non argomentata, della complessità delle questioni di tipo costituzionale che la modifica intende affrontare. Si scrive, in sostanza, che si intende fornire una base normativa maggiormente solida ai criteri di priorità nell'esercizio dell'azione penale e che *"in piena coerenza con un'architettura costituzionale nella quale le valutazioni di politica criminale non possono che essere affidate al Parlamento, si prevede che sia tale organo a stabilirle"*.

La relazione di accompagnamento agli emendamenti governativi è ancora più laconica, affermando che non esistono norme regolative della prerogativa attribuita ai vertici degli uffici di procura circa la fissazione dei criteri di priorità e che tali regole vengono così introdotte. Tuttavia, non sono indicate le ragioni di una scelta opposta rispetto al testo Bonafede emendato, che pure introduceva una regolamentazione legislativa dell'esercizio di quel potere, mantenendolo però nel circuito dell'Ordinamento giudiziario».

[50] N. ROSSI, *I "criteri di priorità"*, cit., p. 79.

che gli uffici del pubblico ministero, per garantire l'efficace e uniforme esercizio dell'azione penale, nell'ambito dei criteri generali indicati dal Parlamento con legge, individuino criteri di priorità trasparenti e predeterminati, da indicare nei progetti organizzativi delle procure della Repubblica, al fine di selezionare le notizie di reato da trattare con precedenza rispetto alle altre, tenendo conto anche del numero degli affari da trattare e dell'utilizzo efficiente delle risorse disponibili; allineare la procedura di approvazione dei progetti organizzativi delle procure della Repubblica a quella delle tabelle degli uffici giudicanti»[51]. In quest'ultimo caso si delinea un modello concorrente legislativo – giudiziario in cui il parlamento, con una legge cornice, indica i criteri generali, nell'ambito di quali le procure concorrono a individuare specifici criteri di priorità.

Rispetto al precedente progetto proposto dalla Commissione Lattanzi, spicca il carattere particolarmente solenne e impegnativo dell'atto di determinazione dei "criteri generali", evitando percorsi che, pur rimanendo nel quadro della legalità costituzionale, sminuiscano di fatto il ruolo dell'organo di rappresentanza[52].

Più nel dettaglio, il modello in esame prevede che il procedimento debba avviarsi con una legge approvata dal Parlamento che individua i criteri generali[53],

---

[51] Per un commento v. R. APRATI, *I criteri di priorità nella trattazione delle notizie di reato*, in *Giur. it.*, 2002, 4, p. 999 ss.; G. BUONOMO, *La crescente procedimentalizzazione dell'atto parlamentare di indirizzo politico*, in *Quest. giust.*, 7 ottobre 2021; S. CIVARDI, *La lenta erosione del principio di obbligatorietà dell'azione penale. Prime note ai "criteri di priorità" indicati dal Parlamento*, in *Giust. ins.*, 29 ottobre 2021; DI VIZIO, *L'obbligatorietà dell'azione penale efficiente ai tempi del PNRR. La Procura tra prospettive organizzative, temi istituzionali e scelte comportamentali*, in *Quest. giust.*, 13 ottobre 2021; P. FERRUA, *I criteri di priorità nell'esercizio dell'azione penale. Verso quale modello processuale?*, in *Proc. pen. giust.*, 2021, 4, p. 1141; M. GIALUZ-J. DELLA TORRE, *Il progetto governativo di riforma della giustizia penale approda alle Camere: per avere processi rapidi (e giusti) occorre un cambio di passo*, in *Sist. pen.*, 21 aprile 2021; F. PALAZZO, *Sul pubblico ministero: riformare sì, ma con giudizio*, in *Quest. giust.*, 2021, 2, p. 59; S. PANIZZA, *Se l'esercizio dell'azione penale diventa obbligatorio nell'ambito dei criteri generali indicati dal Parlamento con legge*, in *Quest. giust.*, 5 gennaio 2022; A. RICCIO, *op. cit.*, p. 972; N. ROSSI, *Per una cultura della discrezionalità del pubblico ministero*, in *Quest. giust.*, 2021, 2, p. 16; ID., *I criteri di esercizio dell'azione penale. Interviene "Il Parlamento con legge"*, *ivi*, 8 novembre 2021; A. SPATARO, *La selezione delle priorità nell'esercizio dell'azione penale: la criticabile scelta adottata con la Legge 27 settembre 2021, n. 134*, in *Quest. giust.*, 20 dicembre 2021.

[52] N. ROSSI, *I "criteri di priorità"*, cit., pp. 79-80.

[53] V. MAFFEO, *I criteri di priorità dell'azione penale tra legge e scelte organizzative degli uffici inquirenti*, in *Proc. pen. e giust.*, 2022, 1, osserva che «la riserva di legge non può essere ridotta a una riserva di intervento parlamentare atteso che le procedure di formazione della legge costituiscono un tassello dell'importante funzione nella regolazione dei rapporti con i titolari di un Potere di garanzia sottratti a forme di responsabilità politica. E, da quanto sembra potersi rilevare dal dato testuale, dovrà trattarsi di legge rinforzata, di legge parlamentare appunto, con assai dubbia legittimità per eventuali interventi con decreto-legge o con decreti delegati. [...] Non sembra

prosegue con la predisposizione, da parte dei singoli uffici inquirenti, degli specifici criteri di priorità da individuarsi entro tale cornice legislativa, tenendo conto delle condizioni organizzative dei singoli uffici e delle risorse umane e materiali disponibili, e si conclude con il controllo e l'approvazione dei documenti organizzativi da parte del Consiglio Superiore della Magistratura. Nell'individuazione dei criteri di priorità viene di fatto ribaltata l'impostazione preesistente, che riservava alla sola discrezionalità tecnica l'individuazione dei criteri di priorità, in direzione di valutazioni che attengono piuttosto al piano della discrezionalità politica[54], che porta le scelte al di fuori della giurisdizione e dell'autogoverno e le ricolloca nell'ambito delle prerogative parlamentari. La legge, quindi, dovrà tracciare "la cornice" stabile, chiara e vincolante per tutto il territorio nazionale, entro cui i singoli uffici inquirenti dovranno individuare e indicare nei progetti organizzativi altri criteri selettivi di maggior dettaglio, trasparenti e predeterminati, che tengano conto delle condizioni organizzative dei singoli uffici, delle risorse umane e materiali disponibili, facendo in modo comunque di non eludere le indicazioni legislative. In proposito occorre segnalare che in data 30 gennaio 2024 la Commissione Giustizia del Senato ha concluso l'esame della proposta di legge S. 933, d'iniziativa degli onorevoli Zanettin e Stefani, recante "*Disposizioni di attuazione della legge 27 settembre 2021, n. 134, in materia di criteri di priorità nell'esercizio dell'azione penale*". In linea di continuità con le modifiche introdotte con il d.lgs. 10 ottobre 2022, n. 150, che ha inserito l'art. 3-*bis* disp. att. c.p.p., che dispone che il pubblico ministero debba «conformarsi» ai criteri "specifici" di priorità contenuti nel progetto organizzativo del singolo ufficio, il disegno di legge in questione inserisce l'art. 3-*ter* disp. att. c.p.p. che contiene i criteri "generali" di priorità.

In tale norma si stabilisce che nella trattazione delle notizie di reato e nell'esercizio dell'azione penale il pubblico ministero deve tenere conto dei seguenti criteri generali di priorità: la «gravità dei fatti, anche in relazione alla specifica realtà criminale del territorio e alle esigenze di protezione della popolazione»; la «tutela della persona offesa in situazioni di violenza domestica, o di genere e di minorata difesa»; e, infine l'«offensività in concreto del reato, da valutare anche in relazione alla condotta della persona offesa e al danno patrimoniale e/o non patrimoniale ad essa arrecato, nonché alla mancata partecipazione da parte dell'indagato a percorsi di giustizia riparativa nelle indagini preliminari».

---

preoccupazione peregrina quella di ritenere che la generale previsione di legge, ove troppo stringente, finirebbe con lo svuotare di significato molte delle disposizioni incriminatrici, rendendo assai incerta l'effettività del principio di obbligatorietà, e, all'opposto, se generica o meramente programmatica, sarebbe inevitabilmente destinata a essere superata nei fatti dalle emergenze concrete».

[54] E. ALBAMONTE, *op. cit.*, p. 6.

5. Riflessioni conclusive: criteri di priorità di indagine *vs* criteri di scelta dei crimini

In via conclusiva si osserva che la delega è stata attuata mediante due distinti provvedimenti. Innanzitutto, il legislatore è intervenuto, innanzitutto, riscrivendo, attraverso l'art. 13 della l. n. 71/2022, i commi 6 e 7 dell'art. 1 d.lgs. 20 febbraio 2006, n. 106, in materia di organizzazione dell'ufficio del pubblico ministero. La novella individua nello strumento del progetto organizzativo la sede in cui il procuratore della Repubblica definisce i criteri di priorità. Da un lato, il procuratore della Repubblica deve fissare i «criteri di priorità finalizzati a selezionare le notizie di reato da trattare con precedenza rispetto alle altre e definiti nell'ambito dei criteri generali indicati dal Parlamento con legge, tenendo conto del numero degli affari da trattare, della specifica realtà criminale e territoriale e dell'utilizzo efficiente delle risorse tecnologiche, umane e finanziarie disponibili»; da un altro lato, sulla scorta di tali criteri, è tenuto a determinare «le misure organizzative finalizzate a garantire l'efficace e uniforme esercizio dell'azione penale, tenendo conto dei criteri di priorità».

Il legislatore è poi intervenuto inserendo, nelle disposizioni di attuazione del codice di procedura penale, l'art. 3-*bis* ("*Priorità nella trattazione delle notizie di reato e nell'esercizio dell'azione penale*") – introdotto dall'art. 41 comma 1, lett. *a*), d.lgs. n. 150/2022 – il quale dispone che: «Nella trattazione delle notizie di reato e nell'esercizio dell'azione penale il pubblico ministero si conforma ai criteri di priorità contenuti nel progetto organizzativo dell'ufficio».

Infine, è stato inserito l'art. 127-*bis* disp. att. c.p.p. ("*Avocazione e criteri di priorità*") – introdotto dall'art. 41, comma 1, lett. *o*), d.lgs. n. 150/2022 – il quale prevede che «nel disporre l'avocazione delle notizie di reato nei casi previsti dagli articoli 412 e 421-*bis*, comma 2, c.p.p., il procuratore generale presso la corte d'appello tiene conto dei criteri di priorità contenuti nel progetto organizzativo dell'ufficio della procura della Repubblica che ha iscritto la notizia di reato».

Ciascun pubblico ministero, quindi, dovrà attenersi alle regole previste nel progetto organizzativo dell'ufficio, al fine di individuare quali siano le notizie di reato iscritte a cui dare la precedenza.

Alla luce di queste regole, il sistema delle priorità è condizionato, per la sua effettiva applicabilità, dall'approvazione della legge del parlamento sui criteri generali (art. 1, comma 1, lett. *b*), d.lgs. n. 106/2006). Di conseguenza, è necessario fare chiarezza sulla condotta da osservare occorre in attesa dell'intervento legislativo, rispondendo a determinati interrogativi.

In primo luogo, occorre comprendere se i parametri dettati dal nuovo comma 6 dell'art. 1, d.lgs. n. 106/2006 in base ai quali il Procuratore deve stabilire i criteri di priorità abbiano o meno valenza esclusiva.

In proposito, va osservato che il nuovo art. 1, comma 6, non stabilisce l'esclusività delle priorità, pertanto sono ammissibili alcune "priorità facoltative"[55]. In base al nuovo assetto normativo, è possibile individuare una graduatoria di priorità che si sviluppa su tre livelli. Al primo livello si trovano le priorità di rango superiore, cioè quelle obbligatorie e prevalenti in quanto stabilite sia dall'art. 132-*bis* disp. att. c.p.p. sia dai criteri legali che il parlamento potrà fissare con legge. Al secondo livello ci sono le priorità ordinarie, rappresentate dalle tre tipologie di cui all'art. 1 comma 6 (numero degli affari da trattare, specifica realtà criminale e territoriale e utilizzo efficiente delle risorse tecnologiche, umane e finanziarie disponibili), anch'esse obbligatorie ma vincolate al rispetto di quelle di rango superiore, nella cui cornice vengono inserite. Al terzo livello restano, in via residuale, le priorità eventuali ed ulteriori rispetto a quelle superiori e a quelle ordinarie e, in quanto tali, facoltative nell'*an*[56].

In secondo luogo, occorre stabilire se i criteri di priorità abbiano solo una valenza organizzativa oppure se incidano sulle scelte procedimentali del pubblico ministero, al pari di quelli fissati per i giudici ai sensi dell'art. 132-*bis* disp. att. c.p.p. Tali criteri hanno anche una valenza procedimentale, in quanto con tutta evidenza influiscono sulla facoltà di avocazione; si riflettono sui tempi, sulle metodologie e sui piani di indagine, compreso il rapporto con la polizia giudiziaria; incidono sulle modalità di esercizio dell'azione penale, che dovrà essere accompagnata da adempimenti adeguati in relazione ad una valutazione di priorità che non riguardi soltanto l'aspetto cronologico ma che tenga conto anche della qualità dell'indagine[57].

Infine, occorre chiarire se, in attesa della legge che il parlamento dovrà approvare, restino validi i criteri di priorità adottati sulla base delle circolari del CSM sulla organizzazione degli Uffici di Procura. Da quest'ultimo punto di vista, si ritiene che restino fermi i criteri di priorità adottati sulla base di tali circolari consiliari[58].

Per quanto riguarda le conseguenze del mancato rispetto dei criteri di priorità ossia nel caso in cui i singoli sostituti non diano precedenza alla trattazione delle notizie di reato indicata come prioritarie rispetto alle altre, la disciplina non dispone espressamente alcuna regola.

In dottrina si è proposto, molto opportunamente, che nel caso di inerzia investigativa rispetto a un reato prioritario, la forma di reazione dell'ordinamento vada trovata nel procedimento di archiviazione. L'opposizione della persona of-

---

[55] Cfr. Procura Generale della Corte di Cassazione, *Primi orientamenti in tema di applicazione del d.lgs. n. 150/2022: iscrizione delle notizie di reato; conclusione delle indagini preliminari; avocazione e controlli da parte del giudice*, Roma, 19 gennaio 2023, p. 30.

[56] Cfr. Procura Generale della Corte di Cassazione, cit., pp. 30-31.

[57] Cfr. Procura Generale della Corte di Cassazione, cit., p. 31.

[58] Cfr. Procura Generale della Corte di Cassazione, cit., p. 31.

fesa per l'inerzia investigativa è la sede elettiva per lamentare la mancata indagine sul reato prioritario. Inoltre, in sede di udienza di archiviazione il giudice, anche d'ufficio, con l'ordine di indagare, può stimolare il supplemento investigativo su un reato prioritario[59].

Nel complesso la nuova disciplina in materia di criteri di priorità appare evidente che essa è ispirata alla c.d. concezione realistica dell'azione penale[60]. Se-

---

[59] R. APRATI, *I criteri di priorità per la trattazione delle indagini preliminari per l'esercizio dell'azione penale*, in G. SPANGHER (a cura di), *La riforma Cartabia*, Pacini, Pisa, 2022, p. 195.

[60] N. ROSSI, *I "criteri di priorità"*, cit., p. 81: «l'obiettivo da raggiungere sta nel promuovere la transizione – culturale e istituzionale insieme – da un'obbligatorietà dell'azione penale postulata in astratto, ma di fatto scarsamente controllabile e deresponsabilizzata, a un'obbligatorietà temperata e realistica e, proprio per questo, esercitabile secondo canoni di trasparenza e corredata da assunzione di responsabilità sociale e istituzionale per le scelte compiute». Per ulteriori approfondimenti sulla concezione realistica dell'azione penale v. P. BORGNA, *Esercizio obbligatorio dell'azione penale nell'era della "pan-penalizzazione"*, in Quest. giust., 31 ottobre 2019; B. CARAVITA, *Obbligatorietà dell'azione penale e collocazione del pubblico ministero: profili costituzionali*, in A. GAITO (a cura di), *Accusa penale e ruolo del pubblico ministero*, Jovene, Napoli, 1991, p. 298; M. CHIAVARIO (coord. da), *Protagonisti e comprimari nel processo penale*, Utet, Torino, 1995, p. 135 ss., ID., *L'obbligatorietà dell'azione penale: il principio e la realtà*, in AA.VV., *Il pubblico ministero oggi*, Giuffrè, Milano 1994, 67; ID., *Riflessioni sul principio costituzionale di obbligatorietà dell'azione penale*, in AA.VV., *Aspetti e tendenze del diritto costituzionale. Scritti in onore di Costantino Mortati*, vol. IV, Giuffrè, Milano, 1977, p. 89; ID., *La fisionomia del titolare dell'azione penale, tema essenziale per la cultura del processo*, in AA.VV., *Pubblico ministero e riforma dell'ordinamento giudiziario*, Giuffrè, Milano, 2006, p. 11; ID., *Obbligatorietà dell'azione penale: né un mito da abbattere né un feticcio da sottrarre a ogni discussione*, in AA.VV., *L'obbligatorietà dell'azione penale*, Giuffrè, Milano, 2021, p. 9; F. CORBI, *Obbligatorietà dell'azione penale ed esigenze di razionalizzazione del processo*, in *Riv. it. dir. e proc. pen.*, 1980, p. 1057; G. CORSO, *Il pubblico ministero nel sistema costituzionale*, in *Dir. pen. proc.*, 1997, 3, p. 885; O. DOMINIONI, *L'obbligatorietà dell'azione penale dal codice Rocco alla Costituzione. Il bilanciamento fra l'interesse alla persecuzione penale e altri interessi a copertura costituzionale*, in AA.VV., *L'obbligatorietà dell'azione penale*, cit., 15; ID., *L'ufficio del pubblico ministero. Obbligatorietà dell'azione penale ed efficienza giudiziaria*, in N. ZANON-F. BIONDI (a cura di), *L'indipendenza della magistratura oggi*, Giuffrè, Milano, 2020, 143; ID., voce *Azione penale*, in *Dig. disc. pen.*, I, Torino, 1987, p. 410; G. FIDELBO-G. LATTANZI (a cura di), *Il giudice unico: le nuove norme ordinamentali, civili, processuali e amministrative al 2 gennaio 2000*, Giuffrè, Milano, 2000, p. 410; P. GAETA, voce *Pubblico ministero (Ufficio e organizzazione del)*, in *Enc. giur. Sole24 ore*, IV, Milano, 2008, p. XII, p. 557; ID., in G. GARUTI (a cura di), *Indagini preliminari e udienza preliminare*, in G. SPANGHER (diretto da), *Trattato di procedura penale*, vol. III, Utet, Torino, 2009, p. 175; R.E. KOSTORIS, *Per un'obbligatorietà temperata dell'azione penale*, in *Riv. dir. proc.*, 2008, p. 875; ID., *Obbligatorietà dell'azione penale e criteri di priorità fissati dalle procure*, in AA.VV., *L'obbligatorietà dell'azione penale*, cit., p. 47; G. NEPPI MODONA, *Principio di legalità e nuovo processo penale*, in AA.VV., *Il pubblico ministero oggi*, cit., p. 121; M. NOBILI, *Accusa e burocrazia, profilo storico-costituzionale*, in G. CONSO (a cura di), *Pubblico Ministero e accusa Penale. Problemi e prospettive di riforma*, Zanichelli, Bologna, 1979, p. 120; E. MARZADURI, *Qualche considerazione sui rapporti tra principio di obbligatorietà dell'azione penale e completezza delle indagini preliminari*, in AA.VV., *L'obbligatorietà dell'azione penale*, cit., p. 113; ID., *Riflessioni sull'obbligatorietà dell'azione penale alla luce della riforma del codice di procedura*

condo tale visione, l'azione penale resta obbligatoria, come prescrive l'art. 112 Cost., ma l'esercizio del relativo dovere è modulato, in forza della previsione secondo cui le notizie di reato che presentano determinate caratteristiche, individuate dai criteri di priorità, devono essere prese in carico con precedenza sulle altre, ai fini dell'avvio dell'indagine e dell'esercizio dell'azione penale [61].

Scartata ogni forma di mero automatismo tra notizia di reato e azione penale, il principio di obbligatorietà va letto, secondo l'insegnamento della Corte costituzionale [62], insieme al principio di completezza delle indagini [63]. Obbligatorietà dell'azione penale vuol dire obbligatorietà di un'indagine completa. Anche perché soltanto il rispetto del principio di completezza delle indagini permette di evitare l'instaurazione di un processo superfluo, destinato a chiudersi con il proscioglimento. Questo comporta che il pubblico ministero non può scegliere arbitrariamente se e quali indagini svolgere, ma deve indagare sempre in modo completo [64].

---

penale, in M. TIRELLI (a cura di), *Recenti orientamenti in tema di pubblico ministero ed esercizio dell'azione penale*, Giuffrè, Milano, 1996, p. 45; S. QUATTROCOLO, *Azione penale*, in S. CASSESE (a cura di), *Dizionario di diritto pubblico*, vol. I, Giuffrè, Milano, 2006, p. 420; N. ROSSI, *Per una concezione realistica dell'obbligatorietà dell'azione penale*, in *Quest. giust.* 1997, 2, p. 314; G. SABATINI, *Il pubblico ministero nel diritto processuale penale*, vol. I-II, Jovene, Napoli, 1943; F. RUGGERI, *Azione penale*, in *Enc. dir.*, *Annali*, III, Milano, 2010, p. 129; G. SPANGHER, *Le iniziative del pubblico ministero tra carenze ordinamentali e rischi di condizionamento politico*, in A. GAITO (a cura di), *Accusa penale e ruolo del pubblico ministero*, Jovene, Napoli, 1991, p. 128; G. UBERTIS, *Per un effettivo rispetto del principio di obbligatorietà dell'azione penale*, in *Cass. pen.*, 1991, p. 1891; ID., *Azione penale e sovranità popolare*, in *Riv. it. dir. proc. pen.*, 1975, p. 1191 ss.; M. VELLANI, *Il pubblico ministero nel processo*, vol. II, Zanichelli, Bologna, 1963; C. VITALONE, *La funzione d'accusa tra obbligatorietà e discrezionalità*, in *Accusa penale e ruolo del pubblico ministero*, cit., 291; V. ZAGREBELSKY, *L'obbligatorietà dell'azione penale. Un punto fermo, una discussione mancata, un problema attuale*, in *Cass. pen.*, 1992, p. 3183; ID., *Stabilire le priorità nell'esercizio obbligatorio dell'azione penale*, in AA.VV., *Il pubblico ministero oggi*, Giuffrè, Milano, 1994, p. 101.

[61] I vertici del potere giudiziario sono da sempre fautori della concezione realistica dell'azione penale. Si vedano, di recente: Procura Generale della Corte di Cassazione, *Primi orientamenti in tema di applicazione del d.lgs. n. 150/2022: iscrizione delle notizie di reato; conclusione delle indagini preliminari; avocazione e controlli da parte del giudice*, cit., pp. 29-32; Corte Suprema di Cassazione, Ufficio del Massimario – Servizio penale, *Relazione su novità normativa la "Riforma Cartabia"*, Roma, 5 gennaio 2023, pp. 57-60.

[62] Corte cost. n. 88/1991. Per un commento v., tra i tanti, L. GIULIANI, *La regola di giudizio in materia di archiviazione (art. 125 disp. att. c.p.p.) all'esame della Corte costituzionale*, in *Cass. pen.*, 1992, p. 249 ss.

[63] E. MARZADURI, *Qualche considerazione sui rapporti tra principio di obbligatorietà dell'azione penale e completezza delle indagini preliminari*, in *Sist. pen.*, 14 maggio 2020; M. MONTAGNA, *Necessità della completezza delle indagini*, in *I principi europei del processo penale*, Dike, Roma, 2016, p. 351 ss.; F. SIRACUSANO, *La completezza delle indagini nel processo penale*, Giappichelli, Torino, 2005; C. VALENTINI, *La completezza delle indagini, tra obbligo costituzionale e (costanti) elusioni della prassi*, in *Arch. pen.*, 2019, p. 9 ss.

[64] P. TONINI-C. CONTI, *op. cit.*, p. 675.

Anche il principio di tempestività delle indagini costituisce, come quello della loro completezza, un dato fondamentale della fase investigativa. I due valori della completezza e tempestività si fondono fino ad integrare un unico principio di "efficienza investigativa" che deve governare ogni tipo d'indagine. In altri termini, i criteri di priorità per l'esercizio dell'azione penale trovano un'adeguata collocazione nella dimensione dell'efficienza investigativa. Tuttavia, le perplessità emerse in dottrina evidenziano che l'effetto di deflazione impropria[65] dei meccanismi di priorità che, non di rado, comporta il mancato perseguimento di determinati reati classificati come non prioritari[66].

I criteri di priorità applicati come criteri di selezione dei crimini da perseguire sono senza dubbio da ritenersi contrari al dettato costituzionale (art. 112 Cost.) poiché rendono, in concreto, discrezionale l'azione penale[67].

---

[65] P. FERRUA, *I criteri di priorità nell'esercizio dell'azione penale*, cit., p. 13, secondo il quale la funzione dei criteri di priorità, per quanto sia quasi sempre dichiaratamente regolativa finisce per produrre anche effetti «impropriamente deflativi perché la riduzione del carico penale qui si realizza con la prescrizione dei reati».

[66] P. FERRUA, *op. loc. ult. cit.* Cfr. M. GIALUZ-J. DELLA TORRE, *Giustizia per nessuno*, Giappichelli, Torino, 2022, p. 344, secondo i quali «Il problema è che i criteri di priorità non sono soltanto parametri organizzativi. Siccome la scelta di non trattare prioritariamente una notizia di reato ha come conseguenze l'estinzione per prescrizione dell'illecito, essi finiscono per assumere, surrettiziamente, portata selettiva. Il che significa che, al fondo, vi è un'opzione di politica criminale, la quale non può essere affidata a un organo politicamente irresponsabile quale il Procuratore della Repubblica»; R.E. KOSTORIS, *Obbligatorietà dell'azione penale e criteri di priorità fissati dalle procure*, cit., p. 2182 ss., secondo il quale «Nella realtà [...] quelle scelte [la definizione dei criteri di priorità] sono destinate ad avere un impatto ben più forte: il flusso continuo delle notizie prioritarie finirebbe infatti per non lasciare spazio alla presa in carico delle notizie non prioritarie, condannandole, dunque, a sicura prescrizione. Postergare significa, insomma, in quest'ottica, di fatto eliminare».

[67] O. MAZZA, *Il processo che verrà: dal cognitivismo garantista al decisionismo efficientista*, in *Arch. pen.*, 2022, 2, p. 9, secondo «l'art. 112 Cost. non ammette che sia la legge ordinaria a stabilire i casi in cui il pubblico ministero ha l'obbligo di esercitare l'azione penale, l'obbligatorietà non si accompagna a una riserva di legge e non è derogabile dal Parlamento, se non attraverso la scelta a monte di escludere in via generale la rilevanza penale di certe condotte»; S. CATALANO, *Rimedi peggiori dei mali: sui criteri di priorità nell'esercizio dell'azione penale*, in *Quad. cost.*, 2008, p. 65 ss., secondo il quale l'art. 112 Cost. impedisce la definizione di criteri di priorità aventi l'effetto di selezionare le fattispecie di reato da perseguire, in quanto il principio di obbligatorietà dell'azione penale richiede che a ogni *notitia criminis* sia dato seguito; N. ZANON, *Pubblico Ministero e Costituzione*, Padova, 1996, p. 178, il quale ritiene che la tesi a sostegno dei criteri di priorità resti «in difficile equilibrio di fronte alla perentorietà dell'art. 112 Cost.»; G. D'ELIA, *sub art. 112*, in R. BIFULCO-A. CELOTTO-M. OLIVETTI (a cura di), *Commentario alla Costituzione*, vol. III, Utet Giuridica, Milano, 2006, p. 2128, il quale ritiene che il ricorso ai criteri di priorità non è solo «inopportuno, ma anche in contrasto con il sistema legislativo e costituzionale»; G. MONACO, *Riforma della giustizia penale e criteri di priorità nell'esercizio dell'azione*, in *Federalismi.it*, 23 marzo 2022, p. 31, il quale ritiene che «stabilire, dunque, un ordine di priorità, che nella sostanza precluda al p.m. di indagare su determinati reati, in quanto non indicati come prioritari e destinati quasi cer-

Peraltro, occorre soffermarsi in modo analitico sugli effetti derivanti dai criteri di priorità per comprendere il loro grado di compatibilità con i principi costituzionali.

Innanzitutto, si può generare un effetto di "preterizione". L'espressione allude a un'esclusione programmata della trattazione dei procedimenti. In questa direzione, i criteri di priorità, agendo sul programma delle trattazioni, provvedono a fissare in alto i procedimenti più urgenti e a lasciare che, per la parte restante delle questioni, la trattazione sia immediatamente esclusa. Questo effetto si verifica quando nel programma organizzativo o in appositi provvedimenti interni siano fissati criteri c.d. "negativi" di priorità. I criteri negativi di priorità, in definitiva, si traducono in regole di non trattazione di determinati procedimenti.

In secondo luogo, si individua l'effetto di accantonamento o "sospensivo" e consiste nel mettere da parte i procedimenti che non rientrano nel catalogo delle priorità. L'accantonamento non può essere incluso nella categoria della preterizione, perché non attua direttamente criteri "negativi" di priorità, ma punta a certificare lo stato di impossibilità temporanea di esercizio dell'azione penale in relazione a determinati reati. Il rischio è che l'accantonamento diventi definitivo con la conseguente prescrizione del reato accantonato.

L'unico effetto compatibile con il principio di obbligatorietà dell'azione penale è quello di rinvio, noto anche come "effetto di postergazione" o, più semplicemente, "differimento". L'attività requirente in relazione alle notizie di reato non aventi priorità è postergata in ragione dello squilibrio esistente fra il carico di lavoro e le reali possibilità di smaltimento, in modo che il rinvio rientra nella dinamica della gestione dei flussi in entrata o in uscita e delle pendenze. L'attività della procura continua in ogni caso, anche per i procedimenti non prioritari, senza esclusioni, sospensioni o interruzioni, seppure con un determinato coefficiente di ritardo. In questo senso, ci si riferisce ai criteri di priorità come criteri di indagine, privi di qualunque effetto selettivo ma incidenti soltanto nella dimensione organizzativa.

In conclusione, occorre osservare che il corretto inquadramento dei criteri di priorità, in relazione ai loro effetti, non è sufficiente a garantire il corretto funzionamento degli uffici requirenti e a scongiurare il rischio della prescrizione per taluni reati. Occorrono, altresì, ulteriori rimodulazioni e revisioni del sistema sotto vari aspetti.

Innanzitutto, sarebbe necessario attuare un'attenta e "chirurgica" opera di depenalizzazione per rendere perseguibili soltanto le fattispecie connotate da un

---

tamente a prescrizione, non appare in linea con l'art. 112 Cost., che impone al p.m. di svolgere indagini complete rispetto a qualunque fatto di reato, al fine poi di esercitare l'azione penale, salvo che l'instaurando processo non appaia oggettivamente superfluo». Per un approfondimento, si vedano le riflessioni di E. LUPO, *La depenalizzazione tra passato e futuro: un rapido sguardo*, in *Sist. pen.*, 4 ottobre 2023.

particolare livello di disvalore, eliminando così larghe zone di impunità di fatto[68].

Inoltre, si dovrebbero incentivare gli istituti che possono alleggerire il procedimento come la sospensione con messa alla prova. Ragionevoli speranze possono essere riposte anche nella nuova dimensione della giustizia riparativa, che potrebbe consentire esiti alternativi al classico percorso giudiziario con la salvaguardia delle aspettative delle vittime e con un positivo effetto di deflazione processuale.

---

[68] Per un approfondimento, si vedano le riflessioni di E. LUPO, *La depenalizzazione tra passato e futuro: un rapido sguardo*, in *Sist. pen.*, 4 ottobre 2023.

LA VALUTAZIONE DI NON PROCEDERE

di Giulio Garuti

SOMMARIO: 1. Premessa: lo spirito dell'intervento. – 2. L'assetto previgente: la «sostenibilità dell'accusa in giudizio». – 3. Il *restyling* degli artt. 408, comma 1, e 425, comma 3, c.p.p. ad opera della c.d. riforma Cartabia: la «ragionevole previsione di condanna». – 4. Le ricadute sistematiche.

1. Premessa: lo spirito dell'intervento

Tra le modifiche più significative apportate al codice di rito dal d.lgs. 10 ottobre 2022, n. 150, con cui è stata data «[a]*ttuazione* [a]*lla legge 27 settembre 2021, n. 134, recante delega al Governo per l'efficienza del processo penale, nonché in materia di giustizia riparativa e disposizioni per la celere definizione dei procedimenti giudiziari*», figura senza dubbio l'introduzione di un nuovo parametro decisorio finalizzato a governare vuoi la scelta del pubblico ministero tra esercizio dell'azione penale e inazione vuoi quella del giudice dell'udienza preliminare tra sentenza di non luogo a procedere e decreto che dispone il giudizio.

Si tratta della «ragionevole previsione di condanna», che ha sostituito il canone racchiuso nell'espressione «sostenibilità dell'accusa in giudizio». In particolare, al fine di realizzare detto mutamento di prospettiva, il legislatore ha provveduto, da un lato, a interpolare gli artt. 408 e 425 c.p.p. e, dall'altro lato, ad abrogare l'art. 125 disp. att. c.p.p.[1].

---

[1] Al fine di coordinare la disciplina del procedimento penale *de societate* con le innovazioni apportate dalla c.d. riforma Cartabia al codice di rito in punto di «ragionevole previsione di condanna», l'art. 7, comma 1, lett. *b*), d.lgs. 19 marzo 2024, n. 31 ha modificato l'art. 61, comma 1, d.lgs. 8 giugno 2001, n. 231. L'operazione è quantomai opportuna, non essendo così frequente che il legislatore si preoccupi della coerenza tra i due sistemi normativi.

La riformulazione in senso restrittivo del presupposto per l'adozione della richiesta di archiviazione "in fatto" e della sentenza di non luogo a procedere ha rappresentato un elemento costante nelle tappe del tortuoso percorso che si è concluso con il varo della c.d. riforma Cartabia[2]. Quest'ultima ha così determinato un inedito allineamento tra archiviazione, sentenza di non luogo a procedere e sentenza che afferma la colpevolezza dell'imputato, considerato che tutti e tre i provvedimenti risultano adesso ancorati al concetto di «condanna».

A giustificare una scelta di questo tipo ha contribuito la volontà di sfoltire l'ingente numero di regiudicande che perviene quotidianamente in dibattimento nonché quello di esiti liberatori pronunciati a valle di tale fase[3].

Ora, fermo restando la sconfortante prassi delle azioni penali esercitate con eccessiva leggerezza – in modo solo «apparente»[4], si potrebbe dire – e la cronica incapacità filtrante dell'udienza preliminare, simili affermazioni rischiano tuttavia di generare un pericoloso equivoco, quello, cioè, che la parabola processuale, in realtà deputata al mero accertamento, debba considerarsi fallita, laddove si concluda con una sentenza di assoluzione[5].

In chiave più generale, l'intervento normativo in parola tenderebbe ad aumentare il numero dei casi in cui l'autorità giudiziaria decide di non procedere, in modo da migliorare e accelerare la macchina giudiziaria, rivelando dunque quella filosofia efficientista che permea gran parte della novella[6]. La qual cosa

---

[2] La riforma prende infatti le mosse dalla presentazione alla Camera, il 12 marzo 2020, del disegno di legge A.C. 2435. In tutti gli articolati che da allora si sono succeduti è sempre comparso il riferimento a una simmetrica trasformazione dei canoni decisori di cui agli artt. 408 e 425 c.p.p. In proposito, si è sovente parlato di riformulazione delle «regole di giudizio»: l'impertinenza dell'espressione è stata censurata da P. FERRUA, *Appunti critici sulla riforma del processo penale secondo la Commissione Lattanzi*, in *www.discrimen.it*, 12 luglio 2021, p. 1 ss.

[3] Ricostruisce in questi termini la genesi dell'intervento M. GIALUZ, *La deflazione processuale e sostanziale*, in M. GIALUZ-J. DELLA TORRE, *Giustizia per nessuno. L'inefficienza del sistema penale italiano tra crisi cronica e riforma Cartabia*, Giappichelli, Torino, 2022, p. 310. Per una panoramica sul numero delle richieste di archiviazione avanzate nel nostro Paese negli ultimi anni e su quello delle sentenze di non luogo a procedere emesse, v. J. DELLA TORRE, *Azione penale, udienza preliminare e riti alternativi*, *ibidem*, pp. 89 ss. e 102 ss.

[4] Sul fenomeno, C. VALENTINI, *Dall'"azione penale apparente" al processo della verità apparente*, in *Arch. pen.*, 2016, 3, p. 687 ss.

[5] O. MAZZA, *Il processo che verrà: dal cognitivismo garantista al decisionismo efficientista*, in *Arch. pen.*, 2022, 2, p. 3-4.

[6] Rileva R. APRATI, *Le nuove indagini preliminari fra obiettivi deflativi ed esigenze di legalità*, in *www.giustiziainsieme.it*, 20 dicembre 2022 come «il legislatore invit[i], quasi ossessivamente, a non mettere in moto il procedimento processuale, o comunque, se avviato, a chiuderlo il prima possibile». In argomento, tra gli altri, K. LA REGINA, *L'archiviazione nel vortice efficientista*, in G. SPANGHER (a cura di), *La riforma Cartabia. Codice penale – Codice di procedura penale – Giustizia riparativa*, Pacini, Pisa, 2022, p. 276-277; E. MARZADURI, *La riforma Cartabia e la ricerca di efficaci*

pare segnare la definitiva distanza dal modello promosso con il nuovo codice di procedura penale, che aveva attribuito il compito di alleggerire il carico giudiziario perlopiù ai riti speciali [7], che però oggi risultano più che mai «proiettati verso un inesorabile declino» [8].

2. L'assetto previgente: la «sostenibilità dell'accusa in giudizio»

Al fine di comprendere appieno la portata dell'intervento operato dalla novella in esame, occorre anzitutto svolgere qualche considerazione sul previgente assetto normativo.

Prima dell'avvento della c.d. riforma Cartabia, i presupposti della richiesta di archiviazione erano indicati negli artt. 408 c.p.p. e 125 disp. att. c.p.p., i quali prevedevano rispettivamente che il pubblico ministero dovesse presentare tale richiesta al giudice «se la notizia di reato [era] infondata» e che «l'infondatezza [dipendeva dal fatto che] gli elementi acquisiti nelle indagini preliminari non [risultavano] idonei a sostenere l'accusa in giudizio» [9].

Una prima lettura di queste due disposizioni metteva subito in evidenza come l'ipotesi di archiviazione per «inidoneità probatoria» [10] avesse perso il presupposto tradizionale della infondatezza «manifesta», pur avendo l'art. 2, n. 50, della legge delega per l'emanazione del nuovo codice di procedura penale prescritto che fosse consentita l'archiviazione delle sole *notitiae criminis* manifestamente infondate [11]. Tuttavia, in considerazione del fatto che la richiesta di archi-

---

filtri predibattimentali: effetti deflativi e riflessi sugli equilibri complessivi del processo penale, in *www.lalegislazionepenale.eu*, 25 gennaio 2022, p. 9 ss.; C. SANTORIELLO, *Le nuove regole di giudizio della Riforma Cartabia, tra una positiva sinergia e una possibile eterogenesi dei fini*, in *Arch. pen.*, 2022, 2, p. 1-2.

[7] E. MARZADURI, *op. cit.*, p. 12. A riguardo, v. Corte cost., 28 gennaio 1991, n. 88, in *Giur. cost.*, 1991, p. 596. Tra i commenti, L. GIULIANI, *La regola di giudizio in materia di archiviazione (art. 125 disp. att. c.p.p.) all'esame della Corte costituzionale*, in *Cass. pen.*, 1992, p. 249 ss. Nella pronuncia, relativa all'archiviazione, si legge infatti che, per finalità deflative e di economia processuale, «sono stati previsti altri strumenti, quali i riti alternativi ed un largo impiego del procedimento pretorile».

[8] Così F. GIUNCHEDI, De profundis *per i procedimenti speciali. Considerazioni a margine alla legge di inapplicabilità del giudizio abbreviato ai delitti puniti con l'ergastolo*, in *Arch. pen.*, 2019, 2, p. 1.

[9] F. CAPRIOLI, *L'archiviazione*, Jovene, Napoli, 1994, p. 327 ss.

[10] V. GREVI, *Archiviazione per «inidoneità probatoria» ed obbligatorietà dell'azione penale*, in *Riv. it. dir. proc. pen.*, 1990, p. 1274.

[11] Corte cost., 28 gennaio 1991, n. 88, cit., p. 586 ss. aveva dichiarato infondata la questione di

viazione giunge al termine delle indagini, che si snodano per un considerevole lasso di tempo, e che le stesse devono essere tendenzialmente complete [12], è stato facile sostenere come il presupposto della richiesta di archiviazione non potesse più coincidere con una infondatezza manifesta [13].

Al di là della divergenza tra il tenore della legge delega e quello del codice di procedura penale e delle relative disposizioni attuative, occorre rammentare, in questa sede, che il progetto preliminare del codice faceva dipendere la richiesta di archiviazione dall'eventualità che «gli elementi acquisiti nelle indagini preliminari non [fossero] sufficienti al fine della condanna degli imputati» (art. 115 prog. prel. c.p.p.). Detta previsione – a ben guardare, non del tutto dissimile da quella introdotta, di recente, dalla c.d. riforma Cartabia – andò allora incontro a censure, soprattutto in ragione della sua idoneità ad assimilare fasi processuali diverse [14].

Ad ogni modo, volendo cogliere il significato della regola di giudizio di cui ai previgenti artt. 408 c.p.p. e 125 disp. att. c.p.p., si è affermato che non avrebbe avuto senso costringere il pubblico ministero a domandare l'archiviazione, ove risultasse "superflua", fin dall'inizio, l'instaurazione del dibattimento. Tale soluzione – sicuramente corretta nella sua essenza – non risultava tuttavia esaustiva, lasciando irrisolto il problema centrale: quando, cioè, può essere "superflua" la celebrazione di un dibattimento.

In proposito, dottrina e giurisprudenza hanno assunto, negli anni successivi, più di una posizione. Da una parte, è stato sostenuto che debba considerarsi "superfluo" il dibattimento che non si conclude con l'affermazione di responsabilità dell'imputato [15]: in sostanza, la scelta del pubblico ministero circa l'eser-

legittimità costituzionale dell'art. 125 disp. att. c.p.p., in relazione all'art. 2, n. 50, della legge delega per l'emanazione del nuovo codice di procedura penale.

[12] Numerose le pronunce sul principio di completezza delle indagini preliminari adottate dal giudice delle leggi all'indomani della entrata in vigore del nuovo codice di procedura penale: v., ad esempio, oltre a Corte cost., 28 gennaio 1991, n. 88, cit., p. 590 ss., anche Corte cost., 28 ottobre 1993, n. 48 oppure Corte cost., 27 novembre 1991, n. 436, entrambe reperibili in *www.giurcost.it*. In dottrina, G. LOZZI, *L'udienza preliminare nel sistema del nuovo processo penale*, in *Riflessioni sul nuovo processo penale*, Giappichelli, Torino, 1992, p. 156.

[13] A. BERNARDI, sub *art. 408 c.p.p.*, in M. CHIAVARIO (coord. da), *Commento al nuovo codice di procedura penale*, Utet, Torino, 1990, p. 529; A. PRESUTTI, *Presunzione di innocenza e regole di giudizio in sede di archiviazione e di udienza preliminare*, in *Cass. pen.*, 1992, p. 1361.

[14] Cfr. *Parere C.S.M. sull'art. 115 prog. prel. n. att. c.p.p.*, in G. CONSO-V. GREVI-G. NEPPI MODONA, *Il nuovo codice di procedura penale. Dalle leggi delega ai decreti delegati*, VI, *Le norme di attuazione, di coordinamento e transitorie del codice di procedura penale*, tomo I, *Le norme di attuazione con le relative norme regolamentari*, Cedam, Padova, 1990, p. 190 ss. Ricorda la circostanza anche M. ARCARO, *Dalla sostenibilità dell'accusa in giudizio alla ragionevole previsione di condanna: cambia la regola di giudizio per l'archiviazione e il non luogo a procedere*, in *www.penaledp.it*, 21 luglio 2022.

[15] Per tutti, A. BERNARDI, sub *art. 125 disp. att. c.p.p.*, in M. CHIAVARIO (coord. da), *Commento al nuovo codice di procedura penale. La normativa complementare*, Utet, Torino, 1992, p. 482.

cizio o meno dell'azione penale avrebbe dovuto essere commisurata esclusivamente agli esiti del giudizio. Utilizzando un criterio analogo a quello nordamericano della *probable cause*, il rappresentante della pubblica accusa poteva chiedere l'archiviazione non solo nell'ipotesi di innocenza evidente dell'imputato o di carenza assoluta di prova, ma anche laddove la prova fosse insufficiente o contraddittoria, e, comunque, in tutti i casi in cui, sulla base di una valutazione prognostica degli esiti del dibattimento, l'eventualità di una condanna si profilasse remota [16].

A questa interpretazione, che anteponeva il valore dell'efficienza processuale a quello della giurisdizione, se ne affiancava un'altra che, viceversa, privilegiando il valore della giurisdizione, era tesa ad assicurare al dibattimento la funzione di offrire una risposta ad ogni situazione "dubbia" di possibile rilevanza penalistica [17]. Tale prospettiva, fondandosi sul preteso diritto dell'imputato all'affermazione in giudizio della propria innocenza, induceva dunque a ritenere non "superfluo" anche un dibattimento sfociato in una pronuncia di assoluzione.

Come è noto, sulla questione è intervenuta la Corte costituzionale con una sentenza interpretativa di rigetto [18]. Sul presupposto che la "superfluità" del processo rappresenta il «limite implicito» del principio di obbligatorietà dell'azione penale nonché il criterio-guida che consente di individuare i casi in cui il pubblico ministero può legittimamente rinunciare ad agire, il giudice delle leggi ha osservato come nel suddetto principio «sia insito [...] quello che in dottrina viene definito *favor actionis*», dal momento che l'art. 112 Cost. «esige che nulla venga sottratto al controllo di legalità effettuato dal giudice». A parere della Corte, ciò impone «non solo il rigetto del contrapposto principio di opportunità, che opera, in varia misura, nei sistemi ad azione penale facoltativa, consentendo all'organo dell'accusa di non agire anche in base a valutazioni estranee all'oggettiva infondatezza della *notitia criminis*; ma comporta, altresì, che in casi dubbi l'azione penale vada esercitata e non omessa» [19].

---

[16] Tra gli altri, A. BERNARDI, sub *art. 125 disp. att. c.p.p.*, cit., p. 472; M. BILANCETTI, *Le funzioni del giudice nella fase delle indagini preliminari*, in *Giust. pen.*, 1989, III, p. 309; L. GIULIANI, *op. cit.*, p. 249; L. MARAFIOTI, *L'archiviazione tra crisi del dogma di obbligatorietà dell'azione penale ed opportunità "di fatto"*, in *Cass. pen.*, 1992, p. 206; A.A. SAMMARCO, *La richiesta di archiviazione*, Giuffrè, Milano, 1993, pp. 134 e 198.

[17] G. PIZIALI, *L'archiviazione nella giurisprudenza costituzionale*, in *Ind. pen.*, 1993, p. 410; A. PRESUTTI, *op. cit.*, p. 1367.

[18] Corte cost., 28 gennaio 1991, n. 88, cit., p. 591, da cui sono tratte anche le citazioni che seguono.

[19] Corte cost., 28 gennaio 1991, n. 88, cit., p. 591. In proposito, R. DEL COCO, *Rimaneggiamento delle regole per non procedere: archiviazione e udienza preliminare*, in *Proc. pen. giust.*, 2022, p. 85 osserva che, all'epoca, una simile interpretazione degli artt. 408 c.p.p. e 125 disp. att. c.p.p. risultava coerente con un sistema che estrometteva la difesa dell'indagato dalla fase investigativa e

Ebbene, muovendo da tali assunti, la Corte ha affermato che il principio di «non superfluità del processo» dovesse essere interpretato, «non nell'ottica del risultato dell'azione», ma «in quello della superfluità o non dell'accertamento giudiziale». In particolare, si è fatto notare come «la regola che tale disposizione (art. 125 disp. att. c.p.p.) detta[va] per il pubblico ministero consiste[sse] in una valutazione degli elementi acquisiti non più nella chiave dell'esito finale del processo, bensì nella chiave della loro attitudine a giustificare il rinvio a giudizio. Il quadro acquisitivo v[eniva], cioè, valutato non nell'ottica del risultato dell'azione, ma in quella della superfluità o no dell'accertamento giudiziale» [20].

Il parametro di valutazione che emergeva dal combinato disposto degli artt. 408 c.p.p. e 125 disp. att. c.p.p. doveva insomma essere interpretato alla stregua di un criterio intermedio rispetto a quello della «evidente innocenza» e a quello della «causa probabile» [21].

Le affermazioni che precedono hanno, in definitiva, indotto ad ancorare il concetto di infondatezza alla necessità o meno di un accertamento giudiziale condotto mediante le regole del contraddittorio, fermo restando che, nei casi dubbi, il p.m. e il g.i.p. potevano optare per l'archiviazione solamente laddove si potesse fondatamente ritenere che la formazione della prova nel contraddittorio delle parti non sarebbe risultata comunque decisiva ai fini dell'accertamento della responsabilità dell'imputato [22].

Se il canone decisorio sotteso alla richiesta di archiviazione è rimasto immutato per più di un trentennio, malgrado i non pochi venti di riforma abbattutisi sul codice di procedura penale, analoga sorte non è invece toccata al canone decisorio funzionale all'emissione, da parte del giudice dell'udienza preliminare, della sentenza di non luogo a procedere [23].

---

che faceva dipendere la completezza delle indagini unicamente dalle scelte operate dell'organo inquirente. Negli anni seguenti, il panorama è però mutato, per effetto di quelli interventi normativi finalizzati ad accordare alla difesa dell'indagato una qualche partecipazione alla primigenia delle fasi processuali: rappresentano un esempio di questa logica la disciplina di cui agli artt. 391-*bis* ss. e 415-*bis* c.p.p. Per l'A., l'apporto della difesa «contribuisc[e] a realizzare una ricostruzione maggiormente attendibile del fatto storico ipotizzato nell'addebito, la quale ben può svolgere una funzione di argine nei confronti di forme di esercizio apparente dell'azione penale».

[20] Corte cost., 28 gennaio 1991, n. 88, cit., p. 595.

[21] F. CAPRIOLI, *op. cit.*, p. 357.

[22] F. CAPRIOLI, *op. cit.*, p. 357; analogamente, G. GIOSTRA, *L'archiviazione. Lineamenti sistematici e questioni interpretative*, Giappichelli, Torino, 1994, p. 32; G. DEAN, *L'impromovibilità dell'azione penale*, Giuffrè, Milano, 1996, p. 90.

[23] Per la disamina degli interventi che hanno riguardato l'art. 425, comma 3, c.p.p., F.S. CASSIBBA, *L'udienza preliminare. Struttura e funzioni*, Giuffrè, Milano, 2007, p. 89 ss.; M. DANIELE, *Profili sistematici della sentenza di non luogo a procedere*, Giappichelli, Torino, 2005, p. 39 ss.; G. GARUTI, *La verifica dell'accusa nell'udienza preliminare*, Cedam, Padova, 1996, p. 283 ss.

Come è noto, l'originaria formulazione dell'art. 425 c.p.p. faceva dipendere l'adozione di tale sentenza dalla prova «evidente» dell'innocenza dell'imputato. Tale criterio, in ragione della sua inidoneità a garantire la selezione delle regiudicande meritevoli di giungere in dibattimento, veniva ben presto rimodulato per effetto della l. 8 aprile 1993, n. 105, che però si limitava unicamente a sopprimere il requisito dell'evidenza[24].

Un ulteriore intervento veniva poi realizzato, per le medesime finalità, dalla l. 16 dicembre 1999, n. 479, che, dimostrando di accogliere e trasfondere in una disposizione la voce di una parte della giurisprudenza e della dottrina[25], ancorava l'esito liberatorio tipico dell'udienza preliminare all'eventualità in cui «gli elementi acquisiti risult[assero] insufficienti, contraddittori o comunque non idonei a sostenere l'accusa in giudizio». Così novellato, l'art. 425, comma 3, c.p.p. non rappresentava altro che una norma di chiusura, all'interno della quale andavano inserite tutte le ipotesi probatorie che non consentivano di sostenere l'accusa in giudizio, diverse da quelle caratterizzate da una situazione pacifica – mancanza della prova della colpevolezza; esistenza della prova dell'innocenza – o da una situazione insufficiente o contraddittoria[26].

Benché sorretta dal lodevole intento di porre rimedio alla irragionevole asimmetria rispetto alla *regula iuris* di matrice prognostica scandita dall'art. 125 disp. att. c.p.p. per l'archiviazione, la l. n. 479/1999 non è comunque riuscita a dare nuova linfa all'udienza preliminare, facendo sì che assolvesse il ruolo, attribuitole dai codificatori del 1988, di efficace filtro delle imputazioni azzardate[27]. Gli

---

[24] Il testo dell'art. 425 c.p.p. era stato invero intaccato anche da Corte cost., 10 febbraio 1993, n. 41, in *Cass. pen.*, 1993, p. 1080.

[25] In dottrina, per tutti, G. LOZZI, *Lezioni di procedura penale*, Giappichelli, Torino, 1997, p. 338 ss. In giurisprudenza, Cass., Sez. I, 30 gennaio 1995, in *Cass. pen.*, 1996, p. 3435. All'epoca, sottolineavano la discrasia tra il criterio decisorio per l'archiviazione e quello per la sentenza di non luogo a procedere A. PRESUTTI, *op. cit.*, p. 1130; D. MANZIONE, sub *art. 425 c.p.p.*, in M. CHIAVARIO (coord. da), *Commento al nuovo codice di procedura penale*, cit., p. 664 ss. Giustificava la scelta C. TAORMINA, *L'udienza preliminare tra carenze normative e distorsioni applicative*, in *Giust. pen.*, 1992, III, cc. 257-258.

[26] Volendo, G. GARUTI, *La nuova fisionomia dell'udienza preliminare*, in F. PERONI (a cura di), *Il processo penale dopo la riforma del giudice unico*, Cedam, Padova, 2000, p. 406.

[27] Per dirla con la *Relazione finale e le proposte di emendamenti al d.d.l. A.C. (24 maggio 2021)*, in *www.sistemapenale.it*, 25 maggio 2021, p. 21, «[n]onostante i plurimi interventi di modifica, dopo trent'anni i dati statistici sono impietosi e dimostrano che, nei casi in cui l'udienza preliminare si conclude con un rinvio a giudizio (ossia nel 63% dei casi), essa genera un aumento di durata del processo di primo grado di circa 400 gg. Complessivamente, l'udienza preliminare filtra poco più del 10% delle imputazioni per i processi nei quali è prevista e non incide peraltro in modo significativo sul tasso dei proscioglimenti in dibattimento». Alla base della situazione descritta, vi sarebbero quelle esegesi restrittive, particolarmente fortunate nella giurisprudenza di legittimità, per cui, in caso di dubbio, risulta inibita una pronuncia *ex* art. 425 c.p.p.; v., *ex multis*,

interventi di riforma succedutisi non hanno infatti impedito che i giudici continuassero a prediligere, alla sentenza di non luogo, il decreto che dispone il giudizio, peraltro implicante un minore sforzo, in quanto sprovvisto di un apparato motivazionale [28]. Tutte constatazioni, queste, che hanno innescato, da qualche anno, un vivace dibattito circa l'opportunità di sopprimere l'istituto [29].

3. Il *restyling* degli artt. 408, comma 1, e 425, comma 3, c.p.p. ad opera della c.d. riforma Cartabia: la «ragionevole previsione di condanna»

La medesima logica propulsiva e selettiva che in teoria caratterizza le modifiche apportate da parte del d.lgs. n. 150/2022 alla fase delle indagini preliminari investe anche la fase conclusiva delle stesse [30], laddove – nell'intento, come si è

Cass., Sez. V, 28 gennaio 2019, n. 37322, n.m. e Cass., Sez. II, 7 aprile 2016, n. 15942, in *CED*, n. 266443. Ciononostante, si è soliti non rinunciare all'udienza preliminare, che costituisce il primo, vero momento di difesa: in questo senso, S. LONATI, *L'udienza preliminare*, in D. CASTRONUOVO-M. DONINI-E.M. MANCUSO-G. VARRASO (a cura di), *Riforma Cartabia*, cit., p. 714.

[28] M. DANIELE, *La riforma della giustizia penale e il modello perduto*, in *www.discrimen.it*, 13 luglio 2021, p. 4.

[29] V. le diverse opinioni di E. AMODIO, *Filtro «intraneo» e filtro «estraneo» nella nuova disciplina del controllo per il rinvio a giudizio*, in *Cass. pen.*, 2022, p. 16; M. BONTEMPELLI, *Udienza preliminare ed efficienza del sistema*, in *Dir. pen. e proc.*, 2021, p. 1152; F.S. CASSIBBA, *L'"insostenibile leggerezza" dell'udienza preliminare*, in *Criminalia*, 2015, p. 80; M. DANIELE, *La riforma della giustizia penale e il modello perduto*, cit., p. 3; M. DANIELE-P. FERRUA, *Venti di riforma dell'udienza preliminare e del patteggiamento: un subdolo attacco al processo accusatorio*, in *Dir. pen. cont.*, 2019, 5, p. 75 ss. In prospettiva generale, sulla fisionomia dell'udienza preliminare nonché sulle modifiche che l'hanno riguardata, oltre alle trattazioni monografiche richiamate *supra*, nota 23, D. GROSSO, *L'udienza preliminare*, Giuffrè, Milano, 1991; A. SCALFATI, *L'udienza preliminare. Profili di una disciplina in trasformazione*, Cedam, Padova, 1999.

[30] Sugli interventi alla fase investigativa, tra gli altri, R. APRATI, *op. cit.*; R. BRICCHETTI, *Prime riflessioni sulla riforma Cartabia: durata delle indagini e controlli*, *www.ilpenalista.it*, 18 gennaio 2023; A. CABIALE, *I nuovi controlli giudiziali sui tempi della fase investigativa: una riforma tanto attesa quanto indispensabile*, in *www.lalegislazionepenale.eu*, 4 marzo 2022, p. 1 ss.; R. FONTI, *Strategie e virtuosismi per l'efficienza e la legalità delle indagini preliminari*, in A. MARANDOLA (a cura di), *"Riforma Cartabia" e rito penale. La Legge Delega tra impegni europei e scelte valoriali*, Wolters Kluwer-Cedam, Milano-Padova, 2022, p. 91 ss.; G. GARUTI, *L'efficienza del processo tra riduzione dei tempi di indagine, rimedi giurisdizionali e "nuova" regola di giudizio*, in *Arch. pen.*, 2022, 3, p. 1 ss.; M. GIALUZ, *I rimedi preventivi e sanzionatori all'irragionevole durata*, in M. GIALUZ-J. DELLA TORRE, *Giustizia per nessuno*, cit., p. 339 ss.; A. SANNA, *Cronometria delle indagini e rimedi alle stasi procedimentali*, in *Proc. pen. giust.*, 2022, p. 42 ss.; C. VALENTINI, The untouchables*: la fase*

anticipato, di deflazionare i ruoli dibattimentali – è stato modificato il parametro per la richiesta di archiviazione, basandolo su una «ragionevole previsione di condanna»[31].

In forza del novellato art. 408, comma 1, c.p.p., il p.m., pertanto, dovrà portare l'indagato davanti al giudice non per cercare la prova o per corroborare gli elementi acquisiti, bensì solo se ritiene che, ragionevolmente, sulla base degli elementi a sua disposizione – ovvero allo stato degli atti –, il giudice del dibattimento pronuncerà sentenza di condanna[32]. E analogo discorso riguarda oggigiorno l'adozione della sentenza di non luogo a procedere alla fine dell'udienza preliminare, avendo il legislatore inserito il canone della «ragionevole previsione di condanna» pure tra le maglie dell'art. 425, comma 3, c.p.p.

Questa nuova impostazione si giustifica perlopiù in ragione del fatto che la valutazione – da parte vuoi del p.m. vuoi del g.u.p. – circa gli elementi conoscitivi raccolti nel corso delle indagini, deve essere elaborata nell'ottica dell'esito finale dell'intero processo e non in ragione di una loro attitudine a giustificare il rinvio a giudizio[33]. In questo modo, la c.d. riforma Cartabia ha tentato di superare quelle interpretazioni tradizionali che ricollegavano la nascita dell'obbligo di agire al criterio dell'*in dubio pro actione*[34]. Ora, qualunque situazione di incertezza – valutabile ovviamente allo stato degli atti – non dovrebbe invece giustificare più il transito in dibattimento, a prescindere dal fatto che in quella sede ci si possa avvalere di risorse cognitive più penetranti e incisive rispetto alle fasi processuali che la precedono (es. art. 507 c.p.p.)[35].

Viceversa, qualunque situazione di presunta futura colpevolezza, seppure basata su materiale investigativo caratterizzato da una valenza "dimostrativa" provvisoria e perlopiù raccolto senza l'apporto gnoseologico della difesa[36], dovrà necessariamente transitare alla fase dibattimentale, dove, a seguito dell'assunzione delle prove nel contraddittorio tra le parti, potrà o essere confermata o, invece, essere demolita e approdare a una decisione favorevole all'imputato. In altre pa-

---

delle indagini preliminari, l'ufficio del pubblico ministero e i loro misteri, in *Arch. pen.*, 2022, 1, p. ss. V. altresì i contributi raccolti in G. SPANGHER (a cura di), *La riforma Cartabia*, cit., p. 165 ss.

[31] Ripercorre l'evoluzione del canone decisorio *de quo*, sin dalla presentazione del disegno di legge A.C. 2435, E. MARZADURI, *op. cit.*, p. 20 ss.

[32] G.L. GATTA, *Riforma della giustizia penale: contesto, obiettivi e linee di fondo della 'legga Cartabia'*, in *www.sistemapenale.it*, 15 ottobre 2021, p. 9.

[33] C. SANTORIELLO, *op. cit.*, p. 3.

[34] M. GIALUZ, *op. cit.*, p. 309; M. DANIELE, *La riforma della giustizia penale e il modello perduto*, cit., p. 3.

[35] M. DANIELE, *La riforma della giustizia penale e il modello perduto*, cit., p. 3.

[36] C. SANTORIELLO, *op. cit.*, p. 15; E. MARZADURI, *op. cit.*, pp. 26 e 29, ove l'A. ribadisce che, durante la fase delle indagini preliminari, «l'indagato, se non disarmato rispetto ai poteri del pubblico ministero, [si trova] quantomeno in una posizione di netta inferiorità».

role, il legislatore si è adoperato per l'affermazione del canone dell'*in dubio pro reo*, a dispetto di quello dell'*in dubio pro actione*, che, come si è visto, ha orientato l'interpretazione del dettato codicistico[37].

D'altro canto, l'introduzione, in tema di archiviazione e di sentenza di non luogo a procedere, di un canone diagnostico a maglie particolarmente strette finisce per ampliare la cognizione dell'organo della pubblica accusa e del giudice dell'udienza preliminare, cui è richiesto un impegno maggiore rispetto al passato[38].

Il "cambio di rotta" operato dal d.lgs. n. 150/2022 rispetto alla previgente formulazione normativa è peraltro inevitabile che ponga, nella pratica applicazione, una serie di interrogativi in riferimento al concetto riconducibile alla «ragionevole previsione di condanna».

Procedendo con ordine, un primo interrogativo riguarderà il concetto, cui alludono i riformulati artt. 408, comma 1, e 425, comma 3, c.p.p., di «condanna», rispetto al quale ci si domanda se dovrà essere valutato «al di là di ogni ragionevole dubbio» (art. 533, comma 1, c.p.p.) nonché con riferimento ad una prognosi in concreto parametrata alle tempistiche del singolo processo[39].

Seppur in una prospettiva di «ragionevole previsione» – ovvero alla luce di un giudizio caratterizzato dalla componente prospettica –, il concetto in parola dovrà essere necessariamente interpretato «al di là di ogni ragionevole dubbio», essendo questo l'unico criterio a cui rifarsi in sede dibattimentale in caso di condanna[40]. A favore dell'assunto, parrebbe per di più militare l'utilizzo, in seno agli artt. 408, comma 1, e 425, comma 3, c.p.p., dell'aggettivo «ragionevole», qualificante pure il testo dell'art. 533, comma 1, c.p.p.[41].

Anche le tempistiche del singolo processo dovranno poi essere in concreto tenute in considerazione nella valutazione prognostica condotta dall'autorità giudiziaria, ponendosi in contrasto con le regole dell'efficienza processuale una valutazione che le dovesse ignorare.

Di qui, allora, il dovere di effettuare la valutazione pure alla luce dei termini

---

[37] V. *supra*.

[38] Così anche C. NAIMOLI, *Considerazioni sulla "ragionevole previsione di condanna" per l'archiviazione e per la sentenza di non luogo a procedere*, in *Dir. pen. e proc.*, 2022, p. 833.

[39] Un esempio è offerto da M. BONTEMPELLI, *op. cit.*, p. 1151, per il quale, però, il significato dell'intervento in esame non è «che il P.M. debba applicare la regola di giudizio dell'art. 533, comma 1, c.p.p. ai fini dell'esercizio dell'azione».

[40] A parere di C. NAIMOLI, *op. cit.*, p. 834, «[p]roprio [il] principio del superamento del dubbio ragionevole *ex* art. 533, comma 1, c.p.p. a valle, è destinato ad incidere sulla valutazione operata a monte per il rinvio a giudizio dell'imputato».

[41] G. DELLA MONICA, *Il filtro della ragionevole previsione di condanna*, in *Arch. pen.*, 2023, 2, p. 15-16.

di prescrizione del reato, potendosi paradossalmente giungere a una richiesta di archiviazione ovvero a una sentenza di non luogo a procedere anche a fronte di un illecito fondato nel merito, ma prossimo alla prescrizione, ovvero suscettibile di prescriversi in un arco di tempo incompatibile con le ordinarie dinamiche processuali.

La valutazione che la riforma in discorso demanda, se, per un verso, evoca il concetto di condanna descritto nell'ambito dell'art. 533, comma 1, c.p.p., per altro verso, sembra – perlomeno di primo acchito – manifestare una qualche assonanza con il giudizio parimenti prognostico richiesto, in tema di misure cautelari, dall'art. 273 c.p.p.[42]. A ben vedere, una analisi più approfondita rivela come si tratti di due tipi di apprezzamento non assimilabili: basti pensare, del resto, che l'uno si fonda sull'analisi di tutti gli atti investigativi raccolti, mentre l'altro su atti specificamente selezionati dalla pubblica accusa[43].

Un ulteriore profilo degno di approfondimento, al quale il legislatore sembra non aver posto attenzione, riguarda poi il rapporto tra la "nuova" regola di giudizio e l'attività di integrazione probatoria che può essere ordinata dal giudice al p.m. vuoi a seguito della richiesta di archiviazione vuoi in sede di udienza preliminare[44].

Partendo dal presupposto che ha senso parlare in termini di «ragionevole previsione di condanna» – quale spartiacque tra azione e inazione – unicamente laddove le indagini siano state svolte in modo completo[45], pare utile domandarsi se, in un'ottica di efficienza del processo penale, il concetto di integrazione delle indagini, finalizzato a creare una indagine completa, possa oggi ritenersi un concetto "neutro" ovvero, essendo mutato il criterio di giudizio che ha ad oggetto le indagini stesse, debba essere agganciato alla "nuova" regola.

A nostro modo di vedere, in ogni caso, le indagini integrative dovranno essere ordinate unicamente laddove risultino ipoteticamente utili a integrare ulteriormente il materiale investigativo destinato a corroborare una prognosi di «ragionevole [...] condanna».

D'altronde, se rispetto alla richiesta di archiviazione una eventuale integrazione investigativa finalizzata alla raccolta di ulteriori elementi a favore dell'indagato risulterebbe inutile – potendosi il giudice convincere, in caso di dub-

---

[42] E. Amodio, *op. cit.*, 2022, p. 21; M. Daniele, *La riforma della giustizia penale e il modello perduto*, cit., p. 3; S. Ruggeri, *Azione e inazione*, in D. Castronuovo-M. Donini-E.M. Mancuso-G. Varraso (a cura di), *Riforma Cartabia*, cit., p. 683 ss.

[43] Ancora M. Daniele, *La riforma della giustizia penale e il modello perduto*, cit., p. 3, nota 5. Per ulteriori rilievi sul punto, tutti in qualche modo afferenti al «[t]ema delicatissimo [delle] interferenze fra giudizio cautelare e giudizio principale, su cui fiumi d'inchiostro sono stati notoriamente scritti», S. Ruggeri, *op. cit.*, p. 683 ss.

[44] Si interroga su questo argomento, in modo assai puntuale, C. Santoriello, *op. cit.*, p. 12 ss.

[45] C. Santoriello, *op. cit.*, p. 4.

bio sulla necessità di agire, in base al materiale già raccolto dall'autorità inquirente –, con riguardo alla richiesta di rinvio a giudizio, il materiale investigativo utile al giudice ai fini della propria valutazione potrà essere unicamente quello che da una situazione di dubbio – favorevole all'imputato – lo induca a virare verso una «ragionevole previsione di condanna».

La raccolta di materiale investigativo destinato, in via integrativa, a prosciogliere l'imputato risulterebbe assolutamente inutile, dovendo comunque il giudice oggi prosciogliere l'imputato già in caso di dubbio [46].

Se questi sono alcuni dei problemi destinati a presentarsi, da un punto di vista tecnico, in fase di prima applicazione del canone decisorio in discorso, è dall'effettivo comportamento che terranno le autorità giudiziarie che dipenderà la tenuta o meno del sistema [47]. Non è infatti un mistero che la trasformazione delle formule normative volte a regolare la decisione di non far avanzare la regiudicanda spesso non ha prodotto alcuna conseguenza in concreto, continuando gli attori processuali a comportarsi come se le previsioni codicistiche fossero rimaste immutate [48]. In particolare, se l'opzione del p.m. tra azione e inazione è sempre stata – per ragioni riconducibili al ruolo – orientata da un'idea di probabile condanna futura più che dalla «sostenibilità dell'accusa in giudizio», è il g.u.p. che, a fronte di questa "nuova" regola, sarà chiamato a effettuare una valutazione non più di natura "processuale", bensì di "merito", essendo stato spostato, il cuore del processo, alla fase delle indagini preliminari. Estremizzando, la valutazione alla quale sarà chiamato il giudice in sede di udienza preliminare, quale verifica dell'accusa, sarà assimilabile, quanto a materiale da analizzare e contenuti, alla valutazione che lo stesso dovrà effettuare in sede di giudizio abbreviato – innocente/colpevole –, con l'unica differenza che, in un caso il giudizio sarà parametrato in termini previsionali alla luce di ciò che potrà ragionevolmente accadere in sede dibattimentale, mentre, nell'altro caso, il giudizio verrà declinato in un contesto di attualità. Sarà, insomma, il raggiungimento di questa consapevolezza da parte del giudice dell'udienza preliminare a determinare o meno il successo, per quel che qui importa, del d.lgs. n. 150/2022.

Laddove si voglia invece riporre fiducia incondizionata nelle modifiche ap-

---

[46] C. SANTORIELLO, *op. cit.*, p. 12 ss.

[47] Fa giustamente notare K. LA REGINA, *op. cit.*, p. 285 che «il problema – prima di essere giuridico, organizzativo, ordinamentale – è anche culturale, di stile comportamentale e, dunque, sul tappeto va posto un serio rinnovamento sul piano deontologico e dell'etica giudiziaria». In argomento, M. DANIELE, *La riforma della giustizia penale e il modello perduto*, cit., p. 4; M. GIALUZ, *op. cit.*, p. 311.

[48] In particolare, R. DEL COCO, *op. cit.*, p. 84 ritiene che l'inidoneità dei rimaneggiamenti normativi a garantire gli effetti sperati andrebbe ricercata «in una molteplicità di fattori e condizionamenti di tipo culturale, costituzionale ed ordinamentale».

portate dalla c.d. riforma Cartabia al profilo qui d'interesse, si potrebbe auspicare che la condanna "potenziale", seppur idonea, in teoria, a rappresentate un pregiudizio negativo in capo all'imputato rinviato a giudizio[49], riguardi, in pratica, una percentuale assai contenuta di casi, rappresentando l'occasione buona per condurre un vaglio accurato dell'ipotesi accusatoria con le regole di garanzia del contraddittorio c.d. "forte" proprie del dibattimento.

4. Le ricadute sistematiche

L'introduzione, nell'ambito degli artt. 408, comma 1, e 425, comma 3, c.p.p., del criterio della «ragionevole previsione di condanna», lungi dal risaltare innocuo per gli equilibri generali del rito penale, appare gravida di conseguenze[50].

In una prospettiva di sistema, occorre anzitutto sottolineare come il legislatore si è mosso in una duplice direzione: per un verso, pur limitandone parzialmente l'ambito, non ha voluto abolire l'udienza preliminare, essendo giustamente «consapevole [...] del suo ruolo vitale per l'operatività di un forte contrappeso all'impulso del p.m.»[51]; per altro verso, ponendo direttamente la condanna come oggetto di valutazione in sede di esercizio dell'azione penale, abbia irrimediabilmente spostato l'asse del processo verso la fase delle indagini preliminari[52], sicché quello che oggi appare agli occhi degli interpreti e degli operatori è un modello assai diverso rispetto a quello dell'impianto codicistico originario, quando aveva certamente senso parlare di una «fase che "non conta[va] e non pesa[va]"»[53].

Invero, da questo specifico punto di vista, la c.d. riforma Cartabia non fa altro che confermare l'impostazione, già ampiamente penetrata nel nostro ordinamento, per cui il baricentro del processo penale precede di molto la fase di-

---

[49] V. *infra*.

[50] Ben prima dell'entrata in vigore della riforma *de qua*, E. MARZADURI, *op. cit.*, p. 25 lamentava l'assenza di una riflessione sulle ricadute sistematiche della scelta di attribuire al pubblico ministero il compito di esprimersi al di là di ogni ragionevole dubbio sui presupposti per ritenere colpevole un soggetto.

[51] E. AMODIO, *op. cit.*, p. 16.

[52] P. FERRUA, *Appunti critici sulla riforma del processo penale secondo la Commissione Lattanzi*, cit., p. 2. Analogamente, C. NAIMOLI, *op. cit.*, p. 844-845.

[53] La nota espressione è di M. NOBILI, *Diritti per la fase che "non conta e non pesa"*, in *Scenari e trasformazioni del processo penale*, Cedam, Padova, 1998, p. 35 ss., ripresa, tra gli altri, da A. CAMON, *La fase che "non conta e non pesa": indagini governate dalla legge?*, in *Dir. pen. e proc.*, 2017, p. 425 ss.

battimentale, allontanandosi nettamente dall'impostazione promossa dai codificatori del 1988[54]. Da quella che, in origine, avrebbe dovuto essere una mera «inchiesta preparatoria», destinata a sciogliere il nodo circa le «determinazioni inerenti all'esercizio dell'azione penale», a quella che poi è diventata una indagine che deve essere caratterizzata da «tendenziale completezza», c'è infatti molta differenza, nonostante la normativa specifica (artt. 405, 406 e 407 c.p.p.) – ovvero quella relativa alla durata delle indagini nonché alla proroga delle stesse – sia rimasta, nel tempo, sostanzialmente inalterata, perlomeno fino alla riforma introdotta dalla c.d. legge Orlando[55].

Le spinte esterne che hanno indotto questo sistema sono sicuramente spinte dettate a favore di un esercizio dell'azione penale che non tollera una discrezionalità investigativa e che pretende una verifica accurata della fondatezza della notizia di reato attraverso lo svolgimento di indagini tendenzialmente e doverosamente complete. Ma contemporaneamente sono spinte che, da un lato, hanno generato molte incertezze sul rispetto del principio della ragionevole durata della fase investigativa, sicuramente non facilitato dall'assenza assoluta di controlli effettivi – vuoi di natura giurisdizionale, vuoi di altra natura – e, dall'altro lato, hanno eroso, non solo di fatto, quell'equilibrio che in origine caratterizzava il rapporto tra indagini preliminari e dibattimento, in una prospettiva di netta separazione di fasi[56].

L'arretramento dell'asse del processo verso il segmento investigativo, che il criterio della «ragionevole previsione di condanna» conduce a estreme conseguenze, fa sì che il materiale investigativo raccolto nel corso delle indagini assuma un valore fondamentale, in quanto destinato a raggiungere una soglia probatoria più solida rispetto al passato per potere giustificare il rinvio al giudizio, su-

---

[54] Sul punto, con diversità di accenti, R. Del Coco, *op. cit.*, p. 87; N.E. La Rocca, *Il modello di riforma "Cartabia": ragioni e prospettive della Delega n. 134/2021*, in *Arch. pen.*, 2021, 3, p. 27-28; E. Marzaduri, *op. cit.*, p. 28; C. Naimoli, *op. cit.*, p. 844 ss. In proposito, ha parlato di «disastro sistematico» C. Valentini, *Grandi speranze: una possibilità di riforma della riforma*, in *Arch. pen.*, 2022, 3, p. 9. Più di recente, F. Morelli, *Osservazioni critiche sulla funzione dell'indagine alla luce della nuova udienza preliminare*, in *www.sistemapenale.it*, 30 maggio 2023, p. 1 ss.

[55] Quanto alle modifiche apportate alla fase investigativa dalla l. 23 giugno 2017, n. 103, T. Bene, *Le modifiche in tema di indagini preliminari*, in A. Marandola-T. Bene (a cura di), *La riforma della giustizia penale*, Giuffrè, Milano, 2017, p. 96 ss.; A. Marandola, *Termini per l'esercizio dell'azione penale e avocazione del procuratore generale*, in G. Spangher (a cura di), *La riforma Orlando*, Pacini, Pisa, 2017, p. 171 ss.; N. Triggiani, *Indagini preliminari, temi dell'azione penale e procedura di archiviazione*, in A. Scalfati (a cura di), *La riforma della giustizia penale. Commento alla legge 23 giugno 2017, n. 103*, Giappichelli, Torino, 2017, p. 104 ss.; E. Valentini-D. Vicoli, *Gli epiloghi delle indagini preliminari: una nuova fase dall'incerta fisionomia*, in L. Giuliani-R. Orlandi (a cura di), *Indagini preliminari e giudizio di primo grado. Commento alla legge 23 giugno 2017*, Giappichelli, Torino, 2018, p. 93 ss.

[56] Per un'analisi, a livello monografico, della problematica, D. Vicoli, *La "ragionevole durata" delle indagini*, Giappichelli, Torino, 2012, p. 11 ss.

perandosi così le interpretazioni tradizionali che ricollegavano la nascita dell'obbligo di agire al criterio dell'*in dubio pro actione*[57].

Se è vero, poi, che il termine «condanna», per effetto del d.lgs. n. 150/2022, compare oggi anche negli artt. 408 e 425 c.p.p., deve desumersi, per un verso, che siano sfumate, in qualche modo, le differenze strutturali tra il dibattimento e i segmenti processuali antecedenti[58], nonché, per altro verso, la sfiducia nel contraddittorio come metodo epistemico per la formazione della prova[59].

Volgendo infine lo sguardo al dettato costituzionale, si deve dar conto delle possibili tensioni che l'assetto fin qui descritto sarebbe in grado di produrre.

In primo luogo, il riferimento corre al pregiudizio che l'indagato/imputato – in quanto reputato «ragionevol[mente] [...] condanna[bile]» – possa scontare nel prosieguo della vicenda processuale, non propriamente in linea con la presunzione di innocenza imposta dall'art. 27, comma 2, Cost.[60]. Pregiudizio, questo, capace anche di ripercuotersi – perlomeno in astratto – sulla imparzialità del giudice[61]. Se si sposa quest'ottica, si finisce però per relegare il dibattimento, nonché il Tribunale chiamato a condurlo, in una posizione secondaria e di semplice verifica della condanna "potenziale" pronunciata all'esito del segmento investigativo e dell'udienza preliminare.

Nonostante l'impostazione promossa dalla riforma sia così diversa rispetto al passato, nessun problema sembra porre la "nuova" regola sottesa alla scelta di non procedere in relazione al principio di obbligatorietà dell'azione penale, venendosi a creare un bilanciamento tra il criterio, di portata costituzionale, dell'efficienza processuale e l'art. 112 Cost., destinato a creare un "temperamento" del principio di obbligatorietà con lo scopo specifico di renderlo maggiormente effettivo e sostenibile, pur nel rispetto di quelli che sono i valori centrali che esso tende a proteggere[62], vale a dire – come riconosce autorevole dottrina – «la tutela della parità di trattamento dei cittadini davanti alla legge, la tutela sul versante processuale del principio di legalità penale [...], la tutela dell'indipendenza del p.m. dagli altri poteri»[63].

---

[57] M. GIALUZ, *op. cit.*, p. 309.

[58] C. NAIMOLI, *op. cit.*, p. 845.

[59] K. LA REGINA, *op. cit.*, p. 286. È interessante osservare come analogo rilievo fosse stato mosso all'art. 115 prog. prel. c.p.p.: v. *Parere C.S.M.*, cit., p. 192.

[60] In tono critico, tra gli altri, R. DEL COCO, *op. cit.*, p. 88; C. NAIMOLI, *op. cit.*, p. 845; C. VALENTINI, *Grandi speranze: una possibilità di riforma della riforma*, cit., p. 9.

[61] P. FERRUA, *Brevi appunti in tema di udienza preliminare, appello e improcedibilità*, in *www.discrimen.it*, 9 dicembre 2021, p. 3: «è facile che i giudici del dibattimento [...] vedano in chi è rinviato a giudizio un imputato del quale è ragionevole pronosticare la condanna».

[62] M. GIALUZ, *op. cit.*, p. 310.

[63] Così, efficacemente, R. KOSTORIS, *Obbligatorietà dell'azione penale e criteri di priorità*, in *L'obbligatorietà dell'azione penale*, Giuffrè, Milano, 2021, p. 48.

Insomma, pare possibile affermare che, da un punto di vista sistematico, con l'introduzione di questo nuovo parametro per la richiesta di archiviazione e per l'emissione della sentenza di non luogo a procedere, le singole fasi del processo ordinario – indagini/udienza preliminare/dibattimento – risultano oggi tutte allineate in una prospettiva unitaria valutabile alla stregua della medesima regola di giudizio, che rimarrà unica nell'obiettivo finale, pur adattandosi, di volta in volta, alle caratteristiche tipiche della fase in cui dovrà essere considerata.

Ad ogni modo, può essere che, attraverso questa modifica di sistema – volta, come si è detto, a spostare il baricentro del processo penale verso le indagini preliminari e a rendere maggiormente incisivo il filtro sulle imputazioni –, si riesca a rivitalizzare il rito accusatorio nella specifica prospettiva di riservare il dibattimento unicamente a quella tipologia di processi che, fin dalle indagini, risulta caratterizzata o dall'esistenza di materiale probatorio a carico schiacciante, o, complice il particolare grado di complessità, dall'esistenza di materiale probatorio a carico consistente, non scalfito, in fase investigativa e all'udienza preliminare, da elementi probatori di natura contraria.

Obiettivo che, tuttavia, deve essere raggiunto, in una prospettiva di efficienza del processo, anche attraverso la consapevolezza che una corretta formulazione dell'imputazione rappresenta, nell'ambito del sistema, un punto di partenza necessario vuoi per un adeguato esercizio del diritto di difesa, vuoi, anche, per evitare assoluzioni riconducibili non all'assenza di prova a carico in assoluto, bensì a una tecnica di redazioni delle imputazioni assai sciatta.

LA MODIFICA DELL'IMPUTAZIONE NELL'UDIENZA PRELIMINARE

di Sonia Tognazzi

SOMMARIO: 1. Il tentativo di recuperare l'efficienza dell'udienza preliminare. – 2. ... anche attraverso il potere del giudice di sollecitare la modifica dell'imputazione. – 2.1. L'imputazione generica. – 2.2. Il fatto diverso. – 2.3. L'errata qualificazione giuridica. – 3. Le prospettive applicative della nuova disciplina.

1. Il tentativo di recuperare l'efficienza dell'udienza preliminare

L'espresso intento della riforma Cartabia di rendere il processo penale più efficiente [1] ha imposto una seria riflessione sull'istituto dell'udienza preliminare, prendendo ancora atto della scarsa capacità deflattiva della fase [2]. Scartata la proposta abolizionista [3], si è scelto di mantenere l'udienza preliminare in ragione

---

[1] Il concetto di efficienza compare esplicitamente nella rubrica della l. 27 settembre 2021, n. 134, ma l'esigenza di contrazione dei tempi del procedimento e quella di deflazione del carico giudiziario caratterizzavano già l'attività legislativa dell'ultimo periodo. Per approfondimenti, anche sulla distinzione tra efficienza normativa e efficienza strutturale, v. M. GIALUZ-J. DELLA TORRE, *Giustizia per nessuno*, Giappichelli, Torino, 2022, p. 14 ss. Sull'efficienza, concetto di relazione, v. C. CESARI, *Le clausole di irrilevanza del fatto nel sistema processuale penale*, Giappichelli, Torino, 2005, p. 11. Per alcune considerazioni di sistema sulla riforma Cartabia, con attenzione alle scelte lessicali operate e all'impiego del concetto di efficienza in relazione alla giustizia penale v. G. INSOLERA, *L'"efficientamento" del processo penale*, in *Proc. pen. giust.*, 2024, p. 805 ss.; cfr. C. CASSANO-C. CONTI, *Due opposte letture della riforma Cartabia: mero efficientismo o ritorno al sistema?*, in *Dir. pen. proc.*, 2023, p. 1257 ss.

[2] La Commissione presieduta da G. Lattanzi (*Relazione finale e proposte di emendanti al D.D.L. A.C. 2435*, 24 maggio 2021, p. 21) dà atto dei recenti dati statistici dai quali emerge la scarsa capacità filtrante dell'udienza preliminare.

[3] M. DANIELE, *L'abolizione dell'udienza preliminare per rilanciare il sistema accusatorio*, in *Sist.*

della sua funzione garantista[4], pur riducendone l'ambito di operatività[5] e modificandone alcuni aspetti essenziali della disciplina. In linea con l'impianto generale della riforma[6], le novità introdotte si ispirano al duplice intento di contribuire, anche in questa fase e in una più ampia prospettiva di economia processuale, all'abbattimento del carico giudiziario e alla riduzione dei tempi del procedimento[7]. Quanto al primo aspetto, con lo spirito di rendere il filtro più selet-

---

pen., 2020, p. 131 ss.; M. DANIELE-P. FERRUA, *Venti di riforma dell'udienza preliminare e del patteggiamento: un subdolo attacco al processo accusatorio*, in *Dir. pen. cont.*, 2019, p. 75 ss.

[4] La funzione dell'udienza preliminare è stata ampiamente trattata dalla dottrina. Sul tema v., tra gli altri, F. CASSIBBA, *L'udienza preliminare. Struttura e funzioni*, Giuffrè, Milano, 2007, p. 50 ss.; G. GARUTI, *La nuova fisionomia dell'udienza preliminare*, in F. PERONI (a cura di), *Il processo penale dopo la riforma del giudice unico*, Cedam, Padova, 2000, p. 353 ss., A. SCALFATI, *L'udienza preliminare. Profili di una disciplina in trasformazione*, Cedam, Padova, 1999. La funzione dell'udienza preliminare quale strumento di tutela dell'imputato può essere apprezzata su più fronti: come filtro alle accuse azzardate o processualmente insostenibili (E. AMODIO, *L'udienza preliminare nel nuovo processo penale*, in *Cass. pen.*, 1988, p. 2173; O. DOMINIONI, *Chiusura delle indagini preliminari e udienza preliminare*, in E. AMODIO-O. DOMINIONI-V. GREVI-G. NEPPI MODENA-P.L. VIGNA, *Il nuovo processo penale. Dalle indagini preliminari al dibattimento*, Giuffrè, Milano, 1989, p. 69; G. GIOSTRA, *L'archiviazione. Lineamenti sistematici e questioni interpretative*, Giappichelli, Torino, 1994, p. 40), come primo ed «unico stadio in cui la difesa chiede al giudice di evitare un processo inutile», avendo l'accusato, fino a quel momento, subito «tempi, modi e strategie essenzialmente governati dal pubblico ministero» (così A. SCALFATI, *Giustizia penale e sistema produttivo: non prevalga solo l'idea di accorciare i tempi del processo*, in *Proc. pen. giust.*, 2021, p. 506. Si veda anche V. GAROFOLI, *Considerazioni introduttive*, in ID. (a cura di), *L'udienza preliminare e il contenimento dei tempi processuali*, Giuffrè, Milano, 2008, p. 2), come sede nella quale l'imputato possa vantare «il diritto ad una rapida uscita dal processo quando l'accusa sia priva di fondamento» (così L. CARACENI, *Giudice dell'udienza preliminare e «nuovi» poteri istruttori*, in *Foro it.*, 2001, V, c. 298, nota 6).

[5] In attuazione dell'art. 1, comma 9, lett. *l*) della legge n. 134/2021 è stato esteso il catalogo dei reati per i quali l'azione penale è esercitata con la citazione diretta a giudizio. Secondo L. PISTORELLI, *Riforma del processo penale: le direttive di intervento in materia di indagini preliminari e udienza preliminare*, in *Il Penalista*, 8 ottobre 2021, l'udienza preliminare è stata accompagnata «verso una "dolce morte"».

[6] *Relazione finale e proposte di emendanti al D.D.L. A.C. 2435*, cit., p. 5: «il filo rosso» che collega le proposte di riforma del processo penale è quello della «riduzione del numero dei procedimenti per i quali si rende necessario lo svolgimento del giudizio». Al riguardo v. E. AMODIO, *La cultura della speditezza processuale nella riforma Cartabia*, in *Riv. it. dir. proc. pen.*, 2022, p. 7 ss.; G.L. GATTA, *Riforma della giustizia penale: contesto, obbiettivi e linee di fondo della 'legge Cartabia'*, in *Sist. pen.*, 15 ottobre 2021, p. 5 ss.; P. BRONZO, *Delega al Governo per l'efficienza del processo penale e disposizioni per la celere definizione dei procedimenti giudiziari pendenti presso le Corti d'appello*, in *Cass. pen.*, 2021, p. 3276 ss.

[7] Sia la durata dei procedimenti che il volume dell'arretrato, insieme al riconoscimento delle garanzie del giusto processo, sono riconosciuti a livello internazionale quali indici di valutazione dell'efficienza del sistema: G. CANZIO, *Le linee del modello "Cartabia". Una prima lettura*, in *Sist. pen.*, 25 agosto 2021. Cfr. G. PECORELLA, *Il crepuscolo del rito accusatorio: contro l'efficienza senza le garanzie*, in *Cass. pen.*, 1998, p. 730.

tivo e ridurre il numero dei procedimenti che arrivano in dibattimento, si è previsto che sia pronunciata sentenza di non luogo a procedere «quando gli elementi acquisiti non consentono una ragionevole previsione di condanna»[8]. Quanto al secondo aspetto, è stato attributo al giudice il controllo sull'imputazione, in relazione alla chiarezza e precisione della contestazione dell'addebito e alla sua rispondenza agli atti, tanto in fatto che in diritto. Inteso nel senso della contrazione dei tempi del giudizio, il risultato deflattivo[9] è favorito dalla possibilità di evitare la regressione del procedimento[10], attraverso un intervento "correttivo" sull'imputazione che si esplica nell'ambito della stessa udienza preliminare.

Per comprendere la ragione e la portata delle novità introdotte occorre prendere consapevolezza dell'assetto sul quale esse incidono. La questione non è banale, se consideriamo che la fisionomia attuale dell'udienza preliminare è il portato di una serie di interventi, ad opera del legislatore e della giurisprudenza animati dall'intento di garantirne la funzione di filtro, che ha progressivamente allontanato la struttura e la funzione dell'istituto dalle caratteristiche originarie[11].

Come è noto, l'udienza preliminare nasce quale momento processuale funzionalmente dedicato alla verifica dei requisiti di legittimità e di merito della richiesta di rinvio a giudizio. Con la l. n. 479/1999 (c.d. legge Carotti) l'udienza preliminare

---

[8] Sul tema ci soffermeremo, nei limiti consentiti dall'oggetto della presente trattazione. Intanto si osserva che il legislatore è da tempo alla ricerca di un parametro normativo davvero capace di rendere l'udienza preliminare un filtro effettivo: E. AMODIO, *Filtro "intraneo" e filtro "estraneo" nella nuova disciplina del controllo per il rinvio a giudizio*, in *Cass. pen.*, 2022, p. 17; R. BRICCHETTI, *Prime riflessioni sulla riforma Cartabia: udienza preliminare e processo in assenza*, in *Il Penalista*, 24 gennaio 2023. Nella l. n. 134/2021 si chiede al legislatore delegato di «modificare la regola di giudizio» stabilita per l'udienza preliminare, prevedendo che «il giudice pronunci sentenza di non luogo a procedere quando gli elementi acquisiti non consentono una ragionevole previsione di condanna» (art. 1, comma 9, lett. *m*), legge cit.) e la medesima formula è prevista per la richiesta di archiviazione (art. 1, comma 9, lett. *m*), legge cit.).

[9] La finalità deflattiva è alla base della verifica giudiziale sulla formulazione del capo di imputazione: CORTE SUPREMA DI CASSAZIONE, UFFICIO DEL MASSIMARIO, *Relazione su novità normativa. La "Riforma Cartabia"*, in *www.cortedicassazione.it*, 5 gennaio 2023, p. 79.

[10] Sul principio di non regressione si veda G. SPANGHER, *Introduzione allo studio del processo penale*, Pacini, Pisa, 2020, p. 22 ss. Sulla regressione come rischio nella prospettiva di efficienza del processo penale v. S. QUATTROCOLO, *Ancora sull'imparzialità del g.u.p.: la corte costituzionale non ha dubbi in merito alla "dottrina Battistella"*, in *Giur. cost.*, 2019, p. 882.

[11] Sull'evoluzione (e sugli stravolgimenti) dell'udienza preliminare v. L. CARACENI, *op. cit.*, c. 298; F. CASSIBBA, *L'udienza preliminare*, cit., p. 77 ss. e p. 272 ss.; L. FILIPPI, *Art. 19*, in *Dir. pen. proc.*, 2000, p. 189; B. GIANGIACOMO, *L'attività del GUP nell'udienza preliminare tra poteri di sollecitazione e integrazione*, in *Dir. pen. proc.*, 2012, p. 234 ss.; A. SCALFATI, *La riforma dell'udienza preliminare tra garanzie nuove e scopi eterogenei*, in *Cass. pen.*, 2000, p. 2812; C. VALENTINI, *Imputazione e giudice dell'udienza preliminare*, in *Giur. it.*, 2000, p. 435 ss.

è poi divenuta la sede di un potenziale approfondimento conoscitivo sollecitato dal giudice per esigenze di completezza investigativa [12] e la sua originaria funzione di "filtro delle imputazioni azzardate" [13] si è evoluta fino a comprendere il vaglio di merito sulla consistenza dell'accusa [14]. Mutato il quadro, si è affermata la tesi che la modifica dell'imputazione durante l'udienza preliminare costituisca un passaggio fisiologico, in ragione della "fluidità" dell'addebito, destinato a "cristallizzarsi" solo con il provvedimento che dispone il giudizio. Su questa premessa, la Corte costituzionale ha riconosciuto l'esigenza di adeguamento dell'imputazione in udienza preliminare non solo nel caso di acquisizione di elementi conoscitivi nuovi, emersi durante la fase magari a seguito di integrazioni probatorie, ma anche con riguardo a quelli «già desumibili dagli atti d'indagine» [15]. Su un piano diverso, da tempo la giurisprudenza costituzionale aveva reso più ampio il tradizionale controllo giudiziale sulla correttezza e sulla fondatezza dell'accusa, affermando il dovere del giudice di sollecitare il pubblico ministero ad operare le modifiche dell'imputazione che fossero necessarie per l'adeguamento al modello normativo o per la sua corrispondenza a quanto emergente dagli atti [16].

Entrambe le tendenze sono state recepite dalle Sezioni Unite della Corte di cassazione [17], che ha ritenuto abnorme il provvedimento con cui il giudice dell'udienza preliminare, rilevata la violazione dell'art. 417, lett. *b*), c.p.p., abbia restituito gli atti al pubblico ministero senza averlo previamente invitato alla precisazione dell'imputazione. Così, l'udienza preliminare è riconosciuta come il luogo privilegiato di stabilizzazione dell'accusa, tanto che «il progressivo consolidamento dell'imputazione deve essere realizzato, *in primis*, all'interno della fase» [18]. Al contempo viene confermato il ruolo attivo del giudice nel perfeziona-

---

[12] Il riferimento è al disposto degli artt. 421-*bis* e 422 c.p.p. Sul fallimento di questi istituti in chiave deflattiva si esprimono M. GIALUZ-J. DELLA TORRE, *Giustizia per nessuno*, cit., p. 105.

[13] V. *supra*, nota 4.

[14] Secondo E. AMODIO, *Giudice unico e garanzie difensive nella procedura penale riformata*, in AA.VV., *Studi in ricordo di Giandomenico Pisapia*, vol. II, Giuffrè, Milano, 2000, p. 19, l'udienza preliminare ha subito una «mutazione genetica».

[15] Corte cost., 21 novembre 2006, n. 384, in *Cass. pen.*, 2007, p. 4515 ss. L'orientamento è confermato in Corte cost., 29 marzo 2019, n. 66, in *Giur. cost.*, 2019, p. 863 ss.

[16] Corte cost., 7 marzo 1994, n. 88, in *Giur. cost.*, 1994, p. 846 ss.; Corte cost., 14 aprile 1995, n. 131, in *Giur. cost.*, 1995, p. 1045 ss.

[17] Cass., Sez. Un., 20 dicembre 2007, n. 5307, Battistella, in *Cass. pen.*, 2008, p. 2310 ss.: l'intervento del giudice finalizzato alla modifica dell'imputazione è «un atto doveroso e un'esigenza insopprimibile». La pronuncia si inserisce nel solco di un cospicuo indirizzo giurisprudenziale. Si veda, anche per ulteriori riferimenti di giurisprudenza, O. MAZZA, *Imputazione e "nuovi" poteri del giudice dell'udienza preliminare*, in *Riv. it. dir. proc. pen.*, 2008, p. 1374; F. CASASOLE, *Davvero abnorme il provvedimento con il quale il giudice dell'udienza preliminare restituisce gli atti al pubblico ministero a causa della genericità dell'imputazione?*, in *Riv. dir. proc.*, 2009, p. 1062.

[18] Così Cass., Sez. Un., 20 dicembre 2007, n. 5307, Battistella, cit., p. 2314.

mento dell'imputazione in origine generica o non corrispondente agli atti [19].

Benché la Relazione illustrativa del d.lgs. n. 150/2022 non faccia riferimento alla nota sentenza Battistella, è evidente che la riforma Cartabia prosegue in quella direzione, cercando di risolvere entro l'udienza preliminare le questioni variamente attinenti all'esercizio dell'azione penale, con l'aspettativa di una più celere definizione dei procedimenti [20].

2. ... anche attraverso il potere del giudice di sollecitare la modifica dell'imputazione

Le disposizioni in tema di modifica dell'imputazione nell'udienza preliminare contenute nell'art. 23, comma 1, lett. *g*), n. 1 e lett. *i*), n. 2 del d.lgs. n. 150/2022 fanno applicazione dei criteri di delega di cui all'art. 1, comma 9, lett. *n*) della l. n. 13/2021 [21], che distingue l'ipotesi dell'imputazione generica da quella dell'imputazione non corrispondente a quanto emerge dagli atti, sia per la descrizione del fatto che per l'indicazione delle norme di legge applicabili.

In coerenza con i criteri di delega è stato modificato il testo degli artt. 421 e 423 c.p.p.

L'art. 421 c.p.p. ospita la disciplina relativa alla modifica dell'imputazione generica; nell'art. 423 c.p.p. è stata inserita quella attinente alla modifica dell'imputazione che non corrisponde agli atti.

Il comma 1 dell'art. 421 c.p.p. dispone che il giudice, verificata la regolare costituzione delle parti, «se rileva una violazione dell'art. 417, comma 1, lett. *b*), c.p.p.», «sentite le parti, invita il pubblico ministero a riformulare l'imputazione. Qualora il pubblico ministero non provveda, il giudice, sentite le parti, dichiara anche d'ufficio la nullità della richiesta di rinvio a giudizio e dispone, con ordinanza, la restituzione degli atti al pubblico ministero».

Quanto al caso della mancata corrispondenza tra l'imputazione e le risultanze degli atti, il nuovo comma 1-*bis* dell'art. 423 c.p.p. stabilisce che, «se rileva

---

[19] La c.d. "dottrina Battistella", elaborata in relazione ad un'ipotesi di imputazione generica, è stata successivamente applicata anche al caso della modifica dell'imputazione per diversità del fatto: Cass., Sez. I, 5 luglio 2011, n. 30498, in *CED Cass.* n. 251092.

[20] *Relazione illustrativa al decreto legislativo 10 ottobre 2022, n. 150*, in *G.U.*, 19 ottobre 2022, n. 245, suppl. str. n. 5, p. 273.

[21] Analogo criterio direttivo è previsto all'art. 1, comma 12, lett. *b*) e *c*), l. n. 134/2021 tradotto nel nuovo art. 554-*bis*, commi 5 e 6, c.p.p. per l'udienza predibattimentale. In argomento si veda G.M. BACCARI, *L'udienza predibattimentale nel rito a citazione diretta*, Giappichelli, Torino, 2024, p. 117 ss.

che il fatto, le circostanze aggravanti e quelle che possono comportare l'applicazione di misure di sicurezza non sono indicati nell'imputazione in termini corrispondenti a quanto emerge dagli atti o che la definizione giuridica non è corretta, il giudice invita il pubblico ministero a operare le necessarie modificazioni. Se la difformità indicata permane, sentite le parti, il giudice dispone con ordinanza, anche d'ufficio, la restituzione degli atti al pubblico ministero».

Coerentemente alle nuove disposizioni, il legislatore ha disciplinato la modalità della contestazione nel caso in cui il pubblico ministero, recependo le indicazioni del giudice, provveda alla modifica. L'art. 421, comma 1-*bis*, c.p.p. – richiamato dall'art. 423, comma 1-*ter*, c.p.p. – prevede che l'imputazione modificata sia «inserita nel verbale di udienza e contestata all'imputato se presente in aula, anche mediante collegamento a distanza. In caso contrario, il giudice sospende il processo e rinvia a una nuova udienza e dispone che il verbale sia notificato all'imputato entro un termine non inferiore a dieci giorni dalla data della nuova udienza»[22].

Dalla lettura delle nuove norme emerge una disciplina che può essere considerata organica ed unitaria – pur con le precisazioni che vedremo – caratterizzata dalla valorizzazione della collaborazione tra giudice e pubblico ministero[23] in funzione rimediale rispetto a fattispecie diverse[24]. Occorre evidenziare che quale che sia il difetto dell'imputazione, il modulo solutorio è il medesimo, articolato in due momenti: in via preliminare, l'intervento sollecitatorio del giudice finalizzato alla modifica dell'imputazione; in via residuale, la restituzione degli atti al pubblico ministero che non abbia recepito le indicazioni del giudice.

Le ipotesi che la nuova disciplina accomuna sul piano dei rimedi sono sostanzialmente diverse, ma tutte rappresentano potenziali cause di regressione del processo[25]. Si comprende, quindi, che la puntualizzazione dell'imputazione

---

[22] Si osserva che nello schema di decreto legislativo A.G. 414 trasmesso alle Camere il 9 agosto 2022 la formulazione era più chiara sulla presenza in aula dell'imputato: «l'imputazione modificata e inserita nel verbale di udienza è contestata all'imputato presente. Quando l'imputato non è fisicamente presente, il giudice rinvia a una nuova udienza e dispone che il verbale sia notificato all'imputato entro un termine non inferiore a dieci giorni dalla data della nuova udienza».

[23] L. PISTORELLI, *Riforma del processo penale: le direttive di intervento in materia di indagini preliminari e udienza preliminare*, cit., parla di "tentativo di conciliazione". Riguardo all'analogo meccanismo di collaborazione già individuato dalla giurisprudenza, L. MARAFIOTI, *Imputazione e rapporti tra P.M. e G.I.P. secondo le Sezioni Unite: un "abuso" di disinvoltura*, in *Giust. pen.*, 2008, p. 457, aveva ravvisato le caratteristiche di una "cogestione" dell'imputazione tra pubblico ministero e giudice.

[24] In senso critico, R. CREPALDI, *L'udienza preliminare*, in V.A. BOGA-R. CREPALDI-V. DE LUCA-N. MEAZZA-M. MOSCARDINI-G. STAMPANONI BASSI, *Le indagini preliminari, l'udienza preliminare e la nuova udienza predibattimentale*, Giappichelli, Torino, 2023, p. 244.

[25] Se non considerassimo l'indirizzo giurisprudenziale accolto dalla sentenza Battistella, oltremodo creativa del diritto, lo scenario pre-riforma sarebbe il seguente: in caso di imputazione generica, la regressione del processo deriverebbe dalla nullità della richiesta di rinvio a giudizio o,

in udienza preliminare – a prescindere dalle specifiche ragioni della modifica – persegue l'interesse pratico di evitare lo spreco di tempo e di energie processuali che si verificherebbe in quell'evenienza [26].

Si tratta di un obbiettivo in linea con i propositi della complessiva riforma, volta all'alleggerimento processuale. Tuttavia, è bene tener presente che le situazioni che impediscono lo sviluppo processuale non sono incomprensibili bizzarrie del sistema ma al contrario, in quanto eccezioni al principio di progressione, trovano giustificazione nella necessità di tutela di un qualche altro interesse che impone di fermarsi e tornare indietro. Nell'ottica della nuova disciplina, quest'ostacolo alla progressione – se rappresentato da un'imputazione imprecisa o non aderente ai fatti – va eliminato entro la stessa fase dell'udienza preliminare.

Lo strumento che viene scelto a tale scopo rivela il rischio della sovrapposizione tra la funzione giudicante e quella inquirente. Più in particolare, si ha l'impressione che il controllo del giudice sull'esercizio dell'azione penale venga a rappresentare il canale privilegiato per porre rimedio a situazioni patologiche dell'atto imputativo, con funzione di supplenza rispetto alle prerogative del pubblico ministero [27]. Questo paradigma, del resto, trova un precedente nella concreta realtà applicativa degli artt. 421-*bis* e 422 c.p.p., che autorizzano il giudice a disporre l'integrazione investigativa e probatoria [28].

Rintracciate le ragioni di opportunità sottese alla scelta di disciplinare in modo pressoché uniforme tre situazioni diverse, si ritiene di poter svolgere osservazioni più puntuali concentrandosi sulle specifiche ipotesi. Tuttavia, si devono subito evidenziare alcune differenze di regolamentazione, come emerge dal raffronto tra gli artt. 421, comma 1 e 423, comma 1-*bis*, c.p.p.: solo il difetto della contestazione generica integra la nullità della richiesta di rinvio a giudizio; sol-

---

quantomeno, del decreto che dispone il giudizio; in caso di imputazione per fatto diverso, il giudice del dibattimento dovrebbe restituire gli atti ai sensi dell'art. 521, comma 2, c.p.p.; in caso di imputazione con qualificazione giuridica errata, il giudice non potrebbe emettere sentenza di condanna senza che sulla riqualificazione si sia instaurato il contraddittorio (principio tratto dalla sentenza *Drassich* della Corte EDU).

[26] Sul punto v. G. CANESCHI, *Le modifiche relative all'udienza preliminare*, in T. BENE-M. BONTEMPELLI-L. LUPÁRIA DONATI (a cura di), *Nuove dinamiche del procedimento penale*, vol. II, in G.L. GATTA-M. GIALUZ (diretto da), *Riforma Cartabia. Le modifiche al sistema penale*, Giappichelli, Torino, 2024, p. 141.

[27] G. FIORELLI, *L'imputazione latente*, Giappichelli, Torino, 2016, p. 210, ritiene che venga confusa la "fluidità fisiologica" con la "instabilità patologica" dell'imputazione.

[28] Sulla pretesa che il giudice possa o debba sempre correggere il pubblico ministero si richiamano le interessanti riflessioni di L. MARAFIOTI, *Inazione e forme abusive di addebito penale: concetti vintage e nuovi approdi nelle scelte del pubblico ministero*, in *Arch. nuova proc. pen.*, 2016, p. 343 ss. Sulle conseguenze di simile approccio v. R. DEL COCO, *Rimaneggiamento delle regole per non procedere: archiviazione e udienza preliminare*, in *Proc. pen. giust.*, 2022, p. 89.

tanto per tale ipotesi si stabilisce che il vizio debba essere rilevato in un momento preciso dell'udienza preliminare, cioè nell'intervallo tra la verifica della regolare costituzione delle parti e l'apertura della discussione.

2.1. L'imputazione generica

Tra i requisiti formali della richiesta di rinvio a giudizio l'art. 417 c.p.p. contempla, al comma 1, lett. *b)*, «l'enunciazione, in forma chiara e precisa, del fatto, delle circostanze aggravanti e di quelle che possono comportare l'applicazione di misure di sicurezza, con l'indicazione dei relativi articoli di legge»[29]. Si considera "precisa" la descrizione esaustiva di tutti gli elementi che caratterizzano la vicenda storica sotto il profilo della condotta, dell'evento, della qualificazione psicologica e delle coordinate spazio-temporali[30]. Essa risulta "chiara" quando esposta con linguaggio inequivoco, tale da rendere il fatto individuabile nella sua unicità[31].

Prima della riforma, al difetto del requisito di chiarezza e precisione dell'imputazione non corrispondeva nel codice di rito la previsione espressa della nullità della richiesta di rinvio a giudizio, diversamente da quanto stabilito per l'omessa notifica dell'avviso *ex* art. 415-*bis* c.p.p. e per l'omesso interrogatorio della persona indagata che ne abbia fatto richiesta (art. 416, comma 1, c.p.p.). Tuttavia, un'ampia parte della dottrina ravvisava nell'ipotesi *de qua* una palese causa di nullità generale ai sensi dell'art. 178, lett. *b)* o *c)*[32] c.p.p., che il giudice dell'udienza preliminare avrebbe dovuto dichiarare con conseguente restituzione degli atti al pubblico ministero[33]. Tale esegesi non ha trovato riscontro nella prassi giudiziaria, ma si è affermata la convinzione che il giudice dell'udienza

---

[29] L'espressa previsione sulla forma chiara e precisa della contestazione è stata introdotta con la l. n. 479/1999. In proposito v. G. SPANGHER, *Artt. 17-18*, in *Dir. pen. proc.*, 2000, p. 188.

[30] G. FIORELLI, *L'imputazione latente*, cit., p. 100.

[31] S. AZZOLIN, *Imputazione generica o indeterminata: art. 423 vs. nullità*, in *Dir. pen. proc.*, 2009, p. 184.

[32] Secondo alcuni la violazione è riconducibile all'art. 178, lett. *b)*, c.p.p., per altri all'art. 178, lett. *c)*, c.p.p., per altri ancora ad entrambe le previsioni normative. Si veda, tra gli altri, M. CAIANIELLO, *Alcune considerazioni in tema di imputazione formulata in modo alternativo*, in *Cass. pen.*, 1997, p. 2472 ss.; F. CASASOLE, *op. cit.*, p. 1067; F. CASSIBBA, *L'udienza preliminare*, cit., p. 139; C. CESARI, *Modifica dell'imputazione e poteri del giudice dell'udienza preliminare*, in *Riv. it. dir. proc. pen.*, 1994, p. 298; G. FIORELLI, *L'imputazione latente*, cit., p. 199; G. GARUTI, *La nuova fisionomia dell'udienza preliminare*, cit., p. 361; D. GROSSO, *L'udienza preliminare*, Giuffrè, Milano, 1991, p. 94 ss.; O. MAZZA, *Il garantismo al tempo del giusto processo*, Giuffrè, Milano, 2011, p. 41; A. SCALFATI, *La riforma dell'udienza preliminare tra garanzie nuove e scopi eterogenei*, cit., p. 2821; C. VALENTINI, *op. cit.*, p. 438.

[33] O. MAZZA, *Il garantismo al tempo del giusto processo*, cit., p. 43.

preliminare, nonostante la formulazione di un'imputazione generica, debba permettere la progressione del processo, così affidandone le sorti al giudice del dibattimento, il quale potrà dichiarare la nullità del decreto che dispone il giudizio ai sensi dell'art. 429, comma 2, c.p.p.[34].

Ebbene, il legislatore della riforma ha inteso porre rimedio a questa disfunzione, assegnando al giudice il compito di sollecitare la puntualizzazione dell'imputazione. Come si è accennato, le linee essenziali di questa soluzione traggono origine dall'elaborazione giurisprudenziale – e in particolare dalla sentenza Battistella – che viene di fatto positivizzata, seppur con una novità. Infatti, in controtendenza rispetto a quella decisione[35], viene introdotta l'espressa previsione della nullità della richiesta di rinvio a giudizio che contiene un'imputazione formulata in violazione dell'art. 417, comma 1, lett. *b*), c.p.p. Il giudice dell'udienza preliminare è tenuto a dichiarare la nullità, se il pubblico ministero, sollecitato alla modifica, non interviene in senso correttivo.

Sulla natura di tale inedito istituto merita soffermarsi. Considerato che il vizio può essere rilevato soltanto dopo che il giudice abbia invitato il pubblico ministero alla modifica e questi abbia disatteso il suggerimento, si è parlato di una «nullità "condizionata"»[36] alla mancata correzione dell'imputazione, rispetto alla quale il comportamento del pubblico ministero ha effetto sanante. In effetti, pare potersi riconoscere nell'ipotesi in esame la struttura della causa di sanatoria tipicamente

---

[34] Di fronte ad un'imputazione generica, il giudice non potrebbe emettere il decreto che dispone il giudizio, perché così facendo concorrerebbe alla formazione di un atto nullo, né potrebbe dichiarare la nullità della richiesta di rinvio a giudizio, stante il principio di tassatività delle invalidità: A. BASSI, *Il controllo giurisdizionale sulla formulazione dell'imputazione nello sviluppo del procedimento penale*, in *Cass. pen.*, 2020, p. 3992. Sull'irrazionalità del sistema si esprimono L. PISTORELLI, *Riforma del processo penale: le direttive di intervento in materia di indagini preliminari e udienza preliminare*, cit.; F. TONDIN, *Il vaglio del giudice dell'udienza preliminare sull'imputazione nella riforma Cartabia*, in *Cass. pen.*, 2023, p. 50. Sull'obbligo di osservanza delle norme processuali, a cui è tenuto il giudice, R. DEL COCO, *La regressione degli atti nel processo penale*, Giappichelli, Torino, 2020, p. 48.

[35] Secondo le Sezioni Unite Battistella, «il provvedimento conclusivo di restituzione degli atti non necessita di una previa dichiarazione di nullità».

[36] Così L. PISTORELLI, *Riforma del processo penale*, cit.; G. FIORELLI, *Indeterminatezza dell'imputazione e conseguenze sanzionatorie nella prospettiva della legge delega n. 134 del 2021: vecchi equivoci e nuove resistenze dogmatiche*, in *Arch. pen.*, 2022, n. 1, p. 8. Più precisamente, A. BARAZZETTA, *sub art. 421*, in A. GIARDA-G. SPANGHER (a cura di), *Codice di procedura penale commentato*, VI ed., tomo II, Ipsoa, Milano, 2023, p. 3075, ritiene che sia la rilevazione del vizio «condizionata alla mancata integrazione del capo d'accusa da parte del pubblico ministero». Infatti, il vizio stesso – cioè la causa di nullità – esiste fin dal momento della formulazione dell'imputazione in forma non chiara e precisa. Sulla natura della nuova sanzione processuale v. S. LONATI, *L'udienza preliminare*, in D. CASTRONUOVO-M. DONINI-E.M. MANCUSO-G. VARRASO, *Riforma Cartabia. La nuova giustizia penale*, Cedam, Padova-Milano, 2023, p. 706, il quale ritiene che si tratti di una nullità di carattere speciale.

descritta come «figura complessa nel cui ambito la combinazione tra l'atto nullo e altro atto, o comportamento, determinato e successivo produce gli stessi effetti ascrivibili alla fattispecie pienamente conforme al tipo»[37]. Da un'altra parte, però, la fattispecie pare estranea al modello della sanatoria generale – declinata nelle figure dell'acquiescenza e dell'esercizio della facoltà cui era preordinato l'atto viziato[38] – che attribuisce rilevanza al comportamento del titolare dell'interesse leso[39]. Al riguardo si è osservato che la disciplina delle sanatorie «pone l'operatività delle situazioni "sananti" nella disponibilità dell'interessato, alla cui libera determinazione il legislatore intende attribuire rilevanza»[40]. Rispetto ad un'imputazione generica, benché sia possibile considerare che il vizio attinge il diritto dell'imputato alla conoscenza dell'accusa, il potere di sanatoria è attribuito – e non può essere altrimenti – al pubblico ministero, *dominus* dell'azione penale. In verità, si deve ricordare che la funzione dell'imputazione è anche quella di fissare il tema dell'accertamento[41]. In questa prospettiva, la puntuale enunciazione dell'imputazione rappresenta il presupposto logico e giuridico del processo stesso e si configura come interesse indisponibile, il cui difetto integra un'ipotesi di nullità assoluta insuscettibile di sanatoria[42]. In tali condizioni la nuova fattispecie introdotta dalla riforma può qualificarsi alla stregua di una speciale causa di sanatoria[43], a costo di rinunciare all'organicità di questa categoria concettuale.

Ciò che risulta evidente, comunque, è lo spirito che attraversa la materia: prima ancora di garantire all'imputato la conoscenza puntuale dell'imputazione – diritto che viene assicurato solo di riflesso[44] – si intende scongiurare l'effetto antieconomico della regressione del processo attraverso la massima valorizzazione del principio della conservazione degli atti imperfetti[45]. Anche la scelta sui tempi del controllo è indicativa in tal senso. Si evince dal dettato dell'art. 421,

---

[37] F. VERGINE, *La conservazione dell'atto processuale penale*, Cedam, Padova-Milano, 2017, p. 16. Sull'istituto della sanatoria si veda nella manualistica P. TONINI-C. CONTI, *Manuale di procedura penale*, Giuffrè, Milano, 2024, p. 226 ss.

[38] F. VERGINE, *op. cit.*, p. 32.

[39] A. GALATI, *Il comportamento delle parti nel regime delle nullità processuali penali*, Giuffrè, Milano, 1970, p. 45, ricorda che la natura della sanatoria impone «di individuare, in chi eccepisce, l'esistenza dell'interesse all'osservanza della disposizione violata».

[40] G. FIORELLI, *Indeterminatezza dell'imputazione*, cit., p. 11.

[41] Per un'ampia trattazione sul rapporto tra *thema probandum* e *thema decidendum* v. T. RAFARACI, *Le nuove contestazioni nel processo penale*, Giuffrè, Milano, 1996, p. 96 ss.

[42] Ritiene che la genericità dell'imputazione configuri un'ipotesi di nullità assoluta G. FIORELLI, *Indeterminatezza dell'imputazione*, cit., p. 13. Cfr. T. RAFARACI, voce *Nullità (Dir. proc. pen.)*, in *Enc. dir.*, Agg. II, Milano, 1998, p. 607, nota 70.

[43] Sul punto v. L. PISTORELLI, *Riforma del processo penale*, cit.

[44] Secondo una prospettiva, la correzione dell'imputazione può andare a beneficio dell'imputato. Al riguardo si veda F. TONDIN, *Il vaglio del giudice*, cit., p. 53.

[45] G. FIORELLI, *Indeterminatezza dell'imputazione*, cit., p. 13.

comma 1, c.p.p. che tale verifica ha luogo prima della dichiarazione di apertura della discussione nell'udienza preliminare. Se del caso, la nullità[46] deve essere rilevata prima che siano svolte le attività processuali tipiche della fase. Il fine, imposto dal principio di ragionevole durata del processo, è quello di escludere il rischio di un inutile avanzamento della macchina giudiziaria. La correzione dell'imputazione diventa, allora, fattore determinante per la stessa progressione processuale. Lo strumento individuato per risolvere l'*impasse* è quello della sollecitazione del giudice: l'efficienza del processo si eleva a fondamento del ruolo attivo del giudice, sul quale incombe il pressante dovere di promuovere la modifica dell'imputazione generica prima possibile. Si noti che rispetto all'aspetto temporale la disciplina è differente per il caso dell'imputazione non corrispondente agli atti, la cui verifica ha luogo *nel corso* dell'udienza. In estrema sintesi, può affermarsi che il controllo del giudice sull'imputazione si esplica in modo cadenzato: prima con riguardo alla forma chiara e precisa, poi con riguardo alla conformità a quanto emerge dagli atti[47]. È significativa in tal senso la scelta di collocare le nuove norme in articoli diversi, cioè l'art. 421 e l'art. 423 c.p.p.

Una riflessione sul piano operativo evidenzia come la soluzione dell'intervento giudiziale finalizzato alla modifica dell'imputazione generica potrebbe contribuire alla più celere definizione del processo. Occorre però considerare i riflessi di questa scelta sui profili dell'imparzialità del giudice, dei diritti dell'imputato e in generale sul piano sistematico.

Quanto al primo aspetto, il rischio di pregiudizio per l'imparzialità non pare fondato. Infatti, il vizio della genericità è rilevabile fin dalla prima lettura del capo di imputazione, senza che il giudice debba formarsi un convincimento nel merito[48].

Invece, riguardo al profilo dei diritti dell'imputato, va sottolineato che la funzione della contestazione in forma chiara e precisa è quella di garantire la conoscenza puntuale dell'accusa, dalla quale difendersi. Pertanto, salvo che si ritenga il concetto di genericità coincidente con il mero errore di forma – ciò che pare da escludere – il difetto in questione potrebbe concretamente pregiudicare il di-

---

[46] Per il disposto dell'art. 421, comma 1, c.p.p., deve essere concentrata in apertura dell'udienza preliminare ogni questione attinente alla validità dell'atto di esercizio dell'azione penale: *Relazione illustrativa al decreto legislativo 10 ottobre 2022, n. 150*, cit., p. 273.

[47] L. IANDOLO, *I rimedi ai vizi dell'imputazione*, in G. SPANGHER (a cura di), *La riforma Cartabia*, Pacini, Pisa, 2022, p. 308.

[48] A. PASTA, *Poteri del giudice dell'udienza preliminare sull'imputazione, incompatibilità, e non prevedibili privilegi*, in *Cass. pen.*, 2017, p. 2948; F. TONDIN, *Il vaglio del giudice*, cit., p. 52 ss. *Contra*, F. CASSIBBA, *L'udienza preliminare*, cit., p. 72; G. FIORELLI, *L'imputazione latente*, cit., p. 199; S. MARCOLINI, *Il principio di correlazione tra accusa e sentenza*, Pacini, Pisa, 2018, p. 189. Cfr. CORTE SUPREMA DI CASSAZIONE, UFFICIO DEL MASSIMARIO, *Relazione su novità normativa. La "Riforma Cartabia"*, p. 86, sulla decisione della Corte cost. n. 16/2022.

ritto di difesa dell'imputato quando la modifica non riguardi aspetti puramente formali della contestazione o imprecisioni evidenti *ictu oculi.* Il contraddittorio instaurato tra le parti[49] prima e dopo l'intervento sollecitatorio del giudice non pare sufficiente a garantire la pienezza del diritto di difesa, cui potrebbe invece rispondersi con la previsione del differimento dell'udienza su richiesta dell'imputato[50].

Infine, occorre spostare l'attenzione sul piano sistematico, per evidenziare l'aspetto che pare più problematico. Anche a voler ammettere che la modifica dell'imputazione debba aver luogo nell'udienza preliminare, è decisamente particolare lo strumento individuato a tal fine. Le coordinate fondamentali della riflessione sono la struttura fasica del processo e il principio della separazione delle funzioni: il fine dell'efficienza rischia di legittimare un pericoloso superamento del riparto delle attribuzioni tra giudice e pubblico ministero. Infatti, se è vero che l'udienza preliminare è funzionalmente orientata al controllo sull'esercizio dell'azione penale, ciò non significa che il giudice abbia il compito di supplire alle omissioni e agli errori dell'organo dell'azione. La questione è rilevante sul piano sistematico, perché la tendenza a stimolare il giudice verso attività intese a correggere in vario modo l'esercizio dell'azione penale è significativa di un'idea di processo ben lontano dal modello accusatorio.

Il terreno, del resto, era già stato preparato dalla giurisprudenza: le conclusioni della sentenza Battistella derivano dall'applicazione analogica degli artt. 423 e 521, comma 2, c.p.p. – finalizzati all'adeguamento dell'imputazione alle sopravvenienze probatorie – al caso dell'imputazione priva dei requisiti di chiarezza e precisione. La dottrina aveva già criticato questa operazione logica, che si fonda sull'errore di far «convergere la correzione dell'addebito formulato in modo generico verso l'*eadem ratio* sottesa alla modifica dell'imputazione per diversità del fatto»[51]. Se nel corso del processo emerge, in seguito all'ampliamento del quadro probatorio, che il fatto è diverso da quello contestato, l'imputazione

---

[49] L'art. 421, comma 1, c.p.p. prevede che il giudice debba "sentire le parti".

[50] In base all'art. 421, comma 1-*bis*, c.p.p. soltanto se l'imputato è assente il processo viene sospeso, con rinvio ad altra udienza e notifica del verbale contente la modifica dell'imputazione. Se l'imputato è presente in aula, invece, l'imputazione modificata gli è contestata in quella medesima sede. Tali norme risentono della nuova disciplina del processo in assenza. Per un approfondimento sul tema v. N. ROMBI, *Il nuovo processo in assenza*, in *Dir. pen. proc.*, 2023, p. 126 ss.; G. VARRASO, *Il processo in assenza dell'imputato*, in D. CASTRONUOVO-M. DONINI-E.M. MANCUSO-G. VARRASO, *Riforma Cartabia. La nuova giustizia penale*, cit., p. 571 ss.

[51] G. FIORELLI, *L'imputazione latente*, cit., p. 207. Esprimono critiche sul percorso logico-argomentativo seguito dalle Sezioni Unite: S. MARCOLINI, *op. cit.*, p. 190; O. MAZZA, *Imputazione e "nuovi" poteri*, cit., p. 1377; ID., *Il garantismo al tempo del giusto processo*, cit., p. 47 ss. Si veda anche C. MARINELLI, *La genericità o indeterminatezza dell'imputazione nella fase dell'udienza preliminare*, in *Cass. pen.*, 2008, p. 2336.

deve essere adeguata, in ossequio al principio di correlazione tra accusa e sentenza. In questo senso, la modifica dell'imputazione contenuta nella richiesta di rinvio a giudizio costituisce un'evenienza del tutto fisiologica anche nell'udienza preliminare, vista la possibilità dell'integrazione probatoria e l'esplicazione del contraddittorio tra le parti[52]. Fuori da queste coordinate, invece, si realizza la *correzione* di un'imputazione *ab origine* difettosa[53].

2.2. Il fatto diverso

In aderenza al principio di correlazione tra accusa e sentenza, il codice di rito già contemplava la possibilità che l'imputazione potesse essere modificata nel corso dell'udienza preliminare su iniziativa del pubblico ministero che ritenesse il fatto diverso da quello originariamente contestato (art. 423, comma 1, c.p.p.). Questa previsione rimane inalterata; sono state modificate soltanto le modalità della contestazione, in senso conforme alla disciplina dei commi successivi.

A questa tradizionale disciplina della modificazione dell'imputazione si è aggiunta la previsione – in linea con il nuovo disposto dell'art. 421, comma 1, c.p.p. – che possa essere il giudice a suggerire al pubblico ministero la necessità di modificare l'imputazione che non risulti corrispondente agli atti, sia in fatto che in diritto. Più precisamente, la non corrispondenza in diritto riguarda il caso dell'imputazione che contiene una qualificazione giuridica del fatto non corretta; sul tema ci soffermeremo più avanti. Quanto alla non corrispondenza in fatto, si tratta dell'ipotesi in cui «il fatto, le circostanze aggravanti e quelle che possono comportare l'applicazione di misure di sicurezza non sono indicati nell'imputazione in termini corrispondenti a quanto emerge dagli atti» (art. 423, comma 1-*bis*, c.p.p.).

Guardando al contenuto della valutazione di aderenza in fatto, emerge l'affinità del nuovo istituto con altri già conosciuti dall'ordinamento. Il riferimento corre alla verifica della corrispondenza tra il fatto descritto nell'imputazione e le risultanze degli atti, tradizionalmente affidata al pubblico ministero nel corso dell'udienza preliminare e nel dibattimento (artt. 423, comma 1 e 516 c.p.p.) e al giudice in sede di decisione (art. 521, comma 2, c.p.p.). Rispetto a quest'oggetto, l'art. 423, comma 1-*bis*, c.p.p. estende il controllo del giudice anche alla descrizione nell'imputazione degli elementi essenziali delle circostanze aggravanti e dei presupposti per l'applicazione delle misure di sicurezza[54].

---

[52] S. QUATTROCOLO, *Riqualificazione del fatto della sentenza penale e tutela del contraddittorio*, Jovene, Napoli, 2011, p. 153.

[53] Per la distinzione tra "modifica" e "correzione" dell'imputazione: F. CASSIBBA, *L'udienza preliminare*, cit., p. 143 ss.; C. VALENTINI, *op. cit.*, p. 438.

[54] Sulla contestazione delle circostanze aggravanti v. F. CASSIBBA, *L'imputazione e le sue vicen-*

Sullo sfondo emerge l'enorme elaborazione dottrinale sul concetto di "fatto" – si ricorda la contrapposizione tra la concezione penalistica e quella processualistica –, sulla distinzione tra "fatto nuovo" e "fatto diverso" e sulle conseguenze di tali scelte dogmatiche nell'analisi giuridica degli istituti richiamati[55]. Ripercorrere in questa sede la complessità del tema non è possibile, se non con il rischio di peccare per superficialità e semplificazione. Ciò basta per essere consapevoli che la riforma interviene su un terreno fervido, oggetto di ampie trattazioni e di copiosa giurisprudenza[56].

In estrema sintesi, e quale aspetto largamente condiviso, può richiamarsi la nozione naturalistica di "fatto", individuata nel complesso dei dati empirici suscettibili di rilevanza giuridico-penale, percettibili nella loro oggettività in sede di giudizio[57]. Si fa riferimento, al riguardo, alla processualizzazione del fatto[58]. L'imputazione contiene il "fatto" inteso come «l'accadimento naturalistico dalle cui connotazioni soggettive ed oggettive, spaziali e temporali vengono tratti tutti gli elementi caratterizzanti la sua qualificazione giuridica»[59]. La diversità del fatto, quindi, deve essere apprezzata rispetto alla variazione della descrizione di questi connotati.

Anche la giurisprudenza ha contribuito alla definizione concettuale del "fatto diverso", interpretato in chiave restrittiva fin dalla vigenza del codice del 1930[60]. In applicazione dell'art. 521, comma 2, c.p.p. la Corte di cassazione – anche a

---

de, Giuffrè, Milano, 2016, p. 59 ss. Cfr. S. MARCOLINI, *op. cit.*, p. 198. Sul punto, T. RAFARACI, *Archiviazione e udienza preliminare nella riforma Cartabia*, in *Dir. pen. proc.*, 2023, p. 164, ritiene eccessivamente ampio il potere di sindacato attribuito al giudice, soprattutto con riferimento all'applicazione di una circostanza aggravante non considerata dal pubblico ministero.

[55] La letteratura sul tema è molto vasta. Si rinvia, anche per riferimenti bibliografici, all'ampia ricostruzione di F. CASSIBBA, *L'imputazione e le sue vicende*, cit., p. 35 ss.

[56] Per approfondimenti, anche sulla giurisprudenza della Corte di Giustizia dell'UE e della Corte europea dei diritti dell'uomo, si veda G. BIONDI, *Modifica della qualificazione giuridica dell'imputazione e diritto di difesa: nuovi spunti di riflessione dalla sentenza della Corte di Giustizia dell'Unione europea del 9.11.2023 BK, C-175/22*, in *Sist. pen.*, 9 gennaio 2024.

[57] G. FIORELLI, *L'imputazione latente*, cit., p. 94. Sulla correlazione tra il concetto di fatto e l'avvenimento storico si rinvia a F. CORDERO, *Considerazioni sul principio d'identità del "fatto"*, in *Riv. it. dir. proc. pen.*, 1958, p. 940 ss.; G. SPANGHER, *Fatto e qualifica giuridica nell'imputazione per il reato colposo*, in *Riv. dir. proc.*, 1970, p. 310.

[58] G.P. VOENA, *Appunti sulla riqualificazione del fatto e contraddittorio in Cassazione*, in M. BARGIS (a cura di), *Studi in ricordo di Maria Gabriella Aimonetto*, Giuffrè, Milano, 2013, p. 248.

[59] P. TONINI-C. CONTI, *op. cit.*, p. 823, nota 152, riportano in questi termini l'orientamento prevalente in giurisprudenza. Al riguardo v. Cass., Sez. Un., 19 giugno 1996, n. 16, in *Foro it.*, 1997, II, c. 84: il "fatto" è «un dato empirico, fenomenico, un dato della realtà, un accadimento, un episodio della vita umana, cioè la fattispecie concreta».

[60] Per approfondimenti v. C. NAIMOLI, *Modifica dell'imputazione* in facto *e* in iure *e* restitutio *in termini per l'accesso ai riti alternativi*, in *Dir. pen. proc.*, 2020, p. 1510.

Sezioni Unite – ha affermato che il principio di correlazione tra accusa e sentenza è violato solo in caso di una «trasformazione radicale, nei suoi elementi essenziali, della fattispecie concreta nella quale si riassume l'ipotesi astratta prevista dalla legge», tale da condurre «ad un'incertezza sull'oggetto dell'imputazione dalla quale scaturisca un reale pregiudizio per i diritti della difesa»[61]. In tal senso, la nozione strutturale di "fatto" viene coniugata con un «pragmatico concetto funzionale»[62] fondato sull'esigenza di reprimere solo le lesioni effettive del diritto di difesa e, in via preventiva, limitare ai casi estremi la regressione processuale.

Se tale interpretazione giurisprudenziale trovasse applicazione anche in relazione al nuovo potere di controllo giudiziale di cui all'art. 423, comma 1-*bis*, c.p.p., il giudice dovrebbe sollecitare il pubblico ministero a modificare l'imputazione soltanto quando ravvisi una diversità tra quanto contestato e quanto risultante agli atti che investa "elementi essenziali" del fatto[63]; in altri termini, quella diversità che preclude la possibilità di difesa. La modifica dell'imputazione, quindi, non dovrebbe aver luogo per la difformità facilmente riscontrabile anche per l'imputato, il quale, consapevole della diversità del fatto, abbia potuto elaborare la strategia difensiva. Già questa impostazione presenta notevoli criticità, perché valutare l'effettività del diritto di difesa prima che sia contestata la diversità del fatto è assai arduo, e semmai la valutazione può compiersi *ex post*.

Come previsto dal nuovo art. 423, comma 1-*bis*, c.p.p., qualora il pubblico ministero recepisca il suggerimento, la contestazione sarà mossa all'imputato presente e l'udienza avrà corso. La sospensione del processo si verifica soltanto se l'imputato non è presente in aula. Qualora invece il pubblico ministero non modifichi l'imputazione, il giudice dovrà disporre la restituzione degli atti. Come debba in seguito comportarsi il pubblico ministero che intenda nuovamente esercitare l'azione penale non è specificato dalla legge.

---

[61] Così Cass., Sez. Un., 15 luglio 2010, n. 36551, Carelli, in *Ced Cass.* n. 248051. Il principio era già stato affermato da Cass., Sez. Un., 19 giugno 1996, Di Francesco, in *Arch. nuova proc. pen.*, 1996, p. 719 ss. L'orientamento costituisce ora diritto vivente. *Ex multis*, Cass., Sez. V, 13 dicembre 2007, n. 3161, Piccione, in *Dir. pen. proc.* 2009, p. 79; Cass., Sez. I, 18 giugno 2013, n. 35574, Crescioli, in *CED Cass.* n. 257015; Cass., Sez. IV, 16 dicembre 2015, n. 4497, dep. 2016, Addio e altri, in *CED Cass.* n. 265946; Cass., Sez. II, 2 marzo 2021, n. 21776, in *Dir. pen. proc.*, 2022, p. 1081 ss.

[62] R.G. BRICCHETTI, *sub art. 423*, in A. GIARDA-G. SPANGHER (a cura di), *Codice di procedura penale commentato*, cit., p. 3106.

[63] Un *obiter dictum* della Corte costituzionale (Corte cost., 5 dicembre 2014, n. 273, in *Giur. cost.*, 2014, p. 4654 ss.) dà adito alla conclusione che il pubblico ministero sia tenuto ad aggiornare l'imputazione solo quando la variazione descrittiva investa "elementi essenziali" del fatto.

Considerata la disciplina, gli effetti pregiudizievoli per l'imputato si diramano su più fronti: quello del diritto di difesa e quello dell'imparzialità del giudice.

Quanto al diritto di difesa, che non si sia potuto esercitare a causa della diversità del fatto originariamente addebitato, questo non appare pienamente garantito neppure a seguito della contestazione. Infatti, non si è previsto che alla modifica dell'imputazione operata dal pubblico ministero segua l'assegnazione di un termine per l'imputato presente in aula, il quale pertanto dovrà nell'immediato elaborare la propria difesa su profili inaspettati, ed assumere ogni determinazione magari anche per l'eventuale accesso ai riti speciali, poi preclusi. Al riguardo deve considerarsi il tenore del testo previgente dell'art. 423, comma 1, c.p.p. che, diversamente da quanto stabilito per la modifica dell'imputazione in udienza dibattimentale (art. 519 c.p.p.), non contemplava il diritto dell'imputato all'assegnazione di un termine per la difesa in caso di modifica dell'imputazione promossa dal pubblico ministero in udienza preliminare. Oggi la riforma è intervenuta sulla disciplina della contestazione della modificazione dell'imputazione – sia operata dal pubblico ministero *motu proprio* o su invito del giudice – nel senso di escludere comunque il differimento dell'udienza preliminare, salvo il caso di assenza dell'imputato (art. 423, comma 1-*ter*, c.p.p.).

Sulla base di un'interpretazione letterale del comma 1-*bis* dell'art. 423 c.p.p. dovrebbe pure escludersi che la modifica dell'imputazione sia preceduta da un'occasione di confronto tra le parti processuali: il giudice è tenuto a "sentire le parti" «se la difformità indicata permane». In altri termini, il contraddittorio, inteso come possibilità di interloquire, parrebbe assicurato solo se il pubblico ministero si rifiuti di procedere alla modifica (cioè, quando non serve più! [64]). Viceversa, applicando in via analogica la disposizione dell'art. 421, comma 1, c.p.p. relativa alla modifica dell'imputazione generica, dovrà ritenersi che il giudice sia tenuto ad attivare il confronto tra le parti anche prima dell'invito alla modifica dell'imputazione [65]. Tale lettura sembra trovare conferma nella Relazione illustrativa al d.lgs. n. 150/2022, che spiega: «Ovviamente, nella prima fase, l'interlocuzione può essere rimessa al concreto svolgersi della dialettica processuale, mentre solo qualora il pubblico ministero non provveda a sanare la discrepanza segnalatagli, il giudice sarà tenuto a disporre la restituzione degli atti con un provvedimento a questo punto formale, motivato, in cui saranno [evidenziati] i profili di non corrispondenza tra le risultanze degli atti e l'imputazione» [66].

---

[64] Se il pubblico ministero si è rifiutato di procedere alla modifica – e quindi si versa nel momento appena precedente la restituzione degli atti – l'interlocuzione pare volta, più che a garantire il contraddittorio, a convincere *in extremis* l'organo dell'accusa.

[65] Depone in questo senso anche l'applicazione analogica dell'art. 554 *ter*, comma 6, c.p.p.

[66] *Relazione illustrativa al decreto legislativo 10 ottobre 2022, n. 150*, cit., p. 273.

Su un altro versante si colgono le problematiche connesse alla garanzia dell'imparzialità del giudice. Se la verifica sulla genericità dell'imputazione è compiuta sulla base della mera lettura del capo di imputazione[67], la valutazione circa la diversità del fatto non può prescindere dall'analisi degli atti del fascicolo. Ciò significa che il giudice può rendersi conto che la contestazione non è aderente al fatto solo dopo averlo ricostruito in base alle risultanze degli atti di cui dispone. Il vaglio giudiziale del fatto in questa fase determina inevitabilmente un preconvincimento – quanto meno sull'esistenza del fatto, se non anche sulla responsabilità – che il giudice manifesta apertamente con l'invito alla modifica dell'imputazione. Il giudice, infatti, non potrebbe proporre la modifica dell'addebito, se non ravvisasse in atti l'esistenza degli elementi essenziali di un fatto diverso da quello descritto nell'imputazione, ritenendo quindi la sussistenza del primo ed escludendola invece per il fatto originariamente contestato[68]. Sul punto è nota la pronunzia della Corte costituzionale che ha escluso «l'incompatibilità alla funzione di giudice dell'udienza preliminare del giudice che, avendo ravvisato, nel corso della stessa udienza preliminare, un fatto diverso da quello contestato, abbia invitato il p.m. a procedere, nei confronti dello stesso imputato e per il medesimo fatto storico», tuttavia riconoscendo che per tale via «il giudice esterna un convincimento sul merito della regiudicanda»[69], e semplicemente privilegiando una nozione formalistica di incompatibilità, reputata non rilevante in un contesto endofasico[70]. Ora la tenuta di questa tesi appare meno solida[71]: con la sentenza n. 16/2022 la Corte costituzionale ha dichiarato l'incostituzionalità dell'art. 34 c.p.p. in relazione alla posizione del giudice per le indagini preliminari che, rigettata la richiesta di decreto penale di condanna per mancata contestazione di una circostanza aggravante, abbia restituito gli atti al pubblico ministero per la riformulazione dell'imputazione[72]. Per tale profilo, quindi, non sorprenderebbe la proposizione di una questione di legittimità costituzionale dell'art. 34 c.p.p.

Rimane da considerare un ultimo aspetto, che riguarda l'anomalo potere del

---

[67] V. *supra*, par. 2.a.

[68] A. Pasta, *op. cit.*, p. 2943. Cfr. S. Quattrocolo, *Ancora sull'imparzialità del g.u.p.*, cit., p. 880 ss.; F. Tondin, *Il vaglio del giudice*, cit., p. 58.

[69] Corte cost., 24 gennaio 2017, n. 18, in *Giur. cost.*, 2017, p. 106 ss. In termini analoghi, Corte cost., 29 marzo 2019, n. 66, in *Cass. pen.*, 2019, p. 2501 ss.

[70] F. Cassibba, *Udienza preliminare e controlli sull'enunciato d'accusa a trent'anni dal codice di procedura penale*, in *Arch. pen.*, 2019, 3, p. 5.

[71] G. Spangher, *Gli incerti orizzonti della giustizia penale tra la forza della politica e quella della volontà: spargere l'ottimismo non basta*, in *Penale. Diritto e procedura*, 15 febbraio 2022.

[72] Corte cost., 21 gennaio 2022, n. 16, ud. 20 ottobre 2021, in *Giur. cost.*, 2022, p. 215.

giudice rispetto alla modifica dell'imputazione nell'udienza preliminare. Sul punto si devono richiamare le considerazioni già svolte sul piano sistematico anche in relazione alla modifica dell'imputazione generica. Mettendo da parte ogni eufemismo, deve riconoscersi che quando il giudice è chiamato a suggerire al pubblico ministero un adeguamento dell'imputazione al fatto diverso si realizza un'interferenza giudiziale sulle prerogative dell'organo di accusa, in funzione di supplenza più o meno giustificabile.

Entro una prospettiva di bilanciamento si potrebbe considerare che tale soluzione è compatibile con l'esigenza di evitare a tutti i soggetti del processo, compreso l'imputato e il suo difensore, il compimento di attività destinate a rimanere infruttuose. E la riflessione si sposterebbe sulla tensione di questo interesse con il diritto di difesa. Ma ancora prima è necessario assumere consapevolezza di un fatto: ammettere in questi termini il bilanciamento – al di là dell'attenzione per i diritti dell'imputato – significa tollerare la possibilità di una destrutturazione dello stesso processo penale, caratterizzato da un'imputazione che può formarsi con il contributo del giudice, il quale supplisce all'errore dell'organo di accusa.

A proposito del significato correttivo dell'intervento del giudice, la corrispondenza rispetto "a quanto emerge dagli atti" (così recita l'art. 423, comma 1-*bis*, c.p.p.) è formula oltremodo vaga, tale da legittimare la modifica dell'imputazione per l'adeguamento non solo a quanto di nuovo sia emerso nell'udienza preliminare, ma anche a tutto ciò che già risultava dagli atti del fascicolo del pubblico ministero[73]. La Relazione illustrativa al d.lgs. n. 150/2022 conferma quest'impostazione, facendo espresso riferimento all'«imputazione che, anche solo in parte, non corrisponde alle risultanze degli atti *di indagine,* tanto in rapporto alla descrizione del fatto che con riferimento alle norme di legge ritenute applicabili»[74].

Uno spunto di riflessione interessante per la miglior comprensione del tema della modifica dell'imputazione è offerto dalla disciplina della c.d. imputazione coatta (art. 409, comma 5, c.p.p.) e dall'orientamento giurisprudenziale che definisce al riguardo l'ampiezza dei poteri del giudice per le indagini preliminari. In particolare, le Sezioni Unite, soffermandosi sul rischio di alterazione dell'equilibrio nel riparto di attribuzioni tra funzione giudicante e funzione requirente, hanno escluso che il giudice possa ordinare al pubblico ministero di formu-

[73] Con riguardo alla modifica dell'imputazione in dibattimento la giurisprudenza maggioritaria ammette la possibilità di effettuare nuove contestazioni anche prima dell'inizio dell'istruzione dibattimentale e sulla base degli elementi già acquisiti nelle fasi precedenti. Cass., Sez. Un., 28 ottobre 1998, Barbagallo, in *Cass. pen.*, 1999, p. 3079; Cass., Sez. VI, 30 novembre 2006, n. 40249, in *Dir. pen. proc.*, 2007, p. 912 ss.; Cass., Sez. II, 14 ottobre 2015, n. 45298, in *CED Cass.*, n. 264903.

[74] *Relazione illustrativa al decreto legislativo 10 ottobre 2022, n. 150*, cit., p. 272 (corsivi nostri).

lare l'imputazione per un fatto diverso da quello enunciato nella richiesta di archiviazione, perché l'atto sarebbe abnorme[75]. Il giudice può soltanto disporre l'iscrizione nel registro delle notizie di reato qualora rilevi che il fatto sia diverso da quello contestato, così rimettendo al pubblico ministero le successive scelte sull'esercizio dell'azione penale e assicurando alla persona indagata la possibilità di difendersi. Allora, se l'ordine d'imputazione coatta per un fatto diverso determina il travalicamento del limite delle attribuzioni dell'accusa, e perciò è stato ritenuto inammissibile, appare necessario domandarsi se anche la sollecitazione in udienza preliminare a modificare l'imputazione per un fatto diverso debba comportare il medesimo risultato, ed autorizzare la medesima conclusione.

In questa sede, limitando il confronto delle due fattispecie all'intensità del potere giudiziale, è possibile fondare una distinzione sull'efficacia vincolante del parere del giudice, che nel primo caso integra un ordine (art. 409, comma 5, c.p.p.), nel secondo un invito (art. 423, comma 1-*bis*, c.p.p.), fermo restando che il primo ha per oggetto la formulazione di un'imputazione, mentre il secondo riguarda la modifica di un'imputazione già formulata.

Il raffronto può offrire un contributo utile nell'ottica di un recupero estremo della coerenza del sistema, con validità generalmente estesa alla nuova disciplina della modifica dell'imputazione. Infatti, mentre la previsione del potere di ordinare la formulazione dell'imputazione non lascia margine di scelta al pubblico ministero, la regola imposta per il caso di inosservanza dell'invito proposto dal giudice ai sensi degli artt. 421, comma 1 e 423, comma 1-*bis*, c.p.p. (l'ordine di restituzione degli atti al pubblico ministero) garantisce la separazione delle funzioni, perché evita l'invasione giudiziale della competenza della pubblica accusa. Proprio perché l'invito a correggere l'imputazione può essere disatteso, con conseguente inevitabile restituzione degli atti al pubblico ministero, può ritenersi conservato l'impianto accusatorio del processo. Nell'ipotesi che l'invito venga accolto, con riformulazione dell'imputazione, pare invece potersi ravvisare un'impropria figura di rimessione in termini del pubblico ministero[76].

Questa difficile composizione sistematica appare comunque instabile oltre che – come già affermato – particolarmente carente sotto il profilo della tutela del diritto di difesa, in mancanza della previsione generalizzata del rinvio dell'udienza in ipotesi di modifica dell'imputazione.

---

[75] Cass., Sez. Un., 24 settembre 2018, n. 40984, Gianforte, in *Foro it.*, 2019, II, c. 14.

[76] In questa circostanza non può invocarsi l'istituto della rinnovazione, non venendo in rilievo l'invalidità di un atto. Con riguardo alla nuova ipotesi di nullità della richiesta di rinvio a giudizio per genericità dell'imputazione, G. FIORELLI, *Indeterminatezza dell'imputazione* cit., p. 13, ravvisa nell'«*emendatio* delle lacune dell'addebito» «una sorta di rinnovazione dell'atto invalido, anticipata rispetto alla dichiarazione di nullità». Così anche R. DEL COCO, *Rimaneggiamento delle regole*, cit., p. 91.

In definitiva, il ragionamento tiene solo ad una condizione, affatto scontata: quella di ammettere che il pubblico ministero, il quale intenda nuovamente esercitare l'azione penale dopo la restituzione degli atti, possa discostarsi da quelle indicazioni del giudice il cui mancato accoglimento ha determinato la regressione del processo. Diversamente, riconoscere una sorta di efficacia vincolante posticipata del parere giudiziale renderebbe del tutto inutile lo sforzo profuso nella ricostruzione della disciplina. Ma ecco che si crea un cortocircuito: escluderla, infatti, significa accettare la possibilità della cronicizzazione del conflitto tra giudice e pubblico ministero e, in definitiva, dello stallo del procedimento.

2.3. L'errata qualificazione giuridica

Esaminata l'ipotesi del fatto diverso, rimane da considerare il caso – sempre disciplinato dal nuovo comma 1-*bis* dell'art. 423 c.p.p. – in cui la non corrispondenza dell'imputazione agli atti riguarda la qualificazione giuridica del fatto di reato. Benché si possa verificare una certa confusione tra le due fattispecie [77], un po' alimentata dalla tendenza della giurisprudenza a mascherare il mutamento del fatto storico con quello del *nomen iuris* [78], un po' determinata dalla pratica difficoltà di distinguere nettamente la *quaestio facti* dalla *quaestio iuris* [79], bisogna tuttavia sforzarsi di mantenere autonome le due figure, almeno sul piano dogmatico, se l'intento è quello di verificare i riflessi applicativi della nuova disciplina posta dalla riforma.

Fondato sulla concezione illuministica del ragionamento logico giuridico, il potere del giudice di attribuire al fatto la qualificazione in diritto è considerato espressione del principio di legalità. Tale potere è connaturale alla funzione giurisdizionale, poiché «dare una diversa qualificazione giuridica del fatto vuol dire, in ultima analisi, applicare esattamente la legge, vuol dire *ius dicere*» [80], e tan-

---

[77] P. FERRUA, *Studi sul processo penale*, Giappichelli, Torino, 1990, p. 24, precisa che, perché la difesa sia effettiva, il fatto deve essere «descritto in forma tale da ammetterne l'obiettivo riscontro nella realtà esterna; da consentire cioè alle parti di verificare, da opposte prospettive, la conformità del fatto accertato alla previsione legale».

[78] Per considerazioni sul punto v. A. CABIALE, *Il contraddittorio sulla riqualificazione giuridica: da garanzia difensiva (nella CEDU) a strumento di legittimazione della prassi (in Cassazione)*, in *Cass. pen.*, 2015, p. 218.

[79] R.E. KOSTORIS, *Diversa qualificazione giuridica del fatto in Cassazione e obbligo di conformasi alle decisioni della Corte europea dei diritti umani: considerazioni sul caso Drassich*, in *Giur. it.*, 2009, p. 2522. Pare esemplificativa in tal senso Cass., Sez. III, 10 ottobre 2018, n. 8078, in *CED Cass.*, n. 275839.

[80] R.G. BRICCHETTI, *sub art. 423*, cit., p. 3107. Per un'ampia trattazione del tema, anche con ri-

to qualifica il sistema processuale da esprimere una regola generale[81]. L'art. 521, comma 1, c.p.p. riconosce espressamente che il giudice in sentenza può attribuire al fatto una qualificazione giuridica diversa rispetto all'imputazione. Tale regola è valida in ogni momento del processo, anche nell'udienza preliminare: il giudice può riqualificare il fatto nel decreto che dispone il giudizio[82].

La tenuta di questo assunto si è dovuta confrontare con l'età moderna, nella quale l'applicazione del diritto non si riduce ad un'operazione logica meccanica, ricognitiva e avalutativa, ma è espressiva di scelte di valore. Ormai il tema della riqualificazione giuridica del fatto risente del dinamismo della prassi giurisprudenziale, alla ricerca continua di un equilibrio tra il principio di legalità e le garanzie dell'imputato.

Come è noto, nel 2007 la Corte europea dei diritti dell'uomo ha affrontato la questione nella sentenza *Drassich c. Italia,* affermando che il diritto di difesa e il contraddittorio devono esplicarsi anche sulla riqualificazione giuridica operata dal giudice[83]. Viene contestata l'interpretazione e l'applicazione dell'art. 521, comma 1, c.p.p. fino ad allora accolta, secondo cui il giudice può riqualificare il fatto in sentenza, senza che l'imputato ne abbia avuto prima conoscenza[84]. Anche a causa dell'inerzia del legislatore, dalla sentenza *Drassich* è derivato un quadro giurisprudenziale confuso e contraddittorio[85]. Ora, pur con estremo ritardo, il nuovo art. 423, comma 1-*bis*, c.p.p. disciplina la modifica dell'imputazione per riqualificazione giuridica del fatto nell'udienza preliminare. L'intervento normativo potrebbe trovare ragione nella necessità di recepire il *diktat* della Corte di Strasburgo. Depone in tal senso la spiegazione fornita nella Relazione illustrativa del d.lgs. n. 150/2022: «la soluzione adottata [impedisce] il verificarsi dell'evento anomalo per cui è solo con il decreto di rinvio a giudizio che emerge la quali-

---

ferimento alle origini storiche del principio *iura novit curia*, v. A. CAPONE, Iura novit curia. *Studio sulla riqualificazione giuridica del fatto nel processo penale*, Cedam, Padova-Milano, 2010, p. 17 ss.; S. QUATTROCOLO, *Riqualificazione del fatto*, cit., p. 29 ss.

[81] In questi termini P. FELICIONI, *Correlazione tra accusa e sentenza: il principio* iura novit curia *e la sentenza Drassich c. Italia*, in A. GAITO-D. CHINNICI (a cura di), *Regole europee e processo penale*, Cedam, Padova-Milano, 2018, p. 231.

[82] Cass., Sez. Un., 19 giugno 1996, Di Francesco, cit., p. 721 ss. Fanno applicazione del principio espresso dalle Sezioni Unite: Cass., Sez. III, 18 settembre 2014, n. 51424, in *CED Cass.*, n. 261398; Cass., Sez. VI, 10 maggio 2017, n. 28262, Tosi, in *CED Cass.*, n. 270521.

[83] Corte EDU, 11 dicembre 2017, *Drassich c. Italia.*

[84] Sul tema v. I. CALAMANDREI, *Diversità del fatto e modifica dell'imputazione nel codice di procedura penale del 1988*, in *Riv. it. dir. proc. pen.*, 1996, p. 634 ss.

[85] Ne dà conto G. CENTAMORE, *L'applicazione dei principi dell'art. 6 C.E.D.U. in materia di riqualificazione giuridica del fatto: fra orientamenti "tradizionali" e nuove prospettive*, in *Dir. pen. cont.*, 2012, p. 1.

ficazione ritenuta dal giudice»[86]. In verità, da un'analisi più acuta emerge che la risposta normativa non è pienamente coerente con il principio espresso dalla Corte EDU: il punto della questione riguarda il riconoscimento e l'effettività del contraddittorio[87], mentre la riforma Cartabia si occupa piuttosto di procedimentalizzare la modifica della contestazione in diritto durante l'udienza preliminare distribuendo i compiti tra giudice e pubblico ministero.

Brevemente si ricorda che l'art. 432, comma 1-*bis*, c.p.p. prevede per la riqualificazione giuridica il medesimo procedimento stabilito per la contestazione del fatto diverso: il giudice dell'udienza preliminare invita il pubblico ministero a modificare l'imputazione; se questi ottempera, l'udienza prosegue per l'imputato presente ed è invece rinviata per quello assente; se non ottempera, il giudice ordina la restituzione degli atti. Si nota che in relazione alla riqualificazione giuridica questa disciplina pare addirittura bizzarra, realizzando uno strano incrocio di funzioni: il giudice, titolare del potere di qualificare il fatto in virtù del principio di legalità, deve sollecitare il pubblico ministero alla riformulazione in diritto; il pubblico ministero, indiscusso *dominus* dell'azione penale, deve tollerare l'intervento del giudice finalizzato alla modifica dell'imputazione.

A fronte di tali previsioni il monito della Corte EDU di garantire il contraddittorio ed il diritto di difesa ottiene misera considerazione, e sul punto si richiamano le osservazioni già svolte in relazione alla modifica della contestazione in fatto[88]. In estrema sintesi, il meccanismo descritto dall'art. 423, comma 1-*bis*, c.p.p. assicura all'imputato la conoscenza anticipata della determinazione del giudice di dare al fatto una diversa qualificazione giuridica. Ciò dimostra – tralasciando i rilievi problematici sulla lesione dell'imparzialità del giudice – lo sforzo di garantire il diritto di informazione sull'accusa, sancito dall'art. 111, comma 3, Cost. e dall'art. 6, § 3, Cedu, anche sotto il profilo dell'inquadramento giuri-

---

[86] *Relazione illustrativa al decreto legislativo 10 ottobre 2022, n. 150*, cit., p. 274. A dire il vero, la nuova normativa non vieta al giudice dell'udienza preliminare di riqualificare il fatto nel decreto che dispone il giudizio. Pertanto, si condivide l'opinione di chi ritiene che tale potere sia rimasto inalterato (si pensi alle ipotesi in cui il giudice si renda conto della diversa qualificazione giuridica soltanto in camera di consiglio). Altra questione è quella della necessità di garantire il diritto al contraddittorio, come affermato dalla Corte di Strasburgo. Cfr. L. PISTORELLI, *Riforma del processo penale*, cit. Cfr. R. CREPALDI, *op. cit.*, p. 241; F. TONDIN, *Il vaglio del giudice* cit., p. 59.

[87] A. VELE, *Diversa qualificazione giuridica del fatto e violazione del principio del contraddittorio*, in *Giur. it.*, 2010, p. 683 ss.

[88] V. *supra*, par. 2.b. Il diritto di difesa è garantito nel caso di modifica dell'imputazione se l'imputato è assente: il processo viene rinviato e l'imputato avrà il tempo per preparare la difesa. Se l'imputato è presente, l'udienza continua e il giudice dichiarerà aperta la discussione (artt. 423, comma 1-*ter* e 421, comma 1-*bis*, c.p.p.).

dico[89]. La conoscenza dell'accusa, sia in fatto che in diritto, è il presupposto per l'esercizio del diritto di difesa[90]: ma perché sia davvero valorizzato tale rapporto di stretta funzionalità non basta informare l'imputato; occorre consentirgli di argomentare e di determinarsi in ottica difensiva con la scelta degli strumenti, anche processuali, ritenuti più opportuni. La nuova disciplina mostra scarsa attenzione verso questa esigenza, poiché non prevede per l'imputato presente la possibilità di richiedere il rinvio dell'udienza.

Tuttavia, la stessa giurisprudenza interna ha da tempo ridimensionato gli effetti della sentenza *Drassich*, ritenendo che la garanzia dell'art. 6 Cedu sia sufficientemente rispettata quando la difesa sia "in qualche modo" resa edotta della mutata qualificazione giuridica del fatto, così da poter esercitare in concreto i relativi diritti[91]. In particolare, si è affermato che la mancata conoscenza della possibile riformulazione giuridica del fatto non viola i diritti dell'imputato se questa sia stata prevedibile o se gli sia riconosciuto il diritto di impugnare la decisione[92]. Più in generale, secondo l'orientamento dominante, occorre valutare se dalla mancata conoscenza sia derivato un effettivo pregiudizio per la difesa[93].

È interessante notare che la Relazione preliminare al Progetto del codice di procedura penale del 1988 porta traccia di alcune soluzioni alternative alla disciplina poi confluita nell'art. 521, comma 1, c.p.p. In particolare, era stato proposto di prevedere «una disciplina costruita in modo analogo a quella concernente la contestazione del fatto diverso (iniziativa del pubblico ministero, termine a difesa, eventuale trasmissione degli atti)», ovvero di prevedere il «dovere del giudice di rendere nota preventivamente la decisione di modificare la quali-

---

[89] Per un esame approfondito dei contenuti dell'art. 6 Cedu v. A. BALSAMO, *Il contenuto dei diritti fondamentali*, in R.E. KOSTORIS (a cura di), *Manuale di procedura penale europea*, Giuffrè, Milano, 2017, p. 115 ss.; T. BENE, *La conoscenza dell'addebito*, in A. GAITO (a cura di), *I principi europei del processo penale*, Dike, Roma, 2016, p. 269 ss.; F. CASSIBBA, *sub art. 6*, in G. UBERTIS-F. VIGANÒ, *Corte di Strasburgo e giustizia penale*, Giappichelli, Torino, 2022, p. 221 ss.

[90] È innegabile l'influenza della qualificazione giuridica del fatto sulla scelta degli strumenti difensivi. Al riguardo v. A. CAPONE, *op. cit.*, p. 63 ss.

[91] Si veda sul punto A. MARANDOLA, *La Cassazione ridimensiona gli effetti della sentenza* Drassich, in *Giur. it.*, 2014, p. 1242.

[92] Per ampi riferimenti giurisprudenziali v. P. FELICIONI, *op. cit.*, p. 243. Con riguardo alla prevedibilità della riqualificazione giuridica v. F. CASSIBBA, *sub art. 6*, cit., p. 226. Con riferimento alla possibilità di impugnare il provvedimento v. A. MARANDOLA, *op. cit.*, p. 1242 ss.; L. PULITO, *Diplopie nella correlazione tra accusa e sentenza*, in *Proc. pen. giust.*, 2022, p. 568 ss.

[93] P. FELICIONI, *op. cit.*, p. 243 osserva che «la giurisprudenza di legittimità contrappone, alla tutela onnicomprensiva del diritto di difesa emergente dalla giurisprudenza europea, una tutela delle garanzie individuali bilanciata con l'esigenza di economia processuale valorizzando il criterio dell'effettivo pregiudizio per la difesa».

ficazione giuridica, consentendo la discussione sul punto»[94]. Entrambe le idee erano poi state scartate, perché «avrebbero comportato un dispendio di attività probabilmente eccessivo e il rischio, in pratica, di indurre il Giudice a conformarsi in ogni caso al *nomen iuris* contestato».

La riforma Cartabia pare aver scelto la seconda di queste possibilità, peraltro senza considerare i rischi connessi alla perdita di imparzialità del giudice. Sul piano del ragionamento teorico la sussunzione di un fatto storico entro la fattispecie giuridica è operazione logica che non ha niente a che vedere con la formazione di un convincimento in merito all'esistenza del fatto. Ma il giudice opera in concreto: conosce gli atti del fascicolo e si determina al fine di scegliere il rinvio a giudizio o la sentenza di non luogo a procedere. Il giudice che chiede di riqualificare il fatto implicitamente manifesta il proprio convincimento in merito all'esistenza di quel fatto, come risultante dagli atti a sua disposizione[95], o quantomeno in merito alla verosimiglianza del fatto stesso[96].

3. Le prospettive applicative della nuova disciplina

La nuova disciplina in materia di modifica dell'imputazione conferma il ruolo dell'udienza preliminare come sede del controllo sull'esercizio dell'azione penale, che verte non solo sulla fondatezza dell'accusa ma anche sulla correttezza dell'atto imputativo. L'udienza preliminare diventa, oltre che il luogo del filtro, quello della puntualizzazione dell'imputazione in funzione preparatoria dell'instaurando dibattimento. Nella rinnovata fisionomia della fase in questione, la "stabilizzazione" dell'accusa significa anche "correzione": i "difetti" originari dell'imputazione (che si tratti della genericità o della non aderenza alle risultanze degli atti) sono passibili di rimedio in questa sede su iniziativa del giudice[97].

---

[94] *Relazione al Progetto preliminare del codice di procedura penale*, in *G.U.*, 24 ottobre 1988, n. 250, suppl. ord. n. 93.

[95] Aveva già espresso perplessità sul punto R.E. KOSTORIS, *op. cit.*, p. 2523.

[96] L. DE MATTEIS, *Diversa qualificazione giuridica dell'accusa e tutela del diritto di difesa*, in A. BALSAMO-R.E. KOSTORIS (a cura di), *Giurisprudenza europea e processo penale italiano*, Giappichelli, Torino, 2008, p. 229, nota 36.

[97] Il tema stimola la riflessione sul carattere abusivo di determinate modalità di esercizio dell'azione penale e delle corrispondenti risposte del potere giurisdizionale. Al riguardo si veda E.M. CATALANO, *L'abuso del processo*, Giuffrè, Milano, 2004, p. 211 ss.; R. MASTROTOTARO, *La tutela dell'*«ordo processus» *tra vizio di abnormità e principio di legalità*, in *Foro it.*, 2015, V, c. 166 ss.

Nell'incentivare il ruolo suppletivo del giudice rispetto all'inerzia [98] o alle mancanze [99] del pubblico ministero si corre il rischio di deresponsabilizzare l'organo di accusa [100], con conseguenze negative sui diritti dell'imputato. Infatti, a fronte di un'imputazione non sufficientemente puntuale o non del tutto aderente alle risultanze d'indagine, il pubblico ministero potrebbe contare su eventuali "aggiustamenti" nel corso dell'udienza preliminare [101]. Ne soffre il diritto alla conoscenza dell'accusa e, in conseguenza, il diritto di difesa che non può pienamente esplicarsi a fronte di un'imputazione generica o non corrispondente agli atti.

L'intento del legislatore è quello di evitare la regressione del procedimento, ma anche su questo fronte residuano alcune perplessità. Infatti, il pubblico ministero che ritenga l'imputazione chiara e precisa o descritta correttamente in fatto e in diritto [102] potrebbe non accogliere le indicazioni espresse dal giudice. Come anticipato, il rischio è quello della cronicizzazione del conflitto, cui la nuova disciplina non dà rimedio, né potrebbe farlo, stante il principio di separazione delle funzioni [103]. La questione che si pone attiene, da un lato, all'estensione del potere conferito al giudice dell'udienza preliminare e, dall'altro, al grado di autonomia riconosciuto al pubblico ministero nell'esercizio dell'azione penale [104]. Per la funzione di garanzia e di controllo riservata all'organo giurisdizionale, il giudice non può intervenire direttamente sull'imputazione, ma può soltanto limitarsi a rilevare il difetto.

---

[98] La riforma Cartabia ha inteso introdurre dei correttivi per il caso in cui il pubblico ministero tardi ad assumere le determinazioni in ordine all'esercizio dell'azione penale. Per il commento alla nuova normativa si rimanda a G.M. BACCARI, *I nuovi meccanismi per superare le stasi procedimentali dovute all'inerzia del pubblico ministero*, in G. SPANGHER (a cura di), *La riforma Cartabia*, cit., p. 263 ss.

[99] Il riferimento corre al potere ufficioso del giudice in materia probatoria. Più ampiamente, anche con riferimento alla scelta del riformatore di mantenere invariate le previsioni di cui agli artt. 421-*bis* e 422 c.p.p., v. M. BUSETTO, *Nuova regola di giudizio e integrazioni conoscitive del giudice dell'udienza preliminare: qualche spunto di riflessione*, in *Arch. pen.*, 2023, n. 1, p. 1 ss.

[100] Per acuti spunti di riflessione sul tema v. L. MARAFIOTI, *Inazione e forme abusive*, cit., p. 342 ss.

[101] G. FIORELLI, *L'imputazione latente*, cit., p. 211.

[102] Il pubblico ministero agisce in maniera razionale e nella piena autodeterminazione: la sua interpretazione del fatto potrebbe discostarsi da quella compiuta dal giudice senza che siano necessariamente da invocare i casi dell'esercizio patologico dell'azione penale. Al riguardo v. F. CASSIBBA, *Vicende dell'imputazione*, in AA.VV., *Imputazione e prova nel dibattimento tra regole e prassi*, Giuffrè, Milano, 2018, p. 41.

[103] Cfr. F. DI VIZIO, *L'imputazione: la madre di tutte le garanzie*, in *disCrimen*, 18 settembre 2023, p. 3.

[104] Su tale questione v. L. PISTORELLI, *Imputazione generica o indeterminata e poteri del giudice dell'udienza preliminare nell'interpretazione delle Sezioni Unite della Cassazione*, in *Cass. pen.*, 2008, p. 2322.

Né può ritenersi che l'organo dell'accusa abbia l'obbligo di conformarsi alle indicazioni del giudice, tanto nell'immediatezza della sollecitazione quanto in seguito alla regressione del processo, poiché l'esercizio dell'azione penale è potere esclusivo del pubblico ministero. Il tema è stato affrontato dalla giurisprudenza in relazione alla diversità del fatto, con una soluzione che suona contraddittoria: si ammette che la restituzione degli atti non preclude per il pubblico ministero la possibilità di svolgere ulteriori indagini ed eventualmente chiedere l'archiviazione, poiché il procedimento «retrocede fisiologicamente alla fase delle indagini preliminari e nessuno degli esiti propri di tale fase può ritenersi precluso» [105]; tuttavia, se il pubblico ministero opta per esercitare nuovamente l'azione penale, allora deve attenersi alla configurazione del fatto definita dall'organo giudicante [106]. Si deve forse ritenere che l'autonomia del pubblico ministero riguardi l'*an* dell'esercizio dell'azione penale, ma non anche la formulazione dell'accusa? La soluzione non convince [107], ma si coglie l'estrema necessità di risolvere l'*impasse* in cui potrebbe venire a trovarsi il procedimento.

La scelta del legislatore è animata dall'esigenza di risolvere la criticità all'interno della fase stessa dell'udienza preliminare, ma è inevitabile che il rafforzamento del potere di controllo del giudice possa essere solo apparente, in quanto condizionato all'approccio collaborativo del pubblico ministero [108]. In compenso, la nuova disciplina sulla modifica dell'imputazione contribuisce all'accentuazione della natura ibrida dell'udienza preliminare, «sospesa tra verifica sull'operato in indagini e ponte sul merito» [109] ed un certo grado di sovrapposizione tra la funzione inquirente e quella giudicante viene fatto convergere nella figura del giudice dell'udienza preliminare, anello di congiunzione delle due fasi [110].

Tali rilievi hanno inevitabili riflessi sul piano applicativo e, in particolare, su quello dell'effettività della nuova disciplina. Il dubbio è che questa sia timidamente accolta dalla prassi. Più precisamente, pare che il grado reale di recepimento possa dipendere dall'oggetto su cui verta la modifica dell'imputazione.

---

[105] Cass., Sez. III, 26 marzo 2015, n. 42446, Cuoco, in CORTE SUPREMA DI CASSAZIONE, UFFICIO DEL MASSIMARIO, *Relazione su novità normativa. La "Riforma Cartabia"*, cit., p. 85.

[106] Cass., Sez. VI, 9 novembre 2006, n. 41342, P.M. in proc. Chiuchiolo, in *CED Cass.*, n. 235440; Cass., Sez. VI, 25 settembre 2009, n. 39701, Monterisi, in *CED Cass.*, n. 245029.

[107] Per un approfondimento sul tema del conflitto tra giudice e pubblico ministero in relazione alla valutazione di diversità del fatto v. L. LOMBARDO, *Genericità dell'imputazione e poteri del giudice dell'udienza preliminare*, in *Cass. pen.*, 2009, p. 637 ss.; T. RAFARACI, *Le nuove contestazioni*, cit., p. 365 ss.

[108] F. CASSIBBA, *Udienza preliminare e controlli sull'enunciato d'accusa a trent'anni dal codice di procedura penale*, cit., p. 9, ritiene svilito il ruolo di controllo del giudice.

[109] S. MARCOLINI, *op. cit.*, p. 190.

[110] Per questa considerazione, con riguardo all'orientamento giurisprudenziale che ha anticipato la riforma della disciplina, v. M. DANIELE, *L'abolizione dell'udienza preliminare*, cit., p. 142.

Per quanto riguarda la disciplina di cui all'art. 421, commi 1 e 1-*bis*, c.p.p., è ragionevole attendersi una frequente applicazione. Il giudice si trova in una scomoda alternativa: sollecitare la correzione dell'imputazione o concorrere a formare un atto nullo, cioè il decreto che dispone il giudizio viziato per la violazione dell'art. 429, comma 1, lett. *c*), c.p.p. Inoltre, l'imputazione ha la funzione di definire l'oggetto del processo ed il giudice ha l'interesse a promuoverne la correzione, perché un'imputazione non chiara e precisa rende incerti il *thema decidendum* ed i confini del potere decisorio. D'altra parte, invitare il pubblico ministero alla modifica dell'imputazione generica non costa al giudice il rischio di perdita dell'imparzialità, né sottende un particolare sforzo valutativo.

Rispetto alla disciplina dell'art. 423, comma 1-*bis*, c.p.p., invece, si nutrono maggiori perplessità.

Quando la difformità nella descrizione del fatto riguardi un aspetto (ritenuto) non essenziale, viene in rilievo la nozione funzionale del "fatto diverso", largamente accolta dalla giurisprudenza. In questi casi è prevedibile che si continui ad utilizzare (impropriamente) il procedimento della correzione di errore materiale, tra l'altro più veloce rispetto a quello previsto dall'art. 423, comma 1-*bis*, c.p.p. e con la certezza di esito positivo. Ad esempio, è noto l'orientamento secondo cui la precisazione della data di commissione del reato, consistente nella diversa indicazione del *tempus commissi delicti*, non costituisce modifica dell'imputazione rilevante in relazione al principio di correlazione tra accusa e sentenza [111].

In tutti gli altri casi, cioè quando la diversità del fatto verta su elementi essenziali dell'imputazione o quando il fatto risulti non correttamente qualificato in diritto, è presumibile che il giudice si astenga dall'applicazione della nuova disciplina prevista dalla riforma. Le ragioni possono essere ricercate in diversi fattori.

Innanzi tutto, il rischio della perdita di imparzialità scoraggia le iniziative sollecitatorie previste dall'art. 423, comma 1-*bis*, c.p.p. Sul giudice dell'udienza preliminare che si persuada della necessità di modificare l'imputazione in relazione alla descrizione in fatto o alla qualificazione giuridica grava una pesante responsabilità, che non è scontato voglia – o debba – assumersi: quella di esporsi, manifestando il proprio convincimento.

In secondo luogo, è la struttura stessa del processo, insieme al principio di separazione delle fasi che ne caratterizza la fisionomia, ad incidere negativamente sull'effettivo esercizio del potere sollecitatorio. Circoscritta alle risultanze delle indagini, la cognizione del giudice dell'udienza preliminare è qualitativamente e quantitativamente differente da quella del giudice del dibattimento. Sede del

---

[111] Cass., Sez. V, 7 ottobre 2014, n. 4175, in *CED Cass.*, n. 262844; Cass., Sez. V, 17 settembre 2018, n. 48879, in *CED Cass.*, n. 274159; Cass., Sez. III, 4 aprile 2019, n. 29405, in *CED Cass.*, n. 276547; Cass., Sez. IV, 17 dicembre 2021, n. 47011, in *Foroplus*.

contraddittorio, inteso come metodo di conoscenza, il dibattimento è la fase nella quale, con il contributo delle parti, può meglio accertarsi l'esistenza del fatto. Questa consapevolezza, che già esercita una forte influenza sulle scelte del giudice dell'udienza preliminare in merito all'epilogo decisorio della fase [112], riverbera effetti analoghi anche sulla valutazione di opportunità della modifica dell'imputazione. In caso di dubbio sulla corrispondenza dell'imputazione agli atti, sia in fatto che in diritto, è ragionevole ritenere che il giudice dell'udienza preliminare preferisca non imbrigliare il vaglio del giudice dibattimentale, che potrà contare su un diverso compendio probatorio e sciogliere le perplessità che emergono ad uno stadio ancora preliminare del procedimento.

In questa prospettiva, emergono le connessioni tra la disciplina trattata e la funzione di filtro dell'udienza preliminare. In estrema sintesi – e rimandando alle ampie riflessioni della dottrina sull'interpretazione del nuovo disposto dell'art. 425 c.p.p. [113] – la riforma ha modificato il presupposto negativo della sen-

---

[112] E. AMODIO, *Filtro "intraneo" e filtro "estraneo"*, cit., p. 16 ss. prevede scarse possibilità di successo dell'udienza preliminare in funzione deflattiva, in considerazione della «fisionomia antropologica dei magistrati deputati ad esercitare il potere di filtro», i quali si sentono «titolari di una *semiplena iurisdictio* che non li obbliga a sindacare tutti gli aspetti dell'iniziativa assunta dal pubblico ministero».

[113] La dottrina si è interrogata sul significato del parametro della "ragionevole previsione di condanna" e sullo standard probatorio che deve presiedere alla valutazione giudiziale in udienza preliminare, anche con voci contrastanti in merito alla possibilità di configurare un filtro effettivamente più restrittivo. Per alcuni commenti alla novità normativa v., tra gli altri, F. ALVINO, *Il controllo giudiziale dell'azione penale: appunti a margine della 'riforma Cartabia'*, in *Sist. pen.*, 10 marzo 2022; E. AMODIO, *Filtro "intraneo" e filtro "estraneo"*, cit., p. 14 ss.; A. BARGI, *Il nuovo volto del modello "Cartabia": riflessi sistematici sul procedimento probatorio della partecipazione a distanza e della ragionevole previsione di condanna, quale regola di deflazione del dibattimento*, in *Arch. nuova proc. pen.*, 2022, p. 513 ss.; M. CECCHI, *Osservazioni intorno alla "ragionevole previsione di condanna"*, in *Arch. pen.*, 2022, n. 2, p. 1 ss.; G. CIVITA, *Udienza preliminare: la nuova regola di giudizio per la sentenza di non luogo a procedere*, in G. SPANGHER (a cura di), *La riforma Cartabia*, cit., 2022, p. 317 ss.; M. DANIELE, *Il vaglio preliminare dell'accusa secondo la L. n. 134/2021*, in *Giur. it.*, 2022, p. 1011 ss.; M. DANIELE-P. FERRUA, *op. cit.*, p. 75 ss.; R. DEL COCO, *Rimaneggiamento delle regole per non procedere: archiviazione e udienza preliminare*, cit., p. 83 ss.; G. DELLA MONICA, *Il filtro della ragionevole previsione di condanna*, in *Arch. pen.*, 2023, n. 2, p. 1 ss.; C. FANUELE, *I nuovi criteri per la decisione di non luogo a procedere*, in *Proc. pen. giust.*, 2023, p. 958 ss.; P. FERRUA, *Brevi appunti in tema di udienza preliminare, appello e improcedibilità*, in *disCrimen*, 9 dicembre 2021; G. GARUTI, *L'efficienza del processo tra riduzione dei tempi di indagine, rimedi giurisdizionali e "nuova" regola di giudizio*, in *Arch. pen.*, 2022, n. 3, p. 1 ss.; M. GIALUZ, *Per un processo penale più efficiente e giusto. Guida alla lettura della riforma Cartabia*, in *Sist. pen.*, 2 novembre 2022, p. 51 ss.; M. GIALUZ-J. DELLA TORRE, *Il progetto governativo di riforma della giustizia penale approda alla Camera: per avere processi rapidi (e giusti) serve un cambio di passo*, in *Sist. pen.*, 21 aprile 2020, p. 157 ss.; E. MARZADURI, *La riforma Cartabia e la ricerca di efficaci filtri predibattimentali: effetti deflativi e riflessi sugli equilibri complessivi del processo penale*, in *Legisl. pen.*, 25 gennaio 2022; G. ROSSI, *Spunti critici sulla nuova regola di giudizio della 'ragionevole pre-*

tenza di non luogo a procedere, che ora deve emettersi quando gli elementi raccolti «non consentono di formulare una ragionevole previsione di condanna». Nonostante la volontà espressa del legislatore sia stata quella di introdurre una nuova regola di giudizio – più restrittiva, nel senso di consentire il rinvio a giudizio in caso di prognosi di condanna – si è dubitato che la scelta normativa concretamente operata abbia raggiunto l'intento. Si è affermato, al riguardo, che in caso di dubbio sull'epilogo decisorio, il giudice dell'udienza preliminare opterà per il rinvio a giudizio. Su piani diversi, sono due le circostanze che inducono a tale conclusione: la naturale propensione del giudice dell'udienza preliminare a non sostituirsi agli organi del dibattimento, fase che altrimenti rischierebbe di perdere la propria ragion d'essere; la struttura logica del nuovo disposto dell'art. 425 c.p.p., che manca l'obbiettivo di rendere il filtro più selettivo: è stabilito che il giudice pronuncia il non luogo quando gli elementi acquisiti non consentono di formulare una previsione di condanna, ma la negazione non autorizzerebbe a ritenere implicitamente che egli debba disporre il rinvio a giudizio solo quando sia in grado di formulare la previsione di condanna [114].

Oltre alla riflessione dottrinale sarà la pratica applicazione delle nuove norme a dimostrare la capacità di filtro della fase [115]. Ciò vale anche per la disciplina

---

visione di condanna', in *Arch. pen.*, 2022, n. 3, p. 1 ss.; C. SANTORIELLO, *Le nuove regole di giudizio della Riforma Cartabia, tra una positiva sinergia e una possibile eterogenesi dei fini*, in *Arch. pen.*, 2022, n. 2, p. 1 ss.; F. TONDIN, *La nuova regola di giudizio della ragionevole previsione di condanna*, in *Cass. pen.*, 2023, p. 404 ss.

[114] P. FERRUA, *Regole di giudizio e udienza preliminare*, in *Proc. pen. giust.*, 2023, p. 966 ss.; ID., *Brevi appunti in tema di udienza preliminare, appello e improcedibilità*, cit., facendo riferimento alla struttura della regola di giudizio, quale «regola che riguarda il rapporto tra i due termini di un'alternativa decisoria e dice quale sia il provvedimento da adottare in caso di dubbio», osserva che «sia nell'attuale art. 425 c.p.p., sia in quello riformato secondo la delega 'Cartabia', in caso di dubbio, il provvedimento da adottare è il rinvio a giudizio (termine 'consequenziale'), essendo i presupposti fissati solo in relazione alla sentenza di non luogo (termine 'marcato'). La pronuncia di quest'ultima resta, infatti, subordinata alla prova negativa – sempre ardua, come noto – "che gli elementi idonei acquisiti non consent[a]no una ragionevole previsione di condanna"». V. anche M. DANIELE, *Il vaglio preliminare dell'accusa secondo la L. n. 134/2021*, cit., p. 1012: «ai fini di una pronuncia liberatoria per l'imputato si dovrebbe raggiungere la certezza che la condanna non sia prevedibile in dibattimento; in caso di dubbio si dovrebbe invece rinviare a giudizio». *Contra*, F. TONDIN, *La nuova regola di giudizio*, cit., p. 411 ss. ritiene che, per l'affermazione del principio *in dubio contro actionem*, «solo laddove gli elementi di prova convergono in modo univoco verso la previsione di condanna potrà esserci il giudizio», mentre si dovrà optare «per l'inazione in tutte le ipotesi dubbie». Cfr. A. BARGI, *op. cit.*, p. 516 ss., il quale ritiene che la nuova regola di giudizio, «che gravita sul principio *in dubio contra actionem*», «paralizza gli effetti negativi delle situazioni dubbie sulle decisioni». Riguardo ad alcune recenti e specifiche applicazioni del novellato art. 425 c.p.p. da parte dei tribunali v. A. CAPRIO, *Incidenza del termine di prescrizione sul giudizio concernente la ragionevole previsione di condanna e archiviazione*, in *Dir. pen. proc.*, 2024, p. 1067 ss.

[115] Per alcune considerazioni sulle concrete difficoltà nell'attuare il nuovo criterio di filtro, a

sulla modifica dell'imputazione, in relazione all'obbiettivo di ridurre il tempo del singolo procedimento.

Per il momento è chiaro come il legislatore abbia voluto incidere in modo consistente sulla struttura di una fase alla ricerca continua di significato e di identità. In questa operazione emerge l'estrema difficoltà di conciliare la tutela delle garanzie individuali e la fisionomia del processo accusatorio con l'esigenza di una giustizia più efficiente. Tale tensione caratterizza anche la nuova disciplina sulla modifica dell'imputazione in udienza preliminare, che attinge interessi particolarmente sensibili e qualificanti del sistema processuale penale.

---

causa della carenza di organico nell'Ufficio G.i.p./G.u.p., v. A. BARAZZETTA, *Il giudice per le indagini preliminari e dell'udienza preliminare*, in E.M. CATALANO-R.E. KOSTORIS-R. ORLANDI, *Riassetti della penalità, razionalizzazione del procedimento di primo grado, giustizia riparativa*, vol. II, in AA.VV., *Commenti alla legge n. 134 del 2021 e ai decreti legislativi delegati*, Giappichelli, Torino, 2023, p. 376.

L'UDIENZA PREDIBATTIMENTALE A SEGUITO DI CITAZIONE DIRETTA A GIUDIZIO

di Gian Marco Baccari

1. Considerazioni introduttive

Come noto, la Riforma Cartabia voluta dal Governo Draghi si è innestata sul disegno di legge delega n. 2435 presentato dal Ministro della Giustizia della precedente compagine governativa [1], attraverso una serie di articolati emendamenti elaborati per lo più sulla base dei lavori della Commissione ministeriale presieduta da Giorgio Lattanzi e approvati, infine, con la l. delega 27 settembre 2021, n. 134. La l. delega n. 134/2021, attuata successivamente con il d.lgs. 10 ottobre 2022, n. 150, si è preoccupata non soltanto di riformare il dettato pro-

[1] Si tratta del disegno di legge A.C. n. 2435 presentato il 13 marzo 2020 alla Camera dei deputati dall'allora Ministro della giustizia Alfonso Bonafede (*Delega al Governo per l'efficienza del processo penale e disposizioni per la celere definizione dei procedimenti giudiziari pendenti presso le Corti d'appello*).

cessuale, ma ha anche inciso sul sistema sanzionatorio penale ed ha posto le basi per l'introduzione di una disciplina organica della giustizia riparativa.

Si tratta di un intervento di riforma della giustizia penale particolarmente ampio e articolato, dotato di una sua sistematicità, pur essendo il frutto di una mediazione tra le diverse forze coinvolte[2], che si pone il fondamentale obiettivo di ridurre drasticamente i tempi di definizione dei giudizi. Nello specifico, l'obiettivo indicato è stato fissato nella riduzione del 25% in cinque anni della durata media del processo penale nei tre gradi di giudizio[3]. Sotto la spinta delle numerose condanne riportate dall'Italia per l'eccessiva durata dei procedimenti giudiziari[4], il nostro Paese ha assunto impegni con l'Europa mediante il PNRR[5], nel quale è stato inserito l'obiettivo di realizzare la deflazione del carico giudiziario pendente. Infatti, secondo quanto attestato da svariati *report* sia europei che internazionali[6], l'Italia non presenta livelli del servizio Giustizia competitivi

---

[2] Così si esprime G. GATTA, *Riforma della Giustizia penale: contesto, obiettivi e linee di fondo della "Legge Cartabia"*, in *Sist. pen.*, 2021, 15 ottobre 2021, p. 3. L'Autore rileva come «tutti hanno dovuto rinunciare a qualcosa, facendo così prevalere l'interesse comune all'approvazione di una riforma essenziale per il Paese, anche e proprio in considerazione del suo carattere strumentale agli obiettivi del P.N.R.R.». In senso più dubitativo si esprime E. MARZADURI, *La Riforma Cartabia e la ricerca di efficaci filtri dibattimentali: effetti deflattivi e riflessi sugli equilibri complessivi del processo penale*, in *Relazione al Convegno degli studiosi del processo penale*, 20-21 gennaio 2022, in *studiosiprocessopenale.it*, il quale, pur riconoscendo l'importanza della riforma, è più cauto nel ritenere che la legge delega «sia effettivamente in grado di determinare una vera e propria riforma organica in materia di giustizia penale. D'altro canto, a tal proposito non si poteva trascurare il fatto che si trattava di intervenire non attraverso un'autonoma iniziativa, bensì attraverso emendamenti al testo del progetto elaborato dal precedente Guardasigilli, l'on. Bonafede [...]».

[3] In tal senso la stessa M. CARTABIA, *Ridurre del 25% i tempi del giudizio penale: un'impresa per la tutela dei diritti e un impegno con l'Europa, per la ripresa del Paese*, in *www.sistemapenale.it*, 31 maggio 2021.

[4] Cfr. ancora G. GATTA, *op. cit.*, p. 3, il quale riferisce che i tempi medi dei processi sono generalmente superiori ai termini di ragionevole durata individuati dalla legge Pinto e di gran lunga superiori agli standard europei. Lo dimostra il fatto che, nella storia della Corte di Strasburgo (1959-2021), l'Italia vanta l'imbarazzante primato internazionale del numero di condanne per violazione dell'art. 6 Cedu, relativamente alla durata dei processi. Il numero in questione (1202) è il doppio di quello riportato dal Paese al secondo posto di questa triste "classifica", ossia delle 608 condanne rivolte alla Turchia. Molto distaccati i Paesi a noi vicini, anche per tradizione giuridica, e con i quali siamo soliti confrontarci: se a carico della Francia sono state pronunciate 284 condanne, 102 sono quelle indirizzate alla Germania e appena 16 quelle riportate dalla Spagna.

[5] La Riforma della giustizia, civile e penale, finalizzata a perseguire la riduzione della durata dei processi, è stata posta come condizione di accesso per l'Italia ai fondi *NextGenerationEU*. Il testo del Piano Nazionale di Ripresa e Resilienza, piano di finanziamenti attraverso il quale ingenti fondi europei entrano nell'economia pubblica italiana anche e proprio per facilitare il raggiungimento degli obiettivi del piano stesso, è reperibile sul sito *https://www.governo.it/sites/governo.it/files/PNRR.pdf*.

[6] Tra i quali l'*European Judicial Systems 2020* della Commissione europea per l'efficacia della

con i sistemi giudiziari degli altri Paesi. In tali fonti si rimarca come alla radice delle lentezze delle procedure, delle pendenze pluriennali e dell'arretrato, e perciò dell'intrinseca debolezza del sistema giudiziario italiano, vi siano fattori organizzativi, ricomprendenti la scarsità di risorse umane e finanziarie e l'incompiuta digitalizzazione, nonché l'inadeguatezza della gestione amministrativa degli uffici [7]. Si rileva, quindi, che gli obiettivi perseguiti potranno essere raggiunti con successo solamente accompagnando gli interventi endoprocessuali di riforma dei riti, le assunzioni e la digitalizzazione a una contestuale revisione della dimensione organizzativa degli uffici [8].

La Riforma ha effettuato un'ampia rivisitazione dell'intero procedimento penale, nelle sue diverse fasi, avendo di mira principalmente due scopi. In primo luogo, quello di ridurre i tempi delle indagini, incidendo sui termini di durata e introducendo rimedi giurisdizionali alla eventuale stasi del procedimento determinata dall'inerzia del pubblico ministero. In secondo luogo, il legislatore ha coltivato l'aspirazione a selezionare con maggiore efficacia i procedimenti meritevoli di essere portati all'attenzione del giudice del dibattimento.

Tali propositi sono stati perseguiti soprattutto rafforzando il ruolo del giudice all'interno delle indagini preliminari, tramite l'introduzione delle così dette "finestre di giurisdizione" [9], che dovrebbero consentire di approntare soluzioni di fronte all'eventuale stasi delle indagini o alle imputazioni formulate in termini non chiari né precisi. Contemporaneamente, si è rivisitata la durata delle indagini [10] e resa più stringente la disciplina della proroga dei termini.

Ma soprattutto il legislatore ha preso atto dell'inefficienza dell'udienza preliminare, della sua scarsa capacità di filtro e della sua incidenza negativa sui tempi complessivi del processo. Invero, «nonostante i plurimi interventi di modifica, dopo trent'anni i dati statistici sono impietosi e dimostrano che, nei casi in cui l'udienza preliminare si conclude con un rinvio a giudizio (ossia nel 63% dei casi), essa genera un aumento di durata del processo di primo grado di circa 400 giorni. Complessivamente, l'udienza preliminare filtra poco più del 10% delle imputazioni per i processi nei quali è prevista e non in-

---

giustizia del Consiglio d'Europa (CEPEJ), *Country Specific Recommendations* indirizzate dalla Commissione Europea al nostro Paese negli anni 2019 e 2020, *Doing Business* della Banca Mondiale e di *WJP Rule of Law Index*, elaborato dal *World Justice Project* così come riportati da G. CANZIO, *Il modello "Cartabia". Organizzazione giudiziaria, prescrizione del reato, improcedibilità*, in *www.sistemapenale.it*, 14 febbraio 2022, pp. 1-2.

[7] Sul punto cfr. G. CANZIO, *op. loc. cit.*

[8] Cfr. G. CANZIO, *op. cit.*, p. 2.

[9] Così G. CANZIO, *op. cit.*, p. 5.

[10] Per approfondimenti sul tema delle modifiche apportate dalla Riforma Cartabia con riguardo alle indagini preliminari si veda R. APRATI, *Le nuove indagini preliminari fra obiettivi deflattivi ed esigenze di legalità,* in *giustiziainsieme.it.*, 20 dicembre 2022.

cide peraltro in modo significativo sul tasso dei proscioglimenti in dibattimento» [11].

Nonostante ciò, il legislatore delegante ha scartato la soluzione più radicale, ossia quella di abolire l'udienza preliminare, come era stato prospettato in dottrina [12]; si è preferito puntare, viceversa, sul suo rilancio, articolando l'intervento riformatore in una duplice direzione.

Da una parte, la Riforma ha ridotto l'ambito applicativo dell'udienza preliminare, ampliando non di poco l'operatività del procedimento con citazione diretta a giudizio. Come diremo meglio più avanti, il catalogo dei reati perseguibili tramite il rito a citazione diretta è stato ampliato, arrivando a includere delitti che non presentano rilevanti difficoltà di accertamento, e che sono puniti con la pena della reclusione non superiore nel massimo a sei anni, anche se congiunta alla multa.

Al tempo stesso, preso atto del "fallimento" del rito a citazione diretta, che spesso ha portato in dibattimento addebiti mal formulati, destinati ad un frequente epilogo assolutorio [13], i *conditores* hanno introdotto un'inedita udienza predibattimentale da svolgersi davanti al giudice monocratico per i casi di citazione diretta a giudizio. Proprio l'udienza predibattimentale rappresenta l'istituto processuale su cui convergono le più alte aspettative di razionalizzazione dei procedimenti a citazione diretta [14], da cui dovrebbero scaturire, in particolare, i più rilevanti effetti deflattivi per il giudizio di primo grado.

Da un'altra parte, si è proceduto alla modifica della regola volta a selezionare le vicende penali che meritano di essere trattate nella fase dibattimentale. Il legislatore ha previsto un'unica identica regola per l'archiviazione e per la pronuncia che arresta il rito subito dopo l'udienza preliminare e quella predibattimentale, stabilendo che il giudice pronunci la sentenza di non luogo a procedere quando gli elementi acquisiti non consentono «una ragionevole previsione di condanna». Questo criterio, uniformato dalla Riforma alla regola di giudizio di-

---

[11] *Relazione finale e proposte di emendamenti al d.d.l. A.C. 2435*, in *Giustizia.it*, p. 21. Nel prosieguo del presente lavoro questo testo sarà indicato come Relazione Lattanzi.

[12] In questo senso si veda M. DANIELE, *L'abolizione dell'udienza preliminare per rilanciare il sistema accusatorio*, in *Sist. pen.*, 2020, 1, p. 131 ss.

[13] Così F. TRAPELLA, *La citazione diretta a giudizio*, in *Cass. pen.*, 2020, p. 3030 ss.

[14] Cfr. la *Relazione dell'Ufficio del Massimario della Corte Suprema di Cassazione n. 2/2023*, in *cortedicassazione.it*, 5 gennaio 2023, nella quale si richiamano le riflessioni di G. CANZIO, *Il modello "Cartabia": una riforma di sistema tra rito e organizzazione*, in *Guida dir.*, 2022, 42, che così descrive l'essenza dell'udienza predibattimentale: «a tale udienza è demandata, oltre l'esercizio di poteri di controllo sulla legalità delle indagini e sulla chiarezza e precisione delle imputazioni, la funzione strategica di temperare l'incontrollato dispiegarsi dell'obbligatorietà dell'azione penale, precludendo l'accesso ai processi inutili e superflui secondo il più rigoroso criterio prognostico di condanna dell'imputato, così da sollecitarne il ricorso ai riti alternativi».

sposta per la pronuncia della sentenza di non luogo a procedere in esito all'udienza preliminare e all'udienza predibattimentale nel rito a citazione diretta, si va a sostituire a quella precedentemente prevista agli artt. 408 c.p.p. e 125 disp. att. c.p.p., che faceva, invece, perno sulla inidoneità degli elementi acquisiti a sostenere l'accusa in giudizio.

2. L'estensione delle ipotesi di citazione diretta

La Riforma, in attuazione dell'art. 1, comma 9, lett. *l*), della legge delega [15], ha esteso il numero dei reati per i quali si procede a citazione diretta, con corrispondente riduzione dell'area dell'udienza preliminare.

La scelta espressa nella legge delega non è stata quella di dilatare in modo indiscriminato il rito con citazione diretta a giudizio a tutti i reati puniti con pena detentiva non superiore nel massimo a sei anni, ma piuttosto di espandere il novero delle eccezioni già previste nel secondo comma dell'art. 550 c.p.p. L'ampliamento è avvenuto sulla base di due criteri: quello formale, per cui deve trattarsi di reati puniti con pena edittale detentiva non superiore nel massimo a sei anni, e quello sostanziale della non complessità di accertamento [16]. Su quest'ultimo criterio sono state avanzate non poche riserve, posto che la difficoltà di accertamento non può certo essere desunta in astratto. Nonostante ciò, il legislatore delegato ha cercato di individuare una serie di reati i quali, almeno di consueto, non richiedono indagini complesse [17]. Sono state così incluse le fattispecie che presuppongono una condotta commessa "alla vista" di più persone, come gli atti osceni in luogo pubblico aggravati (art. 527, comma 2, c.p.), il danneggiamento di cose mobili o immobili in occasione di manifestazioni pubbliche (art. 635, comma 3, c.p.), l'istigazione a delinquere (art. 414 c.p.) e a disobbedire alle leggi (art. 415 c.p.).

Anche la violazione della pubblica custodia di cose (art. 351 c.p.) e la bigamia (art. 556 c.p.) sono stati inclusi, perché di regola si tratta di delitti di non complesso accertamento, così come i reati caratterizzati da violenza o minaccia,

---

[15] Con tale disposizione il Parlamento ha delegato il governo a «estendere il catalogo dei reati di competenza del tribunale in composizione monocratica per i quali l'azione penale è esercitata nelle forme di cui all'articolo 552 del codice di procedura penale a delitti da individuare tra quelli puniti con la pena della reclusione non superiore nel massimo a sei anni, anche se congiunta alla pena della multa, che non presentino rilevanti difficoltà di accertamento».

[16] Così la *Relazione illustrativa al testo definitivo del d.lgs. 10 ottobre 2022, n. 150*, cit., pp. 145-146.

[17] In tal senso la *Relazione illustrativa al testo definitivo del d.lgs. 10 ottobre 2022, n. 150*, cit., p. 146.

quali ad esempio l'evasione aggravata da violenza o minaccia (art. 385, comma 2, prima parte, c.p.) o la violenza o minaccia per costringere a commettere un reato (art. 611 c.p.).

Sono state inserite al comma 2 dell'art. 550 c.p.p. anche molte altre fattispecie incriminatrici, il cui accertamento si basa essenzialmente su circostanze di fatto, che non implicano particolari difficoltà investigative. L'inclusione ha riguardato numerosi delitti contro la fede pubblica, tra i quali le falsità in monete (artt. 454, 460, 461 c.p.), le contraffazioni di pubblici sigilli (artt. 467 e 468 c.p.), oltre all'indebito utilizzo, la falsificazione, la detenzione o la cessione di carte credito (493-*ter* c.p.). Un discorso analogo può essere svolto per alcuni casi di falsità personale (falsa attestazione o dichiarazione a un pubblico ufficiale sulla identità o qualità personali proprie o altrui – artt. 495 c.p., fraudolente alterazioni per impedire l'identificazione o l'accertamento di qualità personali proprie o altrui – 495-*ter* c.p. – false dichiarazioni sulla identità o qualità personali proprio altri – 496 c.p. – possesso e fabbricazione di documenti di identificazione falsi – 497-*bis* c.p. – e possesso di segni distintivi contraffatti – 497-*ter* c.p.). Viceversa, non sono perseguibili mediante citazione diretta i falsi in atti pubblici, che richiedono spesso indagini complesse.

Per quanto riguarda i reati contro il patrimonio, sono stati ritenuti riconducibili al criterio della legge delega la truffa aggravata (art. 640, comma 2, c.p.), la frode in assicurazione, (art. 642, commi 1 e 2, c.p.) e l'appropriazione indebita, (art. 646 c.p.), «tenendo anche conto che i querelanti spesso si fanno parti attive con produzioni documentali o indicando persone informate sui fatti» [18].

Merita evidenziare che la Riforma, nei casi in cui più disposizioni del medesimo articolo prevedano pene diverse o circostanze aggravanti ad effetto speciale, ha cercato di razionalizzare il trattamento processuale, «uniformandone la procedura attraverso l'estensione dell'ambito della citazione diretta» [19], sempre nel rispetto dei criteri disposti dalla delega. In tal senso si possono citare, ad esempio, l'interruzione di un ufficio o servizio pubblico o di un servizio di pubblica necessità aggravata dalla qualifica di capi, promotori, organizzatori (art. 340, comma 3, c.p.); l'esercizio abusivo di una professione aggravata per chi determina o dirige l'attività (art. 348, comma 3, c.p.); la procurata inosservanza di pena in caso di delitto (art. 390 c.p.); la violazione di domicilio aggravata (art. 614, ult. comma, c.p.) e quella commessa da pubblico ufficiale (art. 615, comma 1, c.p.); la rivelazione del contenuto della corrispondenza nel caso in cui il soggetto attivo sia l'addetto al servizio delle poste (art. 619, comma 2, c.p.) [20].

---

[18] *Relazione illustrativa al testo definitivo del d.lgs. 10 ottobre 2022, n. 150*, cit., p. 146.

[19] *Relazione illustrativa al testo definitivo del d.lgs. 10 ottobre 2022, n. 150*, cit., p. 147.

[20] «Si è peraltro deciso di non ampliare il novero dei reati a citazione diretta al caso di omessa denuncia aggravata per un delitto contro la personalità dello Stato da parte di un uffi-

Gli stessi criteri sono stati seguiti per l'estensione della citazione diretta ai reati previsti da leggi speciali.

In questo ambito sono stati selezionati alcuni reati riguardanti le armi contenuti nella l. n. 110/1975, come il porto di arma in riunione pubblica da parte di persona non munita di licenza, il trasferimento illecito di armi e l'importazione di armi senza licenza. In relazione al Testo unico doganale (d.P.R. n. 43/1973) è stato ricompreso il contrabbando di tabacchi lavorati esteri (art. 291-*bis*).

All'interno del Codice antimafia (d.lgs. n. 159/2011) si è ritenuto che non presentino particolari difficoltà di accertamento i delitti di inosservanza di obblighi inerenti alla sorveglianza speciale con obbligo o divieto di soggiorno, la violazione del divieto di espatrio, il mancato rientro nel termine stabilito nel comune di soggiorno obbligato, l'elusione della amministrazione giudiziaria dei beni personali, l'omessa comunicazione delle variazioni patrimoniali *ex a*rt. 80 e la violazione del divieto di svolgere attività di propaganda elettorale per i sottoposti a sorveglianza speciale.

E ancora, sono stati considerati idonei a rientrare nei criteri stabiliti dalla legge delega: il reato di falsa attestazione della presenza in servizio e la giustificazione dell'assenza con certificato medico falso previsti dal Testo Unico sul pubblico impiego (d.lgs. n. 165/2001); alcuni reati contemplati dal T.U. sull'immigrazione (d.lgs. n. 286/1998), come la contraffazione e l'alterazione del visto, del permesso di soggiorno o dei documenti necessari per il loro rilascio, la seconda violazione del divieto di rientrare nel territorio dello Stato dopo un respingimento o dopo l'espulsione disposta dal giudice, la produzione di documenti falsi nelle procedure di ingresso e soggiorno. Nell'ambito del T.U. sugli stupefacenti (d.P.R. n. 309/1990), sono stati individuati i reati di istigazione pubblica, proselitismo e induzione all'utilizzo di stupefacenti, di cui all'art. 82, comma 1. Infine, in relazione ai reati tributari, è stata ritenuta di non complesso accertamento soltanto la fattispecie dell'omessa dichiarazione di cui all'art. 5, commi 1 e 1-*bis* del d.lgs. n. 74/2000: per gli altri reati tributari e per i reati fallimentari è stata mantenuta l'udienza preliminare.

---

ciale o agente di polizia giudiziaria (art. 363 c.p.), al reato di interferenze illecite nella vita privata commesse da un pubblico ufficiale (art. 615-*bis*, comma 3, c.p.) e reati analoghi riguardanti intercettazioni di comunicazioni telefoniche aggravate dalla qualifica di p.u. o investigatore privato. Sempre a causa della complessità e della delicatezza degli accertamenti richiesti, sono stati esclusi i delitti contro la personalità dello Stato, contro l'incolumità pubblica e contro l'ambiente»: così ancora la *Relazione illustrativa al testo definitivo del d.lgs. 10 ottobre 2022, n. 150*, cit., p. 147.

3. Natura e funzioni dell'udienza predibattimentale

La Riforma Cartabia ha introdotto l'inedita "*Udienza di comparizione predibattimentale a seguito di citazione diretta*", disciplinata dall'art. 554-*bis* c.p.p.[21] e seguenti. Tale istituto è modellato su quello elaborato dal citato disegno di legge proposto dal Ministro Bonafede.

L'udienza predibattimentale, come già evidenziato dalla dottrina in modo unanime, introducendo nel rito a citazione diretta un nuovo filtro tra la fase delle indagini preliminari e quella del dibattimento[22], rappresenta la «scommessa pragmatica»[23] dell'intervento riformatore per quanto concerne il giudizio di primo grado.

Si tratta di un'udienza da celebrarsi in camera di consiglio davanti a un giudice appartenente allo stesso ufficio di tribunale monocratico[24], ma persona fisica diversa da quella che sarà chiamata ad assumere la funzione giudicante all'esito del dibattimento sulla responsabilità penale dell'imputato. Il giudice investito di tale udienza dovrà decidere per la prosecuzione del giudizio alla vera e propria fase dibattimentale, in tutti i casi in cui sia formulabile una «ragionevole previsione di condanna»; in caso contrario, sarà tenuto ad emettere una sentenza di non luogo a procedere.

L'introduzione nel codice di procedura penale dell'udienza predibattimentale realizza molteplici finalità[25], in parte riconducibili alle funzioni tipiche dell'udienza preliminare e in parte a quelle peculiari della prima udienza di comparizione.

Da un lato, l'udienza predibattimentale è funzionale «a consentire un vaglio preliminare, più snello di quello previsto dagli articoli 416 ss. c.p.p., circa la fondatezza e la completezza dell'azione penale»; dall'altro lato, svolge una funzione organizzativa[26], in quanto «risponde allo scopo di concentrare in un mo-

---

[21] La previsione dell'udienza predibattimentale era contemplata dall'art. 1, comma 12, lett. da *a)* a *g)*, l. n. 134/2021. Tale previsione è stata poi attuata con una serie di disposizioni: l'art. 5, comma 1, lett. *c)*; l'art. 32, comma 1, lett. *b)*, *c)*, *d)*, *e)*, *f)* e l'art. 99, comma 1, lett. *a)* del d.lgs. 10 ottobre 2022, n. 150.

[22] Cfr. la stessa *Relazione Lattanzi*, cit., p. 31.

[23] Così M. GIALUZ, *Per un processo penale più efficiente e giusto: guida alla lettura della riforma Cartabia*, in *Sist. pen.*, 2 novembre 2022, p. 65.

[24] Sul punto cfr. F. ALVINO, *Rifondazione delle "udienze preliminari" e implicazioni di sistema: riflessioni a prima lettura a margine del recente disegno di legge delega di riforma del processo penale*, in *Arch. pen.*, 2020, p. 8.

[25] Così la *Relazione illustrativa al testo definitivo del d.lgs. 10 ottobre 2022, n. 150*, cit., p. 151.

[26] Così C. PANSINI, *Il procedimento davanti al Tribunale in composizione monocratica*, in A. SCALFATI-A. BERNASCONI-A DE A. CARO-M. MENNA-C. PANSINI-A. PULVIRENTI-N. TRIGGIANI-C.

mento anticipato tutte le attività prodromiche a quelle propriamente istruttorie e decisorie tipiche della fase dibattimentale, per consentire una più efficiente organizzazione di questo momento dell'attività giudiziaria, liberando il giudice che vi è preposto da incombenze diverse da quelle istruttorie e decisorie». Nell'ambito di quest'ultima funzione, la nuova udienza diviene il luogo di attuazione di alcune delle attività tipiche del predibattimento, tra cui spiccano la verifica della regolare costituzione delle parti e la risoluzione delle questioni preliminari. Come emerge dalla stessa *Relazione illustrativa* al decreto delegato, proprio tali incombenze, infatti, in ragione della loro imprevedibilità, impediscono di solito la predisposizione di un calendario "realistico" di udienze dibattimentali e, in particolare, dell'istruttoria.

Come detto, per ottenere una maggiore deflazione della fase processuale più impegnativa, la Riforma Cartabia ha assegnato all'udienza predibattimentale la funzione, analoga a quella dell'udienza preliminare, di concludere il processo quando, sulla base del complesso degli atti di indagine, ora trasmessi nella loro interezza al giudice in virtù del nuovo enunciato dell'art. 553 c.p.p., emergano elementi inclini al proscioglimento o comunque a non consentire una «ragionevole previsione di condanna».

Con il filtro dell'udienza predibattimentale, dunque, si opera una selezione preliminare delle accuse da sottrarre al vaglio dibattimentale, anche allo scopo di proteggere l'imputato dall'esposizione mediatica ogni volta in cui non sussiste un'effettiva necessità che il dibattimento si celebri[27].

Come vedremo meglio più avanti, un'altra importante funzione attribuita alla nuova udienza "predibattimentale" concerne il controllo dell'imputazione (art. 554-*bis,* commi 5 e 6, c.p.p.). Al giudice predibattimentale è attribuito sia il potere di dichiarare con ordinanza la nullità dell'atto formale di accusa, disponendo la restituzione degli atti al pubblico ministero, nel caso in cui l'addebito non risulti enunciato in forma chiara e precisa; sia il potere di invitare il pubblico ministero ad apportare le necessarie modifiche, affinché la formulazione dell'accusa corrisponda agli atti. Ove non vi provveda, il giudice potrà ordinare la restituzione degli atti.

Le menzionate disposizioni consentono al giudice e alle parti di svolgere una verifica accurata in ordine ai profili connessi alla corrispondenza dell'imputazione agli atti di indagine, in punto di fatto o di definizione giuridica. In questo modo si evita l'inutile restituzione degli atti al pubblico ministero, quando

VALENTINI-D. VIGONI, *Manuale di diritto processuale penale*, IV ed., Giappichelli, Torino, 2023, p. 721.

[27] Sono considerazioni svolte all'interno della *Relazione della Commissione* Lattanzi, cit., p. 31, in cui, stante il ridotto numero di condanne pronunciate in esito al rito a citazione diretta, si ribadisce ancora una volta l'antico saggio adagio in base al quale «il dibattimento, per chi è costretto a subirlo, costituisce già di per sé una "pena", che non deve essere inflitta se ne mancano le ragioni».

l'imputazione è formulata in termini tali da comportare la nullità, consentendo una modifica nel contraddittorio. Al tempo stesso si previene il rischio che le più ampie e diverse questioni riferibili all'imputazione provochino solo in esito al dibattimento un provvedimento di restituzione degli atti al pubblico ministero, ai sensi dell'art. 521 c.p.p., oppure diano luogo a quelle vicende modificative disciplinate dagli artt. 516 e ss. c.p.p., che, in ogni caso, arrecano inefficienza e complicazioni.

L'assetto normativo prodotto così dalla Riforma dà vita ad un'udienza dalla natura ibrida, perché se è assimilabile ad una sorta di udienza preliminare, nelle ipotesi in cui non ricorrono i presupposti per "filtrare" le azioni penali avventate, si atteggia a vera e propria udienza di comparizione dibattimentale, le cui attività sono destinate a produrre i loro effetti negli stadi successivi della fase dedicata al dibattimento e, dunque, sono integralmente volte al perseguimento di una maggiore speditezza della fase "cruciale" del giudizio penale.

4. Analogie e differenze nel raffronto con istituti prospettati in passato

Sono state rilevate alcune similitudini tra l'udienza predibattimentale introdotta dalla Riforma Cartabia e alcuni istituti che, per taluni profili, possono considerarsi a questa comparabili a livello di struttura e funzioni[28]. Tali istituti sono quelli che erano previsti dal progetto di riforma del codice di rito "Dalia" e dalla così detta bozza "Riccio"[29].

---

[28] Alcune similitudini sono evidenziate da E. AMODIO, *Filtro "intraneo" e filtro "estraneo" nella nuova disciplina del controllo per il rinvio a giudizio*, in *Cass. pen.*, 2022, 2, pp. 18-19; A. MARANDOLA, *Introduzione*, in A. MARANDOLA (a cura di), *"Riforma Cartabia" e rito penale. La Legge Delega tra impegni europei e scelte valoriali*, Wolters Kluwer-Cedam, Milano-Padova 2022, XVII. In proposito si veda anche C. TRABACE, *L'udienza predibattimentale che verrà*, in *Arch. pen. web*, 2022, 2, p. 7.

[29] Con d.l. 29 luglio 2004 è stata istituita la Commissione presieduta dal Prof. Dalia, che ha elaborato un progetto di riforma del codice di rito nella prospettiva di valorizzarne le linee fondamentali senza stravolgerlo (così A.A. DALIA, *Relazione Introduttiva*, in A. PENNISI (a cura di), *Verso un nuovo processo penale. Opinioni a confronto sul progetto di riforma Dalia*, Giuffrè, Milano, 2008, p. 17). Tra le più importanti innovazioni il progetto Dalia prevedeva l'introduzione di un'udienza di comparizione in luogo dell'udienza preliminare e l'innesto di un'udienza preliminare all'istruzione dibattimentale, che si sarebbe dovuta collocare nella fase degli atti preliminari al dibattimento. La Commissione di studio per la riforma del codice di procedura penale presieduta dal professor Riccio è stata istituita con d.l. 27 luglio 2006. Il Progetto definitivo elaborato da questa Commissione è stato presentato al Ministro della Giustizia il 19 dicembre

Il progetto Dalia auspicava l'introduzione di una sorta di udienza preliminare all'istruzione dibattimentale, che si collocava nella fase degli atti preliminari al dibattimento e si sarebbe dovuta tenere in camera di consiglio. In essa avrebbe dovuto avere luogo la verifica della regolare costituzione delle parti, la trattazione e la decisione delle questioni preliminari nonché, eventualmente, la definizione del giudizio nelle forme del rito abbreviato o dell'applicazione della pena su richiesta delle parti.

Al contrario di quanto previsto dalla Riforma Cartabia, il controllo sull'imputazione restava estraneo all'udienza prospettata dal Progetto Dalia, mentre aveva corso nella successiva udienza di comparizione. All'interno dell'udienza preliminare all'istruzione dibattimentale il giudice avrebbe avuto soltanto il dovere di operare il proscioglimento anticipato dell'imputato per estinzione del reato quando, per accertare la causa estintiva, non sarebbe stato necessario procedere al dibattimento, secondo il disposto dall'art. 515 del Progetto Dalia, norma di tenore analogo all'attuale art. 469 c.p.p., che oggi non trova applicazione nell'udienza predibattimentale[30].

Per quanto riguarda le richieste probatorie, queste erano state accorpate dal Progetto Dalia nella nuova udienza, all'interno della quale si concentravano le attività dibattimentali volte alle ammissioni probatorie e alla successiva formazione del fascicolo per il dibattimento. Sotto questi aspetti l'attuale udienza predibattimentale si discosta nettamente dal "modello" delineato dal Progetto Dalia. Invero, nel vigente assetto normativo del rito a citazione diretta a giudizio, la formazione del fascicolo per il dibattimento spetta al pubblico ministero prima della celebrazione dell'udienza predibattimentale; d'altro canto, le decisioni riguardo alle richieste probatorie competono al giudice dell'udienza dibattimentale.

Il dato che accomuna l'udienza predibattimentale introdotta con la Riforma Cartabia e l'istituto delineato dal Progetto Dalia è la collocazione nella fase del predibattimento, con le conseguenti funzioni preparatorie dell'attività dibattimentale nonché la circostanza di essere il luogo adibito alla definizione del giudizio con modalità alternative; ma, soprattutto, entrambi gli istituti in parola

---

2007 (*https://www.giustizia.it/giustizia/en/mg_1_12_1.page?contentId=SPS95146*). Per la nota di commento del prof. Riccio si veda *https://www.giustizia.it/giustizia/en/mg_1_12_1.page?contentId=SPS47446*.

[30] Nella *Relazione illustrativa al testo definitivo del d.lgs. 10 ottobre 2022, n. 150*, cit., p. 153, si legge che «non si è espressamente collocata nell'udienza predibattimentale la disciplina dell'art. 469 c.p., allo scopo di continuare a consentire l'operatività di quell'istituto anche nel rito a citazione diretta, per il caso in cui gli eventi lì indicati sopravvengano all'udienza predibattimentale, nella quale, invece, i medesimi esiti sono espressamente previsti e disciplinati. Il tutto in continuità con il rapporto esistente tra pronuncia *ex* art. 425 c.p.p. e pronuncia *ex* art. 469 c.p.p. nei giudizi con udienza preliminare».

condividono l'obiettivo di razionalizzare le attività predibattimentali al fine di consentire la massima speditezza processuale.

Le maggiori differenze, peraltro, si pongono sul piano della funzione di filtro delle accuse azzardate, in quanto il controllo affidato dalla recente novella al giudice dell'udienza predibattimentale risulta analogo, per ampiezza e disciplina, a quello dell'udienza preliminare.

Il Progetto Riccio, da parte sua, prospettava, viceversa, l'introduzione dell'udienza di conclusione delle indagini, per molti aspetti dissimile dal neonato istituto. Nella disciplina dell'udienza predisposta dalla bozza "Riccio", infatti, non si rinvenivano le funzioni preparatorie al dibattimento, oggi caratteristiche dell'udienza di nuovo conio. Tuttavia, quest'ultima condivide anche con l'udienza di conclusione delle indagini la funzione di filtro dalle accuse azzardate, tramite la pronuncia di non luogo a procedere, e la circostanza di essere il luogo d'innesto di percorsi di risoluzione alternativi, quali il rito abbreviato, l'applicazione della pena su richiesta e la sospensione del procedimento con messa alla prova. Inoltre, analogamente a quanto previsto dalla normativa relativa alla nuova udienza predibattimentale, il giudice dell'udienza di conclusione delle indagini non possedeva poteri integrativi delle stesse, determinando in capo al pubblico ministero una responsabilità assoluta in merito alla completezza delle investigazioni. D'altro canto, l'udienza di conclusione delle indagini, come l'udienza preliminare all'istruzione dibattimentale prefigurata dal progetto Dalia, si concludeva con la composizione del fascicolo per il dibattimento, diversamente dall'odierna udienza predibattimentale.

Da quanto sin qui sinteticamente esposto emerge in maniera lampante che l'udienza predibattimentale introdotta con la Riforma Cartabia, così come congegnata, rappresenta un assoluto inedito nel nostro ordinamento.

5. Analogie e differenze con l'udienza preliminare

La disciplina prevista agli art. 554-*bis* c.p.p. e seguenti evidenzia forti punti di contatto con quella dell'udienza preliminare, soprattutto in relazione alla funzione di filtro dalle accuse azzardate e alla possibilità per il giudice, anche d'ufficio, di controllare la correttezza dell'imputazione [31], tanto che in dottrina non è mancato chi, a proposito dell'istituto di cui ci stiamo occupando, ha parlato di «mini-udienza preliminare» [32].

---

[31] Cfr. M. DANIELE, *L'udienza predibattimentale: una sfida per i tribunali*, in *sistemapenale.it*, 16 gennaio 2023, p. 2, il quale ritiene che i profili di somiglianza dell'udienza predibattimentale con l'udienza preliminare siano più numerosi e importanti delle differenze.

[32] L'espressione si ritrova in M. GIALUZ-J. DELLA TORRE, *Il progetto governativo di riforma del-*

Analizzando nel dettaglio le analogie che si riscontrano tra le due udienze si nota l'identità della regola di giudizio, delle modalità di controllo sull'imputazione, della forma e del contenuto dell'epilogo decisorio nonché della disciplina della condanna del querelante alle spese e ai danni, oltre che dell'impugnazione e della revoca della sentenza di non luogo a procedere[33].

Alcuni interrogativi si pongono in merito ad alcune questioni non risolte in maniera esplicita dagli artt. 554-*bis* e 554-*ter* c.p.p. nel raffronto con la disciplina dell'udienza preliminare presente nel rito ordinario.

Anzitutto ci si domanda se il difensore possa depositare le proprie indagini difensive per l'udienza predibattimentale, così come l'art. 391-*octies* c.p.p. prevede per l'udienza preliminare. A una prima lettura delle norme sembrerebbe che tale facoltà non sia concessa. Invero, l'art. 554-*ter* c.p.p. impone che la decisione del giudice dell'udienza predibattimentale si fondi sulla base degli atti del fascicolo del pubblico ministero già trasmessi in virtù del rinnovato art. 553 c.p.p. Tuttavia, tale interpretazione appare eccessivamente restrittiva, soprattutto se si pone mente a quanto stabilito dall'art. 391-*octies* c.p.p., nell'ultimo periodo dei commi 3 e 4. Pur essendo vero che la norma è identificabile nella logica del deposito degli atti difensivi subito dopo la chiusura delle indagini e prima dell'esercizio dell'azione penale, al fine di consentire al pubblico ministero di valutare in maniera compiuta l'opportunità di formulare la richiesta di rinvio a giudizio, è altrettanto innegabile, d'altra parte, che l'assenza di sanzioni previste per il mancato rispetto del termine virtuale pare consentire, in termini temporali, una ampia facoltà di produzione[34].

Allo stesso modo, non è chiaro se nell'udienza predibattimentale trovi spazio una discussione tra le parti dinanzi al giudice, analoga a quella prevista in udienza preliminare dall'art. 421, comma 2, c.p.p., che impone all'interno di questa fase processuale lo svolgimento di un ampio contraddittorio, coinvolgente il pubblico ministero, l'imputato e le altre parti private. In via interpretativa, trat-

---

la giustizia penale approda alla Camera: per avere processi rapidi (e giusti) serve un cambio di passo, in *Sist. pen.*, 2020, 4, p. 182. Nello stesso senso anche N. LA ROCCA, *La prima delega del decennio per la riforma del processo penale: una corsa folle contro il tempo, che ora scorre senza contrappesi*, in *Arch. pen.*, 2020, 1, p. 16; A. MARANDOLA, *Introduzione*, cit., p. XVII. In termini ancora più netti si esprimono A. BASSI-C. PARODI, *La riforma del sistema penale. L. n. 134/2021: la delega e le norme immediatamente applicabili*, Giuffrè, Milano, 2021, p. 37, per i quali l'udienza predibattimentale sarebbe «a tutti gli effetti [...] un'udienza preliminare (anche se definita "predibattimentale")». Nello stesso senso anche A. SPINELLI, *Luci e ombre della nuova udienza predibattimentale*, in *Arch. nuova proc. pen.*, 2022, 6, p. 525, per il quale l'udienza predibattimentale ricalca in modo pressoché pedissequo struttura e funzioni dell'udienza preliminare, «arrivando, nella sostanza, a rappresentarne una duplicazione».

[33] Cfr. C. TRABACE, *op. cit.*, p. 6.

[34] Così F. LOMBARDI, *L'udienza predibattimentale nella Riforma "Cartabia": uno schema operativo con alcuni spunti di riflessione*, in *Giur. pen. web*, 2022, 12, p. 11.

tandosi di udienza camerale, potrebbe ritenersi valida la regola generale sancita dal comma 3 dell'art. 127 c.p.p., secondo cui le parti «sono sentite» se compaiono[35]. In aggiunta si osserva che la discussione, oltre a essere d'aiuto al giudice nell'operare le proprie valutazioni, potrebbe anche spronare l'imputato, specie qualora emergessero prove a carico dotate di una certa solidità, a optare per un rito alternativo al dibattimento[36]: una scelta che il comma 2 dell'art. 554-*ter* c.p.p. impone, a pena di decadenza, prima della decisione conclusiva dell'udienza.

Alcune nette differenze, viceversa, si colgono in modo chiaro sul piano dell'estensione dei poteri del giudice. Sotto questo profilo, nell'udienza predibattimentale, il giudice non può ordinare ulteriori indagini (art. 421-*bis* c.p.p.)[37], né ammettere le prove decisive ai fini del non luogo a procedere (art. 422 c.p.p.).

L'esclusione di siffatti poteri integrativi presenta alcuni vantaggi. Il più lampante è quello di semplificare l'*iter* e, quindi, di renderlo più spedito. Un altro vantaggio è quello di responsabilizzare il pubblico ministero ad esercitare l'azione penale soltanto in presenza di indagini complete, non potendo più la pubblica accusa confidare in un eventuale soccorso giurisdizionale d'ufficio[38]. È stato, peraltro, ben evidenziato che la mancanza di poteri di integrazione potrebbe in certi casi rendere più complicato il compito del giudice[39]: invero, «la valorizzazione delle finalità deflattive avrebbe ben potuto spingere il legislatore a consentire egualmente l'assunzione di prove non impegnative sul piano della tempistica, delle quali possa affermarsi come evidente la decisività ai fini della pronuncia di una sentenza di non luogo a procedere»[40].

A differenza di ciò che è espressamente previsto dall'art. 421 c.p.p. per l'u-

---

[35] Cfr. F. LOMBARDI, *op. loc. cit.*

[36] Così M. DANIELE, *L'udienza predibattimentale*, cit., p. 6.

[37] In proposito si veda S. RENZETTI, *L'udienza preliminare ridisegnata e la nuova udienza di comparizione predibattimentale*, in E.M. CATALANO-R.E. KOSTORIS-R. ORLANDI (a cura di), *Riassetti della penalità, razionalizzazione del procedimento di primo grado, giustizia riparativa*, Giappichelli, Torino, 2023, p. 169. Aderendo alla tesi già avanzata da M. BUSETTO, *Nuova regola di giudizio e integrazioni conoscitive del giudice dell'udienza preliminare*, in *Arch. pen.*, 2023, p. 2 s., l'Autrice auspica l'armonizzazione dei due filtri, «*non già estendendo al giudice predibattimentale i poteri istruttori di cui gode il collega dell'udienza preliminare, bensì, all'opposto, deprivando entrambi dei poteri integrativi*». Di contrario avviso è F. TONDIN, *La nuova regola di giudizio della ragionevole previsione di condanna*, in *Cass. pen.*, 2023, p. 414, secondo cui l'assenza di poteri integrativi rappresenta un punto critico della Riforma Cartabia, perché impedisce al giudice di svolgere la funzione di controllo sull'inazione del pubblico ministero.

[38] Cfr. M. DANIELE, *L'udienza predibattimentale*, cit., p. 5.

[39] Cfr. ancora M. DANIELE, *op. loc. ult. cit.*

[40] Così E. MARZADURI, *Procedimento davanti al tribunale in composizione monocratica*, in M. BARGIS, *Compendio di procedura penale*, XI ed., Wolters Kluver-Cedam, Milano-Padova, 2023, p. 810.

dienza preliminare, all'interno dell'udienza predibattimentale non trova spazio l'ipotesi che l'imputato possa rendere spontanee dichiarazioni o l'interrogatorio [41]. Invero, in relazione alle prime, la previsione dell'art. 494 c.p.p. non opera per questa fase del dibattimento; quanto all'interrogatorio, l'attività probatoria può svolgersi in questa fase soltanto nelle forme e nei termini dell'esame previsto dall'art. 503 c.p.p.

In analogia a quanto avviene per l'udienza preliminare (art. 423, comma 1-*bis*, c.p.p.) [42], si assegna all'udienza predibattimentale «il compito di definire l'oggetto del giudizio» [43], attribuendo al giudice penetranti poteri di controllo sulla correttezza della stesura giuridica e sostanziale dell'imputazione, come vedremo meglio in seguito (art. 554-*bis*, commi 5 e 6, c.p.p.).

Tratto esclusivamente caratteristico dell'udienza predibattimentale è, viceversa, quello di porsi in continuità con la successiva udienza dibattimentale (arg. *ex* art. 554-*ter*, comma 3, c.p.p.), senza la necessaria emissione di un provvedimento analogo a quello del decreto che dispone il giudizio, secondo quanto disposto per l'udienza preliminare dall'art. 424 c.p.p. Le attività compiute in udienza predibattimentale, come ad esempio l'accertamento della regolare costituzione delle parti e la risoluzione delle questioni preliminari, sono poi destinate a produrre i loro effetti nell'eventuale fase dibattimentale. Tale disciplina risulta del tutto coerente con l'obiettivo di razionalizzazione dei tempi dibattimentali.

In altre parole, rispetto all'udienza preliminare, improntata alla logica "dell'uscita" dalle indagini, l'udienza predibattimentale privilegia la prospettiva del-

---

[41] La rinuncia a simili baluardi del diritto di difesa dell'imputato sarebbe da ricondurre alla scelta del legislatore di non ampliare in udienza predibattimentale la piattaforma probatoria: sul punto, in senso critico, si veda F. GIUNCHEDI, *Figlia di un dio minore. Gli ingiustificati deficit dell'udienza predibattimentale*, in *Arch. pen. web*, 20 febbraio 2024, p. 11, il quale osserva come «interrogatorio, esame dell'imputato e sue spontanee dichiarazioni, su un piano dogmaticamente ortodosso, costituiscono strumenti di difesa e quindi si pongono su altro piano».

[42] Tale articolo è stato aggiunto dalla Riforma Cartabia per rispondere «all'esigenza di celere definizione dei procedimenti, in quanto la completezza dell'imputazione e la sua correttezza (in punto di fatto e di diritto), per di più realizzata (salvo contrasti) senza retrocessione degli atti e nel contraddittorio con le parti, per un verso, consente il più rapido superamento dei casi problematici, per altro verso, facilita l'accesso ai riti alternativi, soprattutto se preclusi proprio dalla qualificazione giuridica o, in ogni caso, scoraggiati da fatti mal descritti o qualificazioni errate. La soluzione adottata, oltre a impedire il verificarsi dell'evento anomalo per cui è solo con il decreto di rinvio a giudizio che emerge la qualificazione ritenuta dal giudice, consente altresì di svolgere il dibattimento su un oggetto (in fatto e in diritto) corretto, riducendo il rischio tanto di istruttorie inutili quanto di modifiche (*ex* artt. 516 ss. c.p.p.) o retrocessioni (art. 521 c.p.p.) in corso di dibattimento o, addirittura, in esito ad esso»: così la *Relazione illustrativa al testo definitivo del d.lgs. 10 ottobre 2022, n. 150*, cit., p. 107,

[43] Sul punto cfr. ancora la *Relazione illustrativa al testo definitivo del d.lgs. 10 ottobre 2022, n. 150*, cit., p. 153.

l'eventuale ingresso nel dibattimento, anche attraverso un rigoroso vaglio sull'imputazione[44]. Per queste ragioni sembra preferibile guardare all'udienza predibattimentale più come a un'udienza di comparizione "arricchita" dalla funzione di controllo sull'esercizio dell'azione penale, piuttosto che a una sorta di "mini-udienza preliminare".

6. Il giudice dell'udienza predibattimentale

L'introduzione dell'udienza predibattimentale ha comportato la necessità di individuare il giudice più idoneo a svolgere le funzioni attribuite al nuovo istituto.

Nella scelta del giudice al quale affidare la "conduzione" dell'udienza predibattimentale le possibili proposte sul campo erano soltanto due: assegnare un simile compito ad un magistrato dell'ufficio g.i.p. ovvero ad un giudice dibattimentale. La preferenza è ricaduta su quest'ultima possibilità[45]. L'udienza predibattimentale, quindi, ha introdotto un «filtro intraneo»[46]: la valutazione allo stato degli atti dell'accusa è compiuta da un giudice appartenente allo stesso ufficio che sarà chiamato ad adottare la decisione sul merito, anche se, ovviamente, si dovrà trattare di un magistrato diverso da quello dibattimentale.

Le ragioni in favore di tale opzione sono molto bene illustrate nella Relazione redatta dalla Commissione Lattanzi.

Il primo ordine di ragioni attiene all'attività tipicamente svolta dal giudice dibattimentale: la *Relazione* individua nella figura di questo giudice il profilo «più idoneo ad effettuare la valutazione sulla sufficienza o meno degli elementi raccolti dal pubblico ministero a determinare la condanna dell'imputato»[47], poiché «nella sua tipica attività, [il giudice del dibattimento] applica le regole del giudizio sulla imputazione».

Il secondo ordine di ragioni concerne questioni organizzative, dato che l'aumento di citazioni dirette a giudizio comporterà di conseguenza un numero molto elevato di udienze predibattimentali. Nella *Relazione* si osserva che il numero dei giudici per le indagini preliminari è nettamente inferiore a quello dei giudici dibattimentali, «onde la quantità, che comunque rimarrà elevata, delle richieste

---

[44] Così E. AMODIO, *op. cit.*, p. 19.

[45] Si tratta, del resto, della stessa opzione già operata dal d.d.l. A.C. 2435.

[46] Così E. AMODIO, *op. loc. cit.* L'Illustre Autore sottolinea come in tale modello scompaia la diversità funzionale caratterizzante l'attuale udienza preliminare che, in conformità al modello angloamericano, si basa sull'attribuzione del potere di rinvio a giudizio ad un magistrato estraneo all'ufficio a cui compete la pronuncia di merito.

[47] Così la *Relazione Lattanzi*, cit., p. 32.

del pubblico ministero di disporre il giudizio potrà essere distribuita tra questi ultimi» in modo più equo ed efficiente che rispetto ai primi.

L'ultima considerazione svolta nella relazione Lattanzi attiene alla sfera psicologica. Qui si legge, infatti, l'auspicio che, nei casi di incertezza del quadro "probatorio" in senso lato, la scelta meno impegnativa per il giudice subisca «un'efficace controspinta (...) quando la decisione meno faticosa (ossia quella del rinvio a giudizio) sia effettuata, anziché da magistrati appartenenti ad una diversa ed estranea struttura organizzativa (come è, nei grandi tribunali, la sezione giudice per le indagini rispetto alle sezioni dibattimentali), da magistrati appartenenti alla medesima struttura e, quindi, soggetti ai giudizi di stima dei colleghi». In altre parole, l'individuazione del giudice appartenente ai ranghi dell'ufficio dibattimentale affonda (anche) sul rilievo che, in tal modo, «la valutazione sulla necessità del dibattimento sarà più rigorosa ed effettiva».

Tali considerazioni non sono state condivise da una parte della dottrina[48].

Anzitutto, è stato obiettato che il giudice dibattimentale, proprio perché consapevole della "forza" del contraddittorio nella formazione della prova, potrebbe essere indotto a ritenere i procedimenti sempre meritevoli di un ulteriore approfondimento istruttorio, salvo casi di evidenti lacune investigative[49]. A ben vedere, però, la preoccupazione manifestata pare eccessiva: l'esperienza maturata nella formazione della prova può consentire al giudice predibattimentale una valutazione più ponderata sull'utilità di celebrare il dibattimento, soprattutto nella prospettiva della potenziale idoneità del quadro probatorio a confutare l'ipotesi accusatoria[50]. D'altro canto, i magistrati chiamati a tenere la nuova udienza sono ben consapevoli del fine ultimo perseguito con l'innesto del nuovo istituto *de quo* nel tessuto codicistico, che è appunto la deflazione dibattimentale.

Quanto all'argomentazione di carattere psico-attitudinale, ossia che i giudici

---

[48] In tal senso M. DANIELE, *La riforma della giustizia penale e il modello perduto*, in *Cass. pen.*, 2021, p. 3070; E. MARZADURI, *La Riforma Cartabia*, cit.; G. SPANGHER, *L'udienza predibattimentale e il giudizio abbreviato condizionato: dalla Relazione Lattanzi due discutibili novità*, in *www.ilpenalista.it*, 7 giugno 2021, p. 1; N. TRIGGIANI, *L'udienza predibattimentale monocratica*, in *Proc. pen. giust.*, 2022, p. 143 ss.

[49] Così C. TRABACE, *op. cit.*, p. 7.

[50] R. IANNIELLO, *Osservazioni critiche in merito alla udienza filtro per i procedimenti a citazione diretta*, in *Quest. giust.*, 2021, 4, p. 157, la quale evidenzia che «sul piano culturale, poi, investire il giudice del dibattimento di una valutazione preventiva della consistenza degli elementi accusatori potrebbe indurre preoccupanti mutamenti di prospettiva. Vi è il rischio di una distorsione nell'atteggiamento culturale del giudice chiamato a celebrare l'udienza filtro: sapendo di dover operare per deflazionare il defatigante dibattimento di primo grado, potrebbe divenire più sensibile a emettere sentenze di non luogo a procedere, dando ingresso – nella formazione del suo giudizio – a esigenze che non attengono alla stretta valutazione dei fatti».

del dibattimento sono meglio disposti nei confronti dei provvedimenti motivati come la sentenza di non luogo a procedere, sembra di trovarsi di fronte ad un assioma indimostrato[51].

Sul piano organizzativo, tuttavia, la scelta di affidarsi ad un giudice diverso da quello del dibattimento, ma tratto dagli stessi organici, va in controtendenza rispetto agli obiettivi di semplificazione[52]. Tale modello potrebbe non essere sostenibile con gli attuali organici degli uffici giudiziari[53] e potrebbe comportare alcuni seri inconvenienti generati dal regime delle incompatibilità di cui all'art. 34 c.p.p., in particolare nelle realtà giudiziarie medio-piccole[54]. Come è stato

---

[51] Così G. SPANGHER, *L'udienza predibattimentale e il giudizio abbreviato condizionato*, cit., p. 1: «sono sicuramente tutte da verificare le argomentazioni per le quali la valutazione di questo giudice si lascerebbe apprezzare rispetto al giudice dell'udienza preliminare, sotto i vari profili – indicati nella Relazione – peraltro a doppio taglio: maggiore idoneità valutativa, adeguato numero di giudici dibattimentali, maggiore disponibilità all'impegno motivazionale».

[52] In senso critico su questa opzione del riformatore si esprime A. DIDDI, *L'udienza-filtro nei procedimenti davanti al tribunale in composizione monocratica*, in *Dir. pen. e proc.*, 2023, p. 180.

[53] Si vedano, al riguardo, le osservazioni critiche espresse dal CSM nella *Delibera* 22 settembre 2022, p. 24, in *www.csm.it*.

[54] Così N. TRIGGIANI, *op. cit.*, p. 151, il quale evidenzia che all'interno dei tribunali medio-piccoli, che sono la maggioranza in Italia, la scarsità di magistrati non consente ai criteri tabellari di riassegnazione dei procedimenti di superare i problemi organizzativi generati dall'introduzione del nuovo istituto, producendo ulteriori dilatazioni nelle tempistiche processuali. Cfr. anche R. IANNIELLO, *op. cit.*, p. 157, secondo la quale «negli uffici di medie e piccole dimensioni, la criticità organizzativa riguarderà non tanto l'imponenza dei numeri quanto il pericolo di assenza di un numero di giudici sufficiente a fronteggiare le nuove esigenze. Qualche esempio concreto: presso il Tribunale di Terni [...], al dibattimento penale sono assegnati solo quattro giudici. Con numeri così esigui non sarà facile assicurare la celebrazione dell'udienza filtro e la successiva fase dibattimentale innanzi al giudice terzo: basterà a mettere in crisi il sistema qualche assenza per maternità, qualche congedo per malattia, qualche collocamento fuori ruolo al Ministero della giustizia o qualche applicazione extradistrettuale». Per scongiurare l'incompatibilità, la circolare D.A.G. del 20 ottobre 2022 prevede, tra le "Segnalazioni organizzative", una serie di accorgimenti, tra i quali, in primo luogo, la necessaria «rimodulazione del documento tabellare nella parte relativa all'organizzazione delle udienze monocratiche attraverso la previsione di criteri predeterminati di abbinamento fisso (ed eventualmente reciproco ove le dimensioni organiche lo impongano) tra il magistrato che è chiamato a celebrare l'udienza *ex* art. 554-*bis* c.p.p. e quello che sarà investito del compito della celebrazione del dibattimento», e la individuazione di «specifiche soluzioni (...) per quegli Uffici in cui i magistrati addetti al settore monocratico svolgano anche funzioni di componenti del tribunale del riesame in relazione alle procedure di riesame c.d. reale. Ovviamente, in questi casi, dovrà provvedersi all'adozione di un modulo organizzativo (necessariamente parametrato sulle dimensioni dell'ufficio) che scongiuri ragioni d'incompatibilità tra i componenti del collegio di questa fase incidentale ed i magistrati del settore monocratico investiti della cognizione predibattimentale e dibattimentale sui medesimi procedimenti. In tali evenienze, un'eventuale soluzione potrebbe, ad esempio, rinvenirsi nel coinvolgimento, sempre secondo criteri predeterminati, dei giudici per le indagini pre-

ben messo in luce in dottrina, per scongiurare simili gravi complicazioni, una novella di siffatta portata avrebbe dovuto essere preceduta da un'imponente immissione in ruolo di nuovi magistrati, oltre che di personale amministrativo e di cancelleria [55].

La questione, di recente, è emersa con forza in un procedimento penale, celebrato dinanzi al Tribunale di Siena, relativo ad una imputazione di oltraggio a pubblico ufficiale (art. 341-*bis* c.p.). Nel corso di quel procedimento il giudice dell'udienza predibattimentale aveva disposto la prosecuzione del giudizio davanti ad un giudice diverso, individuato secondo i criteri di assegnazione degli affari previsti nella tabella di organizzazione dell'ufficio. A causa della temporanea indisponibilità del giudice designato ("il giudice diverso") il Presidente del Tribunale aveva adottato un provvedimento di supplenza assegnando allo *iudex suppletor* l'intero ruolo del magistrato in origine designato.

Tuttavia, il giudice supplente era la stessa persona fisica che aveva già celebrato l'udienza predibattimentale, ossia colui che, dopo avere avuto accesso agli atti del fascicolo del pubblico ministero, aveva formulato la «ragionevole previsione di condanna» alla base della prosecuzione del giudizio davanti al "giudice diverso".

Il magistrato del Tribunale di Siena, escluso il ricorso all'istituto dell'astensione, ha evidenziato che il giudice del "predibattimento" è chiamato a compiere una valutazione "di merito" sulla consistenza dell'ipotesi d'accusa; una situazione che, in qualche modo, ne pregiudica la terzietà, con possibile lesione per il diritto di difesa. È di tutta evidenza che la situazione è sostanzialmente sovrapponibile a quella che si determina tra giudice dell'udienza preliminare e giudice dibattimentale.

Ma mentre il codice di rito prevede in modo espresso l'incompatibilità tra il giudice dell'udienza preliminare e il giudice del dibattimento (art. 34, comma 2, c.p.p.), un caso analogo di incompatibilità non è stato previsto per la progressione riguardante l'udienza predibattimentale e quella dibattimentale. L'omissione sembra scaturire dalla circostanza che la legge delega non ha attribuito al Governo il potere di introdurre ipotesi di incompatibilità.

---

liminari (non funzionalmente incompatibili) quali giudici dell'udienza predibattimentale limitatamente alle procedure ove sia impossibile individuare a tal fine un giudice del settore monocratico».

[55] In tal senso si veda G. SPANGHER, *Riforma processo penale: l'udienza predibattimentale nel rito monocratico*, in *Quot. giur.*, 6 settembre 2021, il quale prefigura il rischio che un procedimento finora gestito da un unico magistrato veda coinvolti due o addirittura tre giudici diversi, in caso di annullamento con rinvio della sentenza di non luogo a procedere appellata dal pubblico ministero. Si è allora paventato che, ancora una volta, si dovrà ricorrere al supporto dei giudici onorari, la cui competenza risulta oggi più estesa per via del significativo ampliamento delle fattispecie incriminatrici previste all'art. 550 c.p.p.: per queste interessanti e condivisibili considerazioni si veda F. D'ALESSIO, *La nuova udienza predibattimentale nel rito monocratico con citazione diretta*, in G. SPANGHER (a cura di), *La Riforma Cartabia*, Pacini, Pisa, 2022, p. 528.

Dopo aver escluso – correttamente – la possibilità di colmare in via analogica una simile lacuna, il Tribunale di Siena ha investito della questione la Corte costituzionale, sollecitando l'emissione di una sentenza additiva al dettato normativo dell'art. 34 c.p.p.: invero, l'omessa previsione dell'incompatibilità in parola si pone in aperto contrasto con i fondamentali valori della terzietà e dell'imparzialità della giurisdizione, collegati alla garanzia del giusto processo, nonché con una serie di parametri costituzionali e convenzionali frequentemente evocati nella giurisprudenza del Giudice delle leggi in ordine all'art. 34 c.p.p., oltre che con il principio-valore di eguaglianza e ragionevolezza[56].

Con la sentenza n. 179/2024 la Corte costituzionale ha ritenuto fondata la censura sotto il profilo della violazione degli artt. 24, comma 2, e 111, comma 2, Cost. In particolare, la Consulta ha affermato che «la sola prescrizione della diversità del giudice del dibattimento rispetto a quello predibattimentale non è sufficiente ad assicurare la piena garanzia del giusto processo, trattandosi di una fattispecie in cui il pregiudizio all'imparzialità e terzietà del giudice del dibattimento è di gravità tale da dover essere necessariamente prevista in via generale e predeterminata come ipotesi di incompatibilità». L'Alto Collegio, inoltre, ha ritenuto violato anche l'art. 3 Cost., osservando che il giudice dell'udienza preliminare e il giudice dell'udienza predibattimentale, come diremo più avanti, sono soggetti alla medesima regola decisoria secondo cui il giudice pronuncia sentenza di non luogo a procedere quando gli elementi acquisiti non consentono di formulare «una ragionevole previsione di condanna». Viceversa, l'art. 34, comma 2, c.p.p. detta una disciplina ingiustificatamente differenziata, nella misura in cui prevede l'incompatibilità a partecipare al giudizio soltanto per il giudice che ha emesso il provvedimento conclusivo dell'udienza preliminare e non anche per il giudice dell'udienza predibattimentale.

A conclusione dei suoi serrati ragionamenti, dunque, la Corte è intervenuta con una pronuncia di illegittimità costituzionale di tipo additivo sul tessuto dell'art. 34, comma 2, c.p.p., introducendo anche in nome di esigenze di certezza del diritto, una nuova situazione di incompatibilità in modo da assicurare la garanzia del giusto processo e dei valori di terzietà e imparzialità della giurisdizione.

7. Le attività dell'udienza predibattimentale

Passiamo adesso ad analizzare più in dettaglio le attività che devono essere necessariamente compiute nell'udienza di comparizione predibattimentale. Co-

[56] Cfr. Trib. Siena, ordinanza 14 febbraio 2024, in *http://www.questionegiustizia.it/articolo/nota-ord-siena-2024*.

me accennato, tali attività possono essere ordinate in due ampi gruppi. La prima categoria riguarda le attività tipiche dell'udienza preliminare, delineate dall'art. 554-*bis*, commi 5, 6 e 7, e dall'art. 554-*ter*, commi 1 e 2, c.p.p., comprensive del controllo sulla correttezza dell'imputazione, dell'accesso ai riti alternativi e, soprattutto, del vaglio sull'esercizio dell'azione penale con l'eventuale pronuncia della sentenza di non luogo a procedere. La seconda categoria concerne le attività più peculiari della "prima udienza di comparizione", di cui si occupano i commi 2, 3 e 4 dell'art. 554-*bis* c.p.p.: questi ultimi attengono alla verifica della regolare costituzione delle parti, alla risoluzione delle questioni preliminari e alla verifica della volontà di rimessione della querela. Tali attività processuali, a differenza di ciò che avviene nell'udienza preliminare, sono destinate a produrre effetto nella successiva fase istruttoria, qualora l'*iter* non si arresti prima.

7.1. La costituzione delle parti

L'udienza predibattimentale si svolge in camera di consiglio con la partecipazione necessaria del pubblico ministero e del difensore dell'imputato (art. 554-*bis*, comma 1, c.p.p.).

In base al comma 2 dell'art. 554-*bis* c.p.p., la prima attività da compiere è la verifica della regolare costituzione delle parti, alla quale il giudice dell'udienza predibattimentale procede secondo la nuova disciplina in tema di assenza[57]. Il giudice effettua i relativi accertamenti, «ordinando la rinnovazione degli avvisi, delle citazioni, delle comunicazioni e delle notificazioni di cui dichiara la nullità».

Si è posto così fine ad un contrasto giurisprudenziale[58] in ordine alle conseguenze del provvedimento con cui il giudice abbia ordinato la restituzione degli atti al pubblico ministero per vizi di notifica degli atti sopra citati, affinché sia la

[57] Come prevede l'ultimo periodo del medesimo comma 2 dell'art. 554-*bis* c.p.p., «se l'imputato non è presente, si applicano le disposizioni di cui agli articoli 420, 420-*bis*, 420-*ter*, 420-*quater*, 420-*quinquies* e 420-*sexies*». La Riforma Cartabia ha introdotto criteri più stringenti per la dichiarazione di assenza, potendo procedersi a giudizio soltanto in caso di certezza della volontarietà della mancata partecipazione da parte dell'imputato; in caso contrario, il giudice dovrà pronunciare sentenza di non doversi procedere revocabile, ai sensi degli artt. 420-*quater* e 420-*sexies* c.p.p.

[58] Si veda Cass., Sez. Un., 29 maggio 2002, n. 28807, Manca, in *Cass. pen.*, 2002, p. 3363, secondo la quale, nel caso di «nullità della notificazione del decreto di citazione o di inosservanza del termine stabilito dall'art. 552, comma 3, c.p.p., il giudice del dibattimento deve provvedere egli stesso a rinnovare la notifica e non può disporre la restituzione degli atti al pubblico ministero con un provvedimento che, determinando una indebita regressione del processo, si configurerebbe come abnorme». In argomento cfr. C. DELL'AGLI, *L'autorità competente alla rinnovazione della citazione e la regola di regressione: un equanime definitivo rimedio delle Sezioni Unite ad uno sterile* empasse *ermeneutico giurisprudenziale*, in *Arch. nuova proc. pen.*, 2005, p. 485 ss.

pubblica accusa a provvedere alle incombenze in tal senso. A fronte di alcune pronunce che avevano ritenuto illegittima l'adozione di un provvedimento restitutorio, di recente la corte di cassazione è giunta ad escludere l'abnormità di questo provvedimento [59], sia a livello strutturale che funzionale, poiché «la restituzione degli atti al pubblico ministero, tutt'altro che avulsa dal sistema processuale, è espressione dei poteri ordinatori riconosciuti al giudice»: essa, inoltre, non provoca «una indebita stasi del procedimento, che l'organo dell'accusa ha la possibilità di riattivare procedendo alla rinnovazione» [60].

Il giudice, quando non sussistono le condizioni per pronunciare la sentenza di non luogo a procedere e non si sia dato corso ai riti semplificati, «fissa per la prosecuzione del giudizio la data dell'udienza dibattimentale davanti ad un giudice diverso» (art. 554-*ter*, comma 3, c.p.p.). Il dato normativo, incentrato sul vocabolo "prosecuzione", lascia chiaramente intendere che si tratta di un rinvio ad altra udienza nell'ambito della medesima fase processuale [61]. In tal modo il legislatore, nella prospettiva efficientistica, assicura il risultato di recuperare al dibattimento tutte quelle attività "preparatorie", spesso assai dispendiose. Peraltro, trattandosi di un "mero rinvio", la data della "nuova" udienza non deve essere notificata all'imputato, ma soltanto comunicata al difensore di quest'ultimo presente all'udienza stessa. L'interpretazione esposta è suffragata dalla Relazione al decreto delegato, ove si legge che «l'udienza predibattimentale è destinata, però, anche a definire tutti i profili prodromici al dibattimento vero e proprio, relativi, in primo luogo, alla costituzione delle parti (con necessaria anticipazione in questa sede della costituzione delle parti e conseguente adeguamento anche delle disposizioni contenute nell'articolo 79 c.p.p.), alle questioni preliminari e all'accesso ai riti».

Come contrappeso si è previsto che l'udienza dibattimentale dovrà tenersi almeno dopo venti giorni dall'adozione del provvedimento con cui il giudice fissa la data dell'udienza dibattimentale (art. 554-*ter*, comma 4, c.p.p.). Il legislatore, così, ha voluto concedere un termine dilatorio per consentire alla difesa di poter preparare al meglio la strategia processuale, anche in vista della presenta-

---

[59] Cfr. Cass., Sez. II, 17 luglio 2020, n. 24633, Bonculescu, in *CED Cass.*, n. 279668; in senso difforme, tuttavia, Cass., Sez. I, 27 maggio 2022, *ivi*, n. 283389-01, che ha ritenuto abnorme il provvedimento con cui «il giudice di pace, dichiarata non rituale la citazione a giudizio per nullità della notificazione, disponga la restituzione degli atti al pubblico ministero perché vi adempia, posto che determina una indebita regressione del procedimento, in quanto rientra nei poteri del giudice ordinare, in tal caso, la rinnovazione della citazione».

[60] Così la *Relazione dell'Ufficio del Massimario della Corte Suprema di Cassazione n. 2/2023*, cit., p. 144.

[61] Osserva F. D'ALESSIO, *op. cit.*, p. 535, che «per "*prosecuzione*" debba intendersi un passaggio temporale, senza soluzione di continuità, da un momento all'altro di una stessa attività o, per l'appunto, fase».

zione delle liste testimoniali. Queste ultime, invero, restano estranee all'udienza predibattimentale, data la loro tipica natura istruttoria. Seguendo la regola generale, il loro deposito dovrà avvenire, a pena di inammissibilità, almeno sette giorni liberi prima dell'udienza dibattimentale (art. 555, comma 1, c.p.p.).

Curiosamente la disposizione non fa riferimento alla necessaria indicazione delle circostanze sulle quali deve vertere l'esame delle fonti dichiarative indicate nelle liste. La "dimenticanza", come è stato sostenuto, può essere superata facendo leva sull'ultimo comma del medesimo articolo, ove si stabilisce che, per quanto non previsto, «si osservano le disposizioni contenute nel libro settimo, in quanto compatibili» [62].

7.2. La costituzione di parte civile

In seguito alla Riforma, come detto, la costituzione delle parti nel rito a citazione diretta deve avvenire nell'udienza predibattimentale. Ciò naturalmente vale anche per il danneggiato dal reato che intenda esercitare l'azione civile nel corso di tale rito. In base al novellato art. 79, comma 2, c.p.p., infatti, il danneggiato dal reato deve costituirsi parte civile all'interno dell'udienza predibattimentale.

Tuttavia, la nuova formulazione del secondo capoverso dell'art. 79 c.p.p. risulta ambigua e rischia di comportare equivoci interpretativi. L'attuale enunciato prevede due diversi termini per la costituzione a pena di decadenza, a seconda che si proceda con o senza udienza preliminare. Nel primo caso, la costituzione di parte civile può avvenire soltanto nell'ambito dell'udienza preliminare e non più successivamente, prima dell'apertura del dibattimento. Nel secondo caso, ossia quando manchi l'udienza preliminare, la costituzione *de qua* può avvenire «fino a che non siano compiuti gli adempimenti previsti dall'art. 484 o dall'art. 554-*bis*, comma 2, c.p.p.». Ecco che può sorgere il dubbio se le due "strade", ossia quella della costituzione di parte civile in udienza predibattimentale (art. 554-*bis*, comma 2, c.p.p.) ovvero fino agli adempimenti previsti dall'art. 484 c.p.p. per l'udienza dibattimentale, risultino entrambe percorribili, quando si procede con citazione diretta, oppure se l'una escluda l'altra.

Il dato letterale del comma 2 dell'art. 79 c.p.p. e il richiamo contenuto nell'art. 555 c.p.p., in virtù del quale sono applicabili al rito a citazione diretta, in quanto compatibili, le disposizioni contenute nel libro settimo del codice di rito, tra cui dunque anche l'art. 484 c.p.p., porterebbero a ritenere praticabili le due

[62] In tal senso F. ZACCHÉ, *Procedimento davanti al tribunale in composizione monocratica*, in G. UBERTIS (a cura di), *Sistema di procedura penale*, vol. II, II ed., Giuffrè Francis Lefebvre, Milano, 2023, p. 617.

opzioni segnalate. Peraltro, le norme in tema di udienza predibattimentale, come è stato acutamente osservato, non prevedono alcuna decadenza specifica per la costituzione di parte civile[63].

Tuttavia, ponendo mente soprattutto alla funzione dell'udienza predibattimentale, che è la sede naturale di risoluzione di tutte le questioni preliminari al dibattimento, si è portati a rigettare la tesi interpretativa della sostanziale equipollenza[64]. Soccorre al riguardo il comma 3 dell'art. 554-*bis* c.p.p. Qui si prevede che le questioni preliminari di cui all'art. 491, commi 1 e 2, c.p.p. o quelle che la legge prevede siano proposte entro i termini indicati nel comma 1 della suddetta norma, tra cui figura proprio la vicenda inerente alla costituzione di parte civile, sono precluse se non sono proposte subito dopo compiuto per la prima volta l'accertamento della costituzione delle parti; tali questioni sono decise immediatamente e non possono essere riproposte nell'udienza dibattimentale.

Del resto, dalla lettura della Relazione illustrativa al decreto delegato, emerge in maniera nitida che la volontà del legislatore era proprio quella di introdurre uno sbarramento temporale alla costituzione di parte civile nei procedimenti con udienza preliminare e, «per esigenze di coordinamento», in quelli con la c.d. udienza filtro nel rito a citazione diretta.

Può pertanto concludersi che, nei procedimenti a citazione diretta a giudizio, la costituzione di parte civile debba avvenire nell'udienza predibattimentale; tuttavia, il danneggiato dal reato potrà costituirsi come parte civile nella fase introduttiva del giudizio dibattimentale, prima che siano ultimati gli accertamenti relativi alla costituzione delle parti *ex* art. 484 c.p.p., soltanto quando l'udienza predibattimentale non abbia luogo, ossia in caso di giudizio immediato e di giudizio direttissimo[65].

7.3. Le questioni preliminari

Tra le attività che si collocano all'interno dell'udienza predibattimentale, tipiche dell'udienza "di comparizione" e che producono effetti definitivi nel dibattimento, vi è anche la risoluzione delle "questioni preliminari". Si tratta di temi riguardanti la preparazione e l'organizzazione del dibattimento, individuati dal legislatore rinviando, per il tramite dell'art. 554-*bis*, comma 3, c.p.p., a quelli

---

[63] Così F. D'Alessio, *op. cit.*, p. 536.

[64] Sul punto si veda la *Relazione dell'Ufficio del Massimario della Corte Suprema di Cassazione n. 2/2023*, cit., p. 144.

[65] Cfr. la *Relazione dell'Ufficio del Massimario della Corte Suprema di Cassazione n. 2/2023*, cit., p. 144.

già indicati nell'art. 491, commi 1 e 2, c.p.p., ovvero proponibili entro i termini di cui all'art. 491, comma 1, c.p.p.

In particolare, vengono in rilievo le eccezioni relative alla competenza per territorio[66] o per connessione, la riunione o separazione dei giudizi, le nullità di cui all'art. 181, commi 2 e 3, c.p.p., la già menzionata vicenda della costituzione di parte civile, la citazione e l'intervento del responsabile civile e della persona civilmente obbligata per la pena pecuniaria e l'intervento degli enti e associazioni di cui all'art. 91 c.p.p., le questioni riguardanti il contenuto del fascicolo per il dibattimento, ma anche quelle attinenti al difetto di attribuzioni del giudice monocratico rispetto al giudice collegiale *ex* art. 33-*quinquies* c.p.p.

Tali eccezioni devono essere presentate entro il termine preclusivo del momento subito successivo a quello in cui viene compiuta per la prima volta la verifica della costituzione delle parti (art. 554-*bis*, comma 3, ultima parte, c.p.p.): esse «non possono essere riproposte nell'udienza dibattimentale», qualora siano state rigettate dal giudice dell'udienza predibattimentale.

Le questioni preliminari sono decise all'esito di una discussione contenuta nei limiti di tempo strettamente necessari alla loro illustrazione, con un'unica ordinanza motivata che non è impugnabile, ma può essere censurata insieme alla sentenza conclusiva del grado di giudizio, come tutte le ordinanze che intervengano nel corso del giudizio (*ex* art. 586 c.p.p.)[67]. La *ratio d*ella preclusione si pone in linea con gli obiettivi di razionalizzazione perseguiti dalla riforma. Infatti, nelle ipotesi in cui l'epilogo dell'udienza predibattimentale sarà la prosecuzione dell'*iter* processuale, ciò non graverà sull'economia della sequenza procedimentale, in quanto nell'udienza predibattimentale avranno già trovato soluzione quelle incombenze processuali che prima della riforma erano trattate nella "udienza di comparizione".

---

[66] Merita ricordare che, in attuazione dell'art. 1, comma 13, lett. *n*) della legge delega, la Riforma Cartabia ha configurato un meccanismo incidentale di rinvio pregiudiziale alla Corte di cassazione, regolato dagli artt. 24-*bis* e 25 c.p.p., per rispondere alle istanze di efficienza e di ragionevole durata. La decisione assunta dalla Corte ha carattere vincolante nell'ambito del processo: la mancata attivazione dell'incidente diretto ad investire il giudice di legittimità ad opera della parte che ha eccepito l'incompetenza per territorio preclude alla stessa parte la possibilità di riproporre l'eccezione nel corso del procedimento. Sul tema si veda S. LONATI, *L'udienza preliminare*, in D. CASTRONUOVO, M. DONINI, E.M. MANCUSO, G. VARRASO, *Riforma Cartabia. La nuova giustizia penale*, Wolters Kluwer, Milano, 2023, p. 708; F. RICOTTA, *I nuovi controlli sulla competenza per territorio*, in G. SPANGHER (a cura di), *La Riforma Cartabia*, cit., p. 644 ss.

[67] Sul punto cfr. la *Relazione dell'Ufficio del Massimario della Corte Suprema di Cassazione* n. 2/2023, cit., p. 146.

7.4. Il tentativo di conciliazione

Al giudice dell'udienza predibattimentale è imposto, altresì, di verificare se c'è la possibilità di evitare il giudizio dibattimentale in altri modi. Uno di questi è il tentativo di "conciliazione", che è una tipica attività di un'udienza di comparizione. Un simile tentativo deve essere intrapreso in maniera obbligatoria dal giudice quando il reato è perseguibile a querela. Più in particolare, il compito del giudice è quello di appurare se vi è la disponibilità, da un lato, della persona offesa a rimettere la querela e, dall'altro lato, del querelato ad accettare la remissione (art. 554-*bis*, comma 4, c.p.p.).

Molto opportunamente il legislatore ha preferito affidare il tentativo di conciliazione ad un giudice diverso da quello che potrebbe essere chiamato a decidere sulla colpevolezza dell'imputato nel dibattimento vero e proprio. La soluzione accolta è apprezzabile per due ordini di ragioni. In primo luogo, in tal modo viene tutelata l'imparzialità del giudice dibattimentale, che non rischia di venir meno a causa dell'attività di "mediazione" svolta [68]. L'altro beneficio è che le parti in causa restano libere di partecipare alla conciliazione, senza doversi preoccupare delle ripercussioni che il loro atteggiamento potrebbe produrre nel giudizio [69].

Come è stato ben sottolineato, l'istituto in parola sarà in grado di svolgere un'effettiva e reale funzione deflattiva del dibattimento per i reati perseguibili a querela soltanto laddove il giudice non si limiti a una mera verifica della volontà delle parti [70]. Forse, in questa prospettiva, «sarebbe stato più opportuno introdurre uno strumento conciliativo vero e proprio, alla stregua di quello previsto nel giudizio dinanzi al Giudice di Pace, dall'art. 29 d.lgs. n. 274/2000» [71]. Nulla vieta comunque al giudice dell'udienza predibattimentale, se dovesse prendere

---

[68] Cfr. G. GARUTI, *Il procedimento per citazione diretta a giudizio davanti al tribunale*, Giuffrè, Milano, 2003, p. 187; S. LONATI, *Il procedimento penale davanti al tribunale in composizione monocratica: aspetti problematici e soluzioni interpretative*, Giappichelli, Torino, 2017, p. 138.

[69] In questo senso cfr. G. GARUTI, *op. loc. cit.*; nonché S. LONATI, *Il procedimento penale davanti al tribunale in composizione monocratica*, cit., p. 138.

[70] In tal senso cfr. ancora G. GARUTI, *op. cit.*, p. 185; cfr. S. LONATI, *Il procedimento penale davanti al tribunale in composizione monocratica*, cit., p. 137.

[71] Così F. D'ALESSIO, *op. cit.*, p. 538, il quale richiama l'art. 29, comma 4, d.lgs. n. 274/2000, ove si stabilisce che «il giudice, quando il reato è perseguibile a querela, promuove la conciliazione tra le parti. In tal caso, qualora sia utile per favorire la conciliazione, il giudice può rinviare l'udienza per un periodo non superiore a due mesi e, ove occorra, può avvalersi anche dell'attività di mediazione di centri e strutture pubbliche o private presenti sul territorio. In ogni caso, le dichiarazioni rese dalle parti nel corso dell'attività di conciliazione non possono essere in alcun modo utilizzate ai fini della deliberazione».

atto dell'impraticabilità della remissione della querela, di suggerire alle parti di intraprendere programmi di giustizia riparativa, senza per questo travalicare le proprie attribuzioni [72].

È ovvio che, qualora la querela venga rimessa, il giudice dell'udienza predibattimentale sarà tenuto a pronunciare una sentenza di non doversi procedere per il venir meno di una condizione di procedibilità; in caso contrario, il rito proseguirà nelle forme ordinarie.

7.5. Il controllo sui vizi dell'imputazione

Tra le attività inquadrabili come tipiche dell'udienza preliminare vi sono quelle inerenti al controllo formale e sostanziale sull'imputazione, di cui si occupano i commi 5 e 6 dell'art. 554-*bis* c.p.p. Come abbiamo accennato poco sopra, al giudice dell'udienza predibattimentale sono stati attribuiti dal legislatore alcuni penetranti poteri di controllo sull'imputazione [73], al fine di promuoverne l'adeguamento sotto il duplice profilo della completezza descrittiva del fatto e dell'esattezza della definizione giuridica.

Già si è notato che la disciplina risulta sostanzialmente identica a quella prevista per l'udienza preliminare dagli artt. 421, comma 1 e 423, comma 1-*bis* c.p.p.: anche l'udienza predibattimentale è configurata, dunque, come il luogo di definizione dell'oggetto del giudizio.

È noto che il decreto di citazione diretta a giudizio deve contenere «l'enunciazione del fatto, in forma chiara e precisa, delle circostanze aggravanti e di quelle che possono comportare l'applicazione di misure di sicurezza, con l'indicazione dei relativi articoli di legge» (art. 552, comma 1, lett. *c*), c.p.p.) [74]. Tra i vizi dell'imputazione viene presa in considerazione *in primis* l'ipotesi della genericità dell'addebito. In tale evenienza il giudice, «anche d'ufficio, sentite le parti, invita il pubblico ministero a riformulare l'imputazione e, ove lo stesso non vi provveda, dichiara con ordinanza la nullità dell'imputazione e dispone la restituzione degli atti al pubblico ministero» (art. 554-*bis*, comma 5, c.p.p.).

Con tale enunciato normativo il legislatore ha recepito in pieno il rimedio endofasico dialogico escogitato dalle Sezioni Unite nella pronuncia Battistella con

---

[72] Si veda in proposito la *Relazione dell'Ufficio del Massimario della Corte Suprema di Cassazione n. 2/2023*, cit., p. 147.

[73] Sul punto cfr. ancora la *Relazione dell'Ufficio del Massimario della Corte Suprema di Cassazione n. 2/2023*, cit., p. 147.

[74] Il decreto di citazione a giudizio ha un contenuto più complesso rispetto al rito con udienza preliminare (art. 429 c.p.p.): sul punto cfr. P. TONINI-C. CONTI, *Manuale di procedura penale*, Giuffrè Francis Lefebvre, Milano, 2023, p. 917.

riferimento all'udienza preliminare[75]. Il riformatore ha riconosciuto una volta per tutte il potere del giudice – anche dell'udienza predibattimentale – di dichiarare la nullità dell'imputazione "generica", restituendo gli atti al pubblico ministero, ma soltanto dopo aver sollecitato la pubblica accusa a provvedere alle necessarie modifiche della stessa[76]. Viene così superato, almeno per quanto riguarda il rito a citazione diretta, quel contrasto giurisprudenziale in merito al potere del giudice del dibattimento di sollecitare il pubblico ministero a precisare l'imputazione generica[77]. In forza della nuova disciplina, l'eventuale genericità o indeterminatezza dell'imputazione contenuta nel decreto di citazione per l'udienza di comparizione predibattimentale deve essere eccepita, o eventualmente rilevata d'ufficio, nell'ambito dell'udienza stessa, nel corso della quale il giudice, sentite le parti, è tenuto a invitare il pubblico ministero a riformulare l'imputazione in termini conformi alle prescrizioni di legge. Soltanto nell'evenienza in cui il magistrato requirente non assecondi l'invito in parola, il giudice potrà – *rectius*, dovrà – procedere alla relativa declaratoria di nullità e conseguente restituzione degli atti.

Resta da chiarire di che tipo di nullità si tratti. In passato la giurisprudenza, con riguardo alla specifica previsione contemplata dall'art. 552, comma 2, c.p.p., ha sempre qualificato come a regime relativo tale nullità speciale[78]. Tuttavia, la circostanza che l'art. 554-*bis*, comma 5, c.p.p. consenta al giudice di dichiarare d'ufficio la nullità *de qua,* sia pure soltanto a seguito della mancata attivazione del pubblico ministero, rinvigorisce la tesi secondo cui si tratterebbe di una nullità intermedia di ordine generale *ex* art. 178, lett. *c*), c.p.p., rilevabile en-

---

[75] Cass., Sez. Un., 20 dicembre 2007, n. 5307, in *Cass. pen.*, 2008, p. 2310, con nota di L. PISTORELLI, *Imputazione generica o indeterminata e poteri del giudice dell'udienza preliminare nell'interpretazione delle sezioni unite della Cassazione.*

[76] Sul punto cfr. la *Relazione dell'Ufficio del Massimario della Corte Suprema di Cassazione n. 2/2023*, cit., p. 147. In argomento si veda M. DANIELE, *L'udienza predibattimentale*, cit., p. 4; L. FORTE, *L'udienza predibattimentale: tra "nuova" regola di giudizio ed efficienza nel "sistema Cartabia"*, in *Dir. pen. e proc.*, 2023, 3, p. 458.

[77] Una parte della giurisprudenza afferma che il giudice del dibattimento – a differenza del giudice dell'udienza preliminare – non può sollecitare il pubblico ministero a correggere i vizi dell'imputazione, posto che il decreto di rinvio a giudizio (429, comma 2, c.p.p.) e la citazione diretta a giudizio (art. 552, comma 2 c.p.p.) contemplano in modo espresso la nullità per l'ipotesi dell'imputazione generica: in tal senso si veda Cass., Sez. VI, 25 settembre 2019, n. 44394, in *CED Cass.*, n. 277376; Cass., Sez. II, 18 aprile 2019, n. 23545, *ivi*, n. 276105. All'opposto, altra giurisprudenza ritiene «*abnorme il provvedimento con cui il giudice del dibattimento dispone la restituzione degli atti al pubblico ministero per genericità o indeterminatezza dell'imputazione, senza avergli previamente richiesto di precisarla*»: cfr. Sez. VI, 31 maggio 2016, n. 27961, in *CED Cass.*, n. 267388; Cass., Sez. V, 19 maggio 2015, n. 35744, *ivi*, n. 266415.

[78] In questo senso cfr., da ultimo, Cass., Sez. V, 11 marzo 2022, n. 22140, in *CED Cass.*, n. 283221.

tro la deliberazione della sentenza di primo grado, alla luce del disposto dall'art. 180 c.p.p.[79]. La formulazione imprecisa dell'imputazione, infatti, impedendo alla difesa di esplicarsi nel modo dovuto, concreta la violazione di una norma attinente all'assistenza dell'imputato[80].

Lo stesso congegno è previsto dal comma 6 dell'art. 554-*bis* c.p.p. nelle ipotesi in cui non vi sia corrispondenza tra l'imputazione e gli atti contenuti nei fascicoli circa «il fatto, la definizione giuridica, le circostanza aggravanti e quelle che possono comportare l'applicazione di misure di sicurezza». Tale meccanismo consente di scongiurare il rischio «tanto di istruttorie inutili quanto di modifiche (*ex* artt. 516 e ss. c.p.p.) o retrocessioni (art. 521 c.p.p.) in corso di dibattimento o, addirittura, in esito ad esso», causa di inefficienze e complicazioni[81].

Con una disposizione peculiare si sancisce che, quando il pubblico ministero procede alla modifica dell'addebito formale e l'imputato non è presente, né fisicamente né mediante collegamento a distanza in udienza, «il giudice sospende il processo, rinvia a una nuova udienza e dispone che il verbale sia notificato all'imputato entro un termine non inferiore a dieci giorni dalla data della nuova udienza» (art. 554-*bis*, comma 6, 3° periodo, c.p.p.). La notifica del verbale contenente l'imputazione e il termine dilatorio per la celebrazione dell'udienza sono funzionali anche a consentire l'eventuale accesso ai riti alternativi da parte dell'imputato[82].

Desta, peraltro, non poche perplessità il mancato riconoscimento all'imputato presente, in entrambe le ipotesi, del diritto di richiedere un termine a difesa, a differenza di quanto avviene per gli "interventi" operati sull'imputazione ai sensi dell'art. 519 c.p.p.[83].

Alcune situazioni che possono scaturire dalla modifica dell'imputazione sono contemplate dal comma 7 dell'art. 554-*bis* c.p.p. Se il reato risulta attribuito alla cognizione del tribunale in composizione collegiale anziché monocratica, l'inosservanza delle regole di attribuzione deve essere rilevata o eccepita, a pena di decadenza, immediatamente dopo la nuova contestazione ovvero, nel caso di rinvio a nuova udienza per assenza dell'imputato, prima del compimento di ogni altro atto nella nuova udienza: un termine che è sembrato oltremodo stringen-

---

[79] Così M. DANIELE, *L'udienza predibattimentale*, cit., p. 4; L. FORTE, *op. cit.*, p. 459.

[80] In tal senso G. GARUTI, *op. cit.*, p. 126.

[81] Così la *Relazione illustrativa al testo definitivo del d.lgs. 10 ottobre 2022, n. 150*, cit., p. 153. Al riguardo si veda anche la *Relazione dell'Ufficio del Massimario della Corte Suprema di Cassazione n. 2/2023*, cit., p. 148.

[82] Cfr. la *Relazione illustrativa* al testo definitivo del d.lgs. 10 ottobre 2022, n. 150, cit., p. 153.

[83] In proposito si veda A. NATALE, *La riforma del sistema penale. Commento al d.lgs. 10 ottobre 2022 n. 150 (c.d. Riforma Cartabia), in attuazione della legge delega 27 settembre 2021, n. 134*, a cura di A. BASSI-C. PARODI, Milano, 2022, p. 221 ss.

te[84]. Tanto più che entro lo stesso termine deve essere eccepita, a pena di decadenza, la mancata celebrazione dell'udienza preliminare imposta proprio dalla modifica dell'imputazione originaria.

7.6. La definizione tramite i riti alternativi

Oltre alla funzione di "filtro", in analogia alla seconda fase del procedimento ordinario, l'udienza predibattimentale è anche la sede naturale in cui possono svolgersi quei riti alternativi che omettono il dibattimento[85]. L'imputato, se intende formulare l'istanza di giudizio abbreviato, di "patteggiamento", di sospensione del processo con messa alla prova, nonché la domanda di oblazione, ha l'onere di proporre la relativa istanza «a pena di decadenza, prima della pronuncia della sentenza di non luogo a procedere» (art. 554-*ter*, comma 2, c.p.p.).

Non sembra in alcun modo contestabile la competenza del giudice dell'udienza predibattimentale a pronunciarsi sull'ammissibilità, ed eventualmente sul merito, delle richieste di simili riti semplificati. Invero, il "giudice che procede" è proprio il giudice dell'udienza predibattimentale, al quale viene trasmesso il fascicolo per il dibattimento unitamente al fascicolo delle indagini.

Non è chiaro se l'istanza di abbreviato o di applicazione della pena su richiesta delle parti possa essere riproposta prima dell'apertura del dibattimento, come è previsto dalla normativa "generale" di tali riti alternativi.

Come noto, in base al nuovo comma 6-*ter* dell'art. 438 c.p.p., la richiesta di giudizio abbreviato avanzata nell'udienza preliminare, qualora «sia stata dichiarata inammissibile o rigettata», può essere riproposta dall'imputato prima dell'apertura del dibattimento; in quel caso, il giudice del dibattimento, «se ritiene illegittima la dichiarazione di inammissibilità o ingiustificato il rigetto, ammette il giudizio abbreviato». Analogamente, in tema di applicazione della pena su richiesta, l'art. 448, comma 2, c.p.p. stabilisce che, «nel caso di dissenso da parte del pubblico ministero o di rigetto della richiesta da parte del giudice per le indagini preliminari, l'imputato, prima della dichiarazione di apertura del dibattimento di primo grado, può rinnovare la richiesta e il giudice, se la ritiene fondata, pronuncia immediatamente sentenza». In tali norme manca il riferimento all'udienza predibattimentale per cui sembrerebbe corretto ritene-

---

[84] Per questa osservazione cfr. la *Relazione dell'Ufficio del Massimario della Corte Suprema di Cassazione* n. 2/2023, cit., p. 148.

[85] Si veda l'art. 12, lett. *e*), l. n. 134/2021. N. TRIGGIANI, *op. cit.*, p. 148, osserva come il riferimento ai «procedimenti speciali» sia diventato «generico (e onnicomprensivo)» nel corso delle modifiche apportate al d.d.l. Bonafede, in cui l'udienza predibattimentale era soltanto la sede per le richieste di giudizio abbreviato, patteggiamento ed oblazione.

re che si tratti di normative destinate a trovare applicazione soltanto nel procedimento ordinario.

Nel silenzio normativo, si è indotti a pensare che il legislatore abbia voluto escludere, per il rito a citazione diretta a giudizio, la proponibilità di fronte al giudice dell'udienza dibattimentale delle istanze di abbreviato e patteggiamento già rigettate in precedenza. A favore di una interpretazione del genere depone la natura dell'udienza predibattimentale, la cui funzione consiste – tra l'altro – nell'espletare tutte quelle attività preparatorie del dibattimento, destinate a produrre effetti in esso, in modo da realizzare un'importante riduzione dei tempi del giudizio [86].

La tesi ermeneutica opposta, tuttavia, poggia su solide argomentazioni. In particolare, stando all'art. 549 c.p.p., nel procedimento davanti al tribunale monocratico, «per tutto ciò che non è previsto» espressamente, si osservano le norme contenute negli altri libri del codice di rito, «in quanto applicabili». Dunque, per poter escludere la possibilità di riformulare le richieste di abbreviato o di "patteggiamento" dinanzi al giudice del dibattimento, bisognerebbe sostenere che le relative norme – ossia gli artt. 438, comma 6-*ter* e 448, comma 2, c.p.p. – non sono compatibili con il rito a citazione diretta, nella nuova struttura voluta dalla Riforma Cartabia. Il che pare una forzatura assai discutibile, perché va nella direzione contraria ai propositi perseguiti dal legislatore. Basti pensare ad una delle finalità che ha animato l'intero intervento normativo: si allude all'obiettivo dichiarato di ottenere una consistente riduzione del numero di dibattimenti, per ovviare ai tempi estenuanti della giustizia penale. Ebbene, è inconfutabile che un'interpretazione volta a favorire lo svolgimento dei riti semplificati alternativi al dibattimento risulti più aderente alle finalità perseguite con l'intera manovra riformatrice.

8. Gli epiloghi dell'udienza predibattimentale

L'udienza predibattimentale potrà concludersi in due modi tra loro alternativi, ossia con la pronuncia della sentenza di non luogo a procedere (art. 554-*ter*, comma 1, c.p.p.) o, se il procedimento non sarà definito con uno dei riti alternativi di cui abbiamo appena detto, con la fissazione della data dell'udienza dibattimentale, in modo da consentire la prosecuzione del giudizio (art. 554-*ter*, comma 3, c.p.p.).

---

[86] In questi termini si veda F. D'ALESSIO, *op. cit.*, p. 543.

8.1. La sentenza di non luogo a procedere e la relativa, inedita, regola decisoria

La disciplina del non luogo a procedere è ricalcata sul modello della sentenza conclusiva dell'udienza preliminare. Così, la sentenza di non luogo a procedere si avrà se, «sulla base degli atti trasmessi ai sensi dell'articolo 553 c.p.p., sussiste una causa che estingue il reato o per la quale l'azione penale non doveva essere iniziata o non deve essere proseguita, se risulta che il fatto non è previsto dalla legge come reato ovvero che il fatto non sussiste o che l'imputato non lo ha commesso o che il fatto non costituisce reato o che l'imputato non è punibile per qualsiasi causa». Il giudice dell'udienza predibattimentale, disponendo dunque di una piattaforma cognitiva completa, può adottare la sentenza di non luogo a procedere «anche quando gli elementi acquisiti non consentono una ragionevole previsione di condanna», ai sensi dell'art. 554-*ter*, comma 1, c.p.p.

Quest'ultima norma prosegue affermando che «si applicano, in quanto compatibili, le disposizioni di cui agli articoli 425, comma 2, 426 e 427» del codice di rito. Ebbene, il mancato richiamo da parte del comma 1 dell'art. 554-*ter* anche all'art. 424 c.p.p. aveva generato alcuni dubbi interpretativi. In particolare pareva imposta la motivazione contestuale del non luogo a procedere [87], restando aperto l'interrogativo sull'applicabilità della disciplina prevista per il procedimento in camera di consiglio, che consente il deposito in cancelleria della decisione adottata entro i cinque giorni successivi alla deliberazione (art. 128 c.p.p.). Il punto è stato chiarito di recente grazie al d.lgs. n. 31/2024 [88], che ha inserito nel corpo del comma 1 dell'art. 554-*ter* c.p.p. il riferimento espresso agli alinea 2, 3 e 4 dell'art. 424 c.p.p., dedicato alla sentenza di non luogo a procedere emessa al termine dell'udienza preliminare. Ne consegue che il giudice dell'udienza predibattimentale deve deliberare il provvedimento subito dopo la chiusura della discussione, dandone lettura alle parti presenti. La sentenza di non luogo a procedere emessa all'esito della nuova udienza-filtro, di regola, deve essere depositata in cancelleria immediatamente, salvo che non sia possibile procedere alla redazione immediata dei motivi, nel qual caso il giudice è tenuto a provvedere non oltre il trentesimo giorno da quello della pronuncia. Resta fermo il diritto delle parti di ottenere una copia del provvedimento.

---

[87] In tal senso M. DANIELE, *L'udienza predibattimentale*, cit., p. 5. Di avviso contrario, invece, F. LOMBARDI, *op. cit.*, p. 12 s., il quale riteneva applicabile la disposizione generale di cui all'art. 544 c.p.p.

[88] Il d.lgs. n. 31/2024 reca "*Disposizioni integrative e correttive del decreto legislativo 10 ottobre 2022, n. 150, di attuazione della legge 27 settembre 2021, n. 134, recante delega al Governo per l'efficienza del processo penale nonché in materia di giustizia riparativa e disposizioni per la celere definizione dei procedimenti giudiziari*", in *Gazz. Uff.*, Serie gen., n. 67 del 20 marzo 2024.

È indubbio che la Riforma ha ampliato le ipotesi di proscioglimento rispetto ai parametri decisori di cui all'art. 469 c.p.p. Il proscioglimento predibattimentale nell'udienza di comparizione, infatti, non è più limitato alle sole situazioni di improcedibilità dell'azione o di estinzione del reato, come invece avveniva nella precedente disciplina, ma è esteso a tutti i casi in cui si possa anticipare un giudizio assolutorio nel merito simile a quello *ex* art. 530 c.p.p. [89].

Secondo la giurisprudenza, inoltre, la pronuncia di non luogo a procedere può intervenire anche quando sussiste la causa di non punibilità relativa alla particolare tenuità del fatto *ex* art. 131-*bis* c.p. [90], nonché nei casi di estinzione del reato per condotte riparatorie, a norma dell'art. 162-*ter* c.p. [91]. L'udienza predibattimentale, viceversa, non può sfociare nella sentenza *de qua*, qualora dal proscioglimento potrebbe conseguire l'applicazione di una misura di sicurezza diversa dalla confisca, ossia quando il soggetto, non imputabile, sia persona socialmente pericolosa (art. 554-*ter*, comma 1, c.p.p.); si tratta di una disposizione che replica puntualmente quanto è già previsto a proposito della stessa sentenza emessa all'esito dell'udienza preliminare.

Come accennato, il giudice dell'udienza predibattimentale, al pari del g.u.p., è tenuto a pronunciare la sentenza di non luogo a procedere quando non è in grado di formulare una «ragionevole previsione di condanna» (art. 554-*ter*, comma 1, c.p.p.). La Riforma Cartabia è intervenuta sulla "regola di giudizio" [92] con

[89] Cfr. A. SPINELLI, *op. cit.*, p. 530.

[90] Così la *Relazione dell'Ufficio del Massimario della Corte Suprema di Cassazione n. 2/2023*, cit., p. 149, ove si richiama al riguardo Cass., Sez. V, 11 febbraio 2016, n. 21409, Flammini, in *CED Cass.*, n. 247945, secondo cui «non sussiste incompatibilità tra l'applicazione della particolare tenuità e la sentenza di non luogo a procedere, in quel caso resa in udienza preliminare ai sensi dell'art. 425 c.p.p.: tale disposizione processuale consente di emettere la pronuncia di non luogo a procedere anche quando l'imputato sia persona "non punibile per qualsiasi causa».

[91] Sul punto cfr. la *Relazione dell'Ufficio del Massimario della Corte Suprema di Cassazione n. 2/2023*, cit., p. 150, nella quale si auspica «che l'una e l'altra causa di non punibilità possano trovare una più ampia latitudine applicativa rispetto al passato in ragione, rispettivamente, dell'ampliamento dei parametri valutativi della particolare tenuità e, sotto altro profilo, della estensione del catalogo dei reati procedibili a querela di parte».

[92] Secondo E. MARZADURI, *La Riforma Cartabia*, cit., p. 15, «l'utilizzo dell'espressione "regola di giudizio", cui ricorre il legislatore per individuare l'ambito giuridico interessato, non sembra giustificato». Invero, come puntualmente segnalato da autorevole dottrina (P. Ferrua), «la regola di giudizio è la regola che in caso di dubbio, consente di scegliere quale termine affermare in un'alternativa decisoria, mentre qui avviene qualcosa di ben diverso, perché vengono individuate le situazioni probatorie legittimanti la richiesta di (e quindi anche l'adozione) del provvedimento archiviativo o la pronuncia della sentenza di non luogo a procedere». L'Autore osserva che «non si tratta probabilmente di un errore del tutto innocuo quello in cui sono incorsi i redattori del testo normativo, perché non è azzardato ritenere che, proprio in conseguenza di questo equivoco concettuale, non ci si sia preoccupati di considerare il fatto che l'oggetto della motivazione del

il dichiarato intento di rafforzare la funzione di filtro esercitata dall'udienza preliminare. Al criterio della sostenibilità dell'accusa in giudizio – previsto dalla precedente formulazione dell'art. 425 c.p.p. – succede ora quello della ragionevole prevedibilità della condanna. L'auspicio del legislatore è che, grazie a questo nuovo criterio, si riduca in maniera significativa il numero di procedimenti destinati a proseguire nella fase dibattimentale: l'obiettivo è quello di superare il canone dell'*in dubio pro actione* in favore del canone *in dubio pro reo*[93]. Lo stesso obiettivo viene perseguito, altresì, in tutti i procedimenti di competenza del tribunale monocratico attraverso il filtro dell'udienza predibattimentale.

In origine, nella bozza elaborata dalla Commissione Lattanzi, il criterio per la pronuncia del non luogo a procedere risultava più rigoroso di quello poi trasfuso nella l. delega n. 134/2021. Infatti, secondo quel testo, il giudice avrebbe dovuto pronunciare la sentenza di non luogo a procedere ogni volta che gli elementi acquisiti non fossero «tali da determinare la condanna». Secondo la Commissione Lattanzi, alla luce dell'evoluzione della fase preliminare, va «superato il criterio dell'astratta utilità dell'accertamento dibattimentale; a seguito di indagini che – in linea con quanto richiesto dalla Corte costituzionale – devono risultare tendenzialmente complete (e possono avere una durata significativa), il pubblico ministero sarà chiamato a esercitare l'azione penale solo quando gli elementi raccolti risultino – sulla base di una sorta di "diagnosi prognostica" – tali da poter condurre alla condanna dell'imputato secondo la regola dell'oltre ogni ragionevole dubbio, tanto in un eventuale giudizio abbreviato, quanto nel dibattimento. Al contrario, laddove il quadro cognitivo si connoti per la mancanza di elementi capaci di sorreggere una pronuncia di condanna, il pubblico ministero dovrà optare per l'inazione». Il pubblico ministero, quindi, dovrà portare l'indagato davanti al giudice non per cercare la prova o per verificare gli elementi acquisiti, bensì solo se ritiene che, ragionevolmente, sulla base degli elementi a sua disposizione, ovvero, allo stato degli atti, il giudice del dibattimento pronuncerà una sentenza di condanna[94]. Allo stesso modo i giudici dell'udienza preliminare e predibattimentale dovranno pronunciare la sentenza di non luogo a procedere ove ritengano che, ragionevolmente, dagli elementi acquisiti allo stato degli atti risulti che il giudice dibattimentale pronuncerà una sentenza di condanna.

La riscrittura della regola decisoria in senso diagnostico aveva suscitato aspre

pubblico ministero o del giudice rimarrà nel futuro articolato lo stesso attualmente individuato nell'art. 125 disp. att. c.p.p. e nell'art. 425 c.p.p.».

[93] Così M. DANIELE, *La riforma del processo penale*, cit., p. 3070 ss.; ID., *Il vaglio preliminare dell'accusa secondo la L. n. 134/2021*, in *Giur. it.*, 2021, p. 1011 ss.

[94] Cfr. G.L. GATTA, *op. cit.*, p. 9.

critiche da parte di alcuni studiosi[95]. Si poneva in evidenza che in tale valutazione si sarebbe annidato il rischio di un'anticipazione di giudizio di merito. L'accoglimento di una regola del genere avrebbe svilito nella sua essenza il rito accusatorio[96], perché si sarebbe negata «la valenza epistemica del dibattimento (...), il senso e il significato del principio del contraddittorio nella formazione della prova»[97].

In aderenza a questi rilievi il legislatore ha modificato la formula recepita nella "bozza Lattanzi", inserendo alcuni elementi dai connotati prognostici che servono ad escludere – o quanto meno a limitare – i denunciati difetti. La nuova regola decisoria impone l'archiviazione e il non luogo a procedere, quando gli elementi acquisiti non consentano una "ragionevole previsione di condanna". Il termine "previsione" sembra indicare che la valutazione a cui è chiamato il giudice continua ad avere carattere prognostico[98]; mentre l'aggettivazione "ragionevole" allude alla necessità che tale prognosi si fondi non su un più o meno celato intuizionismo, ma sulla base degli atti processuali sino ad allora acquisiti.

L'intento del riformatore appare chiaro: occorre che il filtro dell'udienza preliminare – e ora anche dell'udienza predibattimentale – sia più efficace, ossia a maglie "più strette", in modo da deflazionare i dibattimenti. Tuttavia, in dottrina si dubita che lo spirito autentico della novità trovi facile accoglienza in giurisprudenza[99]. In altre parole, si paventa il rischio che i magistrati della nuova

---

[95] Si veda, tra gli altri, M. BONTEMPELLI, *Udienza preliminare ed efficienza giudiziaria*, in *Dir. pen. e proc.*, 2021, p. 1152. Con riferimento alla precedente formulazione cfr. quanto esattamente rilevato da C. CONTI-G. QUAGLIANO, *La regola di giudizio nell'udienza preliminare: una decisione bifasica*, in *Dir. pen. e proc.*, 2016, p. 436 ss.: «la regola di giudizio cristallizzata all'art. 425, comma 3, c.p.p. sorregge sia la diagnosi circa la fondatezza dell'accusa sia la prognosi di successo dell'accusa stessa in dibattimento, di modo che tutti i concetti enunciati nella predetta norma (insufficienza, contraddittorietà, inidoneità) debbono essere letti in tale duplice prospettiva [...] Il g.u.p. anzitutto si deve domandare se dal quadro probatorio, tendenzialmente immutabile che ha dinanzi a sé, si ricavi la colpevolezza dell'imputato. In caso di risposta positiva a tale interrogativo, si deve chiedere se la ricostruzione fattuale, che gli si prospetta dinanzi, appaia idonea a resistere all'urto del contraddittorio dibattimentale».

[96] Così P. FERRUA, *Appunti critici sulla riforma del processo penale secondo la commissione Lattanzi*, in *Giust. pen.*, 2021, p. 120. Nello stesso senso cfr. E. MARZADURI, *La Riforma Cartabia*, cit., p. 29 ss.

[97] Così R. APRATI, *Le indagini preliminari nel progetto di legge delega della Commissione Lattanzi*, in *studiosiprocessopenale.it*, p. 10.

[98] Così E. AMODIO, *Filtro "intraneo" e filtro "estraneo" nella nuova disciplina del controllo per il rinvio a giudizio*, in *Cass. pen.*, 2022, p. 3, il quale sostiene che la nuova regola di giudizio continua a consistere in una prognosi; nello stesso senso si veda M. DANIELE, *Il vaglio preliminare*, cit., p. 1012.

[99] Alcune perplessità sono avanzate da E. AMODIO, *op. cit.*, p. 21, il quale segnala che «l'efficacia della deliberazione dell'accusa ai fini del rinvio a giudizio non può dipendere dall'alchimia dei parametri decisori, ma si raccorda in larga misura alla percezione della propria funzione da parte dei magistrati». Sul punto si veda C. FANUELE, *I nuovi criteri per la decisione di non luogo a procedere*, in *Proc. pen. giust.*, 2023, p. 958 ss.

udienza predibattimentale possano attribuire alla nuova regola di giudizio un significato simile, se non identico, a quella precedente, visto che resta un insopprimibile margine di discrezionalità a fronte di locuzioni sovrapponibili nella sostanza [100]. Il giudice, sfruttando l'elasticità della formula di nuovo conio, potrebbe ragionevolmente prevedere la condanna quando le risultanze delle indagini siano sì carenti, insufficienti o contraddittorie, ma il complessivo quadro probatorio possa prospettare la colpevolezza mediante un dibattimento che potrà essere idoneo a correggere i difetti delle indagini o farà luce sui punti d'incertezza [101].

Tale esegesi, seppur consentita dal dato testuale, è da respingere con forza perché comporterebbe il ritorno al criterio dell'utilità del vaglio dibattimentale [102]. L'auspicio di molti, al contrario, è che la riscrittura della regola decisoria possa avere un effetto "pedagogico" sui giudici chiamati ad applicarla [103].

Ponendo lo sguardo più vicino al contesto dell'udienza predibattimentale, la disciplina introdotta dalla riforma *Cartabia* ha destato anche alcune perplessità in ordine al rischio di un forte condizionamento del giudice che deve pronunciarsi sulla colpevolezza dell'imputato nella successiva fase dibattimentale [104] do-

---

[100] Così M. DANIELE, *L'udienza predibattimentale*, cit., p. 7. Cfr. E. MARZADURI, *La Riforma Cartabia*, cit., p. 27; C. NAIMOLI, *Considerazioni sulla "ragionevole previsione di condanna" per l'archiviazione e per la sentenza di non luogo a procedere*, in *Dir. pen. e proc.*, 2022, p. 6.

[101] In tal senso C. NAIMOLI, *op. loc. cit.*; si veda anche M. DANIELE, *L'udienza predibattimentale*, cit., p. 7; nonché M. ARCARO, *Dalla sostenibilità dell'accusa in giudizio alla ragionevole previsione di condanna: cambia la regola di giudizio per l'archiviazione e il non luogo a procedere*, in *penaledp.it*, 21 luglio 2022, p. 15. Secondo E. MARZADURI, *La Riforma Cartabia*, cit., p. 33, «il riferimento alla "ragionevole previsione di condanna", invero, non sembra necessariamente condurre il p.m. od il giudice ad effettuare un anticipato giudizio di colpevolezza. Piuttosto, la formula potrebbe risultare conciliabile con le pronunce giurisprudenziali riguardanti l'attuale versione delle disposizioni oggetto dell'intervento normativo, nel senso che, almeno sul piano delle potenzialità interpretative, non sembra affatto impedita una lettura che consenta di ritenere "ragionevole" la previsione di condanna anche quando il pubblico ministero o il giudice, a fronte di una situazione di incertezza, considerano "ragionevole" attendere dal prosieguo procedimentale contributi capaci di superare il dubbio sulla responsabilità dell'accusato». Sulla prassi applicativa antecedente si veda F. CASSIBBA, *Udienza preliminare e controlli sull'enunciato d'accusa a trent'anni dal codice di procedura penale*, in *Arch. pen.*, 15 ottobre 2019.

[102] Cfr. F. LOMBARDI, *op. cit.*, p. 8.

[103] In tal senso R. APRATI, *Le indagini preliminari nel progetto di legge delega della Commissione Lattanzi*, in *studiosiprocessopenale.it*, 10, secondo la quale «i processi – oggi come domani – vanno celebrati solo se ci sono le condizioni probatorie per affrontarli».

[104] Così A. DE CARO, *Le ambigue prospettive di riforma del processo penale contenute nel d.d.l. n. 2435/2020: il declino delle garanzie e il (vano) tentativo di accelerare la durata dei processi*, in *Dir. pen. e proc.*, 2021, p. 530; M. DI IESU, *Procedimento davanti al tribunale monocratico*, in A. CONZ-L. LEVITA (a cura di), *La riforma Cartabia della giustizia penale. Commento organico alla Legge n. 134/2001*, Dike giuridica, Roma, 2021, p. 129, per il quale «l'introduzione dell'udienza camerale predibattimentale conduce pericolosamente ad un 'vaglio di colpevolezza' dell'imputato

po che un collega del medesimo ufficio del dibattimento ha già valutato la solidità dell'accusa nell'udienza filtro [105].

Va, tuttavia, rimarcato che nell'udienza predibattimentale non vi è spazio per un accertamento anticipato sulla responsabilità dell'imputato; la decisione giurisdizionale di far progredire l'*iter* processuale è adottata allo stato degli atti, in assenza di un quadro probatorio completo che possa fondare una decisione di merito [106]. Il dibattimento resta il terreno elettivo per la verifica puntuale della tenuta e della resistenza degli elementi a carico. Il giudice dell'udienza dibattimentale, anche se conscio della valutazione positiva svolta dal suo collega, resterà consapevole delle infinite possibilità di sviluppo del processo, derivanti dall'assunzione degli elementi di prova in dibattimento e dall'innesto di elementi difensivi.

L'auspicio, ad ogni modo, è che la combinazione dell'inedito filtro giurisdizionale e della nuova regola decisoria induca i pubblici ministeri ad un più accorto ricorso alla formulazione dell'imputazione [107].

8.2. La fissazione dell'udienza dibattimentale

Nel caso in cui non sia stato possibile definire il processo con rito alternativo o con l'emanazione di una sentenza di non luogo a procedere, il giudice procederà alla fissazione dell'udienza dibattimentale. Il proseguimento allo stadio successivo si atteggia come un epilogo residuale [108], che il legislatore cerca in tutti i modi di scongiurare.

Pertanto, se non sussistono le condizioni per arrestare l'*iter* processuale, il giudice dell'udienza predibattimentale «fissa per la prosecuzione del giudizio la data dell'udienza dibattimentale davanti ad un giudice diverso e dispone la restituzione del fascicolo del pubblico ministero» (art. 554-*ter*, comma 3, c.p.p.).

---

prima della celebrazione del processo, con un'anticipazione di giudizio di dubbia costituzionalità». In senso analogo cfr. F. LOMBARDI, *op. cit.*, p. 10.

[105] R. IANNIELLO, *op. cit.*, p. 157, sottolinea anche che tale rischio potrebbe destare l'allarme nei difensori, i quali potrebbero potenziare la loro attività difensiva rendendola più complessa e determinando un ulteriore appesantimento del dibattimento di primo grado. Nello stesso senso E. AMODIO, *op. cit.*, p. 18; cfr. E. MARZADURI, *La Riforma Cartabia*, cit., p. 22.

[106] Cfr. E. AMODIO, *op. cit.*, p. 20.

[107] Siamo in piena sintonia con il pensiero di F. D'ALESSIO, *op. cit.*, p. 545, il quale non manca di criticare «la scelta di incrementare considerevolmente il numero dei procedimenti per cui si dovrà ora procedere con rito a citazione diretta, confidando ciecamente nell'efficacia del nuovo vaglio giurisdizionale e nella relativa regola di giudizio; prima di ampliare il novero delle ipotesi previste dall'art. 550 c.p.p., si sarebbe dovuta forse sperimentare l'efficienza del nuovo assetto normativo in ottica deflattiva».

[108] In questi termini si esprime la *Relazione dell'Ufficio del Massimario della Corte Suprema di Cassazione n. 2/2023*, cit., p. 151.

Non è chiaro quale forma debba rivestire questo provvedimento, né è richiesta alcuna motivazione: ciò fa pensare che si debba trattare di un decreto. Viene soltanto chiarito che tra la data del provvedimento in parola e quella fissata per l'udienza dibattimentale deve intercorrere un termine non inferiore a venti giorni, in perfetta simmetria con quanto dettato per il dibattimento che provenga da udienza preliminare. È evidente che il termine indicato è funzionale a consentire alle parti di organizzare la loro strategia nella prospettiva propriamente dibattimentale [109].

Nella pendenza del citato termine potrà essere adottata la sentenza di proscioglimento ai sensi dell'art. 469 c.p.p., mediante la quale viene accertato, previa audizione delle parti e in assenza della loro opposizione, che l'azione penale non avrebbe dovuto essere iniziata o non doveva essere proseguita ovvero che è intervenuta una causa estintiva del reato.

Nel rispetto del termine di sette giorni liberi prima dell'udienza dibattimentale, e di quanto altro disposto dall'art. 468 c.p.p., le parti avranno l'onere, a pena di decadenza, di depositare le liste delle fonti di prova dichiarative, con l'indicazione delle circostanze su cui deve vertere l'esame.

9. L'impugnazione della sentenza di non luogo a procedere

In attuazione delle prescrizioni contenute nella legge delega [110], la sentenza di non luogo a procedere emessa all'esito dell'udienza predibattimentale è impugnabile negli stessi casi, modi e tempi di quella adottata all'esito dell'udienza preliminare (art. 554-*quater* c.p.p.).

I soggetti legittimati ad impugnare la pronuncia innanzi alla corte di appello indicati nei commi 2 e 3 dell'art. 554-*quater* sono: il procuratore della Repubblica e il procuratore generale nei casi di avocazione o di acquiescenza da parte del Procuratore della Repubblica, di cui all'art. 593-*bis*, comma 2, c.p.p.; l'imputato, al fine di ottenere una formula più favorevole di proscioglimento, salvo il caso in cui la sentenza abbia dichiarato che il fatto non sussiste o l'imputato non lo ha commesso; la persona offesa, limitatamente ai casi di nullità relativi alla sua citazione in giudizio, previsti dall'art. 552, comma 3, c.p.p.

In caso di accoglimento dell'appello del pubblico ministero, la Corte di secondo grado fisserà la data per l'udienza dibattimentale davanti ad un giudice

[109] Così la *Relazione illustrativa al testo definitivo del d.lgs. 10 ottobre 2022, n. 150*, cit., p. 153.

[110] Il riferimento è all'art. 1, comma 12, lett. *g*) della legge delega ove si legge: «prevedere che alla sentenza di non luogo a procedere di cui alla lett. d) del presente comma, si applichino gli articoli 426, 427 e 428 e le disposizioni del titolo X del Libro V dello stesso codice, adeguandone il contenuto in rapporto alla competenza del tribunale in composizione monocratica».

diverso da quello che ha pronunciato la sentenza di non luogo. Peraltro, per effetto della recente sentenza additiva della Corte costituzionale n. 179/2024 menzionata in precedenza, il giudice che ha tenuto l'udienza predibattimentale, nel caso previsto dall'art. 554-*quater*, comma 3, c.p.p., versa in una vera e propria situazione di incompatibilità ad assumere le funzioni di giudice del dibattimento.

In caso di appello della persona offesa si può ritenere, pur in assenza di specifica previsione sul punto che, ove sia stata omessa la notificazione dell'avviso di udienza predibattimentale, la corte debba rilevare la nullità della procedura e, per il principio di derivazione di cui all'art. 185 c.p.p., del suo epilogo, disponendo la trasmissione degli atti al giudice dell'udienza predibattimentale [111].

Al contrario, in caso di accoglimento dell'appello dell'imputato, la Corte potrà pronunciare sentenza di non luogo a procedere con una formula più favorevole all'imputato (art. 554-*quater*, comma 3, ultimo periodo, c.p.p.).

La decisione della Corte di appello è ricorribile per Cassazione con la procedura di cui all'art. 611 c.p.p. soltanto dall'imputato e dal procuratore generale per i motivi di cui alle lett. *a*), *b*) *e c*) dell'art. 606, comma 1. Ciò significa che detta sentenza non potrà essere impugnata per vizi di mancanza, contraddittorietà o illogicità della motivazione del provvedimento.

Infine, recependo le modifiche ai limiti in tema di appellabilità apportate dalla Riforma Cartabia, le sentenze di non luogo a procedere relative a reati puniti con la sola pena pecuniaria o con pena alternativa sono inappellabili (art. 554-*quater*, comma 6, c.p.p.).

10. La revoca della sentenza di non luogo a procedere

Non sorprende che anche la disciplina della revoca della sentenza di non luogo a procedere sia stata modellata su quella della revoca della omologa sentenza pronunciata dal giudice per l'udienza preliminare (art. 434 c.p.p.), sia pure con

---

[111] Cfr. la *Relazione dell'Ufficio del Massimario della Corte Suprema di Cassazione n. 2/2023*, cit., p 152. Qui si fa riferimento ad una pronuncia (Cass., Sez. VI, 25 novembre 2014, n. 50384, C., in *CED Cass.*, n. 261374), nella quale il giudice di legittimità ha affermato che l'omessa notifica dell'avviso dell'udienza preliminare alla persona offesa sia causa di nullità della procedura, ai sensi dell'art. 419, commi 1 e 7, c.p.p. e, per l'effetto, anche dell'eventuale sentenza di non luogo a procedere, perché detta nullità, a differenza dell'ordinario regime delle nullità relative delle indagini preliminari e dell'udienza preliminare, non è sanata se non eccepita prima della conclusione dell'udienza stessa. Nello stesso senso cfr. Cass., Sez. II, 15 novembre 2021, Coppola, *ivi*, n. 282442-01.

gli opportuni adattamenti in ragione di alcune difformità fra i due istituti (art. 554-*quinquies* c.p.p.).

In coerenza con la nuova regola decisoria introdotta per l'emissione della sentenza di non luogo a procedere, per la revoca di quest'ultima l'art. 554-*quinquies* richiede che le «nuove fonti di prova», da sole o assieme a quelle già acquisite, possano determinare «l'utile svolgimento del giudizio», e non la possibilità del rinvio a giudizio, come invece previsto dal testo dell'art. 434 c.p.p. I *nova d*ovranno essere connotati dal requisito della casualità, in quanto non devono essere il risultato di indagini finalizzate alla verifica e all'approfondimento degli elementi emersi, come ha avuto modo di precisare più volte la giurisprudenza [112].

In base al dettato del comma 2 dell'art. 554-*quinquies* c.p.p., il pubblico ministero è tenuto a trasmettere al giudice gli atti relativi alle nuove fonti di prova. Se la richiesta di revoca formulata dalla pubblica accusa non è ritenuta inammissibile, il giudice designa eventualmente un difensore all'imputato che ne sia privo e fissa l'udienza in camera di consiglio, così da instaurare il contraddittorio nei confronti di tutte le parti.

Il giudice, se decide nel senso della revoca della sentenza di non luogo a procedere, pronuncia un'ordinanza con cui dispone la prosecuzione del giudizio direttamente dinanzi al giudice del dibattimento, restituendo il fascicolo al pubblico ministero e senza che vi sia la riapertura delle indagini (art. 554-*quinquies*, comma 4, c.p.p.): ciò si spiega col fatto che l'ordinanza in questione interviene quando è già stata esercitata l'azione penale e non vi può essere una regressione del procedimento [113]. Nel giudizio conseguente alla revoca eventuali istanze di definizione del procedimento con i riti alternativi, come il giudizio abbreviato o il "patteggiamento", potranno – *rectius*, dovranno – essere proposte prima che sia dichiarato aperto il dibattimento, a pena di decadenza.

Infine, in virtù del rinvio all'art. 437 c.p.p. operato dal quinto e ultimo comma dell'art. 554-*quinquies* c.p.p., il pubblico ministero è legittimato ad impugnare con ricorso per cassazione l'ordinanza che dichiara inammissibile o rigetta

---

[112] In tal senso si veda Cass., Sez. Un., 23 febbraio 2000, n. 8, Romeo, in *Arch. nuova proc. pen.*, 2000, p. 133: «i nuovi elementi di prova acquisiti dal pubblico ministero successivamente alla pronuncia della sentenza di non luogo a procedere possono essere utilizzati ai fini della revoca della sentenza e della successiva applicazione di una misura cautelare personale nei confronti dell'imputato prosciolto, a condizione che essi siano stati acquisiti *aliunde* nel corso di indagini estranee al procedimento già definito o siano provenienti da altri procedimenti, ovvero reperiti in modo casuale o spontaneamente offerti, e comunque non siano il risultato di indagini finalizzate alla verifica ed all'approfondimento degli elementi emersi». In senso conforme cfr. Cass., Sez. V, 21 agosto 1998, Vazzana, *ivi*, 1999, p. 307.

[113] Così la *Relazione dell'Ufficio del Massimario della Corte Suprema di Cassazione n. 2/2023*, cit., p. 153.

la richiesta di revoca, esclusivamente «per i motivi indicati dall'art. 606, comma 1, lett. b), d) ed e)»: l'eventuale violazione della legge processuale non costituisce motivo di doglianza.

11. Il giudizio immediato nel rito a citazione diretta

Come noto, il giudizio immediato, su iniziativa del pubblico ministero ovvero dell'imputato, permette di giungere alla fase dibattimentale senza il preventivo svolgimento dell'udienza preliminare. Ebbene, con una disposizione inserita *in extremis,* il d.lgs. n. 150/2022 consente di esercitare l'azione penale con decreto di giudizio immediato anche con riferimento ai reati a citazione diretta, rinviando alle disposizioni del titolo IV del libro VI del codice ove compatibili. In particolare, nel capoverso dell'art. 558-*bis* c.p.p. si specifica che «nel caso di emissione di decreto di giudizio immediato non si procede all'udienza predibattimentale prevista dall'art. 554-*bis* c.p.p.».

Le ragioni di tale innovazione sono riportate nella *Relazione ministeriale* di accompagnamento al d.lgs. n. 150/2022. Qui si evidenzia che l'incompatibilità ontologica tra giudizio immediato e rito a citazione diretta sia stata superata dall'introduzione nella struttura di quest'ultimo dell'udienza predibattimentale.

In passato la giurisprudenza aveva escluso l'applicabilità del giudizio immediato nel rito a citazione diretta, che fa progredire «immediatamente il processo dalle indagini alla fase del giudizio, per cui in questo caso il giudizio monocratico è già per sua natura immediato» [114]. Si aggiungeva che l'instaurazione del rito immediato per reati per i quali l'esercizio dell'azione penale sarebbe dovuto avvenire con citazione diretta avrebbe determinato una nullità di ordine generale a regime intermedio ai sensi dell'art. 178, comma 1, lett. *c*), e 180 c.p.p., traducendosi nella violazione del diritto di difesa, che risulta privata delle facoltà connesse all'avviso di conclusione delle indagini preliminari *ex* art. 415-*bis* c.p.p. [115].

L'introduzione dell'udienza predibattimentale, con la sua funzione di vaglio

---

[114] In tal senso si veda Cass., Sez. I, 31 marzo 2010, n. 24170, Seccia, in *CED Cass.*, n. 247945; Cass., Sez. IV, 16 gennaio 2003, n. 7295, *ivi*, n. 227834. Tuttavia, secondo Cass., Sez. V., 12 aprile 2016, Verde e altri, *ivi*, n. 266689-01, «in caso di connessione tra un reato per il quale deve procedersi con citazione diretta, ed un altro per il quale è prevista l'udienza preliminare, il pubblico ministero può formulare una richiesta congiunta di giudizio immediato, se per entrambi i reati sussistono i presupposti di cui all'art. 453 c.p.p.».

[115] Cfr. Cass., Sez. I, 6 luglio 2016, Bono, n. 25938, in *CED Cass.*, n. 267799. Nello stesso senso cfr. Cass., Sez. II, 17 maggio 2018, G., n. 25938, *ivi*, n. 272938; nonché, più di recente, Cass., Sez. V, 30 settembre 2019, Di Bella, n. 40002, *ivi*, n. 277525-01.

dalle accuse azzardate, fa sì che lo svolgimento di tale "filtro", analogamente a quanto avviene per l'udienza preliminare nel rito ordinario, possa evitarsi per esigenze di celerità, quando vi sia già stato un controllo giurisdizionale sull'evidenza della prova. È da notare che l'ampia estensione delle ipotesi di reato perseguibili con il rito a citazione diretta, al punto da includere fattispecie punite con una pena massima fino a sei anni, comporta ora la possibile applicazione di misure cautelari anche custodiali, «con il conseguente interesse dell'indagato ad esse sottoposto a vedere rapidamente definita la vicenda processuale» [116].

Qualche dubbio interpretativo si è posto in riferimento alla individuazione del giudice competente a pronunciarsi sulla richiesta di giudizio immediato avanzata dal pubblico ministero con riguardo ai reati per i quali è prevista la citazione diretta. Invero, nel caso in cui la richiesta sia formulata dal pubblico ministero, l'ammissione del rito è subordinata alla previa verifica, da parte del giudice per le indagini preliminari, della sussistenza dei relativi presupposti processuali costituiti dall'evidenza della prova, dal previo interrogatorio della persona sottoposta ad indagini sui fatti dai quali emerge tale forza probatoria, a meno che la stessa abbia omesso di comparire a seguito di invito a presentarsi, dalla formulazione della richiesta entro novanta giorni dalla iscrizione della notizia di reato nel registro di cui all'art. 335 c.p.p., oppure, nel caso di giudizio immediato "custodiale", entro centottanta giorni dalla esecuzione della misura detentiva, confermata dal giudice del riesame o dopo il decorso del termine per la proposizione della richiesta di riesame.

La nuova disciplina, nell'operare il rinvio alle norme sul giudizio immediato "ordinario", non contiene specifiche disposizioni in ordine alla individuazione del giudice competente a provvedere sulla richiesta di rito immediato. Il silenzio normativo ha dato luogo ad alcune prospettazioni interpretative diverse. A quella che ritiene competente il giudice per le indagini preliminari si oppone un'altra esegesi secondo cui la decisione in ordine alla ammissione del rito spetti al giudice dell'udienza predibattimentale, poiché, dopo l'esercizio dell'azione penale, il g.i.p. non avrebbe più alcuna competenza, mentre sembrerebbe più coerente con il sistema attribuire al giudice dell'udienza predibattimentale la valutazione in ordine alla necessità di omettere lo svolgimento di tale udienza. Si è anche avanzata la soluzione di attribuire la competenza in parola al giudice del dibattimento, in quanto il rito immediato, omettendo l'udienza predibattimentale, escluderebbe altresì la competenza a provvedere del giudice della "inedita" udienza.

Nel risolvere un recente conflitto giurisdizionale "negativo", la Corte di Cassazione si è pronunciata in favore della competenza del giudice per le indagini

[116] Per questa considerazione si veda la *Relazione dell'Ufficio del Massimario della Corte Suprema di Cassazione n. 2/2023*, cit., p. 155.

preliminari sulla base di elementi di ordine testuale, nonché di argomenti logici e sistematici [117].

Invero, l'art. 558-*bis* c.p.p., nell'estendere il giudizio immediato ai reati a citazione diretta, come accennato, opera un rinvio alle disposizioni proprie di questo rito speciale, che «si osservano in quanto compatibili». Il tenore letterale della disposizione, ed in particolare il rinvio alle norme sul giudizio immediato "ordinario", consente di affermare con certezza che la Riforma Cartabia non ha voluto predisporre per i reati a citazione diretta un procedimento semplificato nuovo e diverso rispetto a quello "tipico", ma ha esteso il rito già esistente ad ipotesi ulteriori, fino ad oggi escluse.

D'altra parte, manca una disposizione che attribuisca la competenza a decidere in ordine alla ammissione del rito in questione ad un giudice diverso da quello che vi è ordinariamente preposto, ossia il giudice per le indagini preliminari. Detto altrimenti, il legislatore delegato con gli artt. 554-*bis* e 554-*ter* c.p.p. ha previsto un'articolata disciplina dei compiti spettanti al giudice dell'udienza predibattimentale, ma non ha previsto alcunché al riguardo.

La Corte di legittimità, inoltre, molto opportunamente ha sottolineato la collocazione sistematica del giudizio immediato e delle conseguenze che la sua richiesta prima, e la sua ammissione poi, comportano nella sequenza processuale. Invero, la decisione sulla richiesta di giudizio immediato attiene ancora alla fase delle indagini preliminari; proprio l'accoglimento di tale istanza segna il passaggio alla fase dibattimentale [118], la quale presuppone l'avvenuta emissione del decreto che dispone il giudizio. Così, stando alla nuova normativa, l'udienza predibattimentale presuppone l'avvenuta formulazione del decreto di citazione, che consente la progressione del procedimento alla fase dibattimentale e l'attivazione della competenza del giudice di quella fase.

Giova a questo proposito ricordare che secondo l'art. 553 c.p.p. il pubblico ministero, «formato il fascicolo per il dibattimento, lo trasmette al giudice dell'udienza di comparizione predibattimentale», insieme al fascicolo del pubblico ministero e al decreto di citazione, immediatamente dopo la notificazione [119].

---

[117] Cass., Sez. I, 16 giugno 2023, n. 31927, in *Il penalista*, 4 agosto 2023, con nota di M. TORIELLO, *Anche il "nuovo" decreto di giudizio immediato deve essere emesso dal giudice per le indagini preliminari*.

[118] Le Sezioni Unite della Cassazione hanno chiarito che, proprio per le sue caratteristiche, la decisione con la quale il g.i.p. dispone il giudizio immediato chiude una fase di carattere endoprocessuale, priva di conseguenze rilevanti sui diritti di difesa dell'imputato, e meramente strumentale all'interno della procedura di approdo alla fase del dibattimento: così Cass., Sez. Un., 26 giugno 2014, Squicciarino, n. 42979, in *Cass. pen.*, 2015, p. 989, con nota di G. VARRASO.

[119] Giova ricordare che, «ai sensi dell'art. 89-*bis* disp. trans. d.lgs. n. 150/2022, le disposizioni relative all'udienza predibattimentale a seguito di giudizio di citazione diretta si applicano nei procedimenti in cui il decreto di citazione a giudizio è stato emesso dopo il 30 dicembre 2022». Per alcune problematiche di diritto transitorio si veda L. FORTE, *op. cit.*, p. 462.

La modifica della sequenza processuale non può neppure giustificarsi adducendo una pretesa "incompatibilità" del g.i.p. ad intervenire in relazione ai reati a citazione diretta: nel sistema processuale penale vigente, il giudice per le indagini preliminari è legittimato a svolgere le proprie funzioni indipendentemente dalla circostanza che il procedimento penale riguardi reati per i quali è prevista o meno l'udienza preliminare. Così, ad esempio, spetta sempre al g.i.p. adottare le misure cautelari – reali e personali – eventualmente proposte in relazione ai reati per i quali è richiesta la citazione diretta: tale competenza permane in capo al g.i.p. fino alla trasmissione del fascicolo del dibattimento e del decreto di citazione per l'udienza predibattimentale, dovendo lo stesso organo giurisdizionale provvedere altresì, fino a tale momento, al compimento degli atti urgenti (art. 554 c.p.p.). Così come rientra nella sfera di competenza del g.i.p., *ex* art. 459 c.p.p., decidere sull'istanza di emissione di decreto penale di condanna avanzata dal pubblico ministero, anche nel caso in cui si tratti di reati per i quali non è prevista l'udienza preliminare, nonché decidere sull'ammissione, ai sensi degli artt. 464 e 557 c.p.p., degli eventuali riti alternativi richiesti con l'opposizione al decreto penale emesso. Inoltre, è sempre il g.i.p. a decidere sulla richiesta di applicazione della pena proposta nel corso delle indagini preliminari in virtù dell'art. 447 c.p.p.

In aggiunta a queste persuasive note si può svolgere ancora qualche ulteriore considerazione. In particolare, la tesi che attribuisce la competenza in esame al giudice dell'udienza predibattimentale non è accettabile, in quanto finirebbe per vanificare le esigenze di celerità in nome delle quali si è voluto introdurre il giudizio immediato anche per i reati a citazione diretta. Peraltro, tale tesi sarebbe foriera di problemi organizzativi di non poco conto, potendo dar luogo – qui sì davvero – ad un'ulteriore ipotesi di incompatibilità nel caso in cui il giudice dell'udienza predibattimentale rigetti la richiesta di giudizio immediato, non potendo più celebrare quell'udienza e neppure il dibattimento.

BIBLIOGRAFIA

ADORNO R., *Decorrenza del termine per le indagini*, in *Cass. pen.*, 1996, p. 3713 ss.

ALBAMONTE E., *I criteri di priorità nell'esercizio dell'azione penale*, in *Il Penalista*, 22 settembre 2021, p. 5.

ALBINO L., *Le innovazioni tecnologiche e la tutela degli interessi costituzionali*, in E. TELITI-P. LAGHI (a cura di), *Processo, processi e rivoluzione tecnologica*, Wolters Kluwer-Cedam, Milano-Padova, 2022, p. 29 ss.

ALESCI T., *Il corpo umano fonte di prova*, Wolters Kluwer-Cedam, Milano-Padova, 2017.

ALESCI T., *I rimedi alla stasi del procedimento*, in BENE T.-BONTEMPELLI M.-LUPARIA L. (a cura di), *Nuove dinamiche del procedimento penale*, Giappichelli, Torino, 2024, p. 97 ss.

ALGERI L., *Il testimone vulnerabile*, Giuffrè, Milano, 2017.

ALGERI L., *Il c.d. Codice rosso: tempi rapidi per la tutela delle vittime di violenza domestica e di genere*, in *Dir. pen. e proc.*, 2019, p. 1363 ss.

ALONZI F., *Le attività del giudice per le indagini preliminari. Tra giurisdizione e controllo giudiziale*, Cedam, Padova, 2001.

ALONZI F., *Tempi nuovi per le indagini?*, in G. SPANGHER (a cura di), *La riforma Cartabia*, Pacini, Pisa, 2022, p. 242 ss.

ALONZI F., *sub art. 405*, in A. GIARDA-G. SPANGHER (a cura di), *Codice di procedura penale commentato*, Ipsoa, Milano, 2023, p. 2465 ss.

ALVINO F., *Rifondazione delle "udienze preliminari" e implicazioni di sistema: riflessioni a prima lettura a margine del recente disegno di legge delega di riforma del processo penale*, in *Arch. pen.*, 2020, 2.

ALVINO F., *Il controllo giudiziale dell'azione penale: appunti a margine della 'riforma Cartabia'*, in *Sist. pen.*, 2022, 3, p. 27 ss.

AMATO G., *Indagini preliminari: il difficile* rebus *di coniugare deflazione e garanzie*, in *Guida dir.*, 2021, 41, p. 20 ss.

AMATO G., *Iscrizione notizie di reato, i sospetti non bastano servono indizi*, in *I focus del Sole 24 Ore*, 7 ottobre 2021.

AMATO G., *La correttezza dell'iscrizione: stop a quelle tipo "atto dovuto"*, in *Guida dir.*, 2022, 41, p. 37 ss.

AMATO G., *Una rivoluzione "temporale" sui tempi dei procedimenti. Indagini preliminari: i nuovi tempi*, in A. NATALINI (coord. da), *Riforma Cartabia: indagini preliminari e processo penale*, Il Sole 24 Ore, Milano, 2023, p. 53 ss.

AMODIO E., *L'udienza preliminare nel nuovo processo penale*, in *Cass. pen.*, 1988, p. 2172 ss.

AMODIO E., *Giudice unico e garanzie difensive nella procedura penale riformata*, in AA.VV., *Studi in ricordo di Giandomenico Pisapia*, vol. II, Giuffrè, Milano, 2000, p. 15 ss.

AMODIO E., *Processo penale diritto europeo e* common law, Giuffrè, Milano, 2003.

AMODIO E., *La cultura della speditezza processuale nella riforma Cartabia*, in *Riv. it. dir. proc. pen.*, 2022, p. 7 ss.

AMODIO E., *Filtro "intraneo" e filtro "estraneo" nella nuova disciplina del controllo per il rinvio a giudizio*, in *Cass. pen.*, 2022, p. 14 ss.

APRATI R., *I criteri di priorità nella trattazione delle notizie di reato*, in *Giur. it.*, 2002, p. 999 ss.

APRATI R., *Intorno alla sindacabilità dell'immediatezza dell'iscrizione della notizia di reato e del nominativo dell'indagato*, in *Cass. pen.*, 2005, p. 1329 ss.

APRATI R., *La notizia di reato nella dinamica del procedimento penale*, Jovene, Napoli, 2010.

APRATI R., *Le indagini preliminari nel progetto di legge delega della Commissione Lattanzi – art. 3, lett. a), c), d), e), e-*bis*), e-*ter*), e-*quater*), h), l), l-*bis*), l-*ter*), l-*quater*)*, in *Giustizia insieme*, 1 luglio 2021.

APRATI R., *Criteri di priorità e progetti organizzativi delle procure*, in *Legisl. pen.*, 24 maggio 2022.

APRATI R., *I criteri di priorità per la trattazione delle indagini preliminari e per l'esercizio dell'azione penale*, in G. SPANGHER (a cura di), *La riforma Cartabia*, Pacini, Pisa, 2022, p. 165 ss.

APRATI R., *Le nuove indagini preliminari fra obiettivi deflattivi ed esigenze di legalità,* in *Giust. ins.*, 20 dicembre 2022.

ARCARO M., *Dalla sostenibilità dell'accusa in giudizio alla ragionevole previsione di condanna: cambia la regola di giudizio per l'archiviazione e il non luogo a procedere*, in *Pen dir. e proc.*, 21 luglio 2022.

AZZOLIN S., *Imputazione generica o indeterminata: art. 423 vs. nullità*, in *Dir. pen. e proc.*, 2009, p. 182 ss.

BACCARI G.M., *I nuovi meccanismi per superare le stasi del procedimento dovute all'inerzia del pubblico ministero*, in G. SPANGHER (a cura di), *La riforma Cartabia*, Pacini, Pisa, 2022, p. 263 ss.

BACCARI G.M.-CONTI C., *La corsa tecnologica tra Costituzione e codice di rito e norme sulla* privacy: *uno sguardo d'insieme*, in *Dir. pen. e proc.*, 2021, P. 711 ss.

BACHMAIER WINTER L., *Il principio del mutuo riconoscimento*, in R.E. KOSTORIS (a cura di), *Manuale di procedura penale europea*, V ed., Giuffrè, Milano, 2022, p. 363 ss.

BALDUCCI P., voce *Perquisizione (dir. proc. pen.)*, in *Enc. dir.*, Agg., IV, Milano, 2000, p. 983 ss.

BALSAMO A., *Il contenuto dei diritti fondamentali*, in R.E. KOSTORIS (a cura di), *Manuale di procedura penale europea*, III ed., Giuffrè, Milano, 2017, p. 115 ss.

BARAZZETTA A., *sub art. 421*, in A. GIARDA-G. SPANGHER (a cura di), *Codice di procedura penale commentato*, VI ed., tomo II, Ipsoa, Milano, 2023, p. 3071 ss.

Barbato V., *Le banche dati tecnico-scientifiche*, in *Dir. pen. e proc.*, 2000, p. 1661 ss.
Bargi A., *Il nuovo volto del modello "Cartabia": riflessi sistematici sul procedimento probatorio della partecipazione a distanza e della ragionevole previsione di condanna, quale regola di deflazione del dibattimento*, in *Arch. nuova proc. pen.*, 2022, 6, p. 513 ss.
Bargis M., *Perquisizione*, in *Digesto pen.*, IX, Utet, Torino, 1995, p. 488 ss.
Bargis M., *Il giudice unico di primo grado e la progressiva "messa a punto" del processo penale*, in M. Chiavario-E. Lupo (diretto da), *Commento alla normativa delegata sul giudice unico*, vol. II, Utet, Torino, 2001, p. 1 ss.
Barone G., *Pandemia e processi penali da remoto: modelli a confronto e prospettive future*, in *Cass. pen.*, 2021, p. 698 ss.
Bassi A., *Il controllo giurisdizionale sulla formulazione dell'imputazione nello sviluppo del procedimento penale*, in *Cass. pen.*, 2020, p. 3982 ss.
Bassi A.-Parodi C., *La riforma del sistema penale. L. n. 134/2021: la delega e le norme immediatamente applicabili*, Giuffrè, Milano, 2021.
Bellantoni G., *Provvedimento di perquisizione e impugnazioni*, nota a Cass. Sez. V, 21 gennaio 1999, *Gasperini*, in *Foro it.*, 2000, II, p. 290 ss.
Bellantoni G., *Nuovi scritti di procedura penale*, Giappichelli, Torino, 2009.
Bellantoni G., *Illegittimità della perquisizione e ripercussioni sul conseguente sequestro: una questione da definire*, in *Arch. nuova proc pen.*, 2022, p. 97 ss.
Bellantoni G., *sub art. 247*, in A. Giarda-G. Spangher (a cura di), *Codice di procedura penale commentato*, VI ed., tomo I, Ipsoa, Milano, 2023, p. 3287 ss.
Bellantoni G., *sub art. 252*-bis, in A. Giarda-G. Spangher (a cura di), *Codice di procedura penale commentato*, VI ed., tomo I, Ipsoa, Milano, 2023, p. 3320 ss.
Belvini L., *Principio di proporzionalità e attività investigativa*, Edizioni Scientifiche Italiane, Napoli, 2022.
Bene T., *La conoscenza dell'addebito*, in A. Gaito (a cura di), *I principi europei del processo penale*, Dike, Roma, 2016, p. 269 ss.
Bene T., *Le modifiche in tema di indagini preliminari*, in A. Marandola-T. Bene (a cura di), *La riforma della giustizia penale*, Giuffrè, Milano, 2017, p. 96 ss.
Bernardi A., *sub art. 408 c.p.p.*, in M. Chiavario (coordinato da), *Commento al nuovo codice di procedura penale*, Utet, Torino, 1990, p. 529 ss.
Bernardi A., *sub art. 125 disp. att. c.p.p.*, in M. Chiavario (coordinato da), *Commento al nuovo codice di procedura penale. La normativa complementare*, Utet, Torino, 1992, p. 482 ss.
Bilancetti M., *Le funzioni del giudice nella fase delle indagini preliminari*, in *Giust. pen.*, 1989, III, c. 296 ss.
Biscottini G., voce *Apolidia*, in *Enc. dir.*, II, Milano, 1958, p. 612 ss.
Boga V.A.-Crepaldi R.-De Luca V.-Meazza N.-Moscardini M.-Stampanoni Bassi G., *Le indagini preliminari, l'udienza preliminare e la nuova udienza predibattimentale*, Giappichelli, Torino, 2023.
Bolognari M., *Le videoconferenze transnazionali nell'ordine europeo d'indagine*, in *Riv. dir. proc.*, 2022, p. 513 ss.
Bontempelli M., *Udienza preliminare ed efficienza giudiziaria*, in *Dir. pen. e proc.*, 2021, p. 1149 ss.
Bonzano C., *L'interrogatorio investigativo*, Cedam, Padova, 2012, 215.

BONZANO C., *La documentazione delle dichiarazioni: ancora incompiuto l'incerto cammino verso il sinolo aristotelico di sostanza e forma*, in G. SPANGHER (a cura di), *La riforma Cartabia*, Pacini, Pisa, 2022, p. 115 ss.

BONZANO C., *Nuove norme in tema di documentazione di atti di indagine a contenuto dichiarativo*, in *Dir. pen. e proc.*, 2023, p. 132 ss.

BORGIA G., *Profili sistematici delle tecnologie di riconoscimento facciale automatizzato, anche alla luce dei futuribili sviluppi normativi sul fronte eurounitario*, in *Legisl. pen.*, 11 dicembre 2021.

BORGNA P., *Esercizio obbligatorio dell'azione penale nell'era della "pan-penalizzazione"*, in *Quest. giust.*, 31 ottobre 2019.

BRICCHETTI R.G., *Diritto di difesa. Iscrizione della notizia di reato senza effetti civili e amministrativi*, in *I focus del Sole 24 Ore*, 12 ottobre 2022.

BRICCHETTI R.G., *Prime riflessioni sulla riforma Cartabia: udienza preliminare e processo in assenza*, in *Il Penalista*, 24 gennaio 2023.

BRICCHETTI R.G., *sub art. 423*, in A. GIARDA-G. SPANGHER (a cura di), *Codice di procedura penale commentato*, VI ed., tomo II, Ipsoa, Milano, 2023, p. 3100 ss.

BRONZO P., *La partecipazione del proposto al procedimento di prevenzione*, in F. CASSIBBA (a cura di), *Il codice antimafia riformato*, Giappichelli, Torino, 2019, p. 127 ss.

BRONZO P., *Delega al Governo per l'efficienza del processo penale e disposizioni per la celere definizione dei procedimenti giudiziari pendenti presso le Corti d'appello*, in *Cass. pen.*, 2021, p. 3276 ss.

BUONOMO G., *La crescente procedimentalizzazione dell'atto parlamentare di indirizzo politico*, in *Quest. giust.*, 7 ottobre 2021.

BUSETTO M., *Nuova regola di giudizio e integrazioni conoscitive del giudice dell'udienza preliminare: qualche spunto di riflessione*, in *Arch. pen.*, 2023, 1.

BUZZELLI S.-CASIRAGHI R.-CASSIBBA F.-CONCOLINO P.-PRESSACCO L., *sub art. 6*, in G. UBERTIS-F. VIGANÒ, *Corte di Strasburgo e giustizia penale*, Giappichelli, Torino, 2022, p. 166 ss.

CABIALE A., *Il contraddittorio sulla riqualificazione giuridica: da garanzia difensiva (nella CEDU) a strumento di legittimazione della prassi (in Cassazione)*, in *Cass. pen.*, 2015, p. 217 ss.

CABIALE A., *I nuovi controlli giudiziali sui tempi della fase investigativa: una riforma tanto attesa quanto indispensabile*, in *Legisl. pen.*, 2 marzo 2022.

CABIALE A., *Il controllo giurisdizionale sulla legittimità della perquisizione*, in BENE T.-BONTEMPELLI M.-LUPARIA L. (a cura di), *Nuove dinamiche del procedimento penale*, Giappichelli, Torino, 2024, p. 117 ss.

CABIALE A., *I tempi delle indagini e della riflessione del pubblico ministero*, in BENE T.-BONTEMPELLI M.-LUPARIA L. (a cura di), *Nuove dinamiche del procedimento penale*, Giappichelli, Torino, 2024, p. 65 ss.

CAIANIELLO M., *Alcune considerazioni in tema di imputazione formulata in modo alternativo*, in *Cass. pen.*, 1997, p. 2468 ss.

CAIANIELLO M., *Il principio di proporzionalità nel procedimento penale*, in *Dir. pen. cont.*, 2014, 3-4, p. 143 ss.

CALAMANDREI I., *Diversità del fatto e modifica dell'imputazione nel codice di procedura penale del 1988*, in *Riv. it. dir. proc. pen.*, 1996, p. 634 ss.

CAMALDO L., *Nuovi strumenti per ampliare e migliorare la cooperazione informativa nell'Unione europea*, in *Proc. pen. e giust.*, 2019, p. 1050 ss.
CAMON A., *La fase che "non conta e non pesa": indagini governate dalla legge?*, in *Dir. pen. e proc.*, 2017, p. 425 ss.
CAMON A., *Le indagini preliminari*, in AA.VV., *Fondamenti di procedura penale*, III ed., Cedam, Padova, 2021, p. 395.
CANZIO G., *Le linee del modello "Cartabia". Una prima lettura*, in *Sist. pen.*, 25 agosto 2021.
CANZIO G., *Il modello "Cartabia": una riforma di sistema tra rito e organizzazione*, in *Guida dir.*, 2022, 42, p. 8 ss.
CANZIO G., *Il modello "Cartabia". Organizzazione giudiziaria, prescrizione del reato, improcedibilità*, in *www.sistemapenale.it*, 14 febbraio 2022.
CANZIO G., *Intelligenza artificiale e processo penale*, in *Giust. dig., Quaderni della SMM*, 2022, 15, p. 233 ss.
CAPONE A., Iura novit curia. *Studio sulla riqualificazione giuridica del fatto nel processo penale*, Cedam, Padova, 2010.
CAPRIOLI F., *L'archiviazione*, Jovene, Napoli, 1994.
CAPUTO A., *Immigrazione e procedimento penale*, in G. SPANGHER (diretto da), *Trattato di procedura penale*, G. GARUTI (a cura di), *Modelli differenziati di accertamento*, vol. VII, tomo I, Utet, Torino, 2011, p. 529 ss.
CARACENI L., *Giudice dell'udienza preliminare e «nuovi» poteri istruttori*, in *Foro it.*, 2001, V, c. 297 ss.
CARAVITA B., *Obbligatorietà dell'azione penale e collocazione del pubblico ministero: profili costituzionali*, in A. GAITO (a cura di), *Accusa penale e ruolo del pubblico ministero*, Jovene, Napoli, 1991, p. 298 ss.
CARCANO D., *Stabilire i criteri di priorità nella trattazione dei procedimenti è un dovere dei capi degli uffici*, in *Giur. cost.*, 1998, p. 1877 ss.
CARDAMONE D., *La sentenza della C.E.D.U. Brazzi c. Italia: sono arbitrarie le perquisizioni disposte dall'Autorità giudiziaria?* in *Quest. giust.*, 15 gennaio 2019.
CARLI L., La notitia criminis *e la sua iscrizione nel registro di cui all'art. 335 c.p.p.*, in *Dir. pen. e proc.*, 1995, p. 730 ss.
CARNEVALE S., *Stranieri al processo: meccanismi di esclusione e accertamento penale*, in O. GIOLO-M. PIFFERI, *Diritti contro: meccanismi giuridici di esclusione dello straniero*, Giappichelli, Torino, 2009, p. 111 ss.
CARTABIA M., *Ridurre del 25% i tempi del giudizio penale: un'impresa per la tutela dei diritti e un impegno con l'Europa, per la ripresa del Paese*, in *Sist. pen.*, 31 maggio 2021.
CASASOLE F., *Davvero abnorme il provvedimento con il quale il giudice dell'udienza preliminare restituisce gli atti al pubblico ministero a causa della genericità dell'imputazione?*, in *Riv. dir. proc.*, 2009, p. 1061 ss.
CASIRAGHI R., *La Corte di Strasburgo condanna l'Italia per la mancata tutela delle vittime di Violenza domestica e di genere*, in *Dir. pen. cont.*, 2017, 3, p. 378 ss.
CASSIBBA F., *L'udienza preliminare. Struttura e funzioni*, Giuffrè, Milano, 2007.
CASSIBBA F., *L'"insostenibile leggerezza" dell'udienza preliminare*, in *Criminalia*, 2015, p. 80 ss.
CASSIBBA F., *L'imputazione e le sue vicende*, Giuffrè, Milano, 2016.

CASSIBBA F., *Vicende dell'imputazione*, in AA.VV., *Imputazione e prova nel dibattimento tra regole e prassi*, Giuffrè, Milano, 2018, p. 25 ss.
CASSIBBA F., *Udienza preliminare e controlli sull'enunciato d'accusa a trent'anni dal codice di procedura penale*, in *Arch. pen.*, 2019, 3.
CASSIBBA F.-MANCUSO E.M., *Le indagini preliminari tra innovazione e continuità*, in D. CASTRONUOVO-M. DONINI-E.M. MANCUSO-G. VARRASO (a cura di) *Riforma Cartabia. La nuova giustizia penale*, Wolters Kluwer Cedam, Milano-Padova, 2023, p. 605 ss.
CATALANO S., *Rimedi peggiori dei mali: sui criteri di priorità nell'azione penale*, in *Quaderni costituzionali*, 2008, 1, p. 65 ss.
CECCHI M., *La riforma Cartabia in punto di maggiorazione dei poteri del giudice per le indagini preliminari*, in G. COLAIACOVO-F. DEL VECCHIO-W. NOCERINO (a cura di), *Gli snodi problematici della riforma Cartabia con uno sguardo al futuro*, Cacucci, Bari, 2023, p. 1 ss.
CECCHI M., *Nuovi filtri di giudizio in sede di indagini preliminari e di udienza preliminare*, in F. CASSIBBA-L. FOFFANI-G. GARUTI (a cura di) *Riflessioni sulla legge delega n. 134 del 2021*, Giappichelli, Torino, 2023, p. 49 ss.
CENTAMORE G., *L'applicazione dei principi dell'art. 6 C.E.D.U. in materia di riqualificazione giuridica del fatto: fra orientamenti "tradizionali" e nuove prospettive*, in *Dir. pen. cont.*, 16 ottobre 2013.
CERVETTI F., voce *Verbale*, in *Enc. dir.*, XLVI, Milano, 1993, p. 615 ss.
CESARI C., *Modifica dell'imputazione e poteri del giudice dell'udienza preliminare*, in *Riv. it. dir. proc. pen.*, 1994, p. 298 ss.
CESARI C., *Le clausole di irrilevanza del fatto nel sistema processuale penale*, Giappichelli, Torino, 2005.
CESARI C., *L'inflazione delle notizie di reato e i filtri selettivi ai fini del processo*, in *Riv. dir. proc.*, 2011, p. 1407 ss.
CHIAVARIO M., *Riflessioni sul principio costituzionale di obbligatorietà dell'azione penale*, in AA.VV., *Aspetti e tendenze del diritto costituzionale. Scritti in onore di Costantino Mortati*, vol. IV, Giuffrè, Milano, 1977, p. 89 ss.
CHIAVARIO M., *L'obbligatorietà dell'azione penale: il principio e la realtà*, in AA.VV., *Il pubblico ministero oggi*, Giuffrè, Milano, 1994, p. 67 ss.
CHIAVARIO M. (coord. da), *Protagonisti e comprimari nel processo penale*, Utet, Torino, 1995.
CHIAVARIO M., *La fisionomia del titolare dell'azione penale, tema essenziale per la cultura del processo*, in AA.VV., *Pubblico ministero e riforma dell'ordinamento giudiziario*, Giuffrè, Milano, 2006, p. 9 ss.
CHIAVARIO M., voce *Diritto processuale penale*, in *Enc. dir.*, *Annali*, IX, Milano, 2016, p. 274 ss.
CHIAVARIO M., *Obbligatorietà dell'azione penale: né un mito da abbattere né un feticcio da sottrarre a ogni discussione*, in AA.VV., *L'obbligatorietà dell'azione penale*, Giuffrè, Milano, 2021, p. 9 ss.
CIMADOMO D., *Il casellario giudiziario*, in L. KALB (a cura di), *«Spazio europeo di giustizia» e procedimento penale italiano. Adattamenti normativi e approdi giurisprudenziali*, Giappichelli, Torino, 2012, p. 845 ss.

CIMADOMO D., *La revisione della disciplina del casellario giudiziale*, in G.M. BACCARI-C. BONZANO-K. LA REGINA-E.M. MANCUSO (a cura di), *Le recenti riforme in materia penale. Dai decreti di depenalizzazione (d.lgs. n. 7 e n.8/2016) alla legge "Orlando"*, Wolters Kluwer Cedam, Milano, 2017, p. 627 ss.

CIVARDI S., *La lenta erosione del principio di obbligatorietà dell'azione penale. Prime note ai "criteri di priorità" indicati dal Parlamento*, in *Giustizia insieme*, 29 ottobre 2021.

CIVITA G., *Udienza preliminare: la nuova regola di giudizio per la sentenza di non luogo a procedere*, in G. SPANGHER (a cura di), *La riforma Cartabia*, Pacini, Pisa, 2022, p. 317 ss.

COLANGELI G., voce *Identificazione*, in *Dig. disc. pen.*, VI, Torino, 1992, p. 65 ss.

CONSO G. (a cura di), *Pubblico Ministero e accusa Penale. Problemi e prospettive di riforma*, Zanichelli, Bologna, 1979.

CONTE A., *L'immediatezza nella "Riforma Cartabia"*, in *Giur. pen.*, 2022, 6.

CONTI C., *Modifiche al codice di procedura penale*, in *Dir. pen. e proc.*, 2001, p. 304 ss.

CONTI C., *Partecipazione e presenza dell'imputato nel processo penale: questione terminologica o interessi contrapposti da bilanciare?*, in *Dir. pen. e proc.*, 2000, p. 76 ss.

CONTI C., *L'iscrizione della notizia di reato nel prisma dell'azione: nuovi requisiti e finestre di giurisdizione*, in *Dir. pen. e proc.*, 2023, p. 142 ss.

CONTI C.-QUAGLIANO G., *La regola di giudizio nell'udienza preliminare: una decisione bifasica*, in *Dir. pen. e proc.*, 2016, p. 340 ss.

COPPOLA R., *La tutela delle libertà fondamentali: dalla sentenza della* Corte EDU Brazzi c. Italia, *alla Legge 27 settembre 2021, n. 134*, in *Arch. pen.*, 2022, 2.

CORBI F., *Obbligatorietà dell'azione penale ed esigenze di razionalizzazione del processo*, in *Riv. it. dir. e proc. pen.*, 1981, p. 1048 ss.

CORDERO F., *Considerazioni sul principio d'identità del "fatto"*, in *Riv. it. dir. proc. pen.*, 1958, p. 935 ss.

CORDERO F., *Codice di procedura penale commentato*, II ed., Utet, Torino, 1992.

CORDERO F., *Procedura penale*, IX ed., Giuffrè, Milano, 2012.

CORETTI G., *La ragionevole durata delle indagini alla luce della riforma Cartabia:* nihil sub *(italico)* sole novum, in *Arch. pen.*, 2022, 2.

CORSO G., *II pubblico ministero nel sistema costituzionale*, in *Dir. pen. e proc.*, 1997, 3, p. 885 ss.

CORTESI M.F., *La vittima del reato sotto la lente della riforma Cartabia*, in *Giur. it.*, 2022, p. 992 ss.

CORTESI M.F., *Le nuove disposizioni sulla "vittima" del reato*, in *Dir. pen. e proc.*, 2023, p. 217 ss.

COSTANZO G., *Principio di legalità, azione penale e trasformazioni dello stato di diritto*, Giuffrè, Milano, 2018.

COTTI G., *Vega v. Tekoh: secondo la Corte Suprema i Miranda warnings non sono diritto costituzionale*, in *Quaderni costituzionali*, 2022, 4, p. 38 ss.

CURTOTTI D., *Prove digitali e cooperazione nello spazio europeo. Indagini* hi-tech*, spazio* cyber*, scambi probatori tra Stati e Internet* provider service *e "Vecchia Europa": una normativa che non c'è (ancora)*, in *Dir. pen. e proc.*, 2021, p. 745 ss.

CURTOTTI D., *L'iscrizione della notizia di reato e il controllo del giudice*, in G. SPANGHER (a cura di), *La Riforma Cartabia*, Pacini, Pisa, 2022, p. 198 ss.

CURTOTTI NAPPI D., *I collegamenti audiovisisvi nel processo penale*, Giuffrè, Milano, 2006.

D'ALESSIO F., *La nuova udienza predibattimentale nel rito monocratico con citazione diretta*, in G. SPANGHER (a cura di), *La Riforma Cartabia*, Pacini, Pisa, 2022, p. 526 ss.

D'ANCONA L., *Riforma del processo penale e giudice per le indagini preliminari*, in *Quest. giust.*, 9 novembre 2021.

D'ARCANGELO F., *L'udienza di comparizione predibattimentale a seguito di citazione diretta*, in BENE T.-BONTEMPELLI M.-LUPARIA L. (a cura di), *Nuove dinamiche del procedimento penale*, Giappichelli, Torino, 2024, p. 325 ss.

D'ELIA G., *sub art. 112*, in R. BIFULCO-A. CELOTTO-M. OLIVETTI (a cura di), *Commentario alla Costituzione*, vol. III, Utet, Torino, 2006, p. 2128 ss.

DALIA A.A.-FERRAIOLI M., *Manuale di diritto processuale penale*, X ed., Cedam, Padova, 2018.

DANIELE M., *Le modifiche in materia di termini per le indagini preliminari*, in M. BARGIS (a cura di), *Il decreto "antiscarcerazioni"*, Giappichelli, Torino, 2001, p. 81 ss.

DANIELE M., *Profili sistematici della sentenza di non luogo a procedere*, Giappichelli, Torino, 2005.

DANIELE M., *La partecipazione a distanza allargata*, in *Dir. pen. cont.*, 14 dicembre 2017.

DANIELE M., *L'abolizione dell'udienza preliminare per rilanciare il sistema accusatorio*, in *Sist. pen.*, 2020, 1, p. 131 ss.

DANIELE M., *Il vaglio preliminare dell'accusa secondo la L. n. 134/2021*, in *Giur. it.*, 2021, p. 1011 ss.

DANIELE M., *La riforma della giustizia penale e il modello perduto*, in *Cass. pen.*, 2021, p. 3069 ss.

DANIELE M., *L'udienza predibattimentale: una sfida per i tribunali*, in *Sist. pen.*, 16 gennaio 2023.

DANIELE M.-FERRUA P., *Venti di riforma dell'udienza preliminare e del patteggiamento: un subdolo attacco al processo accusatorio*, in *Dir. pen. cont.*, 2019, 5, p. 75 ss.

DE CARO A., *Le ambigue prospettive di riforma del processo penale contenute nel d.d.l. n. 2435/2020: il declino delle garanzie e il (vano) tentativo di accelerare la durata dei processi*, in *Dir. pen. e proc.*, 2021, p. 524.

DE CARO A., *Riflessioni sulle recenti modifiche della fase investigativa e della regola di giudizio: un percorso complesso tra criticità e nuove prospettive*, in *Arch. pen.*, 2022, 3.

DE FRANCESCHI P., *Violenza domestica: dal caso Rumor al caso Talpis cosa è cambiato nella giurisprudenza della Corte Europea dei Diritti dell'Uomo?*, in *Giur. pen.*, 2018, 1.

DE MATTEIS L., *Diversa qualificazione giuridica dell'accusa e tutela del diritto di difesa*, in A. BALSAMO-R.E. KOSTORIS (a cura di), *Giurisprudenza europea e processo penale italiano*, Giappichelli, Torino, 2008, p. 217 ss.

DEAN G., *L'impromovibilità dell'azione penale*, Giuffrè, Milano, 1996.

DEGANELLO M., *Giudice e giuria*, in R. GAMBINI MUSSO (a cura di), *Il processo penale statunitense*, Giappichelli, Torino, 2009, p. 96 ss.

DEI-CAS E.A.A., *La partecipazione a distanza in attesa della riforma del processo penale*, in *Sist. pen.*, 2022, 4, p. 5 ss.

DEL COCO R., *La regressione degli atti nel processo penale*, Giappichelli, Torino, 2020.
DEL COCO R., *Rimaneggiamento delle regole per non procedere: archiviazione e udienza preliminare*, in *Proc. pen. e giust.*, 2022, 1, p. 83 ss.
DELL'AGLI C., *L'autorità competente alla rinnovazione della citazione e la regola di regressione: un equanime definitivo rimedio delle Sezioni Unite ad uno sterile* empasse *ermeneutico giurisprudenziale*, in *Arch. nuova proc. pen.*, 2005, p. 485 ss.
DELLA MONICA G., *Il filtro della ragionevole previsione di condanna*, in *Arch. pen.*, 2023, 2.
DELLA TORRE J., *I criteri di priorità della notizia di reato e nell'esercizio dell'azione penale*, in BENE T.-BONTEMPELLI M.-LUPARIA L. (a cura di), *Nuove dinamiche del procedimento penale*, Giappichelli, Torino, 2024, p. 29 ss.
DI BITONTO M.L., *Sub art. 141* bis, in A. GIARDA-G. SPANGHER (a cura di), *Codice di procedura penale commentato*, VI ed., tomo I, Ipsoa, Milano, 2023, p. 2121 ss.
DI CHIARA G., *Il pubblico ministero e l'esercizio dell'azione penale*, in G. FIANDACA-G. DI CHIARA (a cura di), *Una introduzione al Sist. pen.*, Jovene, Napoli, 2003, p. 243 ss.
DI IESU M., *Procedimento davanti al tribunale monocratico*, in A. CONZ-L. LEVITA (a cura di), *La riforma Cartabia della giustizia penale. Commento organico alla Legge n. 134/2001*, Dike, Roma, 2021, p. 119 ss.
DI PAOLO G., *"Tecnologie del controllo" e prova penale. L'esperienza statunitense e spunti per la comparazione*, Cedam, Padova, 2008.
DI PAOLO G., *La circolazione dei dati personali e del casellario giudiziario*, in *Cass. pen.*, 2011, p. 403A ss.
DI PAOLO G., *Il riconoscimento degli effetti della condanna straniera e lo scambio di dati estratti dal casellario giudiziale (dd.llgs. 12 maggio 2016, nn. 73, 74, 75)*, in F. RUGGIERI (a cura di), *Processo penale e regole europee: atti, diritti, soggetti e decisioni*, Giappichelli, Torino, 2017, p. 207 ss.
DI PAOLO G., *Casellario giudiziario*, in A. MARANDOLA (a cura di), *Cooperazione giudiziaria penale*, Giuffrè, Milano, 2018, p. 961 ss.
DI PAOLO G., *Verso una nuova architettura di gestione dei dati contenuti nei sistemi di informazione dell'Unione*, in *Cass. pen.*, 2019, p. 3380 ss.
DI VIZIO, *L'obbligatorietà dell'azione penale efficiente ai tempi del PNRR. La Procura tra prospettive organizzative, temi istituzionali e scelte comportamentali*, in *Quest. giust.*, 13 ottobre 2021.
DI VIZIO F., *L'imputazione: la madre di tutte le garanzie*, in *Discrimen*, 18 settembre 2023.
DIDDI A., *L'udienza-filtro nei procedimenti davanti al tribunale in composizione monocratica*, in *Dir. pen. e proc.*, 2023, p. 180 ss.
DINACCI F.R., *Sempre incerti ruolo e limiti dell'iscrizione nel registro delle notizie di reato*, in *Giur. cost.*, 2005, p. 3007 ss.
DINACCI F.R., *Intelligenza artificiale tra quantistica matematica e razionalismo critico: la necessaria tutela di approdi* euristici, in *Proc. pen. e giust.*, 2022, p. 1626 ss.
DOMINIONI O., voce *Azione penale*, in *Dig. disc. pen.*, I, Torino, 1987, p. 398 ss.
DOMINIONI O., *Chiusura delle indagini preliminari e udienza preliminare*, in E. AMO-

DIO-O. DOMINIONI-V. GREVI-G. NEPPI MODENA-P.L. VIGNA, *Il nuovo processo penale. Dalle indagini preliminari al dibattimento*, Giuffrè, Milano, 1989, p. 53 ss.

DOMINIONI O., *sub artt. 66-68*, in E. AMODIO-O. DOMINIONI (diretto da), *Commentario del nuovo codice di procedura penale*, vol. I, Giuffrè, Milano, 1989, p. 408 ss.

DOMINIONI O., *La Corte assediata*, in *Dir. pen. e proc.*, 2013, p. 1385 ss.

DOMINIONI O., *L'ufficio del pubblico ministero. Obbligatorietà dell'azione penale ed efficienza giudiziaria*, in N. ZANON-F. BIONDI (a cura di), *L'indipendenza della magistratura oggi*, Giuffrè, Milano, 2020, p. 143 ss.

DOMINIONI O., *L'obbligatorietà dell'azione penale dal codice Rocco alla Costituzione. Il bilanciamento fra l'interesse alla persecuzione penale e altri interessi a copertura costituzionale*, in AA.VV., *L'obbligatorietà dell'azione penale*, Giuffrè, Milano, 2021, p. 15 ss.

DONINI M., *Il cittadino extracomunitario da* oggetto materiale *a* tipo d'autore *nel controllo penale dell'immigrazione*, in *Quest. giust.*, 2009, 1, p. 101 ss.

DUCOLI G., *Registrazione audio e video*, in D. CASTRONUOVO-M. DONINI-E.M. MANCUSO-G. VARRASO (a cura di), *Riforma Cartabia. La nuova giustizia penale*, Wolters Kluwer Cedam, Milano-Padova, 2023, p. 487 ss.

FALATO F., *(il)Legittimità sistemica delle perquisizioni. Tra normazione nazionale e giurisdizione europea. A proposito di Corte EDU, prima sezione, 27 settembre 2018, causa Brazzi c. Italia*, in *Arch. pen.*, 2019, 2.

FANUELE C., *Dati genetici e procedimento penale*, Cedam, Padova, 2009.

FANUELE C., *La ricostruzione del fatto nelle investigazioni penali*, Cedam, Padova, 2012.

FANUELE C., *La localizzazione satellitare nelle investigazioni penali*, Wolters Kluwer-Cedam, Milano-Padova, 2019.

FANUELE C., *La notizia di reato: sagoma, tempi di iscrizione e controlli*, in *Proc. pen. e giust.*, 2022, p. 33 ss.

FANUELE C., *I nuovi criteri per la decisione di non luogo a procedere*, in *Proc. pen. e giust.*, 2023, p. 958 ss.

FELICIONI P., *Accertamenti sulla persona e processo penale. Il prelievo di materiale biologico*, Ipsoa, Lavis (TN), 2007.

FELICIONI P., *L'acquisizione di materiale biologico a fini indentificativi e di ricostruzione del fatto*, in A. SCARCELLA (a cura di), *Prelievo del DNA e banca dati nazionale*, Cedam, Padova, 2009, p. 191 ss.

FELICIONI P., *Le ispezioni e le perquisizioni*, in *Trattato di procedura penale*, diretto da G. UBERTIS, P.P. VOENA, XX, Giuffrè, Milano, 2012.

FELICIONI P., *L'acquisizione da remoto di dati digitali nel procedimento penale: evoluzione giurisprudenziale e prospettive di riforma,* in *Proc. pen. e giust.*, 2016, p. 118 ss.

FELICIONI P., *Correlazione tra accusa e sentenza: il principio* iura novit curia *e la sentenza Drassich c. Italia*, in A. GAITO-D. CHINNICI (a cura di), *Regole europee e processo penale*, Wolters Kluwer Cedam, Milano-Padova, 2018, p. 229 ss.

FELICIONI P., *La prova del DNA nel procedimento penale. Profili sistematici, dinamiche probatorie, suggestioni mediatiche*, Giuffrè, Milano, 2018.

FERRAIOLI M., *Il ruolo di "garante" del giudice per le indagini preliminari*, IV ed., Cedam, Padova, 2013.

FERRI F., *Diritto UE e apolidia nel contesto dei movimenti migratori: l'anello mancante di una catena debole*, in *dpconline.it*, 19 ottobre 2020.

FERRUA P., *La prova nel processo penale*, I, *Struttura e procedimento*, Giappichelli, Torino, 2017.

FERRUA P., *I criteri di priorità nell'esercizio dell'azione penale*, in *Cass. pen.*, 2020, p. 12 ss.

FERRUA P., *Appunti critici sulla riforma del processo penale secondo la commissione Lattanzi*, in *Giust. pen.*, 2021, p. 119 ss.

FERRUA P., *Brevi appunti in tema di udienza preliminare, appello e improcedibilità*, in *DisCrimen*, 9 dicembre 2021.

FERRUA P., *Regole di giudizio e udienza preliminare*, in *Proc. pen. e giust.*, 2023, p. 966 ss.

FIDELBO G., *Le disposizioni transitorie*, in G. LATTANZI (a cura di), *Il giudice unico: le nuove norme ordinamentali, civili, processuali e amministrative al 2 gennaio 2000*, Giuffrè, Milano, 2000, p. 409 ss.

FILIPPI L., *La "novella" penitenziaria del 2002: la proposta dell'Unione delle Camere penali e una "controriforma" che urta con la Costituzione e con la Convenzione europea*, in *Cass. pen.*, 2003, p. 24 ss.

FIORELLI G., *L'imputazione latente*, Giappichelli, Torino, 2016.

FIORELLI G., *Indeterminatezza dell'imputazione e conseguenze sanzionatorie nella prospettiva della legge delega n. 134 del 2021: vecchi equivoci e nuove resistenze dogmatiche*, in *Arch. pen.*, 2022, 1.

FONTI R., *Strategie e virtuosismi per l'efficienza e la legalità delle indagini preliminari*, in A. MARANDOLA (a cura di), *"Riforma Cartabia" e rito penale. La legge delega tra impegni europei e scelte valoriali*, Cedam, Padova, 2022, p. 99 ss.

FORTE L., *L'udienza predibattimentale: tra "nuova" regola di giudizio ed efficienza nel "sistema Cartabia"*, in *Dir. pen. e proc.*, 2023, p. 456 ss.

FRIGO G., *Un primo serio intervento legislativo sulle priorità nella trattazione dei processi*, in S. LORUSSO (a cura di), *Le nuove norme sulla sicurezza pubblica*, Cedam, Padova, 2009, p. 415 ss.

FÙRFARO S., *Diritto processuale delle misure di prevenzione*, Giappichelli, Torino, 2022.

FURGIUELE A., *La «ragionevole durata» delle indagini preliminari*, in *Dir. pen. e proc.*, 2004, p. 1194 ss.

GAETA P., voce *Pubblico ministero (Ufficio e organizzazione del)*, in *Enc. giur. Sole24 ore*, XII, Milano, 2007, p. 557 ss.

GAETA P., *Il pubblico ministero e la polizia giudiziaria*, in G. GARUTI (a cura di), *Indagini preliminari e udienza preliminare*, in G. SPANGHER (diretto da), *Trattato di procedura penale*, vol. III, Utet, Torino, 2009, p. 175 ss.

GAITO A.-GAETA G., *Legislatori e Corti Nazionali sul funzionamento del processo a seguito dell'emergenza: prospettive di adeguamento agli obiettivi europei e perduranti resistenze interne*, in *Arch. pen.*, 2021, 3.

GALANTINI N., *Diritto di difesa e difetto di potere investigativo nella fase antecedente l'iscrizione della notizia di reato*, in *Proc. pen. e giust.*, 2011, p. 124 ss.

GALANTINI N., *Il principio di obbligatorietà dell'azione penale tra interesse alla persecuzione penale e interesse all'efficienza giudiziaria*, in *Dir. pen. cont.*, 23 settembre 2019.

GALANTINI N., *Alla ricerca dell'inutilizzabilità derivata*, in *Sist. pen.*, 2021, 3, p. 151 ss.

GALATI A., *Il comportamento delle parti nel regime delle nullità processuali penali*, Giuffrè, Milano, 1970.

GALGANI B., *Digitalizzazione e processo penale: riflessioni sul dover essere di una nuova "cartografia"*, in *DisCrimen*, 3 giugno 2021.

GALGANI B., *Contributo per un rito penale dal volto digitale: gli* "assist" *offerti dalla legge delega Cartabia*, in A. MARANDOLA (a cura di), *"Riforma Cartabia" e rito penale. La Legge Delega tra impegni europei e scelte valoriali*, Wolters KluwerCedam, Milano-Padova, 2022, p. 37 ss.

GALGANI B., *Forme e garanzie nel prisma dell'innovazione tecnologica. Alla ricerca di un processo penale "virtuoso"*, Wolters Kluwer Cedam, Milano, 2022.

GALGANI B., *Il processo penale telematico*, in *Dir. pen. e proc.*, 2023, p. 114 ss.

GARAPON A., *La despazializzazione della giustizia*, Mimesis, Milano, 2021.

GAROFOLI F.J., *La riproduzione fonografica od audiovisiva* ex *art. 141*-bis *c.p.p. tra dubbi interpretativi ed esigenze di garanzia*, in *Cass. pen.*, 2005, p. 2220 ss.

GAROFOLI V. (a cura di), *L'udienza preliminare e il contenimento dei tempi processuali*, Giuffrè, Milano, 2008.

GARUTI G., *La verifica dell'accusa nell'udienza preliminare*, Cedam, Padova, 1996.

GARUTI G., *La nuova fisionomia dell'udienza preliminare*, in F. PERONI (a cura di), *Il processo penale dopo la riforma del giudice unico*, Cedam, Padova, 2000, p. 353 ss.

GARUTI G., *L'efficienza del processo tra riduzione dei tempi di indagine, rimedi giurisdizionali e "nuova" regola di giudizio*, in *Arch. pen.*, 2022, 3.

GARUTI G., *Il procedimento per citazione diretta a giudizio davanti al tribunale*, Giuffrè, Milano, 2003.

GATTA G.L., *Riforma della giustizia penale: contesto, obiettivi e linee di fondo della 'legge Cartabia'*, in *Sist. pen.*, 15 ottobre 2021.

GATTA G.L., *Rinvio della riforma Cartabia: una scelta discutibile e di dubbia legittimità costituzionale. E l'Europa?*, in *Sist. pen.*, 31 ottobre 2022.

GENNARI R.-SARAVO L., *Rilievi ed accertamenti sulle tracce: dalle impronte al dna*, in D. CURTOTTI-L. SARAVO, *Manuale delle investigazioni sulla scena del crimine. Norme, tecniche, scienza, logica*, II ed., Giappichelli, Torino, 2022, p. 673 ss.

GERACI R.M. (a cura di), *La giustizia penale dopo la c.d. Riforma Cartabia. Aggiornato alla legge 24 novembre 2023, n. 168 e al d.lgs. 19 marzo 2024, n. 31*, Giappichelli, Torino, 2024.

GIALUZ M., *Il casellario giudiziario europeo: una frontiera dell'integrazione in materia penale*, in F. PERONI-M. GIALUZ (a cura di), *Cooperazione informativa e giustizia penale nell'Unione Europea*, EUT, Trieste, 2009, p. 101 ss.

GIALUZ M., *Per un processo penale più efficiente e giusto. Guida alla lettura della Riforma Cartabia (profili processuali)*, in *Sist. pen.*, 2 novembre 2022.

GIALUZ M., *La giustizia penale come servizio pubblico: completare la "riforma Cartabia*, in *Dir. pen. e proc.*, 2023, p. 357 ss.

GIALUZ M.-DELLA TORRE J., *D.L. 28 ottobre 2020, n. 137 e processo penale: sulla "giustizia virtuale" servono maggiore cura e consapevolezza*, in *Sist. pen.*, 9 novembre 2020.

GIALUZ M.-DELLA TORRE J., *Il progetto governativo di riforma della giustizia penale approda alla Camera: per avere processi rapidi (e giusti) serve un cambio di passo*, in *Sist. pen.*, 2020, 4., p. 145 ss.

GIALUZ M.-DELLA TORRE J., *Giustizia per nessuno. L'inefficienza del sistema penale italiano tra crisi cronica e riforma Cartabia*, Giappichelli, Torino, 2022.

GIANGIACOMO B., *L'attività del GUP nell'udienza preliminare tra poteri di sollecitazione e integrazione*, in *Dir. pen. e proc.*, 2012, p. 234 ss.

GIORDANO L., *Il processo penale a distanza ai tempi del coronavirus*, in *Dir. pen. e proc.*, 2020, p. 920.

GIORDANO L., *Riforma processo penale: la rimodulazione dei tempi delle indagini*, in *Quest. giust.*, 17 febbraio 2023.

GIOSTRA G., *L'archiviazione. Lineamenti sistematici e questioni interpretative*, Giappichelli, Torino, 1994.

GIOSTRA G., *Prima lezione sulla giustizia penale*, Laterza, Bari, 2020.

GITTARDI C., *Le disposizioni della riforma Cartabia in materia di indagini: tempi e "stasi" delle indagini,* discovery *degli atti e controllo delle iscrizioni*, in *Giust. ins.*, 2 novembre 2021.

GIULIANI L., *La regola di giudizio in materia di archiviazione (art. 125 disp. att. c.p.p.) all'esame della Corte costituzionale*, in *Cass. pen.*, 1992, p. 249 ss.

GIUNCHEDI F., De profundis *per i procedimenti speciali. Considerazioni a margine alla legge di inapplicabilità del giudizio abbreviato ai delitti puniti con l'ergastolo*, in *Arch. pen.*, 2019, 2.

GIUNCHEDI F., voce *L'interrogatorio*, in *Dig. disc. pen.*, II aggiornamento, Torino, 2004.

GRASSO G., *Sul rilievo dei criteri di priorità nella trattazione degli affari penali nelle delibere del CSM e nelle pronunce della sezione disciplinare*, in *Foro it.*, 2015, III, c. 259 ss.

GREVI V., *La garanzia dell'intervento giurisdizionale nel corso delle indagini preliminari*, in *Giust. pen.*, 1988, I, c. 353 ss.

GREVI V., *Archiviazione per «inidoneità probatoria» ed obbligatorietà dell'azione penale*, in *Riv. it. dir. proc. pen.*, 1990, p. 1274 ss.

GRISONICH E., *Il nuovo controllo giurisdizionale sulla perquisizione non seguita da sequestro: connotati dell'impugnazione e riverberi a livello sistematico*, in *Arch. pen.*, 2023, 3.

GROSSO D., *L'udienza preliminare*, Giuffrè, Milano, 1991.

GUALTIERI G., *Perquisizioni ed ispezioni di polizia*, Giuffrè, Milano, 1979.

GUIDO E., *Disfunzioni e possibili rimedi in tema di durata delle indagini preliminari: a proposito del sindacato giurisdizionale sulla tempestività dell'iscrizione della* notitia criminis, in *Riv. it. dir. proc. pen.*, 2010, p. 437 ss.

HERBERT L., *Tantamount to nothing: Miranda "rights" can(not) be wronged*, in *SCOTUSblog*, 27 giugno 2022.

IANDOLO L., *I rimedi ai vizi dell'imputazione*, in G. SPANGHER (a cura di), *La riforma Cartabia*, Pacini, Pisa, 2022, p. 307 ss.

IANNIELLO R., *Osservazioni critiche in merito alla udienza filtro per i procedimenti a citazione diretta*, in *Quest. giust.*, 21 gennaio 2022.

IASEVOLI C., *Il giudizio e la crisi del metodo epistemologico garantista*, in *Sist. pen.*, 2022, 11, p. 5 ss.

ICHINO G., *Alcuni spunti di riflessione sul tema delle indagini preliminari*, in *Riv. it. dir. proc. pen.*, 1993, p. 668 ss.

ICHINO G., *L'attività di polizia giudiziaria*, in M.G. AIMONETTO (coord. da), *Indagini preliminari ed instaurazione del processo*, in M. CHIAVARIO-E. MARZADURI (diretto da), *Giurisprudenza sistematica di diritto processuale penale*, Utet, Torino, 1999, p. 215 ss.

ILLUMINATI G., *Costituzione e processo penale*, in *Giur. it.*, 2008, p. 521 ss.

ILLUMINATI G., *Alla ricerca di un processo penale efficiente*, in *Riv. dir. proc.*, 2022, p. 1161 ss.

INSOLERA G., *Sul controllo della tempestiva iscrizione nel registro previsto dall'art. 335 c.p.p.*, in *Dir. pen. e proc.*, 2018, p. 1359 ss.

KOSTORIS R.E., *sub artt. 66-68*, in M. CHIAVARIO (coord. da), *Commento al nuovo codice di procedura penale*, vol. I, Utet, Torino, 1989, 338 ss.

KOSTORIS R.E., *Commento all'art. 2 l. 8 agosto 1995, n. 332*, in AA.VV., *Modifiche al codice di procedura penale*, Cedam, Padova, 1995, p. 55 ss.

KOSTORIS R.E., *Criteri di selezione e moduli deflativi nelle prospettive di riforma. Atti del Convegno (Como, 24-26 settembre 1999)*, in AA.VV., *Il giudice unico nel processo penale*, Giuffrè, Milano, 2001, p. 36 ss.

KOSTORIS R.E., *Per un'obbligatorietà temperata dell'azione penale*, in *Riv. dir. proc.*, 2007, 4, p. 875 ss.

KOSTORIS R.E., *Diversa qualificazione giuridica del fatto in Cassazione e obbligo di conformasi alle decisioni della Corte europea dei diritti umani: considerazioni sul caso Drassich*, in *Giur. it.*, 2009, p. 2514 ss.

KOSTORIS R.E., *Ordine di investigazione europeo e diritti fondamentali*, in *Cass. pen.*, 2018, p. 1437 ss.

KOSTORIS R.E., *Obbligatorietà dell'azione penale e criteri di priorità fissati dalle procure*, in *Cass. pen.*, 2020, p. 2178 ss.

KOSTORIS R.E., *Obbligatorietà dell'azione penale e criteri di priorità*, in AA.VV., *L'obbligatorietà dell'azione penale*, Giuffrè, Milano, 2021, p. 47 ss.

KOSTORIS R.E.-ORLANDI R. (a cura di), *Commenti alla legge n. 134 del 2021 e ai decreti legislativi delegati*, vol. I, *Nuovi limiti temporali per l'accertamento penale. Fra prescrizione del reato e improseguibilità dell'azione penale*, Giappichelli, Torino, 2022.

LA MARCA F., *sub art. 349*, in M. CHIAVARIO (coord. da), *Commento al nuovo codice di procedura penale*, vol. IV, Utet, Torino, 1990, p. 123 ss.

LA REGINA K., *L'archiviazione nel vortice efficientista*, in G. SPANGHER (a cura di), *La riforma Cartabia*, Pacini, Pisa, 2022, p. 276 ss.

LA ROCCA E.N., *La prima delega del decennio per la riforma del processo penale: una corsa folle contro il tempo, che ora scorre senza contrappesi*, in *Arch. pen.*, 2020, 1.

LA ROCCA E.N., *Il modello di riforma "Cartabia": ragioni e prospettive della Delega n. 134/2021*, in *Arch. pen.*, 2021, 3.

LEO G., *La regola di giudizio dell'archiviazione e la riapertura delle indagini*, in BENE T.-BONTEMPELLI M.-LUPARIA L. (a cura di), *Nuove dinamiche del procedimento penale*, Giappichelli, Torino, 2024, p. 81 ss.

LEOTTA C.D., voce *Femminicidio*, in *Dig. disc. pen.*, III, Torino, 2014, p. 248 ss.

LOMBARDI F., *L'udienza predibattimentale nella Riforma "Cartabia": uno schema operativo con alcuni spunti di riflessione*, in *Giur. pen.*, 2022, 12.
LOMBARDO L., *Genericità dell'imputazione e poteri del giudice dell'udienza preliminare*, in *Cass. pen.*, 2009, p. 633 ss.
LONATI S., *Il procedimento penale davanti al tribunale in composizione monocratica: aspetti problematici e soluzioni interpretative*, Giappichelli, Torino, 2017.
LONATI S., *Espulsione amministrativa dello straniero, processo penale e modelli differenziati di accertamento*, in *Giur. cost.*, 2019, p. 3238 ss.
LONATI S., *L'udienza preliminare*, in D. CASTRONUOVO-M. DONINI-E.M. MANCUSO-G. VARRASO, *Riforma Cartabia. La nuova giustizia penale*, Wolters Kluwer Cedam, Milano-Padova, 2023, p. 691 ss.
LOPEZ R., *Riconoscimento facciale tramite* soft-ware *e individuazione del sospettato*, in A. SCALFATI (a cura di), *Pre-investigazioni (espedienti e mezzi)*, Giappichelli, Torino, 2020, p. 295 ss.
LORENZETTO E., *Audizioni investigative e tutela della vittima*, in M. BARGIS-E. BELLUTA (a cura di), *Vittime di reato e sistema penale. La ricerca di nuovi equilibri*, Giappichelli, Torino, 2017, p. 337 ss.
LORUSSO S., *Strappi e scorciatoie nel trattamento processuale del migrante clandestino*, in *Dir. pen. e proc. – Spec. Immigrazione*, 2009, p. 50 ss.
LOZZI G., *Riflessioni sul nuovo processo penale*, Giappichelli, Torino, 1992.
LOZZI G., *Lezioni di procedura penale*, Giappichelli, Torino, 1997.
LUPÁRIA DONATI L., *Obbligatorietà e discrezionalità dell'azione penale nel quadro comparativo europeo*, in *Giur. it.*, 2002, p. 1751 ss.
LUPÁRIA DONATI L.-FIORELLI G., *Diritto probatorio e giudizi criminali ai tempi dell'Intelligenza Artificiale*, in *Dir. pen. cont.*, 2022, 2, p. 34 ss.

MAFFEO V., *Iscrizione della notizia di reato, prassi anomale e impiego delle indagini: ineffettività dei rimedi*, in A. SCALFATI (a cura di), *Pre-investigazioni (espedienti e mezzi)*, Giappichelli, Torino, 2020, p. 11 ss.
MAFFEO V., *Tempi e* nomina iuris *nelle indagini preliminari. L'incertezza del controllo*, Cacucci, Bari, 2020.
MAFFEO V. (a cura di), *La procedura criminale. Quali riforme. Atti del Convegno – Web conferencing, 22-23 ottobre 2020*, ISEG, Roma, 2021.
MAFFEO V., *I criteri di priorità dell'azione penale tra legge e scelte organizzative degli uffici inquirenti*, in *Proc. pen. e giust.*, 2022, p. 61 ss.
MAGGIO P., *Apolidia e processo penale: nuove norme sulla identificazione dei non* cives, in G. SPANGHER (a cura di), *La riforma Cartabia*, Pacini, Pisa, 2022, p. 214 ss.
MALVASI, *sub art. 247 c.p.p.*, in G. CONSO-G. ILLUMINATI (diretto da), *Commentario breve al codice di procedura penale*, Wolters Kluwer-Cedam, Milano-Padova, 2015, p. 967 ss.
MANES V., *L'oracolo algoritmico e la giustizia penale: al piglio tra tecnologia e tecnocrazia*, in *DisCrimen*, 15 maggio 2020.
MANZIONE D., *sub art. 425 c.p.p.*, in M. CHIAVARIO (coordinato da), *Commento al nuovo codice di procedura penale*, Utet, Torino, 1991, p. 662 ss.
MARAFIOTI L., *L'archiviazione tra crisi del dogma di obbligatorietà dell'azione penale ed opportunità "di fatto"*, in *Cass. pen.*, 1992, p. 435 ss.

MARAFIOTI L., *Imputazione e rapporti tra P.M. e G.I.P. secondo le Sezioni Unite: un "abuso" di disinvoltura*, in *Giust. pen.*, 2008, p. 456 ss.

MARAFIOTI L., *Inazione e forme abusive di addebito penale: concetti vintage e nuovi approdi nelle scelte del pubblico ministero*, in *Arch. nuova proc. pen.*, 2016, 4, p. 338 ss.

MARANDOLA A., *I registri del pubblico ministero, tra notizia di reato ed effetti procedimentali*, Padova, Cedam, 2001.

MARANDOLA A., *Le iniziative del pubblico ministero: tra strategie procedimentali e insindacabili discrezionalità*, in *Dir. pen. e proc.*, 2011, p. 1301 ss.

MARANDOLA A., *La Cassazione ridimensiona gli effetti della sentenza* Drassich, in *Giur. it.*, 2014, p. 1241 ss.

MARANDOLA A., *Termini per l'esercizio dell'azione penale e avocazione del procuratore generale*, in G. SPANGHER (a cura di), *La riforma Orlando*, Pacini, Pisa, 2017, p. 171 ss.

MARANDOLA A., *Notizia di reato, tempi delle indagini e stadi procedurali nella (prossima) riforma del processo penale*, in *Dir. pen. e proc.*, 2021, p. 1566 ss.

MARANDOLA A., *Gli incerti orizzonti dell'improcedibilità per decorrenza dei termini ragionevoli nei giudizi d'impugnazione*, in B. ROMANO-A. MARANDOLA (a cura di), *La Riforma Cartabia. La prescrizione, l'improcedibilità e le altre norme immediatamente precettive*, Pacini, Pisa, 2022, p. 55 ss.

MARANDOLA A. (a cura di), *"Riforma Cartabia" e rito penale. La Legge Delega tra impegni europei e scelte valoriali*, Wolters Kluwer-Cedam, Milano-Padova, 2022.

MARANDOLA A., *Il controllo sulla legalità delle indagini e i rimedi alla (possibile) stasi*, in *Dir. pen. e proc.*, 2023, p. 154 ss.

MARANDOLA A., *Le finestre di giurisdizione e il giudice del procedimento*, in *Proc. pen. e giust.*, 2023, p. 7 ss.

MARANDOLA A.-EUSEBI L.-PELISSERO M., *Entrata in vigore, regime transitorio e differimento della riforma*, in *Dir. pen. e proc.*, 2023, p. 7 ss.

MARCOLINI S., *Il principio di correlazione tra accusa e sentenza*, Pacini, Pisa, 2018.

MARINELLI C., *La genericità o indeterminatezza dell'imputazione nella fase dell'udienza preliminare*, in *Cass. pen.*, 2008, p. 2327 ss.

MARTELLI S., *Le convenzioni di Lanzarote e Istanbul: un quadro d'insieme*, in L. LUPÁRIA (a cura di), *Lo statuto europeo delle vittime di reato. Modelli di tutela tra diritto dell'Unione e buone pratiche nazionali*, Wolters Kluwer-Cedam, Milano-Padova, 2016, p. 31 ss.

MARZADURI E., *Riflessioni sull'obbligatorietà dell'azione penale alla luce della riforma del codice di procedura penale*, in M. TIRELLI (a cura di), *Recenti orientamenti in tema di pubblico ministero ed esercizio dell'azione penale*, Giuffrè, Milano, 1996, p. 45 ss.

MARZADURI E., voce *Azione. IV) Diritto processuale penale*, in *Enc. giur.*, IV, Agg., Roma, 1996, p. 1 ss.

MARZADURI E., *La sospensione dei processi penali nei suoi rapporti con la previsione dei c.d. criteri di priorità*, in V. GAROFOLI (a cura di), *L'azione penale tra obbligatorietà e discrezionalità*, Atti del Convegno (Bari, 29 novembre 2008), Giuffrè, Milano, 2009, p. 25 ss.

MARZADURI E., *Qualche considerazione sui rapporti tra principio di obbligatorietà dell'azione penale e completezza delle indagini preliminari*, in *Sist. pen.*, 2020, 5, p. 199 ss.

MARZADURI E., *La riforma Cartabia e la ricerca di efficaci filtri predibattimentali: effetti deflativi e riflessi sugli equilibri complessivi del processo penale*, in *Legisl. pen.*, 25 gennaio 2022.

MARZADURI E., *Procedimento davanti al tribunale in composizione monocratica*, in M. BARGIS, *Compendio di procedura penale*, XI ed., Wolters Kluwer-Cedam, Milano-Padova, 2023, p. 783 ss.

MASTROTOTARO R., *La tutela dell'*«ordo processus» *tra vizio di abnormità e principio di legalità*, in *Foro it.*, 2015, V, c. 166 ss.

MAZZA O., *Imputazione e "nuovi" poteri del giudice dell'udienza preliminare*, in *Riv. it. dir. proc. pen.*, 2008, p. 1372 ss.

MAZZA O., *Il garantismo al tempo del giusto processo*, Giuffrè, Milano, 2011.

MAZZA O., *Distopia del processo a distanza*, in *Arch. pen.*, 2020, 1.

MAZZA O., *Tradimenti di un codice. La procedura penale a trent'anni dalla grande riforma*, Giappichelli, Torino, 2020.

MAZZA O., *Immediatezza e crisi sanitaria*, in *Riv. it. proc. pen.*, 2021, p. 461 ss.

MAZZA O., *Il processo che verrà: dal cognitivismo garantista al decisionismo efficientista*, in *Arch. pen.*, 2022, 2.

MCGREGOR RICHMOND K., *Human Rights Compatibility of Biometric Data Retention on Shared UK Databaese*, in *Crim. law rev.*, 2022, p. 545 ss.

MENDITTO F., *Le misure di prevenzione personali e patrimoniali*, Giuffrè, Milano, 2019.

MILAZZO I., *La nozione di autorità giudiziaria nell'interpretazione della Corte di giustizia: un discutibile* discrimen *tra mandato d'arresto europeo e ordine europeo di indagine*, in. *Riv. it. dir. proc. pen.*, 2021, p. 1473 ss.

MONACO G., *L'obbligatorietà dell'azione penale*, Giuffrè, Milano, 2003.

MONACO G., *Riforma della giustizia penale e criteri di priorità nell'esercizio dell'azione*, in *Federalismi.it*, 23 marzo 2022.

MONACO G., *sub art. 112 Cost.*, in A. GIARDA-G. SPANGHER (a cura di), *Codice di procedura penale commentato*, VI ed., tomo I, Ipsoa, Milano, 2023, p. 135 ss.

MONACO M., *Ritardata iscrizione della notizia di reato:* quid iuris*?*, in *Giur. it.*, 2000, II, c. 1462 ss.

MONTAGNA M., *Necessità della completezza delle indagini*, in A. GAITO (a cura di), *I principi europei del processo penale*, Dike, Roma, 2016, p. 351 ss.

MONTAGNA M., *sub art. 294*, in A. GIARDA-G. SPANGHER (a cura di), *Codice di procedura penale commentato*, VI ed., tomo II, Ipsoa, Milano, 2023, p. 412 ss.

MORELLI F., *La tutela della libertà personale dello straniero presente* sine titulo *sul territorio nazionale tra respingimento, espulsione e trattenimento*, in O. GIOLO-M. PIFFERI, *Diritti contro: meccanismi giuridici di esclusione dello straniero*, Giappichelli, Torino, 2009, p. 145 ss.

MORELLI F., *Principio di immediatezza e diritto di difesa*, in *Riv. it. dir. proc. pen.*, 2021, p. 477 ss.

MORELLI F., *Osservazioni critiche sulla funzione dell'indagine alla luce della nuova udienza preliminare*, in *Sist. pen.*, 2023, 5, p. 23 ss.

MORSELLI C., *Il "principio di autosufficienza" della fonte codicistica, in materia di perquisizione: il "deficit" della previsione del controllo giurisdizionale espone il mezzo di ricerca della prova al rischio di degenerazione in "tortura reale"*, in *Giust. pen.*, 2019, p. 614 ss.

MORSELLI C., *L'idolo del sequestro come "atto dovuto" che impedisce la declaratoria di illegittimità in caso di perquisizione illegittima*, in *Proc. pen. e giust.*, 2020, p. 111 ss.

MURONE G., *Il controllo giurisdizionale sulla legittimità della perquisizione*, in *Dir. pen. e proc.*, 2023, p. 203 ss.

NAIMOLI C., *Modifica dell'imputazione* in facto *e* in iure *e* restitutio *in termini per l'accesso ai riti alternativi*, in *Dir. pen. e proc.*, 2020, p. 1503 ss.

NAIMOLI C., *Considerazioni sulla "ragionevole previsione di condanna" per l'archiviazione e per la sentenza di non luogo a procedere*, in *Dir. pen. e proc.*, 2022, p. 831 ss.

NAPOLITANO S., *Dall'udienza penale a distanza all'aula virtuale*, in *Sist. pen.*, 2020, 7, p. 25 ss.

NASCIMBENE B., *Tutela dei diritti fondamentali e "violenza domestica". Gli obblighi dello Stato secondo la Corte Edu*, in *Legisl. pen.*, 12 giugno 2018.

NATALE A., *Il procedimento davanti al tribunale in composizione monocratica*, in A. BASSI-C. PARODI (a cura di), *La riforma del sistema penale. Commento al d.lgs. 10 ottobre 2022 n. 150 (c.d. Riforma Cartabia), in attuazione della legge delega 27 settembre 2021, n. 134*, Giuffrè, Milano, 2022, p. 221 ss.

NATALE A., *La riforma del sistema penale. Commento al d.lgs. 10 ottobre 2022 n. 150 (c.d. Riforma Cartabia), in attuazione della legge delega 27 settembre 2021, n. 134*, a cura di A. BASSI-C. PARODI, Milano, 2022, p. 221 ss.

NATALINI A., *Reati violenti: tutele alle vittime estese al tentativo e all'omicidio volontario*, in *Guida dir.*, 2021, 40, p. 101 ss.

NATALINI A., *Scheda fotosegnaletica con "Cui", va trasmessa al Pm e al giudice. L'identificazione degli apolidi*, in *La Riforma del Processo Penale. Commento alla legge n. 134 del 27 settembre 2021*, Il Sole 24 Ore, Milano-Roma, 2021, p. 91 ss.

NEGRI D., *Il processo nei confronti dell'imputato "assente" al tortuoso crocevia tra svolgimento e sospensione*, in M. DANIELE-P.P. PAULESU (a cura di), *Strategie di deflazione penale e rimodulazione del giudizio* in absentia, Giappichelli, Torino, 2015, p. 197 ss.

NEGRI D., *Costituzione delle parti, presenza e assenza dell'imputato, intervento del difensore*, in A. CAMON-M. DANIELE-D. NEGRI-C. CESARI-M.L. DI BITONTO-P.P. PAULESU, *Fondamenti di procedura penale*, III ed., Wolters Kluwer, Milano, 2021, p. 481 ss.

NEGRI D., *Atti e udienze "a distanza": risvolti inquisitori di una transizione maldestra alla giustizia digitale*, in D. CASTRONUOVO-M. DONINI-E.M. MANCUSO-G. VARRASO (a cura di), *Riforma Cartabia. La nuova giustizia penale*, Wolters Kluwer-Cedam, Milano-Padova, 2023, p. 449 ss.

NEPPI MODONA G., *Principio di legalità e nuovo processo penale*, in AA.VV., *Il pubblico ministero oggi*, Giuffrè, Milano, 1994, p. 119 ss.

NICOLICCHIA F., *Il principio di proporzionalità nell'era del controllo tecnologico e le sue implicazioni processuali rispetto ai nuovi mezzi di ricerca della prova*, in *Dir. pen. cont.*, 8 gennaio 2018.

NICOLICCHIA F., *I controlli occulti e continuativi come categoria probatoria. Una sistematizzazione dei nuovi mezzi di ricerca della prova tra fonti europee e ordinamenti nazionali*, Wolters Kluwer-Cedam, Milano-Padova, 2020.

NICOLUCCI G., voce *Identificazione personale*, in *Dig. disc. pen.*, Agg., I, Torino, 2005.

NOBILI M., *Accusa e burocrazia, profilo storico-costituzionale*, in G. CONSO (a cura di), *Pubblico Ministero e accusa Penale. Problemi e prospettive di riforma*, Zanichelli, Bologna, 1979, p. 120.
NOBILI M., *Divieti probatori e sanzioni. Relazione al II Congresso italiano di diritto penale dell'*Association Internationale de droit penale *sul tema: La prova nel nuovo processo penale*, Gardone Riviera, 11 ottobre 1991, in *Giust. pen.*, 1991, III, p. 646 ss.
NOBILI M., *L'accusatorio sulle labbra, l'inquisitorio nel cuore*, in *Crit. dir.*, 1992, IV-V, p. 11 ss.
NOBILI M., *Scenari e trasformazioni del processo penale*, Cedam, Padova, 1998.
NOCERINO W., *Le intercettazioni e i controlli preventivi. Riflessi sul procedimento probatorio*, Wolters Kluwer Cedam, Milano, 2018.
NOCERINO W., *Il vaglio giurisdizionale sulle perquisizioni "negative"*, in G. SPANGHER (a cura di), *La riforma Cartabia*, Pacini, Pisa, 2022, p. 222 ss.
NOCERINO W., *La riforma Cartabia in materia di processo penale telematico e la circolazione digitale degli atti*, in *Camm. diritto*, 28 aprile 2022.
NOCERINO W., *La durata delle indagini e il controllo giurisdizionale sui tempi del procedimento*, in *Cass. pen.*, 2023, p. 2635 ss.
NOVANI S., *La Corte europea dei diritti dell'uomo e il rispetto della vita privata: le condizioni di una perquisizione domiciliare legittima*, in *Cass. pen.*, 2000, p. 3002 ss.

ORLANDI R., *Questioni attuali in tema di processo penale e informatica*, in *Dir. pen. e proc.*, 2009, p. 2009 ss.
ORLANDI R., *Immediatezza ed efficacia nel processo penale*, in *Riv. it. dir. proc.*, 2021, p. 807 ss.

PADOVANI T., *La "sottile linea rossa" della riforma condizionata dai nodi organizzativi*, in *Guida dir.*, 2021, 40, p. 65 ss.
PADUA G., *Opposizione dell'atto perquirente non seguito da sequestro*, in *Proc. pen. e giust.*, 2022, p. 49 ss.
PADUA G., *Sviluppi fisiologici e patologici delle indagini preliminari*, in *Proc. pen. e giust.*, 2023, p. 1207 ss.
PALAZZO F., *Sul pubblico ministero: riformare sì, ma con giudizio*, in *Quest. giust.*, 8 giugno 2021.
PANIZZA S., *Se l'esercizio dell'azione penale diventa obbligatorio nell'ambito dei criteri generali indicati dal Parlamento con legge*, in *Quest. giust.*, 5 gennaio 2022.
PANSINI C., *Il procedimento davanti al Tribunale in composizione monocratica*, in A. SCALFATI-A. BERNASCONI-A DE A. CARO-M. MENNA-C. PANSINI-A. PULVIRENTI-N. TRIGGIANI-C. VALENTINI-D. VIGONI, *Manuale di diritto processuale penale*, IV ed., Giappichelli, Torino, 2023, p. 717 ss.
PAPAGNO G., *sub art. 132-bis* disp. att. c.p.p., in A. GIARDA-G. SPANGHER (a cura di), *Codice di procedura penale commentato*, VI ed., tomo III, Ipsoa, Milano, 2023, p. 3463 ss.
PARLATO L., *Aspetti processualpenalistici e dubbi di costituzionalità della legge in materia di immigrazione: figlia di un «giusto processo minore»?*, in *Cass. pen.*, 2004, p. 346 ss.
PARLATO L., *Il contributo della vittima tra azione e prova*, Torri del vento, Palermo, 2012.

PASTA A., *Poteri del giudice dell'udienza preliminare sull'imputazione, incompatibilità, e non prevedibili privilegi*, in *Cass. pen.*, 2017, p. 2940 ss.
PAULESU P.P., *Perquisizioni sul posto*, in R.E. KOSTORIS-R. ORLANDI (a cura di), *Contrasto al terrorismo interno e internazionale*, Giappichelli, Torino, 2007, p. 285 ss.
PAULESU P.P., *sub art. 349*, in A. GIARDA-G. SPANGHER (a cura di), *Codice di procedura penale commentato*, VI ed., tomo II, Ipsoa, Milano, 2023, p. 1679 ss.
PECORELLA G., *Il crepuscolo del rito accusatorio: contro l'efficienza senza le garanzie*, in *Cass. pen.*, 1998, p. 724 ss.
PENNISI A. (a cura di), *Verso un nuovo processo penale. Opinioni a confronto sul progetto di riforma Dalia*, Giuffrè, Milano, 2008.
PERONI F.-GIALUZ M. (a cura di), *Cooperazione informativa e giustizia penale nell'Unione Europea*, Edizioni Università di Trieste, Trieste, 2009.
PESTELLI G., *Le attività di indagine e di udienza "da remoto" nel c.d. Decreto ristori*, in *Dir. pen. e proc.*, 2021, p. 160 ss.
PISTORELLI L., *Imputazione generica o indeterminata e poteri del giudice dell'udienza preliminare nell'interpretazione delle Sezioni Unite della Cassazione*, in *Cass. pen.*, 2008, p. 2318 ss.
PISTORELLI L., *Riforma del processo penale: le direttive di intervento in materia di indagini preliminari e udienza preliminare*, in *Il Penalista*, 8 ottobre 2021.
PISTORELLI L., *Termini di indagini, valutazione su stasi del procedimento e archiviazione*, in A. BASSI-C. PARODI, *La riforma del sistema penale*, Giuffrè, Milano, 2022, p. 109 ss.
PIZIALI G., *L'archiviazione nella giurisprudenza costituzionale*, in *Ind. pen.*, 1993, p. 410 ss.
PIZIALI G., *Pluralità dei riti e giudice unico*, in *Riv. it. dir. proc. pen.*, 2000, p. 966 ss.
POLITI T., *La documentazione audiovisiva delle sommarie informazioni: una prima lettura della Riforma Cartabia*, in *Giur. pen.*, 2022, 11.
PORCU F., *Digitalizzazione degli atti, videoriprese e partecipazione a distanza*, in G. SPANGHER (a cura di), *La riforma Cartabia*, Pacini, Pisa, 2022, p. 43 ss.
PORCU F., *sub art. 133*-bis, in A. GIARDA-G. SPANGHER (a cura di), *Codice di procedura penale commentato*, VI ed., tomo I, Ipsoa, Milano, 2023, p. 2064 ss.
PRESUTTI A., *Presunzione di innocenza e regole di giudizio in sede di archiviazione e di udienza preliminare*, in *Cass. pen.*, 1992, p. 1359 ss.
PROCACCINO A., Soft law *e giustizia penale*, Wolters Kluwer-Cedam, Milano, 2023.
PULITO L., *Diplopie nella correlazione tra accusa e sentenza*, in *Proc. pen. e giust.*, 2022, p. 564 ss.
PULVIRENTI A., *sub art. 134*, in A. GIARDA-G. SPANGHER (a cura di), *Codice di procedura penale commentato*, VI ed., tomo I, Ipsoa, Milano, 2023, p. 2079 ss.

QUATTROCOLO S., *Azione penale*, in S. CASSESE (a cura di), *Dizionario di diritto pubblico*, vol. I, Giuffrè, Milano, 2006, p. 420 ss.
QUATTROCOLO S., *Riqualificazione del fatto della sentenza penale e tutela del contraddittorio*, Jovene, Napoli, 2011.
QUATTROCOLO S., *Ancora sull'imparzialità del g.u.p.: la Corte costituzionale non ha dubbi in merito alla "dottrina Battistella"*, in *Giur. cost.*, 2019, 863 ss.
QUATTROCOLO S., *Equo processo penale e sfide della società algoritmica*, in *BioLaw Journal*, 2019, 1, p. 142 ss.

RAFARACI T., *Le nuove contestazioni nel processo penale*, Giuffrè, Milano, 1996, p. 96.
RAFARACI T., voce *Nullità (Dir. proc. pen.)*, in *Enc. dir.*, Agg. II, Milano, 1998.
RAFARACI T., *Archiviazione e udienza preliminare nella riforma Cartabia*, in *Dir. pen. e proc.*, 2023, p. 160 ss.
RECCHIONE S., *Codice Rosso. Come cambia la tutela delle vittime di violenza domestica e di genere con la legge 69/2019*, in *Il Penalista*, 26 luglio 2019.
RENZETTI S., *L'udienza preliminare ridisegnata e la nuova udienza di comparizione predibattimentale*, in E.M. CATALANO-R.E. KOSTORIS-R. ORLANDI (a cura di), *Riassetti della penalità, razionalizzazione del procedimento di primo grado, giustizia riparativa*, Giappichelli, Torino, 2023, p. 113 ss.
RICCIO A., *I criteri di priorità: verso una declinazione realistica del principio di obbligatorietà dell'azione penale*, in *Dir. pen. e proc.*, 2023, p. 957 ss.
RICCIO G., *Le perquisizioni nel codice di procedura penale*, Jovene, Napoli, 2012.
RICOTTA F., *I nuovi controlli sulla competenza per territorio*, in G. SPANGHER (a cura di), *La Riforma Cartabia*, Pacini, Pisa, 2022, p. 644 ss.
RIVELLO P.P., *sub art. 141* bis *c.p.p.*, in G. ILLUMINATI-L. GIULIANI (a cura di), *Commentario breve al codice di procedura penale*, Wolters Kluwer Cedam, Milano-Padova, 2020, p. 498 ss.
RIZZUTO R., *L'efficienza costituzionalmente orientata e la* "digital transformation" *della giustizia penale*, in *Proc. pen. e giust.*, 2022, p. 767 ss.
ROMBI N., *Il nuovo processo in assenza*, in *Dir. pen. e proc.*, 2023, p. 126 ss.
ROSA L., *Il processo penale allo straniero: un breve commento a margine della riforma Cartabia*, in *Dir. imm. e citt.*, 2022, 2, p. 403 ss.
ROSSI G., *Spunti critici sulla nuova regola di giudizio della 'ragionevole previsione di condanna'*, in *Arch. pen.*, 2022, 3.
ROSSI N., *Per una concezione realistica dell'obbligatorietà dell'azione penale*, in *Quest. giust.*, 1997, 2, p. 309 ss.
ROSSI N., *I criteri di esercizio dell'azione penale. Interviene "Il Parlamento con legge"*, in *Quest. giust.*, 8 novembre 2021.
ROSSI N., *I "criteri di priorità" tra legge cornice e iniziativa delle procure*, in *Quest. giust.*, 2021, 4.
ROSSI N., *Iscrivere tempestivamente le notizie di reato. Il p.m. in bilico tra precetti virtuosi e potenti remore?*, in *Quest. giust.*, 18 giugno 2021.
ROSSI N., *Per una cultura della discrezionalità del pubblico ministero*, in *Quest. giust.*, 2021, 2.
RUGGERI F., *La giurisdizione di garanzia nelle indagini preliminari*, Giuffrè, Milano, 1996.
RUGGERI F., voce *Azione penale*, in *Enc. dir.*, *Annali*, III, Milano, 2010, p. 129 ss.
RUGGERI A., *Fissati nuovi paletti dalla Consulta a riguardo del rilievo della Cedu in ambito interno*, in *Dir. pen. cont.*, 2 aprile 2015.
RUGGERI S., *Azione e inazione*, in D. CASTRONUOVO-M. DONINI-E.M. MANCUSO-G. VARRASO (a cura di), *Riforma Cartabia. La nuova giustizia penale*, Wolters Kluwer-Cedam, Milano-Padova, 2023, p. 627 ss.
RUSSO L., *I criteri di priorità nella trattazione degli affari penali: confini applicativi ed esercizio dei poteri di vigilanza*, in *Dir. pen. cont.*, 9 novembre 2016.

SABATINI G., *Il pubblico ministero nel diritto processuale penale*, Jovene, Napoli, 1943.

SACCHETTO E., Face to face*: il complesso rapporto tra* automated facial recognition technology *e processo penale*, in *Legisl. pen.*, 16 ottobre 2020.

SAMMARCO A.A., *La richiesta di archiviazione*, Giuffrè, Milano, 1993.

SANNA A., *L'interrogatorio e l'esame dell'imputato nei procedimenti connessi. Alla luce del giusto processo*, Giuffrè, Milano, 2007.

SANNA A., *Cronometria delle indagini e rimedi alle stasi procedimentali*, in *Proc. pen. e giust.*, 2022, p. 42 ss.

SANNA A., *La sentenza di non doversi procedere per mancata conoscenza del processo. Torsioni sistematiche e* deficit *di garanzie*, in *Discrimen*, 20 marzo 2023.

SANTALUCIA G., *Obbligatorietà dell'azione penale e criteri di priorità*, in *Quest. giust.*, 2007, 2, p. 617 ss.

SANTORIELLO C., *Le nuove regole di giudizio della Riforma Cartabia, tra una positiva sinergia e una possibile eterogenesi dei fini*, in *Arch. pen.*, 2022, 2.

SCALFATI A., *Gli accertamenti tecnici dell'accusa*, in *Indice penale*, 1992, p. 144 ss.

SCALFATI A., *L'udienza preliminare. Profili di una disciplina in trasformazione*, Cedam, Padova, 1999.

SCALFATI A., *La riforma dell'udienza preliminare tra garanzie nuove e scopi eterogenei*, in *Cass. pen.*, 2000, p. 2812.

SCALFATI A., *Il fermento preinvestigativo*, in ID. (a cura di), *Pre-investigazioni (espedienti e mezzi)*, Giappichelli, Torino, 2020, p. 1 ss.

SCALFATI A., *Giustizia penale e sistema produttivo: non prevalga solo l'idea di accorciare i tempi del processo*, in *Proc. pen. e giust.*, 2021, p. 503 ss.

SILVESTRI P., *Notizia di reato, effetti della iscrizione e controlli sulla tempestività dell'iscrizione*, in BENE T.-BONTEMPELLI M.-LUPARIA L., a cura di), *Nuove dinamiche del procedimento penale*, Giappichelli, Torino, 2024, p. 3 ss.

SIRACUSANO F., *La completezza delle indagini nel processo penale*, Giappichelli, Torino, 2005.

SOLA G., *sub art. 110*, in A. GIARDA-G. SPANGHER (a cura di), *Codice di procedura penale commentato*, VI ed., tomo I, Ipsoa, Milano, 2023, p. 1483 ss.

SORRENTINO F., *Sull'immediatezza dell'iscrizione della* notitia criminis *soggettivamente qualificata*, in *Giur. it.*, 2009, c. 734 ss.

SPANGHER G., *Fatto e qualifica giuridica nell'imputazione per il reato colposo*, in *Riv. dir. proc.*, 1970, p. 297 ss.

SPANGHER G., *Le iniziative del pubblico ministero tra carenze ordinamentali e rischi di condizionamento politico*, in A. GAITO (a cura di), *Accusa penale e ruolo del pubblico ministero*, Jovene, Napoli, 1991, p. 123 ss.

SPANGHER G., *Inutilizzabilità dell'interrogatorio e perdita di efficacia delle misure cautelari*, in *Dir. pen. e proc.*, 1996, p. 1109 ss.

SPANGHER G., *Riforme, dopo il giusto processo anche il giusto procedimento. Ancora troppo "tolleranti" le norme sulle indagini*, in *Dir. & giust.*, 2003, 33, p. 9 ss.

SPANGHER G., *Considerazioni sul processo "criminale" italiano*, Giappichelli, Torino, 2015.

SPANGHER G., *Introduzione allo studio del processo penale*, Pacini, Pisa, 2020.

SPANGHER G., *L'udienza predibattimentale e il giudizio abbreviato condizionato: dalla Relazione Lattanzi due discutibili novità*, in *Il Penalista*, 7 giugno 2021.

SPANGHER G., *Riforma processo penale: l'udienza predibattimentale nel rito monocratico*, in *Quot. giur.*, 6 settembre 2021.

SPANGHER G., *Gli incerti orizzonti della giustizia penale tra la forza della politica e quella della volontà: spargere l'ottimismo non basta*, in *Pen. dir. proc.*, 15 febbraio 2022.

SPANGHER G., *Riforma Cartabia: un processo a "trazione interiore"*, in *Dir. pen. e proc.*, 2022, p. 1485 ss.

SPATARO A., *La selezione delle priorità nell'esercizio dell'azione penale: la criticabile scelta adottata con la Legge 27 settembre 2021, n. 134*, in *Quest. giust.*, 27 settembre 2021.

SPINELLI A., *Luci e ombre della nuova udienza predibattimentale*, in *Arch. nuova proc. pen.*, 2022, p. 525 ss.

SPINELLA A.-SOLLA G., *L'identificazione personale nell'investigazione scientifica: dna e impronte*, in *Cass. pen.*, 2009, p. 428 ss.

STASIO D., *No a iscrizioni frettolose. Pignatone sfata la leggenda dell'"atto dovuto"*, in *Quest. giust.*, 17 ottobre 2017.

STEFANOU C., *The European Criminal Record: Political Parameters*, in C. STEFANOU-H. XANTHAKI, *Towards a European Criminal Record*, in *Cambridge University Press*, 2008, p. 1793 ss.

TABASCO G., *Annotazione tardiva della* notitia criminis *"soggettivizzata" e autodifesa*, in A. SCALFATI (a cura di), *Pre-investigazioni (espedienti e mezzi)*, Giappichelli, Torino, 2020, p. 93 ss.

TAORMINA C., *L'udienza preliminare tra carenze normative e distorsioni applicative*, in *Giust. pen.*, 1992, III, c. 257 ss.

TARALLO A., *La disciplina interna del decreto di perquisizione domiciliare tra indipendenza della magistratura requirente ed esigenza di un controllo efficace: nota alla sentenza della Corte Europea dei Diritti dell'Uomo resa nel caso Brazzi contro Italia*, in *Giust. pen.*, 2019, I, p. 81 ss.

TAVASSI L., *Tempo dell'azione e tempo del processo. Una proposta per garantire la ragionevole durata delle indagini preliminari*, in *Dir. pen. e proc.*, 2021, p. 1257 ss.

TEGA D., *La sentenza della Corte costituzionale n. 49 del 2015 sulla confisca: il predominio assiologico delle Costituzione sulla Cedu*, in *Quad. cost.*, 2015, 2, p. 400 ss.

TODARO G., *Restituzione di bene sequestrato, estrazione di copia, interesse ad impugnare:* revirement *delle sezioni unite*, in *Dir. pen. cont.*, 2017, 11, p. 157 ss.

TONDIN F., *Il vaglio del giudice dell'udienza preliminare sull'imputazione nella riforma Cartabia*, in *Cass. pen.*, 2023, p. 49 ss.

TONDIN F., *La nuova regola di giudizio della ragionevole previsione di condanna*, in *Cass. pen.*, 2023, p. 404 ss.

TONINI P., *Le nuove tecnologie e la riforma Cartabia*, in *Dir. pen. e proc.*, 2022, p. 293 ss.

TONINI P.-CONTI C., *Manuale di procedura penale*, XXIII ed., Giuffrè, Milano, 2022.

TONINI P.-CONTI C., *Manuale di procedura penale*, XXIV ed., Giuffrè, Milano, 2023.

TORRE M., *Nuove tecnologie e trattamento dei dati personali*, in *Dir. pen. e proc.*, 2021, p. 1047 ss.

TRABACE C., *L'udienza predibattimentale che verrà*, in *Arch. pen.*, 2022, 2.
TRAPELLA F., *La citazione diretta a giudizio*, in *Cass. pen.*, 2020, p. 3030 ss.
TRAPELLA F., *La durata delle indagini preliminari. Profili di una patologia*, Wolters Kluwer-Cedam, Milano-Padova, 2022.
TRAPELLA F., *Note in tema di prescrizione e di efficienza del processo (a proposito di «Riforme, statistiche ed altri demoni»)*, in *Arch. pen.*, 2022, 1.
TRIGGIANI N., *Indagini preliminari, temi dell'azione penale e procedura di archiviazione*, in A. SCALFATI (a cura di), *La riforma della giustizia penale. Commento alla legge 23 giugno 2017, n. 103*, Giappichelli, Torino, 2017, p. 104 ss.
TRIGGIANI N., *Legalità opaca: raccolta atipica e pre-investigazioni*, in *Arch. pen.*, 2021, 1.
TRIGGIANI N., *L'udienza predibattimentale monocratica*, in *Proc. pen. e giust.*, 2022, p. 143 ss.

UBERTIS G., *Azione penale e sovranità popolare*, in *Riv. it. dir. proc. pen.*, 1975, p. 1191 ss.
UBERTIS G., voce *Azione. II) Azione penale*, in *Enc. giur.*, IV, Roma, 1988, p. 1 s.
UBERTIS G., *Per un effettivo rispetto del principio di obbligatorietà dell'azione penale*, in *Cass. pen.*, 1991, p. 1891 ss.
UBERTIS G., *No a termini astratti, ma garanzia del contraddittorio*, in *Quest. giust.*, 1992, 2, p. 482 ss.

VALENTINI C., *Le forme di controllo sull'esercizio dell'azione penale*, Cedam, Padova, 1994.
VALENTINI C., *Imputazione e giudice dell'udienza preliminare*, in *Giur. it.*, 2000, p. 435 ss.
VALENTINI C., *Dall'"azione penale apparente" al processo della verità apparente*, in *Arch. pen.*, 2016, 3.
VALENTINI C., *La completezza delle indagini, tra obbligo costituzionale e (costanti) elusioni della prassi*, in *Arch. pen.*, 2019, 3.
VALENTINI C., *Grandi speranze: una possibilità di riforma della riforma*, in *Arch. pen.*, 2022, 3.
VALENTINI C., The untouchables*: la fase delle indagini preliminari, l'ufficio del pubblico ministero e i loro misteri*, in *Arch. pen.*, 2022, 2.
VALENTINI E., *La procedura penale per lo straniero: tratti di specialità al ribasso*, in F. CURI-F. MARTELLONI-A. SBRACCIA-E. VALENTINI, *I migranti sui sentieri del diritto. Profili socio-criminologici, giuslavoristici, penali e processualpenalistici*, II ed., Giappichelli, Torino, 2021, p. 297 ss.
VALENTINI E.-VICOLI D., *Gli epiloghi delle indagini preliminari: una nuova fase dall'incerta fisionomia*, in L. GIULIANI-R. ORLANDI (a cura di), *Indagini preliminari e giudizio di primo grado*, Giappichelli, Torino, 2018, p. 93 ss.
VALLI R.V.O., *Sull'utilizzabilità processuale del Sari: il confronto automatizzato di volti rappresentati in immagini*, in *Il Penalista*, 16 gennaio 2019.
VARRASO G., *Chiusura e avviso di conclusione delle indagini preliminari*, in G. GARUTI (a cura di), *Le indagini preliminari*, in G. SPANGHER (diretto da), *Trattato di procedura penale*, vol. III, Utet, Torino, 2009, p. 667 ss.
VARRASO G., *La "nuova" identificazione dell'indagato-imputato apolide o proveniente da Paesi extra UE*, in *Dir. pen. e proc.*, 2021, p. 1456 ss.

VARRASO G., *Il nuovo processo in assenza dell'imputato*, in D. CASTRONUOVO-M. DONINI-E.M. MANCUSO-G. VARRASO, *Riforma Cartabia. La nuova giustizia penale*, Wolters Kluwer Cedam, Milano-Padova, 2023, p. 569 ss.

VELE A., *Diversa qualificazione giuridica del fatto e violazione del principio del contraddittorio*, in *Giur. it.*, 2010, p. 683 ss.

VELLANI M., *Il pubblico ministero nel processo*, Zanichelli, Bologna, 1963.

VERGINE F., *La conservazione dell'atto processuale penale*, Wolters Kluwer-Cedam, Milano-Padova, 2017.

VERGINE F., *Indagini e dibattimento: il singolare funzionamento della clessidra*, in *Dir. pen. e proc.*, 2020, p. 1157 ss.

VERGINE F., *La riforma della fase delle indagini preliminari e dell'udienza preliminare*, in *Il Processo*, 2021, p. 635 ss.

VERGINE F., *L'iscrizione della notizia di reato nel registro: ordine del PM e adempimenti di segreteria. L'*incipit *investigativo nel "nuovo" assetto normativo*, in *Dir. pen. e proc.*, 2024, 4. p. 516 ss.

VERGINE F.-MICHELI G., *Emergenza epidemiologica da Covid-19, efficienza e processo penale*, in *Il processo*, 2020, p. 843 ss.

VERZELLONI L., *Il lungo dibattito sui criteri di priorità negli uffici giudicanti e requirenti*, in *Arch. pen.*, 2014, 3.

VICOLI D., *L'esperienza dei criteri di priorità nell'esercizio dell'azione penale: realtà e prospettive*, in G. DI CHIARA (a cura di), *Il processo penale tra politiche della sicurezza e nuovi garantismi*, Giappichelli, Torino, 2003, p. 225 ss.

VICOLI D., *La "ragionevole durata" delle indagini*, Giappichelli, Torino, 2012.

VIGANÒ F., *La Convenzione europea dei diritti dell'uomo nell'ordinamento giuridico italiano nella prospettiva della Corte costituzionale*, in *cortecostituzionale.it*, 3 ottobre 2019.

VIGONI D., *Le norme in tema di immigrazione clandestina*, in G. DI CHIARA (a cura di), *Il processo penale tra politiche della sicurezza e nuovi garantismi*, Giappichelli, Torino, 2003, p. 165 ss.

VITALONE C., *La funzione d'accusa tra obbligatorietà e discrezionalità*, in A. GAITO (a cura di), *Accusa penale e ruolo del pubblico ministero*, Jovene, Napoli, 1991, p. 291 ss.

VOENA G.P., *Appunti sulla riqualificazione del fatto e contraddittorio in Cassazione*, in M. BARGIS (a cura di), *Studi in ricordo di Maria Gabriella Aimonetto*, Giuffrè, Milano, 2013, p. 247 ss.

ZACCHÈ F., *Procedimento davanti al tribunale in composizione monocratica*, in G. UBERTIS (a cura di), *Sistema di procedura penale*, vol. II, II ed., Giuffrè, Milano, 2023, p. 607 ss.

ZAGREBELSKY V., *Una «filosofia» dell'organizzazione del lavoro per la trattazione degli affari penali*, in *Cass. pen.*, 1989, p. 1615 ss.

ZAGREBELSKY V., *L'obbligatorietà dell'azione penale. Un punto fermo, una discussione mancata, un problema attuale*, in *Cass. pen.*, 1992, p. 3183 ss.

ZAGREBELSKY V., *Stabilire le priorità nell'esercizio obbligatorio dell'azione penale*, in AA.VV., *Il pubblico ministero oggi*, Giuffrè, Milano, 1994, p. 101 ss.

ZAMPINI A., *Per i Giudici di Strasburgo la disciplina codicistica delle perquisizioni viola l'art. 8 C.E.D.U.: implicazioni e prospettive*, in *Cass. pen.*, 2019, p. 4472 ss.

ZAMPINI A., *La Corte costituzionale nuovamente alle prese con le perquisizioni, tra* male captum *e legittimità dell'*iter *autorizzativo*, in *Riv. it. dir. proc. pen.*, 2021, p. 297 ss.
ZANON N., *Pubblico Ministero e Costituzione*, Cedam, Padova, 1996.
ZANON N.-BIONDI F., *Il sistema costituzionale della magistratura*, Zanichelli, Bologna, 2014.
ZAPPULLA A., *Le indagini per la formazione della* notitia criminis: *il caso della perquisizione seguita da sequestro*, in *Cass. pen.*, 1996, p. 1878 ss.
ZAPPULLA A., *Retrodatazione dell'iscrizione della* notitia criminis *nella prospettiva* de iure condendo, in *Cass. pen.*, 2015, p. 3808 ss.

INDICE ANALITICO

Finito di stampare nel mese di dicembre 2024
nella Stampatre s.r.l. di Torino
Via Bologna, 220

LEGGI PENALI TRA REGOLE E PRASSI

Collana diretta da Adolfo Scalfati e Mariavaleria del Tufo

Volumi pubblicati

1. A. Scalfati (a cura di), *Le indagini atipiche*, 2014, pp. XVIII-518.
2. C. Fiorio (a cura di), *La prova nel processo agli enti*, 2016, pp. XII-264.
3. P. Corvi (a cura di), *Le impugnazioni straordinarie nel processo penale*, 2016, pp. XVI-336.
4. F. Ruggieri (a cura di), *Processo penale e regole europee: atti, diritti, soggetti e decisioni*, 2017, pp. XIV-314.
5. M. Montagna (a cura di), *Sequestro e confisca*, 2017, pp. XVIII-630.
6. G. Carlizzi-G. Tuzet (a cura di), *La prova scientifica nel processo penale*, 2018, XVI-504.
7. F. Ruggieri (a cura di), *Processo penale e regole europee: atti, diritti, soggetti e decisioni*, Volume II, 2018, pp. XIV-250.
8. G.J. Sicignano, Bitcoin *e riciclaggio*, 2019, pp. XII-260.
9. A. Scalfati (a cura di), *Le indagini atipiche*, Seconda edizione, 2019, pp. XX-764.
10. A. Scalfati (a cura di), *Pre-investigazioni. (Espedienti e mezzi)*, 2020, pp. XIV-498.
11. A. Mangiaracina (a cura di), *Il* ne bis in idem, 2021, pp. XVI-384.
12. A. Esposito, *Assetti societari e rischio penale. Frammenti per la costruzione di un modello integrato di organizzazione e gestione*, 2022, pp. X-214.
13. M. Naddeo, *Principio di offensività e chiavi di lettura*, 2022, pp. XII-196.
14. P. Troisi (a cura di), *Esecuzione penale e modifiche del giudicato*, 2023, pp. XVI-408.
15. F. Giunchedi (a cura di), *Estinzione dei reati alimentari*, 2024, pp. XVIII-222.

Ius Novum

1. D. Vigoni (a cura di), *Il giudizio in assenza dell'imputato*, 2014, pp. XVIII-322.
2. N. Triggiani (a cura di), *La deflazione giudiziaria. Messa alla prova degli adulti e proscioglimento per tenuità del fatto*, 2014, pp. X-310.
3. A. Diddi-R.M. Geraci (a cura di), *Misure cautelari* ad personam *in un triennio di riforme*, 2015, pp. XVI-232.

4. T. Bene (a cura di), *Il rinnovamento delle misure cautelari. Analisi della legge n. 47 del 16 aprile 2015*, 2015, pp. XIV-226.
5. A. Scalfati (a cura di), *La riforma della giustizia penale. Commento alla legge 23 giugno 2017, n. 103*, 2017, pp. XIV-450.
6. O. Mazza (a cura di), *Le nuove intercettazioni*, 2018, pp. XVIII-246.
7. A. Pulvirenti (a cura di), *Le impugnazioni penali dopo la riforma*, 2018, pp. XVIII-358.
8. A. Scarcella (a cura di), *La disciplina penale in materia d'imposte dirette e I.V.A.*, 2019, pp. XXVI-470.
9. M.V. del Tufo (a cura di), *La legge anticorruzione 9 gennaio 2019, n. 3*, 2019, pp. XX-364.
10. F.S. Cassibba (a cura di), *Il Codice antimafia riformato*, 2019, pp. XXII-314.
11. M. Colamussi (a cura di), *La nuova disciplina penitenziaria*, 2020, pp. XX-532.
12. P. Maggio (a cura di), *La nuova disciplina delle intercettazioni*, 2023, pp. XVIII-558.
13. F. Zacchè (a cura di), *Tenuità del fatto e riti alternativi al dibattimento. I nuovi assetti dopo il d.lgs. n. 150 del 2022*, 2024, pp. XIV-218.
14. R.M. Geraci (a cura di), *La giustizia penale dopo la c.d. riforma Cartabia. Aggiornato alla legge 24 novembre 2023, n. 168 e al d.lgs. 19 marzo 2024, n. 31*, pp. XXIV-792.
15. V. Bonini (a cura di), *La giustizia riparativa (d.lgs. n. 150/2022 - d.lgs. n. 31/2024)*, pp. XX-340.
16. L. Parlato (a cura di), *La nuova fisionomia delle impugnazioni (d.lgs. 10 ottobre 2022, n. 150 - d.lgs. 19 marzo 2024, n. 31)*, pp. XXII-362.
17. A. Sanna (a cura di), *Notificazioni e assenza dell'imputato (d.lgs. 10 ottobre 2022, n. 150 - d.lgs. 19 marzo 2024, n. 31)*, pp. XIV-226.
18. P. Felicioni (a cura di), *Dalle indagini all'udienza preliminare (d.lgs. 10 ottobre 2022, n. 150 - d.lgs. 19 marzo 2024, n. 31)*, pp. XVIII-326.